国家自然科学基金重大项目
大数据环境下的商务管理研究丛书

基于大数据的商务智能与模式创新研究

陈国青 叶 强 刘红岩 徐 心
卫 强 易 成 张自立 等 著

科 学 出 版 社
北 京

内 容 简 介

大数据技术和应用的不断推广给商务管理问题的建模、分析与求解带来了新的挑战和机遇，使商务管理问题体现出三个典型特征。首先是粒度缩放，即问题要素数据化及在不同粒度层级间的映射与缩放。其次是跨界关联，即问题要素空间外拓，强调跨界内外部数据的关联与联动。最后是全局视图，即问题定义与求解的全局性，强调对相关情境的整体画像及其动态演化的把控和诠释，构建基于数据分析和方法集成的全景式“成像”能力。

基于上述特征，本书以大数据的商务智能与模式创新为主题，从大数据建模与分析方法、面向社会化与用户生成内容的应用模式分析、大数据商业价值分析与新技术使能创新理论与方法三方面来阐述一些最新的研究成果和发现。

本书主要面向高校和科研单位的硕士研究生、博士研究生和学者，同时，对于企业战略规划、营销洞察、投资分析、服务开发、产品设计等方面的管理人员也具有一定的参考价值。

图书在版编目（CIP）数据

基于大数据的商务智能与模式创新研究 / 陈国青等著. —北京：科学出版社，2020.9

（大数据环境下的商务管理研究丛书）

ISBN 978-7-03-064592-0

Ⅰ. ①基…　Ⅱ. ①陈…　Ⅲ. ①企业管理–电子商务–研究　Ⅳ. ①F274-39

中国版本图书馆 CIP 数据核字（2020）第 034930 号

责任编辑：陈会迎 / 责任校对：贾娜娜
责任印制：张　伟 / 封面设计：无极书装

科学出版社 出版
北京东黄城根北街 16 号
邮政编码：100717
http://www.sciencep.com
北京捷迅佳彩印刷有限公司 印刷
科学出版社发行　各地新华书店经销
*
2020 年 9 月第　一　版　　开本：720×1000 B5
2022 年 3 月第三次印刷　　印张：17 1/2
字数：350 000

定价：178.00 元

（如有印装质量问题，我社负责调换）

大数据环境下的商务管理研究丛书
编委会名单

总　序

科技发展日新月异，颠覆性的技术不断涌现，特别是最近十几年，互联网、物联网、云计算、智能技术等的快速发展和普及，使我们的社会发生了翻天覆地的变化。支付宝、微信等记录着人们的交易情况；穿戴设备记录着人们的运动和身体状况；社交媒体记录着人们的思考和交流网络；天网工程记录着人和物的出行轨迹，保障社会的稳定和安全；等等。目前，微信每天有 450 亿次信息发送，数以亿计的镜头更是留下了数量巨大的数据，全球数据量呈爆炸式增长，互联网数据中心（Internet Data Center，IDC）预计到 2025 年全球数据量将达到 175ZB①。大数据正在渗透人类社会的方方面面，正在成为改变世界格局、塑造人类社会未来的重要力量之一。在商务领域，一方面，大数据赋能（empower）企业发展，帮助企业增强能力，助力企业转型升级。例如，传统零售商利用大数据开展精准营销，制造企业利用大数据生产个性化产品，医疗健康服务提供者利用大数据开展个性化诊疗等。另一方面，大数据使能（enable）企业创新，为企业创造新的产品、模式、开辟新领域。例如，滴滴和 Uber 等对传统出租车行业的冲击和改造，支付宝和微信等对支付行业的冲击，亚马逊和京东等对传统零售行业的冲击等。

大数据正在改变着商务的格局，使得当前的商务环境呈现出一些显著的特征，其中有三个特征尤其突出。第一个是移动化，技术的进步和普及推动互联网向移动互联网发展，促进万物智联，便利的移动接入满足了所有商务活动参与者随时、随地采取行动的愿望，随着 5G②等的发展，这个特征将成为常态。第二个是社会化，白热化的竞争进一步加速了企业以核心能力为导向的趋势，技术发展支撑制造和服务向社会化、网络化发展；消费者的行为和决策常常受“社会意见”的影响；商家的决策既要考虑利益相关者的诉求，也要顾及利益无关者的影响；整个商业生态建立在社会化的基础之上。第三个是个性化，当前顾客成为竞争中的稀缺资源，以顾客为中心成为企业、商家的核心战略；在数字化时代，突出个性、彰显自我是“新人类”的重要标签，企业如何做到随顾客的“意”，即满足他们的个性化要求，是当前竞争的焦点。当然，这三个特征不是相互孤立的，而是相互作用和影响的。

---

① 即 zettabyte，中文名为泽字节，是计算机术语，代表的是 10^{21} 字节。

② 即 5th-generation，第五代移动通信技术。

大数据引发的变革是全面而深刻的，且具有颠覆性，既是机会又充满挑战，存在大量的科学问题亟待解决。我们有幸承担了国家自然科学基金重大项目“大数据环境下的商务管理研究”（71490720）的任务。作为国内第一个大数据方面的重大项目，该项目将具体的研究内容确定为：针对大数据的复杂性和大数据环境下商务管理面临的巨大挑战和机遇，采用建模、实验、实证、案例分析等研究方法，从参与者与市场的商务行为机理、顾客洞察与市场营销策略、运营策略优化与协调、商务智能与模式创新、商务分析与计算方法、大数据支撑平台等角度，系统地凝练和解决当前大数据环境下的商务管理中的一些重大科学问题（研究框架如图 0.1 所示）。通过深入系统的研究，该项目试图揭示大数据环境下商务管理中参与者与市场的交互式商务行为机理，洞察顾客行为与价值实现机制并设计相应的市场营销策略，优化大数据环境下企业运营策略与风险控制方案，构建大数据环境下企业商务智能的能力并剖析商业模式创新的原理和模式，研发面向大数据的商务分析与计算方法。

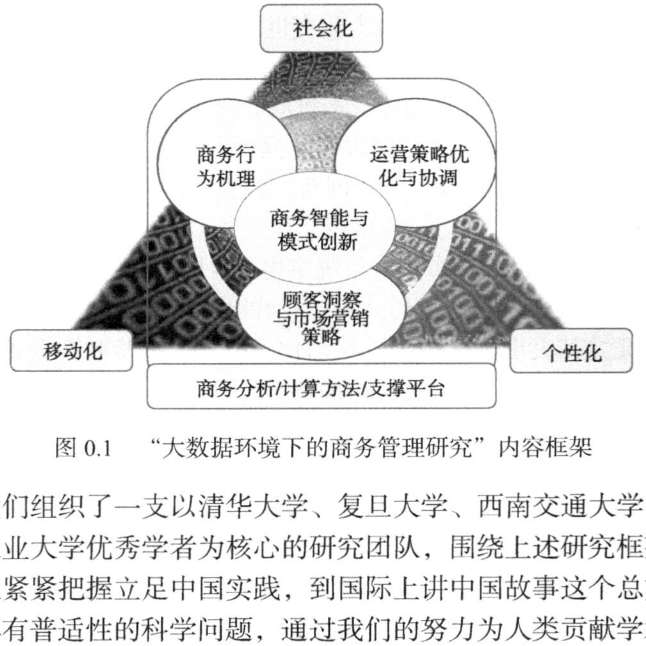

图 0.1 “大数据环境下的商务管理研究”内容框架

为此，我们组织了一支以清华大学、复旦大学、西南交通大学、合肥工业大学和哈尔滨工业大学优秀学者为核心的研究团队，围绕上述研究框架开展深入研究。研究团队紧紧把握立足中国实践，到国际上讲中国故事这个总方针；围绕从实践中发现具有普适性的科学问题，通过我们的努力为人类贡献学术新知这个总目标；采取注重整体、协同攻关的研究思路，经过四年多的努力，取得了一大批有价值的研究成果。主要进展包括以下几个方面。

揭示大数据环境下用户产生内容以目的价值、社会价值和娱乐价值为导向的动机，解析企业商业干预行为对用户产生内容的影响机理，剖析多渠道整合信息传播的商业价值、不同传播内容特征和传播主体特征对用户商业行为的影响规律，以及网络信息传播、社会资本结构、用户商务行为三者之间动态交互与发展的关系，系统地解释企业、用户群体之间共创企业价值和用户价值的逻辑，探索用户评论机制、卖家保证机制和平台治理机制对市场有效性和公平性的理论解释，总结大数据技术与应用采纳和扩散的新过程及新方式，初步构建大数据技术扩散的组织理论。

用网络中心度和多样性等特征来刻画顾客在大数据时代的兴趣系统及全生命周期行为特性，探究基于家庭网络和社区网络行为特征的个体行为向群体行为演化的过程和规律，从网络结构和动态特征上揭示城市与农村之间在社区网络、家庭网络上的差异及其对消费行为和产品扩散的影响，剖析企业在线产品推荐与用户互动行为的机理，解析行为定位如何影响用户对在线广告的反应，并建立两阶段决策模型，设计考虑时间、地理位置和社会关系三维因素以获得动态实时精准的企业电子商务和市场营销策略，探讨"一带一路"框架下高铁"走出去"的国家战略，并分析其全球战略价值。

建立几类典型消费者的行为模型，探究大数据环境下的信息设计策略，优化大数据环境下的企业的运作策略（包括企业市场进入策略、价格决策、库存决策、广告竞争决策、平台匹配策略、线上及线下和全渠道运作策略与多职能业务集成的策略优化等），开发数据驱动的企业运作策略优化和协调方法（如定价决策，库存决策，以及选址、选品和库存联合决策等），设计大数据环境下企业间竞争与合作策略（如竞争企业产能合作策略、供应链渠道优化策略、不同场景下供应链企业间的契约设计方法、动态机制设计方法），构建基于大数据的采购风险综合集成管理框架。

构建面向企业内外部数据资源整合的商务智能模型与方法（如性能更优的融合内外部数据的用户辨识方法、新颖代表性测度及代表性信息提取方法、面向特定场景的更高效推荐算法等），揭示信息技术（information technology，IT）具有应对不确定性以减轻企业绩效波动的潜力的内在规律，探讨了 IT 投资决策时企业偏离行业平均水平后带来的绩效影响，探究了企业信息系统的存在性和实施程度与审计师的工作质量及效率的相关性，基于提出的竞争性测度和模型可智能识别出反映市场用户意图和认知的竞争品牌，提炼出社会化互动营销情境下的任务特征及分类以分析社会化互动模式的创新扩散机理，拓展和加深了技术采纳和使用理论的基础。

提出面向商务管理的大数据获取、评估与融合、学习和预测等方法（如高效检索相似性计算技术、面向商务管理的数据约简方法、面向商务管理的数据融合方法、因果学习方法等），构建面向商业情报分析、个性化推荐的大数据分析与计算方法（如面向用户画像方面的非参数层次贝叶斯主题模型、面向产品个性维度的量化模型和基于语言规则的产品标签筛选方法、针对个性化需求的推荐方法等），初步建立了面向汽车品牌管理的大数据商务分析系统与支撑平台（包括大数据分析平台、多源数据获取和融合系统、面向企业需求和用户需求的品牌管理子系统）。

基于上述研究成果，我们在国内外高水平学术刊物上发表了一大批论文，特别是在相关领域国际顶尖期刊（即管理、数据分析类顶尖刊物：UT Dallas 界定的 24 种期刊、*ACM Transactions on Database Systems*、*ACM Transactions on Information Systems*、*ACM Transactions on Knowledge Discovery from Data*、*IEEE Transactions on Knowledge and Data Engineering*）上发表论文 50 多篇，并在重要国际会议上做了大量的学术报告（包括一些主旨报告、邀请大会报告）。这些结果反映出我们预期到国际上讲中国故事的努力取得了显著的成效，我们讲的中国故事得到了国际学术同行的认可，并在相关领域的国际顶级学术论坛展示和传播我们基于中国实践的学术新知。同时，我们也非常注意将研究成果应用于国内外企业，帮助它们更好地开展相关业务，例如，我们的研究成果被中国人民保险集团股份有限公司、国药控股股份有限公司、安徽江淮汽车集团股份有限公司、奇瑞汽车股份有限公司、苏宁易购集团股份有限公司、IBM 公司等采纳。

为了更为系统地展示我们前期的研究成果，特组织项目研究团队将部分研究成果汇集成这一系列研究专著。本系列专著的出版一方面向大众展示和传播我们的研究成果，另一方面希望起到抛砖引玉的作用，吸引更多的人投身到这个蓬勃发展的研究领域。本系列由下列五部专著组成：《大数据环境下的商务行为机理：理论与实证》（黄丽华等著）、《大数据环境下的顾客洞察与市场营销策略研究》（贾建民等著）、《大数据环境下的运营策略优化与协调研究》（陈剑等著）、《基于大数据的商务智能与模式创新研究》（陈国青等著）、《数据驱动的品牌关系管理》（刘业政等著）。

尽管该重大项目的任务即将完成，然而对大数据环境下商务管理的探索和研究不仅没有结束，而是方兴未艾。毕竟，大数据的时代潮流正在引发巨大的、全方位的社会经济变革。我们的尝试和努力仅仅是一个开头，需要更加深入、全面、系统地认识、理解大数据对商务引发的革命性变革，研究其逻辑和规律，进而顺应变革的潮流、结合科技的力量研究相关的理论、方法和管理技术。至少有三个方向值得特别关注。第一，技术和商务的深度融合将颠覆和重塑人们的思维逻辑、认知方式和行为习惯。需要重点回答下面问题：如何基于数据形成具有因果关系的逻辑分析框架从而指导数据驱动的商务分析理论和方法，如何设计新的机制和规范以适应商务参与者的变化、参与者的思维和行为的改变，等等。第二，大数据、智能技术等导致的自动化、智能化将助力传统行业的转型升级，如机器人、无人仓库、无人超市、自动驾驶等的普及。关键课题包括如何结合领域知识改进商务模型、优化商务流程和经营策略、提升竞争效率等。第三，大数据和新技术也在推动行业破坏性创新，例如，"数据–服务–产品"包将真正实现"产品即服务"，改变产品的产权关系，触发制造业的彻底革命；又如，基因测序的应用和普及将引发医疗健康及保险等行业的革命。那么，接下来就要进一步探索如何在新的商务生态下创新商务模式、设计商务流程和经营策略、创造竞争优势等。

该项目能够在过去四年多的时间里得以顺利、有效地执行并取得重要进展和成果离不开许多组织和个人的殷切关怀、热情帮助、大力支持和全力投入。首先，感谢国家自然科学基金委员会高瞻远瞩，把握学科发展的前沿，适时立项，并在研究经费上予以支持。感谢国家自然科学基金委员会管理科学部的领导吴启迪主任、李一军主任、高自友主任一贯的关心、指导、支持和鼓励，工商管理处的冯芷艳处长在推动大数据相关研究方面的热情和努力与在该项目启动会上对项目执行规划的具体指导，工商管理处的吴刚处长在项目的执行过程中的指导、督促和支持。衷心感谢项目专家指导组马费成教授、毛基业教授和曾大军教授对项目在研究过程中给予的指导和具体的建设性意见。还要特别感谢项目团队所在单位，清华大学、复旦大学、西南交通大学、合肥工业大学和哈尔滨工业大学为研究团队工作的顺利开展提供了良好的环境和条件，以及一大批企业在项目研究过程中的配合和协助［包括阿里巴巴（中国）有限公司、北京京东尚科信息技术有限公司、苏宁易购集团股份有限公司、北京嘀嘀无限科技发展有限公司、中国人民保险集团有限公司、中国移动通信有限公司、北京百度网讯科技有限公司、奇瑞汽车股份有限公司等］。也要感谢所有参加该项目研究的老师和同学，包括项目团队核心成员：杨善林院士、叶强教授、徐心教授、刘红岩教授、戴悦教授。各课题的协调人：卫强教授、卢向华教授、肖勇波教授、郝辽刚教授、姜元春教授。各课题组骨干成员：课题一成员包括凌鸿教授、黄京华教授、李玲芳教授、郭迅华教授、王有为教授、张诚教授、彭志伟教授、林丽慧教授、许博教授、李希熙教授等；课题二成员包括徐飞教授、杨沙教授、张紫琼教授、李国鑫教授、耿维教授、Chul Ho Lee 教授、杨洋博士、王欣教授等；课题三成员包括吴俊杰教授、朱岩教授、刘登攀教授、张成洪教授、吴肖乐教授、黄朔教授、黎波教授、叶青教授、杨柳教授、袁华教授、钱宇教授等；课题四成员包括 Doug Vogel 教授、闻中教授、易成教授、吴天石教授、夏昊教授等；课题五成员包括倪志伟教授、李军教授、何建民教授、徐进教授、丁帅教授、王晓佳教授和孙见山教授等。谢谢大家一直以来真诚的配合和全心的投入，正是大家的齐心协力保障了项目的顺利进行。最后向参加本系列专著撰写的所有作者的倾心投入、朱华女士在项目进行和专著系列出版过程中的尽心协助，以及科学出版社及相关编辑在专著的编辑和出版过程中表现出的职业水准致以诚挚的敬意。

陈　剑　清华大学
陈国青　清华大学
黄丽华　复旦大学
贾建民　西南交通大学
刘业政　合肥工业大学

2019 年 7 月

前　　言

信息科技的飞速发展和深度融合开启了数字化生活的新篇章，把人们带入了大数据（big data）时代。一方面，随着各种感应探测技术、智能终端及移动互联的广泛应用，社会经济生活的方方面面以更细粒度的数据形式呈现，进而整个社会的“像素”得到显著提升；另一方面，社会“像素”的提升促进了数字“成像”的发展，使得通过数据世界可以更清晰地描绘社会经济活动情境。

在此背景下，具有粒度缩放、跨界关联和全局视图特点的商务管理问题不断涌现。首先，粒度缩放是指问题要素数据化，数据化后的问题要素能够在不同粒度层级间进行缩放。这需要通过数据感知、连接和采集获得足够细的粒度性，同时具备对于不同层级间的粒度转换的分解和聚合能力。其次，跨界关联是指问题要素空间外拓。这需要扩展惯常的要素约束和领域视角，强调“外部性”和“跨界”，在问题要素空间中通过引入外部视角与传统视角联动，将内部数据（如个体自身、企业组织和行业等）与外部数据（如社会媒体内容等）予以关联。最后，全局视图是指问题定义与求解的全局性，强调对相关情境的整体画像及其动态演化的把控和诠释。这需要基于数据分析和平台集成的全景式“成像”能力。

从商务管理的视角出发，基于大数据的商务智能和模式创新具有两方面的含义：一是以新型商务智能（business intelligence）为核心的大数据能力构建；二是通过大数据能力来带动商务管理活动的价值创造。这对应着研究的两个创新方向，即“方法创新”和“使能创新”。“方法创新”旨在设计新型商务智能的算法和解决方案，提升大数据分析的能力；“使能创新”旨在通过对于商务管理活动的大数据赋能过程（如新型商务智能方法的应用）使得产品/服务创新和商务模式创新成为可能。值得一提的是，这里“赋能”是指能力/能量的赋予和注入，而“使能”具有“使成为可能”的意味，可以理解为整个赋能频谱的高阶状态。

围绕国家自然科学基金重大项目“大数据环境下的商务管理研究”（71490720）及其课题“基于大数据的商务智能与模式创新研究”（71490724），本书汇集整理提炼部分重要研究成果。本书共9章，内容分为大数据建模与分析方法、面向社会化与用户生成内容的应用模式分析、大数据商业价值分析与新技术使能创新理论与方法等三个部分。

大数据建模与分析方法部分包括大数据环境下信息提取与推荐方法研究（第1章：陈国青，李翔宇，朱天宇），社会关系类型识别及其社会化推荐方法研究（第2章：刘红岩，贺江宁，何军），基于目标的循环神经网络动态个性化推荐算法（第3章：姜玮洁，卫强）。面向社会化与用户生成内容的应用模式分析部分包括基于用户生成内容的产品搜索和评估行为（第4章：易成），在线评论管理反馈研究（第5章：叶强，Bin Gu，张自立），投资者生成内容的群体智慧研究（第6章：叶强，金玉，吴羡娇）。大数据商业价值分析与新技术使能创新理论与方法部分包括投资者关注度对资产价格的影响研究（第7章：叶强，王晓琳），社会网络对用户行为及企业绩效的影响研究（第8章：叶强，方斌，吴冲），新技术使用的心理驱动力（第9章：徐心，Elena Karahanna，徐岩，张楠，黄玮）。

我们衷心感谢所有课题团队成员和合作者在研究工作和本书撰写中所做的出色贡献，感谢清华大学经济管理学院、清华大学现代管理研究中心和哈尔滨工业大学经济与管理学院提供的工作条件和大力支持，感谢科学出版社及其编辑为本书出版所付出的辛勤努力。

疏漏之处，敬请指正。

目　　录

第一篇　大数据建模与分析方法

第二篇 面向社会化与用户生成内容的应用模式分析

第三篇 大数据商业价值分析与新技术使能创新理论与方法

第一篇　大数据建模与分析方法

第1章　大数据环境下信息提取与推荐方法研究[1]

陈国青，李翔宇，朱天宇
清华大学经济管理学院

在大数据环境下，随着信息技术的飞速发展和深度融合，各类感知探测、移动互联、智能终端设备等广泛应用于当前的社会生活，使生活要素以数字化的形式全方位呈现。商务活动也不例外：业务流程的宏微观测，组织内外的关联融合，商务生态的全局呈现……多元化的数据使商务活动的运行情况更为清晰地呈现在人们眼前（陈国青等，2018）。在感知能力增强的同时，利用和驾驭数据、通过商务分析（business analytics）进行模式创新成为商务领域及其企业的核心能力。对于消费者个体而言，一方面，智能手机和购物平台上丰富的产品服务、随处可见的选择推荐、网络媒体的流式更新等，给人们的生活带来了极大的便捷性和丰富感。另一方面，信息过载也成为一个广泛关注的问题：海量信息加重了消费者认知负担，降低了商务决策效率。

信息提取与信息推荐是解决信息过载问题的两种重要方法，旨在从纷繁复杂的大数据中，筛选出决策者最为关心的内容，为决策者提供判断支持。本章将重点讨论商务分析中信息提取与推荐方法的若干进展，主要涉及我们近年来在相关研究中所做的工作（Zhang et al.，2016；Ma et al.，2017；Guo et al.，2017；Guan et al.，2019；Liu et al.，2017；Zhang et al.，2019）。

① 相关工作得到国家自然科学基金重大项目支持（71490724）。

1.1　总　　述

商务活动的繁荣发展为消费者提供了丰富的选择和参考，与此同时也带来了新的困难：选购产品时，消费者难以从繁多的店铺中甄选出最心仪的产品；在获取信息时，消费者难以从海量的评论中过滤出最关心的内容。消费者在处理信息时，需要付出时间、金钱、精力等多方面成本，因而过量的选择反而会加重他们的认知负荷，不利于其做出决策。此外，便捷的移动商务、泛在的消费场景也增添了消费者信息处理的难度。相较固定终端，移动终端的尺寸限制了其单次呈现的信息量，借助滑动、翻页等操作仍旧不够灵活；相较传统的室内环境，多样化的使用环境也会对消费者的认知效果产生复杂的影响。因此，以少量而精准的信息满足消费者的需求，在如今的商务活动中非常必要。综上所述，从大量候选信息中筛选出一小部分以有效地满足消费者的需求，是一个非常重要的研究与应用问题。在问题的求解中，信息提取与信息推荐是比较典型的两类方法。

信息提取是指通过对候选结果的分析，发现整个结果集合的特征，并基于此进行结果的选择或排序。通过比较提取结果与整体结果集合的关系，信息提取技术可以通过提取少量结果来“反映”整体结果的特征，从而使消费者在阅读这部分结果后即可掌握总体的全貌，不必阅读更多的结果。换句话说，这是一个“大集合-小集合”问题（也称为一类“大数据-小数据”问题），即提取出来的结果（小集合）如何反映原集合（大集合）的问题。值得一提的是，这里“反映”的含义取决于相应的标准和测度，比如，我们可以从“多样性反映”“一致性反映”“代表性反映”的角度来描述小集合与大集合的关系，并设计和开发相应的算法来进行问题求解。

信息推荐的主要任务是进行消费者对候选结果的评分预测。利用消费者对其他结果的评分及相关信息，构建合理的模型完成评分预测任务，并基于预测评分将排序最高的结果呈现给消费者，从而完成信息推荐的任务（Adomavicius and Tuzhilin，2005）。这样，消费者可以通过从前往后浏览的方式，在提供的结果列表中以较低的成本获得满意的结果。近年来，丰富的产品信息媒介及复杂的产品间关系逐渐引起推荐研究的关注，相关工作包括：考虑富媒体数据融合（如产品图像、描述、评论等）的推荐、考虑数据关系（如产品共同浏览与购买、产品互补与替代等）的推荐等。

针对信息提取和信息推荐问题，本章讨论近年来若干相关的研究探索。1.2~

1.4 节主要讨论信息提取工作，分别围绕一致性、多样性和代表性的建模和算法设计进行展开；1.5~1.7 节主要讨论信息推荐工作，分别围绕多源异质性和关联性的建模和算法设计进行展开。概括来说，本章内容框架如图 1.1 所示。

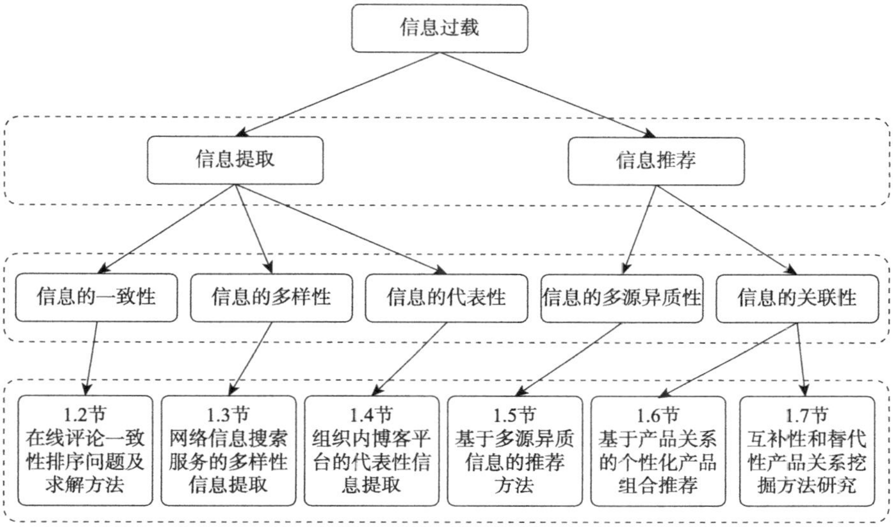

图 1.1　本章内容框架

1.2　在线评论一致性排序问题及求解方法

面对海量在线评论给消费者购物决策带来的信息过载问题，对产品所有评论中蕴含的意见信息进行汇总可以帮助消费者以清晰、简洁的方式快速了解该产品消费者的意见分布情况，从而判断该产品的质量，辅助其购物决策。基于此，出现了大量评论意见挖掘及汇总技术的研究（Lappas et al.，2012；Tsaparas et al.，2011；Yu et al.，2013），通过自动分析每条评论所评价的产品属性及对应的意见极性，汇总得到产品所有评论的意见分布情况，即各产品属性上分别有多少比例的评论持正面、负面意见。这种从评论集合角度得到的评论汇总信息提供了整体性消费者意见分布情况，能为消费者的购物决策提供有效支持。

在了解意见分布情况的同时，消费者往往还需要了解评论者持有相应意见的原因等细节信息（Kim and Hovy，2006），以加深对于评论汇总信息的理解（Weinberg and Davis，2005）。因此，除了从全局视角向消费者提供评论汇总信息外，还需要从个例视角向消费者提供合适的具体评论，更好地支持消费者的购物决策。

而当同时向消费者提供评论汇总信息和具体评论时，就出现了一致性表达问题。例如，假设某产品有大量评论信息，其特征汇总信息可以被任一消费者浏览并知晓。此外，该消费者在浏览该产品的具体评论内容时，通常不可能浏览所有评论信息，而只是浏览其中一部分。这一被浏览过的评论集合同样可以得到其特征汇总信息。显然，该消费者的购买决策会受到他所浏览的评论信息的影响。这里就存在一个错位的挑战：如果他看到的具体评论集合的特征汇总与评论全貌特征汇总不一致，那么他就可能感到迷惑，进而影响他的决策过程。比如，虽然他知道对于该产品的“服务”特征的评论，正面的占 80%（图 1.2），但是当他阅读购物网站第一页显示的 10 条评论后（表 1.1），发现正面的只占 3 条，另外 7 条都是负面评论。这时，小集合在“服务”特征上的正负比例为 30%：70%，与评论汇总信息中的 80%：20%不一致。这种不一致可能对消费者的决策产生干扰，或者导致其花费更多的时间、精力去阅读更多评论。

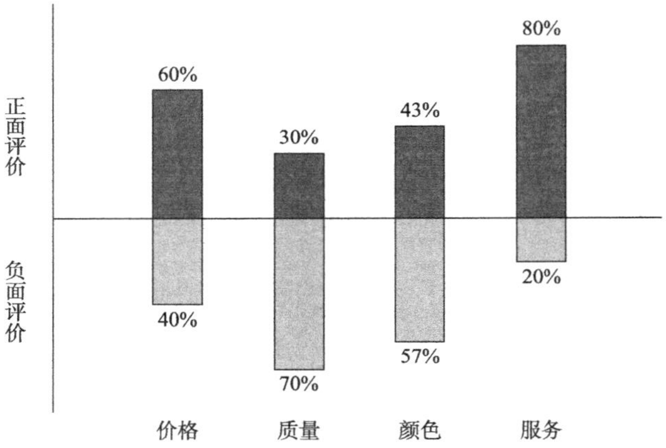

图 1.2　某产品的评论汇总信息

表 1.1　购物网站页面显示的 10 条具体评论

序号	评论内容
评论 1	……价格还算公道，不过服务挺差，客服没有人……
评论 2	……想换一个其他颜色的，很快给配送了一个……
评论 3	……机器人客服太笨，电话又打不通……
评论 4	……使用说明书写得不清楚，不同客服回答的不一样
评论 5	……包装打开过，感觉不爽……
评论 6	……还算耐用，性价比还可以，就是服务不指望了……
评论 7	……刚换了个配件，又送了个备用的，不错！……
评论 8	……安装费里还有 50 块钱路费，够能要的……
评论 9	……到货后跟来了一个客服电话，赞！……
评论 10	……问客服价格优惠信息，和广告中说的打折率不同……

由上例可知，在为消费者提供少量评论作为具体参考时，需要准确把握这一小部分评论与评论全貌之间的一致性，即评论子集需要与评论全集有较高的一致性。进一步地，评论的整体排序直接影响消费者可能看到哪些评论，因此需要对排序方式进行合理设计，从而保证相应的评论子集与评论全集的高度一致性。然而，目前广泛使用的按时间、有用性等方式进行排序的具体评论提供方式并不能满足评论意见一致性表达的要求。为了解决评论意见表达的一致性问题，本章首先对评论集合中包含的意见分布信息进行形式化描述，然后对评论汇总信息与具体评论集合之间的一致性进行定义，之后提出了增强逐步寻优算法（enhanced stepwise optimization procedure，ESOP）求得该问题的近似解，最后通过大量的实验分析和讨论验证了评论意见一致性表达问题对于消费者购物决策的支持作用，并检验了提出的增强逐步寻优算法在求解该问题时的优势（Zhang et al.，2016）。

1.2.1　问题定义

给定某一产品所有评论的集合 $R=\{r_1,r_2,\cdots,r_n\}$，可以从中提取得到产品的属性集合 $F=\{f_1,f_2,\cdots,f_m\}$ 及对应的意见极性集合 $\mathrm{SO}=\{\mathrm{so}_1,\mathrm{so}_2,\cdots,\mathrm{so}_p\}$。由此，每条评论 $r\in R$ 可以表示为“产品属性-意见极性”的二元组集合，即 $r=\{(f,\mathrm{so})|f\in F,\mathrm{so}\in\mathrm{SO}\}$。

从评论全集 R 中获取任意评论子集 $S\subseteq R$，该子集中包含的产品属性集合为 $F_S\subseteq F$。针对 F_S 中的某一属性 f，$S_f=\{r|r\in S,f\in F_{\{r\}}\}$ 表示评论子集 S 中包含属性 f 的所有评论组成的集合，$S_f^{\mathrm{so}}=\{r|r\in S,(f,\mathrm{so})\in r\}$ 表示 S_f 中在属性 f 上意见极性为so的所有评论组成的集合。

基于此，评论子集 S 关于属性 f 的意见分布可以用不同意见极性评论的数量来表示，即 $d(f,S)=\left(\left|S_f^{\mathrm{so}_1}\right|,\left|S_f^{\mathrm{so}_2}\right|,\cdots\right)$。评论子集 S 所有属性的意见分布为 $d(F_S,S)=\{d(f,S)\mid f\in F_S\}$。当 $S=R$ 时，$d(F_R,R)=\{d(f,R)\mid f\in F\}$ 则表示该产品评论全集 R 所有属性的意见分布情况，即评论摘要。

由此，评论汇总信息与具体评论集合之间的一致性可以定义为评论全集 R 的意见汇总信息 $d(F,R)$ 与消费者阅读的具体评论集合 S 的意见汇总信息 $d(F_S,S)$ 之间的函数，即 $C(R,S)=f\big(d(F,R),d(F_S,S)\big)$。评论集合的意见汇总信息是由评论集合在产品各属性上的意见分布向量组成的集合，因此可进一步定义评论汇总信息与具体评论集合之间的一致性为各产品属性上评论全集和评论子集的意见分布的一致性得分之和，即 $C(R,S)=\sum_{f\in F}C_f(R,S)$。

由于正向、负向是最常考虑的两种意见极性，所以设定 $\mathrm{SO}=\{+,-\}$，$+$、$-$ 分

别代表正向、负向情感。因此，集合 S 在属性 f 上的意见分布 $d\left(f,S\right)$ 可以用包含属性 f 的正向评论在包含属性 f 的所有评论中的占比表示，即 $\left|S_f^+\right|/\left|S_f\right|$。评论全集 R 和子集 S 关于属性 f 的一致性可以借助相应占比误差的绝对值进行刻画，即 $\left\|S_f^+\right|/\left|S_f\right|-\left|R_f^+\right|/\left|R_f\right\|$。此外，引入属性 f 的频率 $\left|R_f\right|/\left|R\right|$ 作为权重，以突出不同属性对一致性测度的重要程度。因此，关于属性 f 的一致性测度定义如下：

$$C_f\left(R,S\right)=\begin{cases}\dfrac{\left|R_f\right|}{\left|R\right|}\times\left(1-\left|\dfrac{\left|S_f^+\right|}{\left|S_f\right|}-\dfrac{\left|R_f^+\right|}{\left|R_f\right|}\right|\right), & \left|S_f\right|>0\\ 0, & \left|S_f\right|=0\end{cases}$$

评论全集 R 和子集 S 的一致性则可以通过加总二者在所有属性上的一致性得到：

$$C\left(R,S\right)=\sum_{f\in F}C_f\left(R,S\right)=\sum_{f\in F_s}\frac{\left|R_f\right|}{\left|R\right|}\times\left(1-\left|\frac{\left|S_f^+\right|}{\left|S_f\right|}-\frac{\left|R_f^+\right|}{\left|R_f\right|}\right|\right)$$

给定排序后的评论列表 $L=\left\{r_{l_1},r_{l_2},\cdots,r_{l_n}\right\}$，$r_{l_i}$ 表示列表中第 i 条评论。按照消费者从上往下的浏览习惯，如果浏览完前 i 条就停止浏览，会生成浏览集合 $S_i=\left\{r_{l_1},r_{l_2},\cdots,r_{l_i}\right\}$。而停止浏览的位置会受消费者自身、决策任务及环境因素等多方面的影响，相应的概率分布 $P=\left\{p_1,p_2,\cdots,p_n\right\}$ 可以通过眼动测试或日志分析等手段获得。综合以上情况，可以通过计算评论全集 R 与由评论列表 L 生成的一系列浏览集合 S_i 的加权平均值，衡量 R 与 L 的期望一致性效果，即 $E\left(C\left(R,L\right)\right)=\sum_{i=1}^{n}p_iC\left(R,S_i\right)$。因此，基于一致性的评论排序（consistent review ranking，CRR）问题定义如下：

$$\max E\left(C\left(R,L\right)\right)=\sum_{i=1}^{n}p_i\sum_{f\in F_s}\frac{\left|R_f\right|}{\left|R\right|}\times\left(1-\left|\frac{\left|S_f^+\right|}{\left|S_f\right|}-\frac{\left|R_f^+\right|}{\left|R_f\right|}\right|\right)$$

$$\text{s.t. } S_i=\left\{r_{l_1},r_{l_2},\cdots,r_{l_i}\right\},i=1,2,\cdots,n$$

1.2.2　求解方法

由于 CRR 问题是 NP 难问题，难以得到精确解。为了求解以上问题，设计了逐步寻优算法（stepwise optimization procedure，SOP），算法流程如图 1.3 所示。首先，将评论排序列表和对应的被选评论集合分别初始化为空列表 L_0 和空集合 $S_0=\varnothing$。然后，每次迭代都从剩余评论集 $\left\{r\middle|r\in R,r\notin S_{i-1}\right\}$ 中选出一条评论添加至

排序列表末尾和被选评论集合中，直至所有评论都被添加进排序列表中。第 i 次迭代中，基于已有的评论排序列表 L_{i-1}，分别将剩余的评论添加至排序列表末尾，得到当前这一次迭代的备选列表集合 SL_i。对于备选列表集合中的每一个列表 $L_i \in \mathrm{SL}_i$，分别计算其对应被选评论集合与全体评论集合之间的一致性得分 $C(R, L_i)$，选择得分最高的排序列表作为这一次迭代保留的评论排序列表，并用作下一次迭代列表添加的基础。经过 n 次迭代，保留的评论排序列表即作为逐步寻优算法的结果。

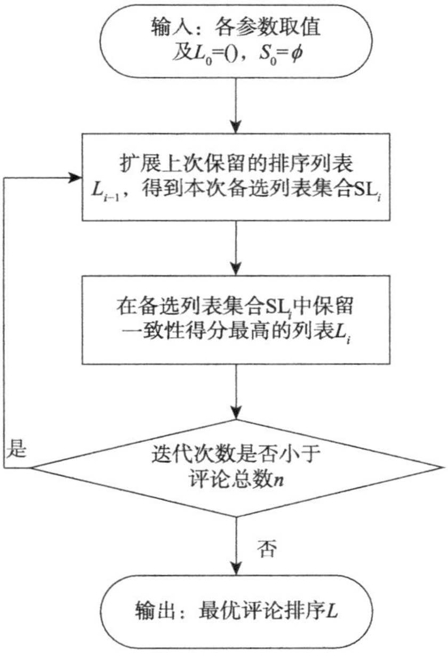

图 1.3　逐步寻优算法的流程图

评论意见一致性表达在消费者购物决策支持中发挥着重要作用，理想情况是在可接受的效率范围内尽可能提升评论一致性排序问题的求解结果。因此，在逐步寻优算法基础上提出了增强逐步寻优算法，算法流程如图 1.4 所示。相较于逐步寻优算法，增强逐步寻优算法主要是将备选列表集合中的保留对象，由原来的一致性得分最高的单一排序列表，扩展为一致性得分较高的排序列表集合。增强逐步寻优算法的初始化内容为一个包含空排序列表 L_0 的备选列表集合 $\mathrm{SL}_0=\{L_0\}$。随后，逐步扩展备选列表集合中的列表并按其期望一致性得分进行筛选，直至列表包含所有评论。在第 i 次迭代中，对所有保留在上一步备选列表集合中的列表 $L_{i-1} \in \mathrm{SL}_{i-1}$ 分别进行扩展，将未在列表中的评论添加至该列表的末尾，得到本次迭代产生的备选列表集合 $\mathrm{SL}_i=\{L_i \mid L_{i-1} \cdot \mathrm{AddAtTheEnd}(r),$

$L_{i-1} \in \mathrm{SL}_{i-1}, \{r | r \in R, r \notin S_{i-1}\}\}$。对于本次迭代得到的备选列表集合中的列表，分别计算其当前的期望一致性得分，并记录最大值和最小值。基于参数 $\alpha \in [0,1]$ 对备选列表集合中的列表进行筛选，仅保留期望一致性得分落在 $[\mathrm{minValue} + \alpha \times (\mathrm{maxValue} - \mathrm{minValue}), \mathrm{maxValue}]$ 范围内的排序列表用于下次迭代。经过 n 次迭代后，SL_n 中 $E[C(R, L_i)]$ 取值最大的即为求解所得的排序列表。

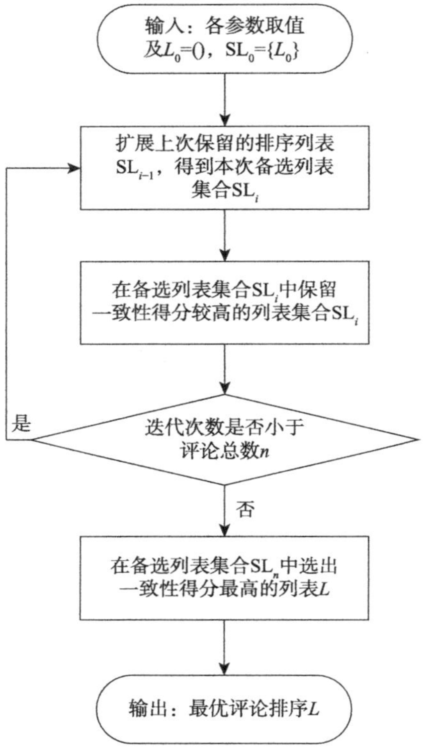

图 1.4　增强逐步寻优算法的流程图

1.2.3　实验

为了检验增强逐步寻优算法在求解评论一致性排序问题方面的表现，在模拟评论数据和真实评论数据上进行了实验。首先，通过模拟评论数据实验，分析了参数 α 对增强逐步寻优算法效果和效率的影响。结果表明，随着参数 α 值的下降，增强逐步寻优算法的效果得到了提升。当 α=0.8 时，增强逐步寻优算法能够利用增加的单位计算时间取得最高的效果提升。之后，基于模拟评论数据和真实评论数据，比较了增强逐步寻优算法和其他相关方法的表现情况，实验结果及成对样本 t 检验表明，增强逐步寻优算法在标准化得分上显著优于其他所有方法。在讨论部分，分别分析了作为方法输入的消费者停止阅读概率分布对相关方法表现的影响、极端数据特征下各方法表现情况的比较及各方法在求解效率方面的比较，结果表明，在各种产品情况下，增强逐步寻优算法都能取得更好的结果。最后，通过消费者实验比较了评论意见一致性表达目标与相关目标对于消费者购物决策的支持作用。

1.3 网络信息搜索服务的多样性信息提取

网络信息的指数式增长，给消费者带来了信息低成本可获的便利。与此同时，面对信息搜索服务提供的众多结果，消费者受限于时间、精力、设备功能等因素，往往只能浏览其中一个很小的子集。因此，这一子集的信息质量对消费者及搜索服务提供商来说都非常重要。在评估信息质量时，多样性是消费者非常看重的一点。在很多情况下，消费者都会关注信息搜索结果在不同侧面对原始信息集合整体的反映情况：比如在线购物时，消费者会从评论中查找产品的各类特征及正负面评价，以掌握产品详情；准备旅游攻略时，消费者会从旅游网站上浏览各类典型游记博文，以了解景点全貌。然而在实际应用中，信息搜索服务过于关注搜索结果的相关性，导致消费者实际浏览的结果之间相似性太强，难以满足其多样性要求（Ma and Wei，2012）。因此，信息搜索服务从信息全集提取信息子集时，需要考虑结果的多样性，以尽可能地满足消费者丰富的需求。

关于信息提取多样性的研究中，已有研究主要关注内容方面的多样性，通过贪心算法实现最大化提取集合的内容多样性的目标（Agrawal et al.，2009）。事实上，如果从信息覆盖的视角来看待这一问题，信息提取多样性可以划分为两个方面：一方面是基于文本/话题相似的内容覆盖，另一方面是基于分布差异的结构覆盖。这里以图 1.5 中颜色球选取问题为例说明：若总共有 1000 个球（原集合），分别为 100 个白球，200 个浅灰球，300 个深灰球，400 个黑球。按照 4 种不同的策略从 1000 个球中选取不超过 10 个球，会得到（a）、（b）、（c）、（d）四种结果。哪种选取结果更能反映原集合的 1000 个球呢？显然，在颜色种类上，（b）、（c）、（d）包含了与原集合完全相同的小球；在颜色分布上，只有（c）中各种球的比例与原集合最为接近。因此，（c）结果最能反映原集合。以颜色对应信息内容，以颜色分布对应结构分布，不难发现，内容覆盖与结构覆盖两个方面都是衡量信息提取多样性不可或缺的维度。

在实际应用中，信息提取工作比上述颜色球的例子更为复杂，因为例子中的同色球被认为是完全无差异的，而在信息提取时不同条目间却总存在差异，比如，

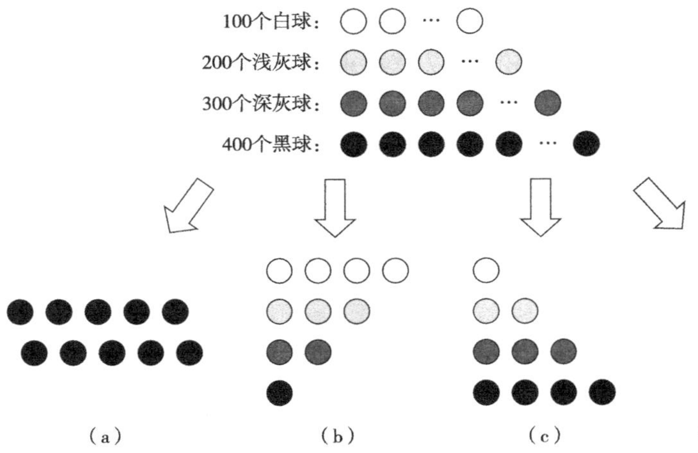

图 1.5　颜色球选取问题示例

关键词之间、文本之间、图像之间、语音之间等多是相似的而不是相同的。因此，从信息覆盖的角度进行多样性衡量，并完成信息提取工作，难度会更大，需要恰当定义信息覆盖的两个维度，并基于信息覆盖设计合理的信息提取方法。

因此，本节针对网络信息搜索服务中多样性信息提取问题，首先定义了信息覆盖度这一新测度指标，根据相似性和信息熵的思想测量提取子集覆盖原集合的程度，特别是可以在信息结构层面进行覆盖度测量；其次，以信息覆盖度最大化为目标，将此问题表示成一个优化问题。最后，提出一个新颖的启发式（模拟退火策略）求解算法及其近似算法（Ma et al.，2017）。通过分析和实验，进一步验证该算法比其他标杆和主流方法更有优势，并在实际场景中得到检验。

1.3.1　问题定义

对于网络信息搜索服务，已知搜索结果原集合 D，以及从中提取出的子集合 D'。对于结果 $d \in D$ 和 $d' \in D'$，可以用二者之间的相似度 $\mathrm{sim}(d,d')$ 来反映彼此在信息内容上的覆盖程度。因此，对于原集合 D 中的任一结果 d，其被集合 D' 内容覆盖的程度可以用 D' 中与 d 贴近程度最高的值来表示，即为 $\max_{d' \in D'}\{\mathrm{sim}(d,d')\}$。该式可以作为 D' 对结果 d 内容覆盖的一个下限值。为了反映提取子集 D' 对原集合 D 的整体信息内容覆盖程度，采用 D' 对 D 中所有结果内容覆盖程度的算数平均值来表示，即

$$\mathrm{Cov}_c(D',D) = \frac{\sum_{d \in D} \max_{d' \in D'}\{\mathrm{sim}(d,d')\}}{|D|}$$

对于原集合 D 信息结构的衡量，可以借助信息熵（Shannon，1948）的概念。

假设集合 D 内的结果可以被分成 m 个互不重叠的类别 $D_1,D_2,\cdots,D_m$，则 D 的信息结构可以通过信息内容的分布情况来表示，即 $-\frac{1}{\log m}\sum_{j=1}^{m}\frac{|D_j|}{|D|}\log\frac{|D_j|}{|D|}$。因此，$D'$ 对于原集合 D 的结构覆盖可以通过对应信息熵的接近程度来表示。为了计算原集合 D 的信息熵，需要对的结果进行分类。可以将 D' 中的每个结果 d_j 看成一个类别，然后将 D 中的任一结果 d 按照与 D' 中每一个结果 d' 的贴近程度，确定其类别归属。由此可以得到集合 D 的类别划分 $D_1,D_2,\cdots,D_m$，从而可以计算提取子集与原集合的结构覆盖度，即

$$\mathrm{Cov}_s(D',D)=-\frac{1}{\log_2|D'|}\sum_{j=1}^{|D'|}\frac{n_j^v}{n^v}\log\frac{n_j^v}{n^v}$$

其中，$n_j^v=\sum_{d\in D_j}\mathrm{sim}(d',d)$ 表示以 d' 为类标签的类别 D_j 所包含的信息量；$n^v=\sum_{j=1,2,\cdots,|D'|}n_j^v$ 表示集合 D 所包含的信息量。

综合内容覆盖和结构覆盖两个方面的考虑，可以定义信息覆盖测度为

$$\mathrm{Cov}(D',D)=\begin{cases}\mathrm{Cov}_c(D',D), & |D'|=1\\ \mathrm{Cov}_c(D',D)\times\mathrm{Cov}_s(D',D), & |D'|>1\end{cases}$$

即

$$\mathrm{Cov}(D',D)=\begin{cases}\frac{1}{|D|}\sum_{d\in D}\mathrm{sim}(d_1',d), & |D'|=1\\ \frac{1}{|D|}\sum_{d\in D}\max_{d'\in D'}\{\mathrm{sim}(d',d)\}\times\left\{-\frac{1}{\log_2|D'|}\sum_{j=1}^{|D'|}\frac{n_j^v}{n^v}\log\frac{n_j^v}{n^v}\right\}, & |D'|>1\end{cases}$$

其中，当 D' 中只有一个结果时，不需要考虑信息分布情况，所以信息覆盖即内容覆盖；当 D' 中有多个结果时，信息覆盖表示为内容覆盖和结构覆盖的乘积。

为了实现多样性信息提取的目标，本小节分为两个阶段：首先基于信息内容覆盖度，定义信息内容覆盖最大问题：给定原集合 $D=\{d_1,d_2,\cdots,d_n\}$，D 中任意两个结果 d_i 与 d_j 之间的相似度 $\mathrm{sim}(d_i,d_j)$，以及正整数 $k(1<k<n)$，则信息内容覆盖最大化问题 maxContCov(k)即为找到一个提取结果子集 $D_*'\subseteq D$ 且 $|D_*'|=k$，使得

$$\begin{aligned}\mathrm{Cov}_c(D_*',D)&=\max_{D'\subseteq D,|D'|=k}\{\mathrm{Cov}_c(D',D)\}\\&=\max_{D'\subseteq D,|D'|=k}\left\{\frac{1}{n}\sum_{d\in D}\max_{d'\in D'}\{\mathrm{sim}(d',d)\}\right\}\end{aligned}$$

进一步，基于信息覆盖度的定义，定义信息覆盖最大化问题：给定原集合 $D=\{d_1,d_2,\cdots,d_n\}$，D 中任意两个结果 d_i 与 d_j 之间的相似度 $\mathrm{sim}(d_i,d_j)$，以及正

整数 $k\left(1<k<n\right)$，则信息覆盖最大化问题 maxCov(k)即为找到一个提取结果子集 $D_*' \subseteq D$ 且 $\left|D_*'\right|=k$，使得

$$\begin{aligned}\operatorname{Cov}\left(D_*',D\right)&=\max_{D'\subseteq D,\left|D'\right|=k}\left\{\operatorname{Cov}\left(D',D\right)\right\}\\&=\max_{D'\subseteq D,\left|D'\right|=k}\left\{\frac{1}{n}\sum_{d\in D}\max_{d'\in D'}\left\{\operatorname{sim}\left(d',d\right)\right\}\times\left\{-\frac{1}{\log_2 k}\sum_{j=1}^{k}\frac{n_j^v}{n^v}\log\frac{n_j^v}{n^v}\right\}\right\}\end{aligned}$$

1.3.2　求解方法

maxContCov(k)问题是一个 NP 难问题，因此借助简单的贪婪策略，设计一个启发式算法 Cov_C-Select，算法流程如图 1.6 所示。该算法利用简单贪婪的启发式思想，即每次选取过程都是找到使得当前结果集合的信息内容覆盖度最大（即同时满足边际信息内容覆盖度增益值最大）的结果。将提取结果集合 D' 初始化为空集 $\varnothing$，原集合 D 作为候选集合 $D_{\text{Candidate}}$，总计需要从候选集合中选取 k 个结果，每次仅选取一个加入 D' 中。每次选取时，将任一候选集合中的结果与前一次选取后的 D' 合并，计算相应集合的信息内容覆盖度的测度值，并将最大测度值对应的结果 d_* 从候选集合中取出加入 D'。当 D' 中包含 k 个结果时，选取过程结束，得到了算法最终结果。

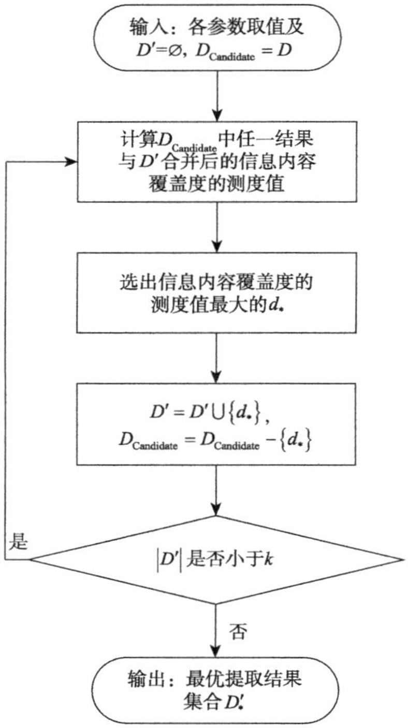

图 1.6　Cov_C-Select 算法的流程图

maxCov(k)问题同样是一个 NP 难问题。为了求解此问题，结合已有的算法 Cov_C-Select，并引入模拟退火的随机搜索策略，设计了启发式优化算法 Cov_{C+S}-Select，算法流程如图 1.7 所示。算法的输入要素包括原集合 D、D 中任意两个结果 d_i 与 d_j 之间的相似度 $\mathrm{sim}\left(d_i,d_j\right)$、提取结果子集的大小 k、初始温度 T_0、冷却最小温度 $T_{\min}$ 及初始化的提取结果集合 D_0'，这里采用算法 Cov_C-Select 得到的结果集合作为 D_0'；算法的输出为最终的提取结果集合 D_*'。算法的迭代过程主要可以分为五个步骤。

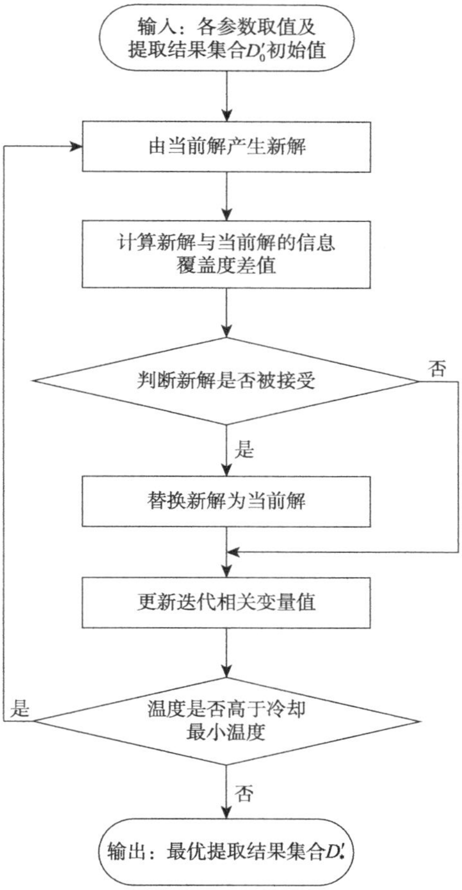

图 1.7　Cov_{C+S}-Select 算法的流程图

（1）由当前解产生新解。在计算当前提取结果集合的信息覆盖度及通过分配操作计算提取结果集合中每一结果对应的累积相似度后，计算平均累积相似度并找到最小累积相似度对应的结果。然后，通过比较累积相似度中最小值和平均值来判断累积相似度分布是否均匀，如果分布均匀就随机选取一个结果进行替换迭代尝试，否则将选择最小累积相似度处的结果进行迭代优化。将原集合中除当前提取结果集合外的其他结果逐个替换累积相似度最小值处的结果，并选取其中替换后信息覆盖度测度值最大的结果作为可能的新解。

（2）计算新解与当前解的信息覆盖度差值。这一步需要计算当前结果集合和可能的新结果集合的信息覆盖度，并计算新解带来的信息覆盖度的增益（负值表示减少值）。这里计算的测度值增益，一方面决定是否直接使用新解代替当前解，另一方面对后续“接受概率”的产生起作用。

（3）判断新解是否被接受。这一步是引入模拟退火的“随机搜索”思路的核心内容。如果出现新解没能改进信息覆盖度的测度值，并不一定放弃新解，而是以一定的“接受概率”接受测度值无改进的新解。这种“接受概率”会受到新解的信息覆盖度测度值增益及当前冷却温度的双重影响。如果当前“接受概率”大于随机概率，则接受新解代替当前解，否则仍保留当前解。当新解与当前解测度值相同时，仍然坚持使用新解代替当前解，这也是为了鼓励算法进行更多寻优，避免陷入某个局部最优值附近。

（4）替换新解为当前解。当新解被接受（测度值有改进或以一定概率接受无改进的新解）时，即使用新解来代替当前解，进入下一轮迭代。

（5）更新迭代相关变量值。在完成每一轮迭代替换后，还需要完成三项工作：更新当前温度，更新迭代次数及更新到目前为止的历史最优结果集合。

为了能在较短时间内找到表现较好的提取结果，在 Cov_{C+S}-Select 算法的基础上又设计了一种快速近似寻优算法 FastCov_{C+S}-Select。该算法的基本思想是，具有较高信息覆盖度的结果是建立在具有较好信息内容覆盖度的结果基础上的。具体而言，首先通过 Cov_{C}-Select 算法得到比最终提取规模稍大的候选集合（包含 $t\times k$ 个结果，t 是一个较小的正整数），然后将此集合内的前 k 个结果设置为当前结果集合，并以此集合内剩余结果作为新解生成的替换项。除此之外，FastCov_{C+S}-Select 算法与 Cov_{C+S}-Select 算法完全一致。通过在一个更小的集合内进行搜索迭代优化，FastCov_{C+S}-Select 算法得以降低计算复杂度。

1.3.3 实验

为了检验 FastCov_{C+S}-Select 算法的效果，本节在多种情境下进行了实验。首先，在搜索引擎关键词搜索结果数据上，对比了本节提出的几种算法的效果，发现 Cov_{C+S}-Select 算法与 FastCov_{C+S}-Select 算法得到的结果在信息覆盖度上很接近，并且和穷举最优的差距也很小，而 FastCov_{C+S}-Select 算法在运行效率上比 Cov_{C+S}-Select 算法高很多，从而在效果和效率两方面证实了 FastCov_{C+S}-Select 算法的价值。接下来，本节选择了以往信息多样性研究中的若干方法作为标杆，从信息覆盖、外部标签及人工评测三种不同的角度来进行效果对比，并对实验结果进行了显著性检验。结果表明，在三种情境下，$\mathrm{FastCov}_{C+S}$-Select 算法都取得了最优的效果，并且显著超过了其他标杆方法，从而证实了该算法在提取多样性信息中的有用性。

1.4 组织内博客平台的代表性信息提取

博客作为一种典型的社交媒体，自 21 世纪初以来一直盛行并成为网上信息的重要来源。最近，博客被引入企业沟通环境，创造了一种新型协作环境——企业博客平台（Lu et al.，2015）。博客这种即时的、互动的、参与感强的形式符合新一代员工的习惯和诉求。当员工接受了一个内部博客平台并定期发布文章时，在该平台上积累的信息可以为管理者提供决策支持。

然而，一个内部博客系统通常每周产生数千篇文章，决策者几乎不可能阅读或浏览所有文章（Bawden and Robinson，2009）。为了挖掘内部博客平台的潜在价值，决策者面临一个根本问题：考虑到每天产生的大量文章，他们将阅读哪些文章，以便更好地了解员工的主流思想和新观点，即如何从所有博客文章（大集合）中提取出一小部分博客文章（小集合），使之能反映所有博客中包含的多样性内容。例如，一个员工发布了一篇文章，含蓄地传达了一个改进客户服务的新想法，但很少有其他人阅读和讨论这个想法。在这种情况下，文章不会被基于流行度的系统推荐。然而，如果这个想法被提取出来展示给管理者，它可能会产生重要价值。另一个例子是，一名员工发表了一篇表达一些负面情绪的文章。使用基于流行度的机制，除非广泛讨论，否则不会向管理者推荐该文章，但管理者在早期发现此类文章的存在是有用的。

由于现有的方法主要是为挖掘公共博客而设计的，它们通常关注流行度和个性化，而很少考虑代表性。对于组织内环境，设计一种以代表性为中心的新方法是有意义的（Guo et al.，2017）。解决代表性文档提取问题的一个思路是基于聚类的思想，如图 1.8 所示。首先，将所有博客（大集合）根据相似性进行聚类，得到若干博客簇，使得簇内博客间尽量相似而不同簇的博客之间尽量分开。然后，再从每一个簇中挑出一个博客作为本簇的代表性博客。

该问题的难点在于如何进行聚类。传统的聚类方法[如 k-means（k 均值聚类）、层次聚类]并不适用于该研究场景：一是人们阅读博客的数目可能随时变化，因此，如果采用 k-means 方法就需要对于每一次数目变化重新进行聚类，效率低下；二是层次聚类对于高维文本数据的聚类效果较差。针对上述问题，本节提出了代表性集合（representative set，REPSET)方法，它采用了一种新颖的聚类技术，该技

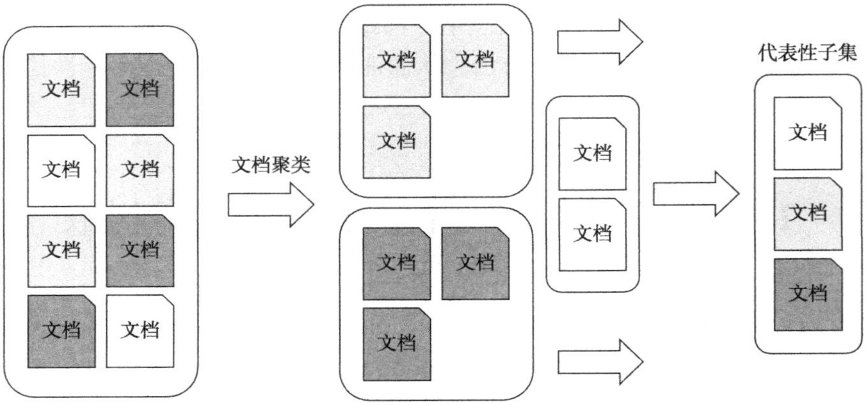

图 1.8　代表性文档提取过程

术扩展了传统层次聚类的思想，引入一个反向策略，可以在不同的聚类层上进行效果修正，使得一些误分的元素可以被调整到更合适的簇中，进而提升聚类效果，能够有效地识别出一个小集合来代表一个大的信息库的多样化内容。

为了验证 REPSET 的有效性，本节基于一个大型公司内部博客平台上积累的海量数据库进行了实证评估。通过一个实际的例子，说明了该方法如何促进覆盖范围的多样性，从而产生更具代表性的结果。数据实验和用户评价的结果表明，与基准方法相比，REPSET 和基于 REPSET 的提取系统具有优异的性能。

1.4.1　问题定义

在该问题中，用 $D=\{d_1,d_2,\cdots,d_n\}$ 表示企业博客文档的集合，n 表示文档总数。通过分词和词频/逆向文档频率（term frequency-inverse document frequency，tf/idf）模型的处理，将每个文档 d_i 表示为词向量 $d_i=\left[w_{1i},w_{2i},\cdots,w_{pi}\right]$，$p$ 表示词表大小。本节的目标是从所有博客文档的集合 D 中提取出一个容量为 k 的小集合 $S\subset D$，使 S 中的文档最能代表 D 中文档的内容。

1.4.2　模型构建

代表性文档提取的目标是找到一个文档的子集，尽可能反映所有文档的多样性内容。一般来说，这个目标可以通过两个主要步骤来实现：①根据内容之间的相似性对所有文档进行聚类；②为每个类别选择一个好的代表性文档。如果文档的聚类和代表性项目的选择越准确，则结果集的代表性程度将越高。因此，REPSET 方法的整个过程如图 1.9 所示。

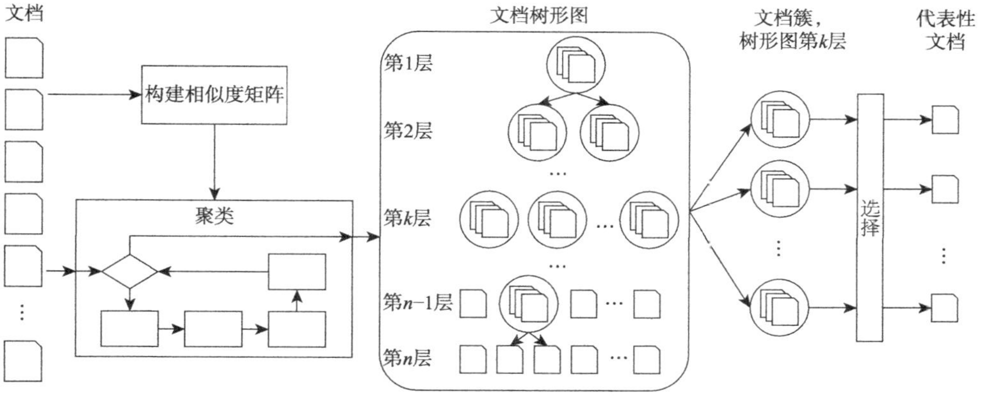

图 1.9　REPSET 过程图

首先，计算文档之间的相似程度。也就是说，给定 n 个文档，构造一个 $n\times n$ 的相似度矩阵。其次，利用聚类算法将文档聚类成具有不同粒度的树形图。最后，对于文档树形图中的所有给定级别，根据相似程度从每个簇中选择一个代表性文档。从树形图中，管理者可以根据需要获得不同层次的聚类结果和代表性文档，而不是预先确定聚类数 k 。下面详细介绍 REPSET 的三个组件。

1. 构建相似度矩阵

两个文档之间的相似度可以使用余弦相似度（cosine similarity）来计算。具体来说，任何两个文档 $d_1=\left[w_{11},w_{21},\cdots,w_{p1}\right]$ 和 $d_2=\left[w_{12},\ w_{22},\cdots,w_{p2}\right]$ 在 p 维向量空间中的余弦相似度为

$$\mathrm{Sim}(d_1,d_2)=\frac{d_1\times d_2}{\|d_1\|\times\|d_2\|}=\frac{w_{11}\times w_{12}+w_{21}\times w_{22}+\cdots+w_{p1}\times w_{p2}}{\sqrt{w_{11}^2+w_{21}^2+\cdots+w_{p1}^2}\times\sqrt{w_{12}^2+w_{22}^2+\cdots+w_{p2}^2}}$$

2. 聚类

给定一个含有 n 个文档的集合 D，可以据此计算出相似度矩阵 M，其第 i 行和第 j 列的元素表示文档 i 和 j 之间的相似性。基于代表性文档提取问题的三个特征，聚类算法有以下三个主要要求：①聚类结果的质量（精度）应该高，这是高质量的代表性文档提取的基础；②聚类数量不应预先任意确定（需要时可灵活调整，不必重新启动整个聚类过程），这样系统就可以根据用户选择的不同数量的代表性文档立即响应；③在生成的聚类中应该有一个多级结构，以便使用诸如代表性文档的下钻等导航功能。

通过对现有聚类算法的分析，发现它们不能同时满足这三个要求。在划分方法中，在执行聚类算法之前需要设置聚类数。换句话说，执行一次聚类算法只能产生一个预先给定簇数的聚类结果。同时，划分方法不适用于不同的尺寸、密度

和结构的聚类。在基于密度的方法中，需要预先配置最小点数和半径，从而间接地固定簇数。此外，划分聚类和基于密度的聚类通常都是一次创建数据对象的一级划分，不能提供不同级别的代表性信息。相反，层次聚类可以同时满足要求②和要求③。然而，层次聚类的准确性相对较低。

因此，在 REPSET 中，提出了一种新的基于层次聚类的方法，以满足上述要求。此外，为了提高聚类的质量，引入了一种启发式策略，即边界附近文档的反向策略。REPSET 聚类算法的流程如图 1.10 所示。

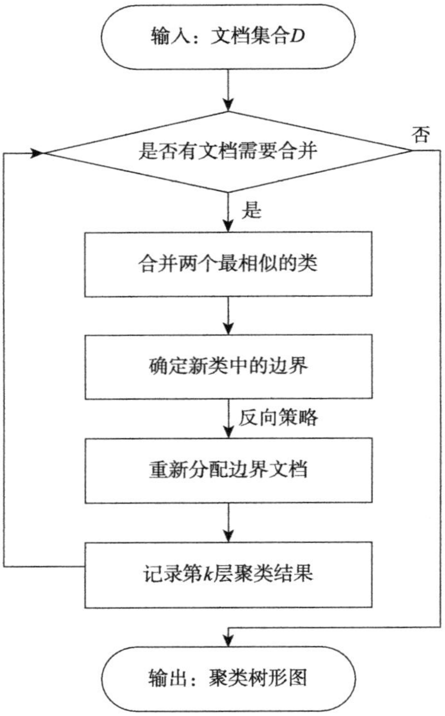

图 1.10　REPSET 聚类算法的流程图

给定一个包含 n 个文档的集合 D，在所提出的聚类算法中，每个文档最初被认为是一个单一的簇。因此，在第一阶段，有 n 个簇，表示为 $C_1^1, C_2^1, \cdots, C_n^1$。这里 C_j^k 表示 REPSET 聚类过程中第 k 个阶段的第 j 个簇。在每一阶段，每对簇 C_m^k 和 C_n^k 的平均相似性计算如下：

$$\text{Sim}\left(C_m^k, C_n^k\right) = \left(\frac{1}{n_m^k n_n^k}\right) \sum_{d_x \in C_m^k} \sum_{d_y \in C_n^k} \text{Sim}\left(d_x, d_y\right)$$

其中，n_m^k 和 n_n^k 分别表示簇 C_m^k 和 C_n^k 中的文档数。在第 k 个阶段，将两个最大平均

相似性的簇 C_p^k 和 C_q^k ，合并成一个新的簇 C_{pq}^k 。

$$\mathrm{Sim}\left(C_p^k, C_q^k\right) = \max_{C_m^k, C_n^k \in \left\{C_1^k, C_2^k, \cdots, C_{n-k+1}^k\right\}} \mathrm{Sim}\left(C_m^k, C_n^k\right)$$

此外，给定阈值 $\lambda \in [0,1]$，簇内平均相似性小于 λ 的文档将标记为边界对象（可能会被重新分配）。具体来说，在新的簇 C_{pq}^k 中，满足以下条件的文档将标记为 d_{boundary} 。

$$\left(\frac{1}{n_{pq}^k}\right) \sum_{d_x \in C_{pq}^k} \mathrm{Sim}\left(d_x, d_{\text{boundary}}\right) < \lambda$$

值得注意的是，参数 λ 的值可能会影响聚类算法的精度。标记的边界文档将被重新评估，并重新分配到与之平均相似性最高的簇中，该策略被称为反向策略。具体来说，在阶段 k ，有 $(n-k+1)$ 个簇，表示为 $C_1^k, C_2^k, \cdots, C_{n-k+1}^k$ 。对于标记的文档 d_{boundary} ，REPSET 首先计算其与各簇之间的平均相似性。

$$\mathrm{Sim}\left(d_{\text{boundary}}, C_j^k\right) = \left(\frac{1}{n_j^k}\right) \sum_{d_x \in C_j^k} \mathrm{Sim}\left(d_{\text{boundary}}, d_x\right)$$

并将 d_{boundary} 分配给与之平均相似性最大的簇。在每次更新簇的迭代中，两个具有最大相似性的簇合并为一个，因此簇数减少 1。因此，在阶段 k 中，D 中的文档可以聚集成 $n-k+1$ 组相似的文档。文档树形图的第 $n-k+1$ 级是由这些集合构造的，其中靠近边界的文档已经得到了适当的处理。该算法经过 N 次迭代后，聚类数收敛到 1，整个树形图得到了很好的构造。此树形图的每一级都将包含具有良好聚类质量的文档簇。

针对传统的层次聚类方法在树形图构建过程中的不足，本节设计了 REPSET 中的反向策略。这种启发式策略的目的是通过将边界对象分配给更合适的簇来提高簇的质量，其基本原理是新合并簇中的边界对象可能属于另一个簇。与传统的凝聚聚类等层次聚类方法相比，REPSET 的新颖性在于反向策略的启发式设计，显著提高了聚类的准确性。因此，它能够克服层次聚类算法的主要缺点，获得更高的精度。同时，虽然计算时间是层次聚类方法和 REPSET 的一个弱点，但在该研究情境中并不是一个关键问题，因为聚类过程只需要每天运行一次，并且可以作为一个在夜间运行的自动任务进行调度。特别地，REPSET 允许实时灵活的查询，并且在重新设置了代表性文档的数量时，不需要重新进行聚类，因此这种方法的计算时间问题变得更加不重要。

此外，该方法能够捕获更为多样化的内容，因此在提取的文档集合中可能会包含创新的想法和观点。考虑一个创新想法的极端情况，它很少被讨论且与其他文档的相似度很低。在 REPSET 的聚类过程中，由于该文档与其他文档或簇的相似性较低，不太可能与其他文档或簇合并。换句话说，这个创新的想法将在整个聚类过程中保持独立于其他文档或簇，最终成为一个单独的簇。随后，在选择具有代表性的项目时，这个创新的想法是该簇中唯一一篇文档，因此它会被提取出来。

3. 选择代表性文档

给定一组文档的集合，与其他文档平均相似性最高的文档将提供该组文档中最高的内容覆盖率。因此，可以选择这样的文档作为簇的代表。

特别地，REPSET 的聚类过程可以提供一次运行后的整个树形图，并且该树形图的每一级都包含具有良好聚类质量的文档聚类。在树形图的每个层次上，REPSET 可以提取簇中相应的代表性文档，从而形成该层次上文档的代表性子集。因此，REPSET 在运行一次之后，可以在树图的各个层次上提供具有代表性的子集，从而保证实时灵活的查询。

1.4.3 实验

为了评估 REPSET 中采用的聚类算法的性能，本节将其与 10 种广泛使用的聚类算法进行比较，其中包括 4 种 k-均值类型方法、4 种使用不同的簇间相似度计算方法的凝聚层次聚类方法、图分割方法及基于密度的方法。使用熵（entropy）和纯度（purity）作为反映有效性的指标。使用 30 个公开数据集的数据作为实验对象。结果表明，REPSET 使用的聚类方法在 30 个数据集中获得了 12 个最小熵值和 15 个最大纯度值，明显优于其他算法。

此外，在某大型企业的内部博客平台上对 REPSET 的效果进行了实证评估。通过数据实验，验证了 REPSET 聚类方法在文档内容覆盖率、冗余度和 $F1$ 值三个指标上显著优于大多数对比方法。通过用户实验，进一步验证了该方法的有效性。

1.5 基于多源异质信息的推荐方法

目前，推荐系统已成为在线服务的核心技术之一，创造了巨大的经济和市场价值（Hosanagar et al.，2014）。它旨在对消费的历史行为记录进行深入挖掘，从数据中推断消费者偏好，并向他们推荐他们可能喜欢的产品。传统的推荐方法多考虑了消费者的历史购买记录，或有限的辅助信息，如产品评论等。但在实际的线上购物场景中，往往包含着更加丰富的产品信息，如产品图片、产品描述、产品评论等。消费者在消费决策过程中，也会因为浏览众多内容，获知多种信息，而受到不同程度的影响。因此，在推荐系统中引入不同来源、不同类型的信息，以提升推荐效果，成为一种重要的研究思路。

在实际的推荐场景中，不同类型的内容会传递给消费者不同的信息，对于图像内容和文本内容，其传递的信息呈现互补关系（Lim et al.，2000）。如图 1.11 所示，一件女士连衣裙的文本描述中可能包含“长款”“优雅”等特征，其图片则清晰地展示了这些信息，从而让消费者对该产品有了更加直观的了解。但更为细节的信息如尺码大小、体验好坏，仅通过图片难以精确传递，这时消费者就需要阅读该产品的评论文本以进一步获取这些信息。因此，采用多视角方式整合产品图片、描述文本和评论文本等多源异质信息，对于产品推荐具有重要意义。

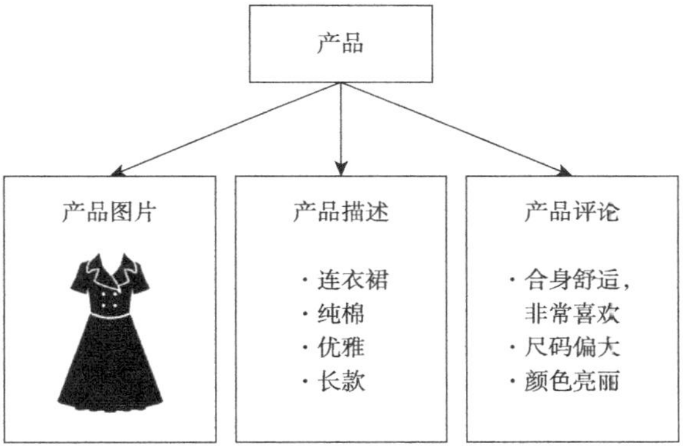

图 1.11　产品多源异质信息的例子

除了信息内容的异质性，消费者在认知方式上也存在差异。认知风格分析（cognitive style analysis）中的语言–图像维度（verbal-imagery dimension）就个体对图像、语言信息的认知模式进行了刻画：这一理论认为情绪型（affective）消费者对视觉信息更敏感，而认知型（cognitive）消费者对语言信息更敏感（Riding and Rayner，2013；Riding and Cheema，1991）。而这种认知模式会进一步影响消费者的行为及决策过程（Leonard et al.，1999）。因此，在引入多源异质信息的同时，也要对不同消费者认知模式上的异质性加以刻画。

为了在推荐框架下引入多源异质信息，需要解决以下两方面难点：①如何进行方法设计，提取不同内容蕴含的信息，以及刻画消费者对不同内容的认知偏好；②如何构建一个整体性框架，将异质化的信息表示及消费者认知模式整合为统一的表示。为此，本节设计了一个深度多视角信息整合（deep multi-view information integration，Deep-MINE）模型：构建不同的神经网络结构，对产品图像、产品描述、产品评论等不同类型的内容进行充分的信息提取；通过认知层刻画不同消费者对不同信息内容的认知模式，并基于认知模式对已经获得的异质信息进行有效的整合；最后，利用产品内容信息的表示及额外信息的表示刻画消费者对产品的偏好以用于产品推荐，提升推荐方法的效果（Guan et al.，2019）。

1.5.1 问题定义

在考虑多源异质信息的在线购物场景中，用I表示所有消费者的集合，J表示所有产品的集合。对于每个产品$j \in J$，它的图像为M_j，描述文本为D_j，评论文本为$R_j = \{R_{j1}, R_{j2}, \cdots, R_{jm}\}$。$X$表示所有消费者的历史购买记录，其中$X_{ij}=1$表示消费者$i$购买了产品$j$，否则$X_{ij}=0$。这里把消费者的一次购买作为一种隐式反馈（implicit feedback）。如果消费者i购买了产品j而没有购买产品j'，则认为该消费者相比于产品j'更喜欢产品j，表示为$j >_i j'$。因此，这里的推荐任务的目标是根据消费者的历史购买记录及产品的图片、描述、评论信息，为每个消费者生成一个个性化的产品推荐列表。

1.5.2 模型构建

如图 1.12 所示，Deep-MINE 模型主要包括三个模块：信息表示、认知层及信息整合。下面进行一一介绍。

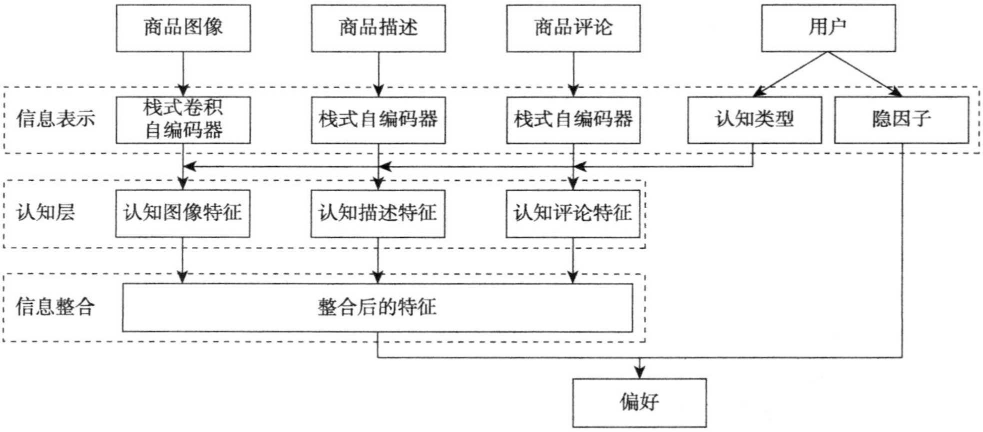

图 1.12 Deep-MINE 模型框架

信息表示模块主要是为了获取各类信息的表示。需要借助神经网络的方式，将它们映射到相同的隐空间。由于信息的异质性，需要构建不同的神经网络。

对于图像内容，本节设计了栈式卷积自编码器进行信息提取，如图 1.13 所示。这一结构巧妙地结合了卷积网络保留输入信息的邻接关系和空间局部性及自编码器保留判别信息的能力。栈式卷积自编码器共包含六层，在结构上可以划分为两部分：第一层至第三层构成编码部分，第四层至第六层构成解码部分。其中，第一层、第二层为卷积层，第五层、第六层为反卷积层，这几层的输出都是由上一层的输出和该层的参数通过卷积运算及激活函数得到的；第三层、第四层是全连接层，这两层的输出都是由上一层的输出和该层的参数通过矩阵乘法及激活函数得到的。将产品的图片信息作为该神经网络的输入，可以从中间层（第三层）的输出得到该产品的图像信息的表示。作为自编码器，该网络需要在最后一层尽量重构输入信息，为此该部分重构损失通过均方误差（mean square error，MSE）刻画，并引入正则项（regularization）以防止过拟合。设该神经网络第 l 层的权重及偏置系数分别为 W_l、b_l，相应输出为 $M_{j,l}$，产品 j 的图片信息为 $M_{j,0}$，λ_m、λ_w、λ_b 为相关超参数，则该部分损失函数为

$$\min L_1 = \frac{\lambda_m}{2}\sum_j \left\| M_{j,6} - M_{j,0} \right\|_2^2 + \frac{\lambda_w}{2}\sum_l \left\| W_l \right\|_2^2 + \frac{\lambda_t}{2}\sum_l \left\| b_l \right\|_2^2$$

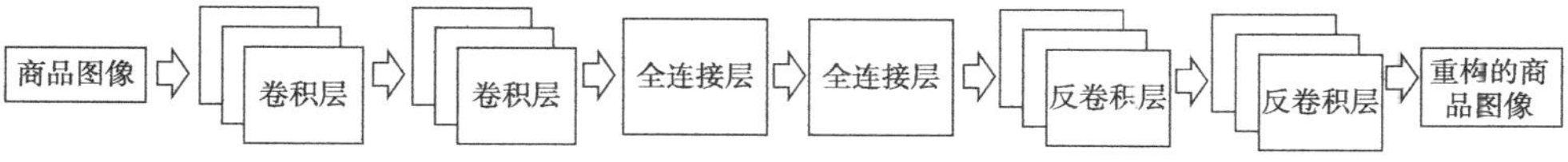

图 1.13　栈式卷积自编码器

对于文本内容，本节设计了栈式自编码器进行信息提取，如图 1.14 所示。这一神经网络结构可以用于处理产品描述及产品评论。栈式自编码器共包含四层，结构上同样可以划分为两部分：前两层构成编码部分，后两层构成解码部分。每一层的输出都是由上一层的输出和该层的参数通过矩阵乘法及激活函数得到的。将文本的词袋模型表示作为该神经网络的输入，可以从中间层（第二层）的输出得到该文本信息的表示。栈式自编码器同样需要重构输入信息，因此损失函数同样包含均方误差和正则项两部分。设训练产品描述的神经网络第 l 层的权重及偏置系数分别为 Q_l、c_l，相应输出为 $D_{j,l}$，产品 j 的描述信息为 $D_{j,0}$，λ_d、λ_q、λ_c 为相关超参数；训练产品评论的神经网络第 l 层的权重及偏置系数分别为 N_l、t_l，相应输出为 $R_{j,l}$，产品 j 的评论信息为 $R_{j,0}$，λ_r、λ_n、λ_t 为相关超参数，则这两部分损失函数为

$$\min L_2 = \frac{\lambda_d}{2}\sum_j \left\| D_{j,4} - D_{j,0} \right\|_2^2 + \frac{\lambda_q}{2}\sum_l \left\| Q_l \right\|_2^2 + \frac{\lambda_c}{2}\sum_l \left\| c_l \right\|_2^2$$

$$\min L_3 = \frac{\lambda_r}{2}\sum_j \left\| R_{j,4} - R_{j,0} \right\|_2^2 + \frac{\lambda_n}{2}\sum_l \left\| N_l \right\|_2^2 + \frac{\lambda_t}{2}\sum_l \left\| t_l \right\|_2^2$$

认知层模块主要是为了刻画消费者在认知方式上存在的差异。由于认知方式的不同，消费者在决策过程中对不同类型信息的关注度也不同。真实的线上购物场景中庞大的消费者群体，导致无法采用实验室实验的方式进行认知模式的测试。

因此，本章采用数据驱动的方法，通过消费者的购买数据挖掘消费者隐含的认知模式。在 Deep-MINE 模型中引入一个认知层，通过一个三维的隐因子$\langle a_1,a_2,a_3\rangle$来刻画消费者对产品图像、描述、评论的认知模式。而这个隐因子可以在模型训练过程中学习获得。结合已经获得的图像表示M_3、产品描述表示D_2、产品评论表示R_2，可以获得消费者的认知信息$\langle a_1\cdot M_3,a_2\cdot D_2,a_3\cdot R_2\rangle$。

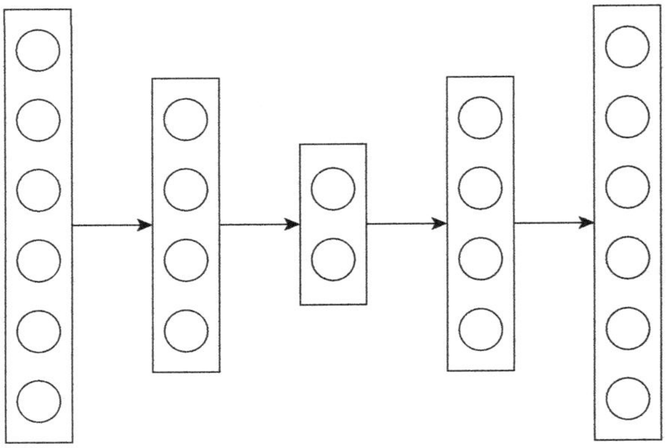

图 1.14　栈式自编码器

信息整合模块主要是从多源信息的角度出发，对消费者获得的多类型的感知信息进行整合，从而对产品形成一个整体性的信息表示。为此，首先将不同来源的认知信息连接成一个新的整合信息表示。之后，设置了一个嵌入矩阵W_{fu}，用于对整合信息表示进行压缩降维。该层的参数也需要在模型训练阶段学习获得，因为整合的具体机制非常依赖于特定的情境，所以不能提前约束限定。通过嵌入层的低维映射，获得最终的产品j的内容因子f_j。由此，多源信息得以有效整合。

对于未被商品图像、产品描述、产品评论捕获的信息，用额外的隐因子v_j进行表示。为此，又设定消费者i的感知因子u_i和θ_i，分别对应于v_j和f_j；以及设定消费者i和产品j的偏置项α_i和β_j。将以上各要素加以汇总，最终消费者对产品的偏好采用如下方式刻画。

$$x_{ij}=\alpha_i+\beta_j+u_i^{\mathrm{T}}v_j+\theta_i^{\mathrm{T}}f_j$$

Deep-MINE 主要包含偏好学习和表示学习两大部分，因此总体的目标函数也应该对应这两部分。偏好学习方面，采用成对建模的思路，以最大化排序概率的对数值作为目标，即

$$\max\sum_{(i,j,j')\in S}\ln\sigma\left(x_{ij}-x_{ij'}\right)$$

表示学习方面，将最小化三个自编码器的重构误差作为目标函数，即

$$\min \frac{\lambda_m}{2}\sum_j \left\| M_{j,6} - M_{j,0} \right\|_2^2 + \frac{\lambda_d}{2}\sum_j \left\| D_{j,4} - D_{j,0} \right\|_2^2 + \frac{\lambda_r}{2}\sum_j \left\| R_{j,4} - R_{j,0} \right\|_2^2$$

以上两部分共同构成最终的总体目标函数。此外，还需将偏好学习及表示学习中所用的各参数作为正则项加入目标函数，以避免过拟合，从而得到最终的目标函数：

$$\begin{aligned}
&\max L(W,b,Q,c,N,t,\beta,u,v,\theta,W_{fu}) \\
&= \sum_{(i,j,j')\in S} \ln\sigma\left(x_{ij} - x_{ij'}\right) - \frac{\lambda_m}{2}\sum_j \left\| M_{j,6} - M_{j,0} \right\|_2^2 - \frac{\lambda_d}{2}\sum_j \left\| D_{j,4} - D_{j,0} \right\|_2^2 \\
&- \frac{\lambda_r}{2}\sum_j \left\| R_{j,4} - R_{j,0} \right\|_2^2 - \frac{\lambda_\theta}{2}\sum_i \left\| u_i \right\|_2^2 - \frac{\lambda_\theta}{2}\sum_j \left\| v_j \right\|_2^2 - \frac{\lambda_\theta}{2}\sum_i \left\| \theta_i \right\|_2^2 \\
&- \frac{\lambda_\beta}{2}\sum_j \left\| \beta_j \right\|_2^2 - \frac{\lambda_{W_{fu}}}{2}\sum_j \left\| W_{fu} \right\|_2^2 - \left(\frac{\lambda_w}{2}\sum_l \left\| W_l \right\|_2^2 + \frac{\lambda_b}{2}\sum_l \left\| b_l \right\|_2^2 \right) \\
&- \left(\frac{\lambda_q}{2}\sum_l \left\| Q_l \right\|_2^2 + \frac{\lambda_c}{2}\sum_l \left\| c_l \right\|_2^2 \right) - \left(\frac{\lambda_n}{2}\sum_l \left\| N_l \right\|_2^2 + \frac{\lambda_t}{2}\sum_l \left\| t_l \right\|_2^2 \right)
\end{aligned}$$

为了进行参数求解，本节采用负采样（negative sampling），为训练集中的正样本采集负样本形成样本对。每次从训练集中随机选取一个样本对，采用随机梯度下降的方式进行参数更新。

1.5.3　实验

为了检验模型的效果，选取亚马逊公开数据集中的婴幼儿服装（baby clothes）和女装（women's dresses）两个子数据集作为实验数据。选取了基于矩阵分解的贝叶斯个性化排序（Bayesian personalized ranking matrix factorization，BPRMF）、协同深度学习（collaborative deep learning，CDL）、视觉贝叶斯个性化排序（visual Bayesian personalized ranking，VBPR）、协同知识库嵌入（collaborative knowledge base embedding，CKE）四种方法进行效果比较，并选用 AUC（area under the curve，曲线下面积）和命中率（hit ratio）作为效果评价指标。实验结果表明，在两部分数据中，Deep-MINE 模型在两个测评指标上都取得了最优的效果，由此证明了该方法的有效性。在冷启动的情境下，Deep-MINE 模型的效果要远远优于其他对比方法：在完全没有反馈的情境下，Deep-MINE 的效果比次优方法的效果高 30.13 个百分点。这证实了 Deep-MINE 模型应对冷启动问题的优势。此外，实验还验证了不同类型信息及认知模式对推荐任务所起到的作用：首先，结果显示单纯基于评论内容的模型效果要优于单纯基于图片信息及单纯基于产品描述信息的模型效果，这可能表明在线评论比卖家提供的信息更有价值这一观点；其次，结果显示，所有加入了认知模式的模型都取得了更优的效果，这表明在推荐方法中引入认知模式确实是有价值的。

1.6 基于产品关系的个性化产品组合推荐

商家为提高产品销量，常将几种产品组合在一起进行销售，而消费者也常常出于不同的目的在一次购物中同时购买多件产品。基于信息网络视角，产品的共同销售与购买使得产品之间发生了关联,并可以基于此在产品之间构建关系网络。然而，产品的共同出现仅仅是产品关系形成的一种表面现象；实际上，产品属性特征上的关联是驱动产品关系形成的深层原因，并且这种关联是消费者购买动机与偏好的一种反映。不同的消费者具有不同的预算、偏好特点，会在不同动机因素的驱动下进行产品组合的选择，因而会考虑到不同产品之间的属性关联特征进行产品组合。例如，某些消费者对价格敏感，他们可能会选择将多件产品组合购买以达到免运费的条件；也有消费者希望省时省力地达成购买目标，因而他们会对功能互补、兼容的产品组合感兴趣。图 1.15 是两个消费者购买不同产品组合的例子。

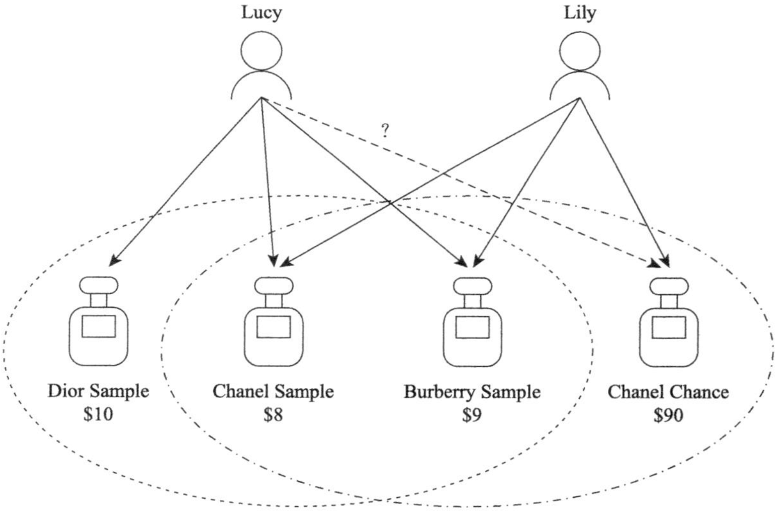

图 1.15 产品组合购买示例

图 1.15 中，Lucy 同时买了三瓶名牌小样香水，而 Lily 则买了一件全包装的香水与另外两件名牌小样香水组合。若单从购买记录来看，二人各自购买的三件产品中有两件相同，然而，通过比较这两个产品组合的结构与构成，不难发现其购买动机是各不相同的。对 Lily 而言，其购买的目标产品显然是三件产品中最贵

的 Chanel Chance，但同时她可能还想尝试不同味道和品牌的香水，因此还添加了两个香水小样作为附加产品进行组合购买。而对 Lucy 来说，她也偏好名牌香水产品，但可能受限于其自身的消费水平，或者需要几件产品组合在一起以满足免运费的条件，因而选取了三件小样香水进行组合购买。因此，从产品的共同出现及产品间属性特征的关联两个维度发掘产品关系形成机制，从而探究消费者不同的偏好及其对不同类型产品组合的购买动机，并进一步设计个性化的产品组合的智能推荐方法，是一项兼具挑战性与应用前景的研究。

本节利用电子商务平台中的消费者购买记录，探究产品关系的形成机制。同时，推荐是电子商务平台中常用的营销智能方法，本节在产品关系的推断基础上，构建一种新型的在线推荐场景，为消费者进行个性化的产品组合智能推荐（Liu et al.，2017）。

1.6.1　问题定义

购物是消费者综合的决策过程，该过程反映了消费者的偏好特征及行为模式。由于消费者具有各自的预算、需求等，其购买决策路径与购买结果也各不相同。有别于购买单一产品，消费者在购买产品组合时的决策过程会更加复杂，考虑的因素更加多样。除了考虑各件产品是否满足需求之外，消费者还会考虑几件产品之间是否在功能上匹配、兼容，或者产品总价能否达到商家的优惠政策等产品之间的关联因素。从商家角度出发，他们希望通过从消费者的交易记录中挖掘产品组合的购买模式，发现不同产品之间的关系特征并推测消费者对产品组合的购买意愿，以此设计个性化的产品组合推荐策略，从而满足不同偏好的消费者的需求。例如，在电子商务平台中，一般会提供“购物车”服务，即消费者在浏览产品时，可将待购买的产品加入购物车，商家此时可以基于消费者的初始购买意愿，为消费者在线推荐其他产品以构成产品组合。

该问题可以进行如下的形式化描述。在某一购物平台上，给定消费者集合 U，产品集合 I，产品特征集合 F，其中产品的特征包含了价格、功能、品牌等属性。每件产品 $x \in I$ 对应一个特征子集 $F_x \subset F$。每个消费者 $u \in U$ 对应一个交易记录集合 T_u，每条交易记录 $t \in T_u$ 都包含若干产品，其中包含两件以上的被视为产品组合。为了探讨产品间的关系及消费者对于不同产品组合类型的偏好，本节对消费者的产品组合购买记录进行建模，将消费者的偏好分解为对于产品关系的偏好，进而利用对产品关系的推断进行产品组合的推荐。在电子商务场景中，本节问题可以描述为当消费者将一件产品加入购物车后，系统根据历史记录及该消费者偏好特征判断其购买动机，为其推荐适合的产品以组合购买。具体而言，给定消费者 u 及其已经加入购物车的产品 $x \in I$，推荐一个产品集合 $R(t)$，使 u 能从中选择

产品与 x 一起组成产品组合进行购买。

1.6.2 模型构建

根据消费者行为理论（Peter et al.，1999），消费者在购物时会受到不同喜好和动机的驱动，表现出一定的行为特征。在购买产品之前，消费者会考虑产品的品牌、功能、价格等特征，以选取最匹配其偏好的产品。而对于产品组合的购买决策，消费者则会进一步考虑如何将产品进行组合购买才能够最大化其效用，是否比单独购买更有利等因素。而这取决于产品组合中各个产品之间在特定属性上的关联关系和消费者自身的购买动机与偏好。

产品之间关系的形成原因是隐含的知识，而消费者对于产品组合的偏好和购买动机也往往不能直接观测到。本节则试图利用消费者在电子商务平台中的历史交易数据来挖掘这些隐含知识，并进一步利用挖掘得到的潜在规律、模式与行为特征进行推荐算法设计。本节的建模思路是利用概率图模型对历史交易记录进行建模，其中具体的交易记录作为可观测数据，而产品之间的关系作为隐含变量，从以下几个方面对消费者的产品组合购买行为进行概率生成过程的建模。

（1）每件产品具有各种不同的属性，如品牌、价格、功能等特征，根据这些属性特征可将产品划分为不同类别，其中每一个类别的产品具有相似的属性特征。

（2）产品组合中的各个产品往往彼此关联，而这种关联关系表现在产品的不同属性特征上。例如，两件产品由于功能属性上的特征可以被认为是一种互补或替代的关系；又如，从价格属性特征上来看，一件价格昂贵的产品和一件便宜的产品可能构成一种附加的关系。因而，根据不同的产品属性特征可以对产品之间的关系进行划分。

（3）一个产品组合中任意两两产品之间的关系共同构成和决定了该产品组合的购买模式。

（4）消费者对于产品组合的选择体现了其对不同产品关系的偏好，而这种偏好也反映了其对产品组合的购买动机。例如，若商家将两件产品组合在一起并以一定的折扣出售，价格敏感的消费者可能会对这种产品组合产生兴趣，换言之，这类消费者会对价格属性特征构成的产品关系感兴趣。

基于上述建模思路，可以构建概率图模型来生成各消费者的产品组合购买记录。首先，每个消费者 $u \in U$ 在交易 t 中购买的产品组合可以表示为产品网络 $G_t = (V_t, E_t)$，其中 V_t 表示节点集合，E_t 表示边集合。在一个产品网络中，每条边连接了一对产品节点，其对应的位置分别为 (x) 与 (y)。产品网络中的各节点都可以基于其特征属性值进行聚类，并据此引入了隐含变量产品类 z 来表示产品节点在属性特征空间上的类别分布。因此，在本模型中，对于任一产品节点 x，首先从产品类分布 $\Omega_{z,x}$ 中抽样得到，而该分布衡量了节点 x 属于产品类 z 的程度。用 $z^{(x)}$ 与 $z^{(y)}$ 分别表示 (x,y) 对应的产品类，因此 $\left(z^{(x)},z^{(y)}\right)$ 构成了该产品边 $e=(x,y)$ 上的产品关系类 l_e。因此，产品类从其产品关系类的概率分布 Υ_l 中抽样得到，该分布反映了产品类 z 属于产品关系类 l 的程度。进一步地，消费者对于产品组合的偏好表现为对产品网络中的产品关系的偏好，因此对于产品网络中的各条边 $e\in E_t$ 的产品关系类 l_e，可以从该消费者的产品关系类分布 Π_u 中采样而得，该分布反映的则是 u 对于产品关系类 l 的偏好程度。从整体上来说，产品网络结构的生成过程是从消费者到产品关系类，再到产品类，最后由产品类生成产品节点。通过这样的方式，产品网络中全部节点和边都被生成出来。

另外，产品节点及其对应的属性特征通过另一个单独的生成过程来进行概率建模。网络中每一个产品节点 x' 都对应了一系列的属性 $\left(f_1^{x'},f_2^{x'},\cdots\right)$，因而每个产品与一个特定属性特征构成产品特征属性对 $a=\left(x',f_f^{x'}\right)$。具体而言，对每一对产品及其属性特征 a，首先从先验分布 Θ 中采样其对应的产品类 z'，随之从对应的产品类分布 Ω_z 中采样得到产品 x'，同时从产品类的属性特征分布 ϕ_z 中采样该产品属性对中的属性 $f_f^{x'}$。综合以上的模型生成过程，产品组合购买模型的概率图如图 1.16 所示，其中灰色圆圈代表了可观测的随机变量，而白色圆圈代表的是隐含变量。

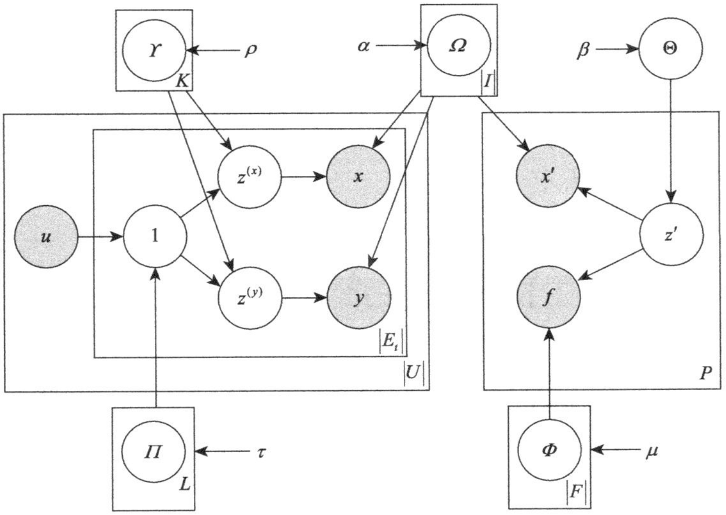

图 1.16 产品组合购买模型的概率图

概率图模型中的参数往往难以精确推断，因此常通过采样的方法来进行近似推断。这里利用 Gibbs 采样来进行模型的近似推断与参数估计。

产品组合购买模型通过引入隐含变量产品类及产品关系类，不仅可以发现消费者对于不同产品组合形式的偏好，同时可以解释消费者对于不同形式的产品组合的购买动机。基于此，本节进一步设计了产品组合的推荐方法，即在给定消费者及其已购买的一件产品的基础上，向其推荐更多产品组成产品组合。一般而言，假设消费者在电子商务网站中有一些初步的需求，我们将其称之为目标产品，在此基础上，消费者受到不同动机的驱动可能对其他产品产生兴趣，因此该算法即向消费者推荐满足其需求的产品以使其余目标产品组成产品组合。具体地，给定消费者 u 及其已加入购物车的产品 x，推荐一组产品 $R(t)$ 使其能组成产品组合。本书将该方法称为基于动机的产品组合推荐方法（bundle purchase with motives，BPM）。

1.6.3　实验

本节从淘宝网的两个在线商家中获取了交易数据。其中一个商家主要销售护肤产品，另一个商家主要销售各品牌香水。两个数据集均包含了一段时间内消费者的交易记录，以及各条交易记录中产品及其特征属性。此外，还提取了产品的名称、品牌、价格、功能、产地、气味等作为产品的属性特征。将提出的推荐方法 BPM 与其他方法在相关的评价指标上进行比较。BPM 方法的推荐质量在所有的指标上均表现最好，在护肤产品数据集上进行推荐前 15 个商品的验证，精确度（precision）提高了 45.18 个百分点，召回率（recall）提升了 40.15 个百分点，归一化折损累计增益（normalized discounted cumulative gain，nDCG）提升了 45.91 个百分点；在香水数据集上进行推荐前 15 个商品的验证，精确度提高了 15.22 个百分点，召回率提高了 11.4 个百分点，nDCG 提高 0.4 个百分点。此外，通过定性分析发现了不同的产品组合结构，组合中不同类型的产品关系从一定程度上反映了消费者的购买动机。

1.7　互补性和替代性产品关系挖掘方法研究

在帮助消费者降低搜索成本、快速找到心仪产品方面，推荐系统的重要性不言而喻。然而，现有的推荐算法通常将消费者和产品的相关性表示成一个标量值，比如预测消费者给产品的评分，之后将相关性越高的产品排在越前面（Zheng et al.，2009；Deshpande and Karypis，2004）。已有研究表明，这类推荐方法往往造成一些误导，包括结果冗余、推荐时机不当等。例如，刚刚购买过耳机的消费者很可能对再次推荐给他的其他品牌和款式的耳机不再感兴趣。相反，若此时推荐与之配套的互补品则会收到意想不到的效果。

因此，需要对产品的“相关性”进一步细化，也就是说，在预测两个产品有较高相关性的前提下，还需要深入理解二者是如何相关的（是互补性关系还是替代性关系），这对于提升消费者体验和满意度是十分重要的。传统的推荐算法在预测得到产品针对消费者的个性化相关性后，便将预测结果按照从高到低提供给消费者，而忽略了消费者所处的决策阶段。这激励我们提出以下研究问题：产品之间是如何关联在一起的（即存在几种产品关系）？从经济学角度来看，相关产品是互补关系还是替代关系？为什么产品以这种方式关联在一起？从哪些数据中我们可以挖掘得到产品关系？当消费者处于不同购物决策阶段时，所推荐产品的类型对其支付意愿会有一定的影响。因此，识别产品关系是提升推荐满意度、提高商家利润的重要前提条件。为了回答“为什么两个产品是互补性相关或替代性相关”这一问题，需要对产品的关系进行建模，以发现其相关的原因。这就要求对产品相关的文本描述进行分析，以挖掘能够反映产品的特征、功能、用途等属性的特征。

丰富的在线评论内容反映了消费者对产品特征的评价，由于互补品和替代品通常具有相似的属性或互相补足的功能，消费者倾向于在评价这类产品时讨论相关的话题。例如，图 1.17 分别展示了某购物网站上两款互为替代品的笔记本电脑的单条评论内容。

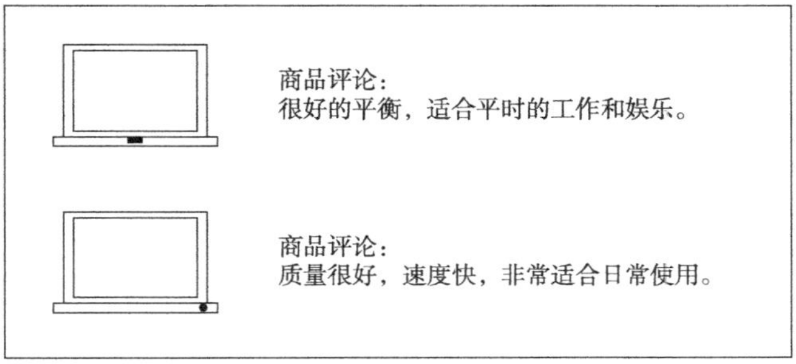

图 1.17　两款互为替代品的笔记本电脑评论示例

在图 1.17 中，两条评论的发布者都对相应笔记本电脑的使用方式感兴趣，如该电脑是否适用于工作、游戏或日常娱乐。直观上看，这两个替代产品的在线评论内容均有较高概率涉及话题“使用方式”。

因此，本节使用产品的在线评论作为关系挖掘的信息来源，它充分反映了消费者对产品的感知和评价（Zhao et al., 2016），以此为信息源能够体现消费者视角的产品关系（Zhang et al., 2019）。本节提出了一个预测框架，根据产品的评论文本，使用主题模型得到产品的向量化表示，在保持相关信息量的前提下有效地对高维文本进行降维。然后，使用深度神经网络对产品关系进行建模，有效地捕捉了提取到的特征和产品关系类型之间的非线性关系，充分刻画了互补性关系和替代性关系的主题关联。此外，还考虑引入额外的非文本因素，从消费者发布评论的行为特征出发，扩展了基于评论内容的产品关系分析，进一步提升了预测效果。

1.7.1 问题定义

本小节的目标是利用产品的评论文本和非文本信息来识别产品的互补、替代关系。在该问题中，用 I 表示产品集合，每个产品 i 的评论集合为 $R_i=\left\{R_{i,1},R_{i,2},\cdots,R_{i,|R_i|}\right\}$，$|R_i|$ 表示产品 i 的评论数量。此外，使用的非文本信息包括：产品 i 的第 t 条评论的评分 $r_{i,t}$ 和作者 $\text{author}_{i,t}$，产品 i 的所有评论的开始时间 b_i 和结束时间 e_i，产品 i 的品牌 company_i 和价格 p_i。因此，该问题可以形式化如下：给定产品 i 的评论集合 R_i 和产品 j 的评论集合 R_j，以及上述非文本信息，判断它们之间的关系是互补性关系还是替代性关系。

1.7.2 模型构建

为解决互补性和替代性产品关系识别这一问题，本小节提出了一个基于在线评论文本信息的产品关系挖掘框架。整个模型的数据分析处理过程如图 1.18 所示。

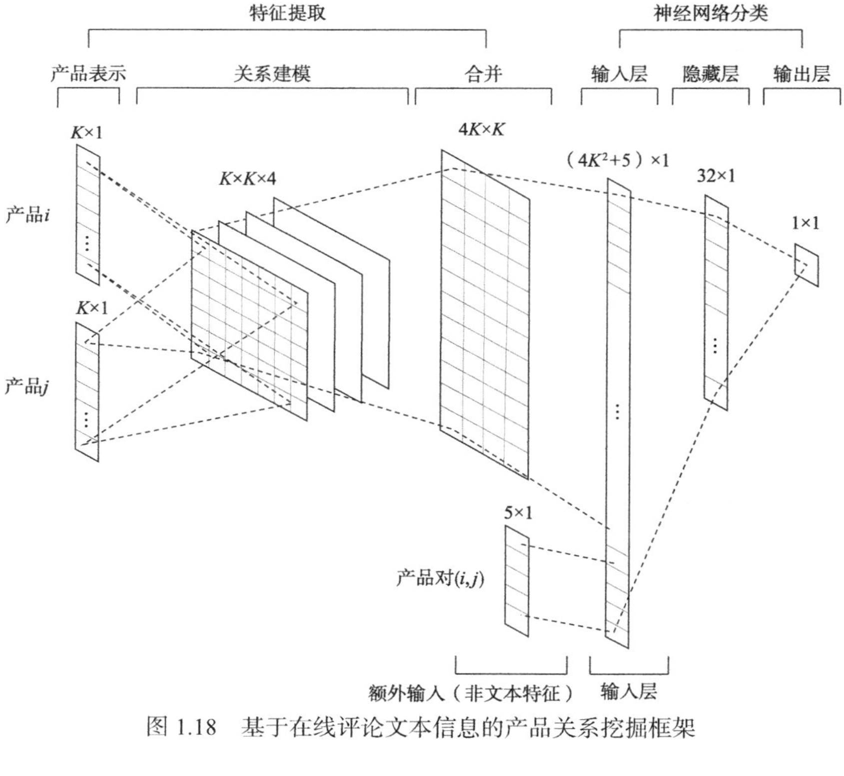

图 1.18 基于在线评论文本信息的产品关系挖掘框架

模型分为两部分：特征提取和神经网络分类。在特征提取阶段，将产品对的所有在线评论内容作为输入，提取出产品对特征。具体地，首先我们得到每个产品的表示——通过潜在狄利克雷分布（latent Dirichlet allocation，LDA）话题模型将每个产品的文本信息（即所含在线评论的文本内容）映射成为一个低维的话题概率分布向量。其次，通过构造产品对向量表示产品对之间的可能关系来对所输入产品对的关系进行建模。最后，这些包含产品关系特征的向量通过串联方式重新组合为一个单维向量，这就是输入的产品对的特征。在分类阶段，我们使用神经网络进行分类。一方面，因为神经网络能够利用非线性激活函数来逼近任意函数，对自然语言处理中的语义建模及复杂的非线性关系有较好的效果表现。另一方面，相对于其他捕捉非线性关系的分类器[如支持向量机（surport vector machine，SVM）]来说，神经网络更容易拓展。例如，可以将特征提取阶段得到的特征输入到一个三层的前馈神经网络而得到多元分类器，而 SVM 在处理多分类问题时则较困难。本小节将预测互补性和替代性关系分别作为两个不同的任务以提高挖掘精度，因此输出结果为“产品 i 是否是产品 j 的互补/替代品”。下面对模型的主要部分分别进行介绍。

1. 特征提取

我们可以利用产品对所包含的评论文本的话题分布来挖掘产品的互补替代关系。通过整合产品 i 的评论集合 R_i 中的所有评论内容，便可以得到每个产品 i 的文档表示。此后，话题模型可以被用来抽取这些文档中的话题，使得每个产品对应一个话题分布向量，并且产品评论的话题越相似，其对应的向量表示也就越相似。类似于自然语言处理中的词嵌入（word embedding）方法，本书将每个产品的话题分布向量作为该产品的表示。具体来说，词嵌入方法是将单词或者短语映射到一个低维实向量空间中。这一方法利用固定的维度来最大化表现词的信息，使得语义上相似的单词在向量空间上的距离也相似。利用将源数据映射到另外一个低维空间并且最大限度维持语义信息这一思想，提出将产品表示成每个产品的话题分布向量。这样的方式既能捕捉到所需要的用于后续分析的产品信息（话题），又将其限制在较低的维度。具体地，使用 LDA 话题模型得到产品的向量表示。产品的全部消费者评论构成的集合看作一个文档，该文档是由多个话题按照一定分布抽样得到的，因此产品i最终可以转化为一个由话题分布构成的向量 θ_i。

为了构建更有意义的特征，我们显式地对互补、替代关系进行建模。直观上，给定两个产品的向量表示 θ_i 和 θ_j，具有相似的话题向量的产品更倾向于有一定的关系，然而实际上，产品关系要比这复杂得多，产品关系还可以通过话题的“差异性”来刻画。具体地，使用以下四个特征集合作为产品对 (i,j) 的关系刻画。

$$\phi_1(i,j)=\theta_{i,k}\theta_{j,l},\forall k,l\in[1,K]$$

$$\phi_2(i,j)=(1-\theta_{i,k})\theta_{j,l}, \forall k,l \in [1,K]$$

$$\phi_3(i,j)=\theta_{i,k}(1-\theta_{j,l}), \forall k,l \in [1,K]$$

$$\phi_4(i,j)=(1-\theta_{i,k})(1-\theta_{j,l}), \forall k,l \in [1,K]$$

其中，$\phi_1(i,j)$ 和 $\phi_4(i,j)$ 表示产品i和j在话题上的相似性；$\phi_2(i,j)$ 和 $\phi_3(i,j)$ 表示两个产品在话题上的差异性。得到四个特征集合后，我们使用串联的方式将这些特征集合合并成单维向量，即 $\phi(i,j)=\phi_1(i,j)\oplus\phi_2(i,j)\oplus\phi_3(i,j)\oplus\phi_4(i,j)$。

2. 基于神经网络的分类器

选用一个前馈神经网络来实现从产品对的关系特征到互补、替代关系预测的结果。这里选用一个最基本的神经网络，是因为通过关系建模得到的特征已经能够很好地捕捉产品对中与最终分类结果相关的信息。将得到的每个产品对的特征向量 $\phi(i,j)$ 作为神经网络的输入。这一输入被传递到隐藏层后首先经过线性变化，然后在此基础上通过选择合适的非线性激活函数来进一步进行特征抽取。在隐藏层中，使用修正线性单元（rectified linear unit，ReLU）函数作为非线性的激活函数。在训练上述模型时，采用交叉熵（cross-entropy）作为模型的损失函数，该损失函数用来衡量两个概率分布的差异性。通过最小化该损失函数可以训练得到该预测模型参数。在训练时，选取自适应矩估计（adaptive moment estimation，Adam）方法来训练模型的参数。

3. 多输入模型

在构建了上述基本模型后，考虑评论中是否还存在其他重要的预测因素能够帮助我们推断产品的关系，试图将与评论相关的尽可能多的非文本信息加入预测模型中，以提高关系挖掘的准确率。在多输入模型中，首先将三个非文本因素作为产品对的额外输入，即两个产品的评论数量之差、评分均值之差、评分方差之差。选用这些因素将不同类型的产品区分开来的合理性是非常容易理解的——可以相互替代的产品往往具有相近的关注热度。此外，评分的均值和方差是消费者对该产品偏好程度和偏好一致性的体现。同样地，替代品和互补品也倾向于有不同的“评分均值之差”和“评分方差之差”的概率分布。形式上，对任意产品对 (i,j) 来说，上述三个因素可以表示为

评论数量之差：

$$\mathrm{VOL}(i,j)=|R_i|-|R_j|$$

评分均值之差：

$$\mathrm{AVG}(i,j)=\frac{1}{|R_i|}\sum_{t=1}^{|R_i|}r_{i,t}-\frac{1}{|R_j|}\sum_{t=1}^{|R_j|}r_{j,t}$$

评分方差之差：

$$\mathrm{VAR}(i,j)=\frac{1}{|R_i|}\sum_{t=1}^{|R_i|}\left(r_{i,t}-\operatorname{avg}\{r_i\}\right)^2-\frac{1}{|R_j|}\sum_{t=1}^{|R_j|}\left(r_{j,t}-\operatorname{avg}\{r_j\}\right)^2$$

此外，许多情况下互补品在单独购买时会限制它的使用价值，或者即便可以单独使用，但在共同使用时却可以达到更优的结果。因此，同一个消费者可能同时购买两个互补的产品并留下相应的评价。针对这一特点，我们定义了一个布尔变量 $\mathrm{AUT}(i,j)$，用来表示两个产品评论集合的“发布者重合度”。当产品对的评论集合中出现同一个发布者时该变量取值为 1，否则为 0。

$$\mathrm{AUT}(i,j)=\begin{cases}1, & \exists p\text{和}q,\mathrm{author}_{i,p}=\mathrm{author}_{j,q}\\0, & \text{其他}\end{cases}$$

评论发布的时间也是一个重要的因素。直观上来看，如果两个产品具有互补或替代关系，消费者倾向于同时浏览或购买它们，因此针对这两个产品所发布的评论有更高的概率在接近的时间段内，即评论发布时间重合度较高。因此，定义另一个变量 $\mathrm{TIME}(i,j)$，用来表示两个产品的“评论发布时间重合度”。

$$\mathrm{TIME}(i,j)=\begin{cases}0, & b_j\geqslant e_i\\0, & b_i\geqslant e_j\\e_j-b_j, & b_i\leqslant b_j,e_i\geqslant e_j\\e_i-b_i, & b_j\leqslant b_i,e_j\geqslant e_i\\e_i-b_j, & b_i\leqslant b_j\leqslant e_i\leqslant e_j\\e_j-b_i, & b_j\leqslant b_i\leqslant e_j\leqslant e_i\end{cases}$$

此外，还考虑了产品自身所具有的特征，包括：

品牌差异：

$$\mathrm{BRAND}(i,j)=\begin{cases}1, & \mathrm{company}_i\neq\mathrm{company}_j\\0, & \text{其他}\end{cases}$$

价格差异：

$$\mathrm{PRICE}(i,j)=p_i-p_j$$

将上述评论的非文本因素及产品自身特征纳入神经网络多输入模型中，作为辅助输入。也就是说，产品的特征表示现在是由关系建模得到的向量和非文本向量串联而成的，即

$$\phi(i,j)=\phi(i,j)\oplus\mathrm{VOL}(i,j)\oplus\mathrm{AVG}(i,j)\oplus\mathrm{VAR}(i,j)\oplus\mathrm{AUT}(i,j)\oplus\mathrm{TIME}(i,j)\\\oplus\mathrm{BRAND}(i,j)\oplus\mathrm{PRICE}(i,j)$$

之后的多层前馈神经网络及模型训练方法与前述基本模型一致。

1.7.3 实验

采用亚马逊的在线评论来评估预测模型的有效性。该数据集按照产品的不同类别划分，包含了具体每个产品的元数据和评论数据。选择手机、美妆、婴儿用品、电子产品四个类别的产品数据进行验证。参考已有研究(McAuley et al., 2015)，采用以下四条规则标记真实产品关系，其中前两条用于互补关系标记，后两条用于替代关系标记。

（1）购买了产品 i 的顾客也购买了产品 j。

（2）顾客经常同时购买产品 i 和产品 j。

（3）浏览了产品 i 的顾客也浏览了产品 j。

（4）浏览了产品 i 的顾客最终购买了产品 j。

选择随机法、逻辑回归及基于评论话题的产品互补替代识别（substitute and complementary edges between products from topics in reviews，Sceptre）作用基准方法进行分类效果对比，并用准确率和 $F1$ 得分作为效果评价标准。实验结果表明，本小节提出的方法在大多数情况下获得了最高准确率及最高 $F1$ 得分，且五个额外信息均使得基本模型的准确率得到一定的提升。并且在稀疏数据和不同参数设定下表现良好，验证了方法的鲁棒性。说明利用该方法，可以更有效地识别产品关系类型，从而为推荐系统设计提供帮助。

1.8 小　　结

大数据环境下，人们在享受着丰富的选择和极大的便利的同时，也要面对信息过载这一广泛存在的问题。信息提取与信息推荐作为商务分析中的重要方法，在帮助人们减轻信息负荷、促成有效购物方面发挥着重要作用。本章围绕信息提取与信息推荐两类方法讨论了一系列相关研究。在信息提取方面，主要研究工作包括：围绕信息一致性，提出了信息一致性测度，并设计了相应的评论子集提取与排序方法；围绕信息多样性，提出了信息覆盖度指标，并设计了相应的信息多样性提取方法；围绕信息代表性，扩展了传统的层次聚类方法，从而设计出组织内博客代表性信息提取方法。在信息推荐方面，主要研究工作包括：围绕信息异质性和认知模式异质性，设计了融合多源异质信息的产品推荐方法；围绕产品的捆绑关系，设计了个性化产品组合推荐方法；围绕产品的互补替代关系，设计了基于神经网络的产品关系挖掘框架。

参 考 文 献

陈国青，吴刚，顾远东，等. 2018. 管理决策情境下大数据驱动的研究和应用挑战——范式转变与研究方向[J]. 管理科学学报，21（7）：1-10.

Adomavicius G，Tuzhilin A. 2005. Toward the next generation of recommender systems：a survey of the state-of-the-art and possible extensions[J]. IEEE Transactions on Knowledge and Data Engineering，17（6）：734-749.

Agrawal R，Gollapudi S，Halverson A，et al. 2009. Diversifying search results[R]. Barcelona：The Second ACM International Conference on Web Search and Data Mining.

Bawden D，Robinson L. 2009. The dark side of information：overload，anxiety and other paradoxes and pathologies[J]. Journal of Information Science，35（2）：180-191.

Deshpande M，Karypis G. 2004. Item-based top-N recommendation algorithms[J]. ACM Transactions on Information Systems，22（1）：143-177.

Guan Y，Wei Q，Chen G Q. 2019. Deep learning based personalized recommendation with multi-view information integration[J]. Decision Support Systems，118：58-69.

Guo X H，Wei Q，Chen G Q，et al. 2017. Extracting representative information on intra-organizational blogging platforms[J]. MIS Quarterly，41（4）：1105-1127.

Hosanagar K，Fleder D M，Lee D，et al. 2014. Will the global village fracture into tribes? Recommender systems and their effects on consumer fragmentation[J]. Management Science，60（4）：805-823.

Kim S M，Hovy E. 2006. Automatic identification of pro and con reasons in online reviews[R]. Sydney：The COLING/ACL on Main Conference Poster Sessions. Association for Computational Linguistics.

Lappas T，Crovella M，Terzi E. 2012. Selecting a characteristic set of reviews[R]. Beijing：The 18th ACM SIGKDD International Conference on Knowledge Discovery and Data Mining.

Leonard N H，Scholl R W，Kowalski K B. 1999. Information processing style and decision making[J]. Journal of Organizational Behavior，20（3）：407-420.

Lim K H，Benbasat I，Ward L M. 2000. The role of multimedia in changing first impression bias[J]. Information Systems Research，11（2）：115-136.

Liu G N，Fu Y J，Chen G Q，et al. 2017. Modeling buying motives for personalized product bundle recommendation[J]. ACM Transactions on Knowledge Discovery from Data，11（3）：1-26.

Lu B J，Guo X H，Luo N L，et al. 2015. Corporate blogging and job performance：effects of work-related and nonwork-related participation[J]. Journal of Management Information Systems，32（4）：285-314.

Ma B J，Wei Q，Chen G Q，et al. 2017. Content & structure coverage：extracting a diverse information subset[J]. Informs Journal on Computing，29（4）：660-675.

Ma B J，Wei Q. 2012. Measuring the coverage and redundancy of information search services on e-commerce platforms[J]. Electronic Commerce Research and Applications，11（6）：560-569.

McAuley J，Pandey R，Leskovec J. 2015. Inferring networks of substitutable and complementary products[R]. Sydney：The 21th ACM SIGKDD International Conference on Knowledge Discovery and Data Mining.

Peter J P，Olson J C，Grunert K G. 1999. Consumer Behaviour and Marketing Strategy[M]. London：McGraw-Hill.

Riding R J，Cheema I. 1991. Cognitive styles-an overview and integration[J]. Educational Psychology，11（3）：193-215.

Riding R，Rayner S. 2013. Cognitive Styles and Learning Strategies：Understanding Style Differences in Learning and Behavior[M]. London：David Fulton Publishers.

Shannon C E. 1948. A mathematical theory of communication[J]. Bell System Technical Journal，27（3）：379-423.

Tsaparas P，Ntoulas A，Terzi E. 2011. Selecting a comprehensive set of reviews[R]. San Diego：The 17th ACM SIGKDD International Conference on Knowledge Discovery and Data Mining.

Weinberg B D，Davis L. 2005. Exploring the WOW in online-auction feedback[J]. Journal of Business Research，58（11）：1609-1621.

Yu W Z，Zhang R，He X F，et al. 2013. Selecting a diversified set of reviews[R]. Berlin：Asia-Pacific Web Conference.

Zhang M Y，Wei X，Guo X H，et al. 2019. Identifying complements and substitutes of products：a neural network framework based on product embedding[J]. ACM Transactions on Knowledge Discovery from Data，13（3）：1-29.

Zhang Z Q，Chen G Q，Zhang J，et al. 2016. Providing consistent opinions from online reviews：a heuristic stepwise optimization approach[J]. INFORMS Journal on Computing，28（2）：236-250.

Zhao W X，Wang J P，He Y L，et al. 2016. Mining product adopter information from online reviews for improving product recommendation[J]. ACM Transactions on Knowledge Discovery from Data，10（3）：29.

Zheng J Q，Wu X Y，Niu J Y，et al. 2009. Substitutes or complements：another step forward in recommendations[R]. New York：The 10th ACM Conference on Electronic Commerce.

第2章 社会关系类型识别及其社会化推荐方法研究

刘红岩[1]，贺江宁[2]，何军[3]
1 清华大学经济管理学院，2 上海财经大学信息管理与工程学院，
3 中国人民大学信息学院

2.1 研究背景

现实世界中的个人或组织通过各种方式建立各种联系，形成社会网络。社会网络分析是从社会网络的视角研究社会结构的一种方法，相关研究从 20 世纪 30 年代开始。随着 Web 2.0 技术及移动技术的发展，在线社会网络自 20 世纪 90 年代开始出现，随后经历迅猛发展，Facebook、Twitter 及新浪微博等社会网络服务平台吸引了大量用户通过网络建立线上社会关系，通过关注感兴趣的用户成为线上好友，构成巨大的社会网络，用户可以随时随地分享自己的所见所闻，与线上好友进行互动。截至 2019 年第一季度，Facebook 的月活跃用户数达到 23.75 亿①。新浪微博数据中心发布的《2018 微博用户发展报告》显示，截至 2018 年第四季度，微博月活跃用户数达 4.62 亿，连续三年增长 7000 万以上。

用户的在线好友中包含了很多现实生活中的朋友，这些朋友与用户之间具有不同类型的社会关系，如同学、同事、家人等。通常来说，不同类型社会关系的在线好友对用户具有不同的影响，与用户共享不同的兴趣偏好。因此，在线好友社会关系类型的识别有利于对用户偏好的分析及对于不同类型信息的传播分析。同时，可以方便用户进行在线好友的分组管理。然而社会网络服务平台上的用户

① https://www.statista.com/statistics/264810/number-of-monthly-active-facebook-users-worldwide/。

绝大部分不会对在线好友进行关系标注。例如，有统计指出，欧洲仅有 16%的移动手机用户对联系人进行了分组，而 LinkedIn 只有不到 23%的人对关系类型进行标注（Tang et al.，2011a）。因此，如何根据用户在社会网络平台上的行为信息进行社会关系类型的自动识别吸引了研究者的关注。

同时，随着互联网技术的进步和电子商务的发展，用户在线消费行为日益普及，用户消费过程中的各种行为轨迹被记录下来，形成了用户行为大数据。同时，网商和消费品的数量也急剧增长，对消费者造成了信息过载问题，同时加剧了商家的竞争，个性化推荐系统可以有效地缓解信息过载问题，有利于商家进行精准和个性化营销。因此，个性化推荐系统的研究和应用引起了人们越来越多的关注。麦肯锡的报告[①]指出，消费者在亚马逊上所购物品的 35%及用户在 Netflix 上所观看的内容的 75%都来自推荐系统。视频分享网站 YouTube 上用户 70%的观看时间也是由推荐算法驱动的，每天有 2 亿个不同视频推荐给用户[②]。然而，目前的推荐系统仍存在很多问题亟须解决，如数据稀疏性问题、冷启动问题等。社会化推荐利用用户的社会网络信息缓解这些推荐问题，成为推荐系统研究中的一个子领域。

社会化推荐的已有研究中多数都利用了社会网络中用户和好友之间偏好同质性的假设，即用户的兴趣偏好与其在线好友的偏好在一定程度上存在相似性。但是社会网络中的朋友关系存在异质性，不同朋友对用户的影响是不同的。例如，家人更有可能影响健康和情感相关的行为，而同事更有可能影响工作相关的行为。有关旅游行为的研究也证实了这种差异性影响的存在，在旅游时从不同类型的朋友处获取信息和建议往往会影响后期的旅游活动。例如，从朋友和亲人处获取信息的旅行者更有可能在旅行途中拜访家人和朋友，而从其他类型的旅行者处获取信息的人所从事的旅游活动更具多样性（Murphy et al.，2007）。可见，不同类型的朋友确实对用户的行为有不同的影响。

自我分类理论认为，个体倾向于根据特定社会属性将自己和他人归属于不同的群体，并表现出和所在群体一致的行为（Abrams and Hogg，1990）。可见，用户的行为确实会受到参照群体的影响，与群体行为存在“相似性”，同时参照群体的影响存在“差异性”。社会网络中的社会关系可以划分为家人、同学、同事等多种类型，不同的关系类型往往蕴含着不同的社会意义，也对应着不同的行为规范。在社会化推荐中如何有效地利用不同类型的社会关系对用户的不同影响提升推荐的性能是值得研究的问题。

为此，本章将介绍两方面的研究问题，一方面是如何利用社会网络中的信息自动识别用户好友的不同社会关系类型，另一方面是如何利用不同类型的社会关

① https://www.mckinsey.com/industries/retail/our-insights/how-retailers-can-keep-up-with-consumers。

② https://www.theverge.com/2017/8/30/16222850/youtube-google-brain-algorithm-video-recommendation-personalized-feed。

系对用户的影响设计推荐模型，提升推荐系统的性能。

2.2 社会网络中社会关系类型识别方法研究

本节将介绍结合多个异构社会网络信息进行社会关系类型识别的研究。为了同时考虑社会网络的结构信息及用户的行为信息，我们提出了一种新型的关系类型识别模型——DT-RW（decision tree and random walk，决策树与随机游走），该模型将决策树模型与随机游走理论进行结合，提升了关系类型识别的准确性，同时通过在真实数据集中的实验验证了所提模型的有效性。

2.2.1 相关研究

有关社会关系识别方面的研究可以分为两类，一类是利用单个社会网络信息进行关系的识别，另一类是对多种社会网络信息的分析研究。

早期社会关系类型的识别研究多是针对某一种特定的关系类型，如管理者与下属之间的关系、导师与学生之间的关系、合作与竞争关系等。Diehl 等（2007）研究了利用邮件信息识别管理者与下属之间的关系的方法。Wang 等（2010）研究了基于学术研究论文发表网络识别导师和学生之间关系的方法。Crandall 等（2010）研究了通过抽取移动行为中的地理共现信息识别社会关系的方法。后来也有学者研究了多种关系类型的识别问题。Sun 和 Lau（2013）基于用户之间的交互行为，如打电话、发邮件、在线社会网络中的回复及评论等识别用户之间的关系类型。Tang 等（2011a）根据社会网络的结构特征进行关系类型的分类。Chen 等（2014）基于网络社区的发现来识别关系类型，认为不同类型社会关系的用户通常形成不同的朋友圈。这些研究或者利用用户的行为特征，或者利用社会网络的结构特征。与已有研究不同，本节研究的是如何同时利用用户行为和社会网络的结构信息进行多种关系类型的识别。

另外，本章对多关系类型识别的研究是基于多个社会网络的，涉及多种社会网络的分析研究，如链接预测问题的研究，已有很多利用跨多个社会网络信息进行链接预测的研究（Backstrom and Leskovec，2011；Kong et al.，2013；Liben-Nowell and Kleinberg，2007；Zhang et al.，2013），但是尚没有根据多个社会网络信息进行多关系类型的识别的研究。

2.2.2 关系类型识别模型

本章基于多个社会网络进行关系类型的识别。图 2.1 给出了两种不同的社会网络的示意图，图 2.1（a）是一个新浪微博的社会网络图，图 2.1（b）是一个基于位置的社会网络，如街旁的社会网络图。图中圆圈代表用户节点，节点之间的无向边代表用户之间的社会关系。边上的字母代表社会关系的类型，问号代表未知类型。

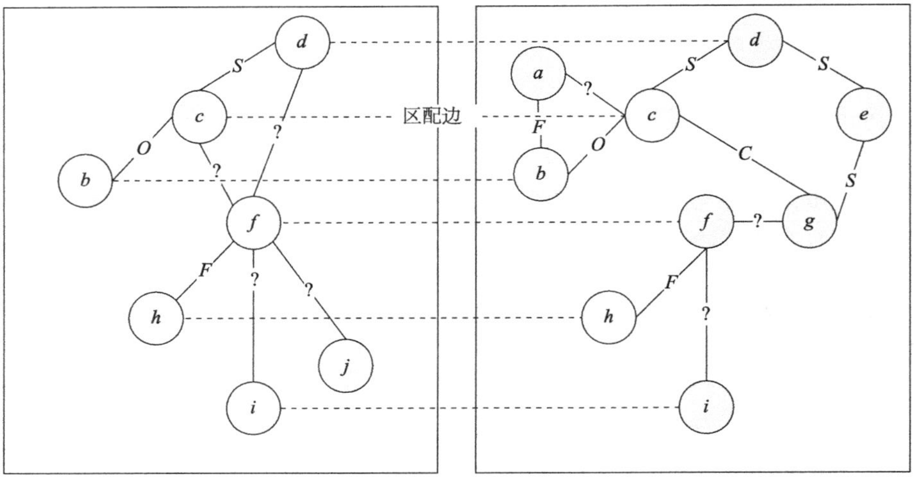

（a）新浪微博社会网络　　　　（b）基于位置的社会网络

图 2.1　两种异构社会网络示意图

给定一个社会网络图 $G(V,E)$，其中 V 是节点的集合，E 是节点之间的边的集合。节点之间的边代表着用户之间存在着特定的社会关系，故本章又将边称为用户之间的链接。假设 $R=\{l_1,l_2,\cdots,l_k\}$ 是节点之间的社会关系类型的集合，其中 $l_i\left(i\in 1,2,\cdots,k\right)$ 是第 i 种类型。本章以三种关系为例——同事、同学和朋友，其他类型的关系都设为“其他”，故 R={colleague,schoolmate,friend,other}，简写为 $R=\{C,S,F,O\}$。给定图中的一条边，其关系类型是这四种类型中的一个，如对于节点 h 和 f 之间的边 (h,f)，从图 2.1（a）中可以看到，其类型是朋友，记为 $T(h,f)=F$。当存在多种关系时，选择更具体的关系类型，例如，同学和朋友之间选同学。本章所提方法不限于这些关系类型,其他类型可以很容易地用所提方法进行处理。

为了同时利用多个社会网络信息，需要将其进行融合，通过一定的方法（2.2.6 小节实验评估部分介绍）将不同社会网络中的用户关联起来，使得被关联的用户属于同一个用户实体。以图 2.1 为例，两个网络中的节点 c、d、h 都分别对应同一个用户，例如，新浪微博中的用户 c 和街旁的社会网络中的用户 c 是同一个用户，我们称为匹配用户（aligned accounts），这两个用户在图 2.1 中通过一个虚线边进行连接，这种边称为匹配边（aligned link）。实际应用中用户的名称通常在不同网络平台上是不一样的，为了方便描述，我们将匹配的用户用同样的节点名称表示。

给定多个社会网络图，其中，每个网络用 $G_i(V_i,E_i)(i=1,2,\cdots)$ 表示，$G_{\text{set}}=\bigcup_i G_i$ 是网络的集合。这些网络中的部分用户是匹配用户。给定社会关系类型的集合 $R=\{l_1,l_2,\cdots,l_k\}$，每个网络中部分边的社会关系类型已知，社会关系类型识别的任务是预测其余边的社会关系类型。如图 2.1 所示，给定图中所示的两个社会网络，每个网络中的部分边已经标注了关系类型，两个网络中的部分用户已经进行了匹配，本章的目的就是预测图中那些标为问号的边的具体类型。

除了使用社会网络的网络拓扑结构方面的信息之外，用户的个人信息及行为信息也都可以用于社会关系的预测。本章中，用户的个人信息包括性别、年龄、学校、工作等，但这些信息未必都是准确的，因此不能仅根据这些信息进行关系类型的判断。用户的行为信息在不同的社会网络中存在差异。在新浪微博等微博社会网络中，用户的行为通常包括评论、提及、转发等行为。基于位置的社会网络中常见的行为是签到。不同的社会关系可能会有不同的行为模式，因此，本章利用此类信息进行关系类型的判断。

为有效地识别跨多个社会网络的社会关系，本章提出一种融合了分类和随机游走模型的识别方法。给定多个社会网络，其基本过程包括以下内容。

（1）网络合并过程：从每个社会网络中抽取一系列特征，根据特征和用户之间的关系合并多个社会网络。

（2）分类模型构建过程：基于抽取的特征构建分类模型，为未知类别的每条边预测属于各个关系类型的概率，即得到类别分布信息。

（3）随机游走过程：利用分类模型的结果初始化随机游走模型，类别分布信息通过随机游走模型在社会网络中传播，最终获得一个有标签的社会网络。

2.2.3　网络合并

合并多个社会网络即合并每个社会网络的结构和特征，形成一个具有合并特征向量的全局网络结构。简单起见，本书以两个社会网络为例，用 G_1（V_1，E_1）和 G_2（V_2，E_2）分别代表具有特征向量 F_1 和特征向量 F_2 的两个社会网络，合并二者得到一个全局网络 G 的过程包括以下三步。

第一步：合并节点。首先只考虑在 G_1 和 G_2 中表示独立个人的节点。如果 G_1 中的用户 a 和 G_2 中用户 b 是同一个人，将他们合并到全局网络 G 中的单一节点上。对于在 G_1 或 G_2 中独立存在的其他用户，本书简单地把他移到 G 中，不进行合并。

第二步：合并链接。如果 G 中的两个用户节点 a 和 b 在网络 G_1 或 G_2 中原本有链接（即边），就在网络 G 中的用户 a 和 b 之间添加一个链接。本书关注的社会网络是无向图的情况，这样，对具有有向链接的社会网络，本书只考虑相互指向的链接，并将每一对相互指向的链接转换为一个无向链接。双向链接更加稳定，因而更贴近人们现实生活中的社会网络。

第三步：合并特征。对于全局社会网络中的每个链接，特征向量的合并意味着如果该链接原本存在于 G_1 和 G_2 中，本书将把两个特征向量 F_1 和 F_2 的元素放到一起，得到一个组合的特征向量；假如用户只存在于一个网络，本书将另一个网络中的特征值记为空（null）值或缺省值。这样，合并后的全局社会网络表示为 $G(V, E)$，其中 $V \subseteq (V_1 \cup V_2)$，$E \subseteq (E_1 \cup E_2)$，其特征向量 $F \subseteq (F_1 \cup F_2)$。直观地说，社会网络的合并将有助于那些在一个社会网络中与很少用户有社交链接但在另一个社会网络中拥有许多链接的用户，以及在不同社会网络中与不同的用户集合有链接关系的用户的关系识别。通过这种方式，我们可以为每个人描绘更完整的社会关系图。图 2.2 给出了如图 2.1 所示的街旁和新浪微博的合并全局网络。随机游走模型在仅由用户节点和社交链接组成的同构网络上运行，与其他类型相关的节点和链接信息，诸如位置或签到行为用于训练分类器。

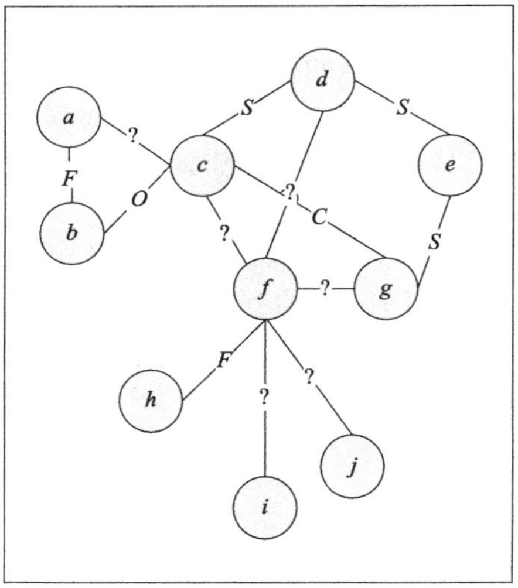

图 2.2　合并图 2.1 中的两种异构社会网络后的全局网络

2.2.4　分类模型

给定一个社会网络及其部分链接对应的关系类型，为了获得其余链接的关系类型，我们可以将其转化为分类问题，使用多种分类技术。在这里，本书选择决策树算法，因为它比其他分类算法更易于构建和理解，并具有良好的分类精度。为了训练决策树模型，需要为每个链接对应的一对用户提取特征，包括人口统计特征、交互特征和移动特征。人口统计特征方面，对于在社会网络中公开提供工作或学校信息的每对用户，可以提取特征：hasSameSchool 和 hasSameWork。即如果一对用户在同一所学校学习过，那么 hasSameSchool 是 1，否则是 0。如果在同一单位工作过，则 hasSameWork 特征取值为 1，否则为 0。这样的特征似乎可以很容易地识别同事和同学的关系；但是，重要的是在社会网络中并不是每个用户都公布这些信息且保证信息是真实的。

交互特征：用户对（User，Pair）提及、评论和转发的模式。交互量方面，本书提取诸如 Mention_num（提及对方的次数）、Comment_num（评论次数）和 Repost_num（转发次数）的特征。交互相似度方面，本书提取 Co_mention（同时提到两个用户的消息次数）、Co_mention_user（两个用户之前都提到的不同用户的个数）、Co_comment（两个用户都评论过的消息个数）和 Co_repost（被两个用户都转发过的消息个数）。另外，还提取指示日/夜或工作日/周末的交互差异特征。例如，特征 Weekday/weekend ratio 表示工作日发生的交互行为的数量与周末发生的交互行为的数量的比值。

移动特征：通过两个步骤从签到中提取移动特征。签到的过程囊括用户名、位置名称、位置类别和签到时间这些特征。首先，从每对用户的签到信息中提取具有共同位置和签到时间相同的基本特征。例如，特征 colocation 指的是一对用户在同一地点签到，即共同签到同一地点，coincidence 指的是一对用户在给定的时间窗口阈值内，如 15 分钟时间差内在同一位置签到。这样，本章从位置类别、数量差异和序列模式方面提取特定的移动性特征。例如，对于用户 a 和用户 b 之间的一个链接，特征 Colocation_work_num 表示两个用户 a 和 b 共同签到的地址类别为工作场所的共同位置数。Is_schoolLoc1_same 表示一个用户最常签到的学校类别位置与另一用户 b 最常签到的学校类别位置是否相同。换句话说，如果用户 a 最常签到的学校类别位置是清华大学，而用户 b 是北京大学，则 Is_schoolLoc1_same 设置为 0。显然，一个人最常签到的学校类别位置很可能是他学习的地方。这样，如果两个用户的 Is_schoolLoc1_same 为 1，则他们很可能是同学。因此，从签到中提取的移动特征揭示了用户的人口统计信息，如学校位置和工作场所，从而展现了用户之间的社交关系类型。

完整的特征列表如表 2.1 所示。

表 2.1　用于分类模型的特征

特征类别	变量	变量说明
人口统计特征	hasSameSchool	两个用户是否在同一个学校学习过
	hasSameWork	两个用户是否在同一个单位工作过
交互特征	Mention_num	两个用户之间提及对方的次数
	Comment_num	两个用户之间的评论次数
	Repost_num	两个用户之间的转发次数
	Co_mention	同时提到两个用户的消息次数
	Co_mention_user	两个用户之前都提到的不同用户的个数

续表

特征类别	变量	变量说明
交互特征	Co_comment	两个用户都评论过的消息个数
	Co_repost	两个用户都转发过的消息个数
	Weekday/weekend ratio	工作日两个用户之间的交互次数与周末两个用户之间的交互次数的比值
	Day/night ratio	白天两个用户之间的交互次数与晚上两个用户之间的交互次数的比值
移动特征	Colocation_work_num	两个用户共同签到的地址类别为工作场所的共同位置数
	Colocation_school_num	两个用户都签到过的学校类型的地点个数
	Colocation_private_num	两个用户都签到过的私人场所个数
	Coin_work_num	两个用户同时签到过的工作地点的个数
	Coin_school_num	两个用户同时签到过的学校的个数
	Coin_private_num	两个用户同时签到过的私人场所个数
	Is_schoolLoc1_same	用户 *a* 最常签到的学校类别位置与用户 *b* 是否相同
	Is_workLoc1_same	一个用户最频繁签到的工作地点是否与另一个用户相同
	P_coin_worktime	工作时间两个用户发生的同时签到相同地点的情况的比例
	P_coin_weekday	工作日内两个用户发生的同时签到相同地点的情况的比例
	P_coin_weekend	周末两个用户发生的同时签到相同地点的情况的比例

基于这些特征，将类别属性设为社会关系类型，利用已知类别的用户对的特征，建立决策树模型。根据构建的决策树模型，为未知社会关系类型的每对用户预测其关系类型，得到关系类型的分布。同时，设置预定义置信度阈值（minconf）来一定程度上避免预测偏差对后面的随机游走模型的影响，即只使用其置信度高于阈值 minconf 的预测结果。例如，给定一个决策树规则"如果 Is_workLoc1_same=1 且 Colocation_work_num≤8，则 class=colleagues（1000/150）"，这意味着符合此规则的链接数量为 1000，其中 150 个链接不属于同事，我们可以计算此规则的置信度：（1000−150）/1000=0.85。因而，如果 minconf 设置为 0.8，则此规则的预测结果将用于设置随机游走的初始影响值；但是如果 minconf 为 0.9，则不使用此规则。从决策树模型获得的概率分布用于设置随机游走模型的初始影响值。同时，如果这 1000 个链接中属于各个关系类型的链接个数是已知的，例如，属于（C，S，F，O）四个类别的链接数目分别为（850，50，60，40），则基于该规则得到关系类型的分布为（85%，5%，6%，4%）。

2.2.5 随机游走模型

利用决策树模型可以对未知类别的链接进行关系类型的初步预测，基于该预测结果进一步利用随机游走模型进行类别的传播，从而得到最终的关系类型的识别结果。

随机游走旨在利用不同的网络结构属性通过类别的传播来识别不同的关系类型。某些关系类型诸如同事是可传递的，因为同事的同事是同事。有些则是不可传递的。本章用三元组分析传递性，三元组是一个由三个节点和三个链接组成的子图，下面给出三元组及三元组的强传递性和弱传递性的定义。

定义 2.1（三元组）：一个三元组是一个无向图Δ（V，E），其中$|V|=3$，如果三个节点分别是 a、b 和 c，则 E 包含 3 个链接（a，b）、（b，c）和（a，c）。如果其中任意一个链接具有关系 T，则该三元组表示为Δ（T）。

定义 2.2（强传递性，ST）：给定一个节点为 a、b、c 的三元组和一个关系类型 $T\in R$，如果链接（a，b）、（b，c）和（a，c）都属于关系类型 T，如图 2.3（a）所示，本章称关系类型 T 在三元组（a，b，c）中具有强传递性，或称三元组（a，b，c）在关系类型 T 方面具有强传递性，表示为Δ（T，ST）。

定义 2.3（弱传递性，WT）：给定一个节点为 a、b、c 的三元组和一个关系类型 $T\in R$，如果其中的任意两个链接，如（a，b）和（a，c），属于关系类型 T，且第三个链接，如（b，c），属于一个不同的关系类型 S（$S\in R$，$S\neq T$），如图 2.3（b）所示，则称三元组（a，b，c）中的关系 T 具有弱传递性，或称三元组（a，b，c）在关系类型 T 方面具有弱传递性，表示为Δ（T，WT）。严格地讲，弱传递性不具有传递性，本书使用这一定义来呈现不同关系类型的结构化特性。

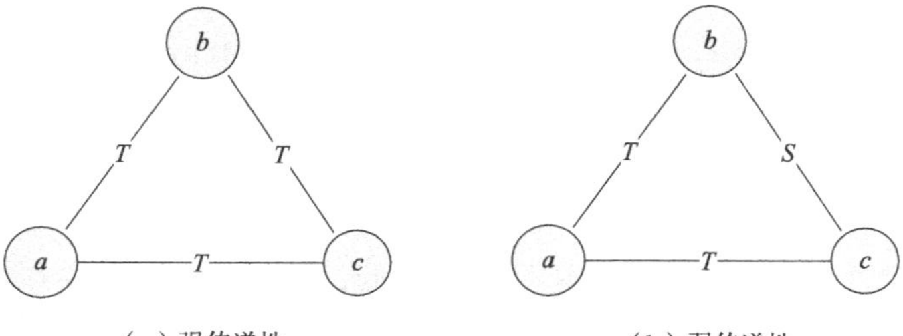

图 2.3　三元组中关系 T 的传递性分类

为度量在一个全局网络中某一关系类型的传递性程度，本书定义了强传递性指数（strong transitivity index，ST index）和弱传递性指数（weak transitivity index，WT index），其计算方法如下：

$$\text{ST index}=\frac{\#\Delta(T,\text{ST})}{\#\Delta(T)} \tag{2.1}$$

$$\text{WT index}=\frac{\#\Delta(T,\text{ST})+\#\Delta(T,\text{WT})}{\#\Delta(T)} \tag{2.2}$$

其中，$T\in R$ 表示某种关系类型；$\#\Delta(T,\text{ST})$ 表示在全局网络 G 中具有强传递性的

类别为 T 的三元组的数量；$\#\Delta(T)$ 表示至少包含一个关系类型为类别 T 的链接的三元组的数量。ST index 和 WT index 取值均在 0 和 1 之间，指数值越高，传递性越强。

本书使用如图 2.4 所示的简单网络来说明计算过程。就关系类型 S 而言，强传递性三元组是三元组（c，f，g）和三元组（c，e，f），所以，$\#\Delta(S,\mathrm{ST})=2$。弱传递性三元组是三元组（$c$，$e$，$d$），所以$\#\Delta(S,\mathrm{WT})=1$。三元组（$a$，$b$，$c$）只有一个关系为 S 的链接，且$\#\Delta(S)=4$。因而，ST index=2/4=0.5，WT index=3/4=0.75。

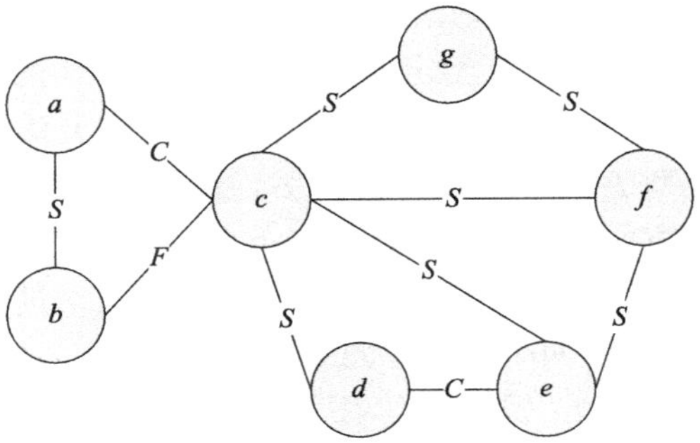

图 2.4　三元组示例图

为了研究各种关系类型的结构特性，本书利用从新浪微博和街旁社会网络爬取的数据，构建了一个真实的社会网络数据集，并手工标记了每个链接的关系类型（详情见实验评估部分）。基于该数据集，我们分别计算关系集 $R=\{C, S, F, O\}$中每个关系类型 T 的强传递性指数和弱传递性指数。结果显示不同的社会关系类型具有不同程度的传递性指数，即使是相同的关系类型也可能在不同的社会网络中具有不同程度的传递性指数。例如，同学关系类型在新浪微博中具有高达 90%以上的强传递性，但在街旁的强传递率非常低，约为 10%，至少在本书的数据集中是这样。在全局社会网络中，同事和同学具有较高的强传递性指数，朋友具有较低的强传递性但具有较高的弱传递性，而其他关系的两个传递性指数都比较低。

例如，在图 2.5 所示的网络中，用户 u 的五个邻居 a、b、c、d 和 e 形成一个同事聚簇，由多个强传递的三元组组成。最小的聚簇是一个三元组，例如，三元组（f，g，u）由同学关系类型的链接形成。相比而言，具有低强传递性指数、高弱传递性指数的关系类型的链接，如朋友关系类型，通常不形成聚类，而是形成以用户 u 为中心的中心节点。例如，在图 2.5 中，用户 u 是中心，其邻居 h、i、j、k 是他的朋友，而这些邻居之间的链接不全是朋友关系类型。

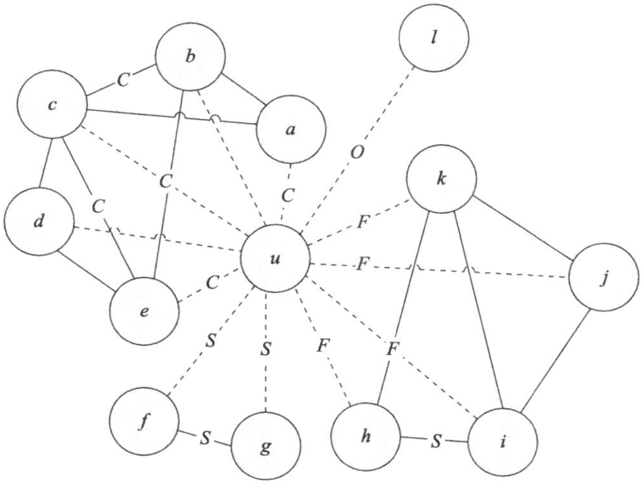

图 2.5　自我关系网络的示例

因此，社会网络中有两类结构特征。

（1）具有高强传递性指数的关系类型的链接倾向于形成聚簇。

（2）具有低强传递性指数且高弱传递性指数的关系类型的链接通常以中心用户为中心。

因此，本章的目标是找到一种可以利用这种特征对关系类型进行关系类型分类的方法，结果表明，基于随机游走的方法表现良好。通过这种方式，社会关系识别问题就转化为随机游走模型的关系传播问题。例如，如果链接（a，b）具有关系类型 r，则链接（b，c）或链接（a，c）很可能具有相同的类型关系。因此，本章可以将这种关系的聚类或中心化视为一种关系传播。为了便于描述，我们称链接（b，c）的关系类型受链接（a，b）的关系类型的影响。使用随机游走模型，可以利用这种现象进行关系识别。

基于随机游走模型，每种关系类型代表着沿社会网络中的链接进行传播的一种影响。每个关系类型未知的链接受到从其邻居传播过来的影响，哪个类型的影响最大，就被预测为该类型。基于这样的简化场景，本章只考虑自我关系网络（ego-network）。将用户 u 构建的自我关系网络表示为 G（u），该网络的节点由节点 u 及其在全局网络中的邻居构成，边是这些节点之间的链接关系。对全局网络 G 中的每个链接（a，b），初始影响值是关系集合 $R=\{l_1,\cdots,l_i,\cdots,l_k\}$ 的概率分布 $I=$（$p_1,\cdots,p_i,\cdots,p_k$），其中，$p_i$ 表示属于关系类型 l_i 的链接的概率，$\sum_{i=1}^{k}p_i=1$。具体取值如下。

（1）对于已知关系类型的链接，若其关系属于类型 l_i，该链接的初始影响

值是概率分布 $I_L =$（ $p_1,\cdots,p_i,\cdots,p_k) = (0,\cdots,1,\cdots,0)$，其中，$p_i = 1$ 且 $\forall_{j\neq i}\, p_j = 0$。

（2）对于未知关系类型的链接，其初始影响值是概率分布 $I_U = (p_1,\cdots,p_i,\cdots,p_k)$，该分布由分类模型学习到，其中，每一维 p_i 是属于关系类型 l_i 的概率。

给定网络 G（u），其中部分链接的关系类型已知，任务是预测用户 u 与其邻居之间的那些未知的关系类型，如链接（u，b）的类型。

为了便于理解，下面以图 2.5 中的自我关系网络 $G(u)$ 为例说明随机游走如何考虑聚簇和中心化的两个结构属性，并通过影响传播过程使关系识别成为可能。首先，我们需要设置随机游走的初始影响值。对于已知关系类型的链接，所属类别的初始影响值等于 1，其他关系类型的初始影响值等于 0。对于未知关系类型的链接，初始影响值是一个从决策树模型中学习的概率分布。例如，本章假设链接（u，b）关于 C、S、F 和 O 的初始影响值分别为（0.1，0.3，0.4，0.2）。也就是说，决策树模型会将其预测为朋友关系类型，尽管它实际上属于同事关系类型。已知关系类型的链接（u，a）、（u，c）和（u，e）的初始影响都是（1，0，0，0）。众所周知，随机游走通常从节点传播，受到 Tang 等（2011a）工作的启发，本章将链接的影响转换为节点。例如，本章将同事的影响从链接（u，a）转换为节点 a。因此，用户 u 和其邻居之间的链接的所有初始影响被转换为用户 u 的邻居，然后可以基于随机游走的模型沿着自我关系网络 G（u）中的 u 的邻居之间的路径传播。经过一步随机游走后，用户 a 分别向用户 b 和用户 c 传播 1/2 的同事类别的影响，用户 c 向用户 b 传播 1/4 的同事类别的影响，用户 e 向用户 b 传播 1/3 的同事类别的影响。那么用户 b 的影响得分是初始影响和从其邻居传播来的影响之和，即（0.1，0.3，0.4，0.2）+1/2×（1，0，0，0）+1/4×（1，0，0，0）+1/3×（1，0，0，0）=（1.18，0.3，0.4，0.2），然后用户 b 的影响力得分可以转换为链接（u，b）。因此，对于用户 u 的每个邻居，本章可以计算随机游走一步后的影响力得分，然后将得分从节点转换为链接。显然，用户 b 将受到同事关系的影响最多，因此链接（u，b）的关系类型可以归类为同事关系，说明随机游走能够识别聚类结构的关系类型。

基于以上分析设计了模型 DT-RW。定义得分矩阵 M，用于保存图 G 中每个链接的每种关系类型的影响值，即 $M=\left[r_{jk}\right]_{m\times K}$，其中，$r_{jk}$ 表示第 j 个链接的第 k 个关系类型的影响值。K 是关系类型的数量，m 是社会网络中的链接数量。r_{jk} 得分越高，第 j 个链接属于第 k 个关系类型的概率越高。在随机游走的 t 次迭代之后，将得分矩阵表示为 $M(t)$。M 的初始化包括两种情况 $M(0)=\left[I_j\right]_{m\times 1}$，其中 I_j 对应于链接 j 的初始影响，对于已知关系类型的链接 j，$I_j = I_L$，对于未知关系类型的链接 j，$I_j = I_U$。

在随机游走过程中，初始影响在网络中沿着路径进行迭代传播，每次迭代由三个阶段组成：传播、融合和归一化。

在传播阶段，对于全局网络 G 中的每个用户 u，其邻居通过每个自我关系网络 $G(u)$ 中的路径同步传播影响分数。为保存传播影响结果，定义矩阵 $M_u=\left[r_{jk}\right]_{|N_G(u)|\times K'}$，其中，$r_{jk}$ 表示用户 u 与其第 j 个邻居之间的链接属于第 k 个关系的可能性得分，并且 $|N_G(u)|$ 是网络 G 中用户 u 的邻居数。因此，M_u 是 M 的子矩阵。具体来说，对于随机游走的第 t 次迭代，从 $M(t-1)$ 中提取 $M_u(t-1)$，迭代后得到 $M(t)$。为了从数学上表达影响的传播过程，根据自我关系网络 $G(u)$ 的结构定义过渡矩阵 T_u，即

$$T_u=\left(K_u A_u\right)^{\mathrm{T}}$$

其中，A_u 表示排除节点 u 后 $G(u)$ 的邻接矩阵；K_u 表示对角矩阵，对角线上取 $G(u)$ 中每个节点（节点 u 除外）的度的倒数。

为了使随机游走模型收敛，借鉴 Li 等（2011）的工作，通过引入衰减因子来考虑具有衰变的传播过程，衰减因子定义为随机游走步数的函数，即

$$d(t)=1-a\times(t-1),\quad t=1,2,\cdots,t_{\max}\tag{2.3}$$

其中，t 表示随机游走的迭代步数；$a\in(0,1)$ 表示衰减比。衰减因子随机游走的迭代会减少。当 $d(t)$ 的值减小到零时，影响分值不再变化，随机游走停止。该机制保证了随机游走模型的收敛。因为不同的关系类型具有不同的结构特性，适合在不同的步数中传播，通过引入衰减矩阵 D，本书对不同的关系类型设置不同的衰减因子，在一个 $K\times K$ 对角矩阵中，对角线上的第 k 个值表示第 k 个关系类型的衰减因子。随机游走的最大步数 $t_{\max}$ 是使衰减矩阵 D 的对角线的所有维度减小到零的最小迭代次数。因此，可以依据式（2.4）计算在网络 $G(u)$ 中随机游走第 t 次迭代从邻居节点传播到的影响。

$$M_u^*(t)=D(t)\times T_u\times M_u(t-1),\quad t=1,2,\cdots,t_{\max}\tag{2.4}$$

在融合阶段，通过考虑在每个自我关系网络中通过随机游走传播的影响来设置 $M^*(t)$。例如，对于第 j 个链接（u，v），它存在于 $G(u)$ 和 $G(v)$ 的自我关系网络中。来自 $G(u)$ 的传播影响是 $M_u^*(t)$ 的一行，表示链接（u，v）的各种关系类型的可能性得分，该传播影响表示为向量 $I_j(t)_u$。同理，来自 $G(v)$ 的传播影响表示为 $I_j(t)_v$。那么，如何计算链接（u，v）的最终影响？为计算整个社会网络的全局影响，合理的方法是将所有传播的影响添加到初始的影响值上，$I_j(t)=I_j(t-1)+I_j(t)_u+I_j(t)_v$，即

$$M^*(t)=M(t-1)+\sum_{u\in V}f\left(M_u^*(t)\right)\tag{2.5}$$

在式（2.5）中，函数 $f\left(M_u^*(t)\right)$ 表示对存在于矩阵 $M_u^*(t)$ 中的那些链接返回矩

阵$\left[r_{jk}\right]_{m\times K}$中的值，对于不存在于矩阵$M_u^*(t)$中的每个链接和每种关系的值都设为0。

在归一化阶段，$M(t)$设置为$M^*(t)$的行归一化，以确保一个链接的关系类型的概率分布之和等于 1，因此

$$M(t)=N(t)\,M^*(t)$$

其中，N表示$m\times m$对角归一化矩阵，N的对角线上的每个元素等于$M(t)$的相应行中的所有元素的和的倒数，如式（2.6）所示。

$$N_{ij}(t)=\begin{cases}\left(\sum\limits_{j=1}^{K}M_{ij}^*(t)\right)^{-1}, & i=j\\ 0, & i\neq j\end{cases}\qquad(2.6)$$

归一化阶段用以处理不同关系类型的不平衡问题。在社会网络中，某些关系类型比其他关系类型更普遍存在。例如，在街旁网络中，同事比同学更流行，因为随机游走的影响得分可以是任何幅度，更为普遍的关系类型的影响得分趋于快速增加并且在几次未归一化的迭代之后容易主导其他节点的得分。因此，有必要对每次迭代中的概率分布进行归一化以解决不平衡问题。当然，如果一个人将他的许多邻居标记为同事并且他的其他未标记的邻居与这些被标记的同事密切相关，则将这些未标记的邻居预测为同事是合理的。

在随机游走$t_{\max}$步之后，获得最终得分矩阵 M。矩阵的每一行表示一个链接的关系类型的概率分布，基于此分布，对于未知关系类型的链接预测为具有最高概率的关系类型。DT-RW 算法的主要步骤如图 2.6 所示。

Input: $G(V,E)$, decay matrix D, training dataset T, and feature vector F

Output: Relationship type for each unlabeled link

Major steps:

Build decision tree model DT based on T and F
Initialize Score Matrix M（0）based on T and DT
For each user u set Transition Matrix T_u
Calculate the maximum step $t_{\max}$ of random walk based on D
t=0
Repeat
    t=t+1
    For each user u do
        Set $M_u(t-1)$ based on $M(t-1)$
        $M_u^*(t)=D(t)\times T_u\times M_u(t-1)$
    $M^*(t)=M(t-1)+\sum_{u\in V}f\left(M_u^*(t)\right)$
    $M(t)=N(t)\times M^*(t)$
Until $t=t_{\max}$
Label each unlabeled link as the type with highest score in corresponding row of $M(t)$
Return

图 2.6 DT-RW 算法

社会网络 $G(V,E)$和算法输入中的特征向量 F 可以以各种方式构造。本书将新浪微博、街旁和全局社会网络分别表示为 G_s，G_j 和 $G_s \cup G_j$，从新浪微博、街旁提取特征向量，以及合并的特征分别为：F_s，F_j 和 $F_s \cup F_j$。根据所描述的合并社会网络的方法，有如下五种合并方案。

（1）$G(V,E)=G_s \cup G_j$ 和 $F=F_s \cup F_j$，合并新浪微博和街旁的链接和特征向量。

（2）$G(V,E)=G_s$ 和 $F=F_s \cup F_j$，保持新浪微博网络的结构，合并两个特征向量。

（3）$G(V,E)=G_j$ 和 $F=F_s \cup F_j$，保持街旁的网络结构，合并两个特征向量。

（4）$G(V,E)=G_s$ 和 $F=F_s$，保留新浪微博网络及其特征向量。

（5）$G(V,E)=G_j$ 和 $F=F_j$，保持街旁网络及其特征向量。

2.2.6　实验评估

1. 数据集

为了评估 DT-RW 在社会网络中关系识别的性能，本章通过公用应用程序编程接口爬取了两个异构社会网络，即新浪微博和街旁的数据。两个社会网络的用户行为信息是不同的。移动信息（签到）仅存在于街旁，而人口统计信息仅来自新浪微博。在街旁社会网络中，每个位置根据位置的功能被分类为一个类别，共有 164 个位置类别。从签到中提取 coincidence 和 colocation 特征信息。实验中两个数据集的统计信息如表 2.2 所示。边的匹配信息从街旁网络的用户主页中爬取。本章数据集中有 34.7%的用户在新浪微博和街旁拥有一致的账户。

表 2.2　数据集的统计信息

新浪微博		街旁	
用户数	926	用户数	432
链接数	8 395	链接数	6 743
有学校信息的用户个数	458	签到数	260 742
有工作信息的用户个数	239	签到位置数	11 273
微博数	4 847 990	签到位置类别数	164
评论数	5 595 419	评论数	317 720
提及博文数	1 234 486	coincidence 数	77 626
转发博文数	2 447 744	colocation 数	220 890

在线社会网络由于隐私保护的原因不直接提供关系类型信息，因此需要手工标记这些信息。本章花费了大量时间、精力和资源手工标记了高质量的实验数据集。标记流程如下。对于标记人认识的用户之间的链接，本章直接根据先验知识标记其关系类型。这部分标签准确且相对容易。对于其他链接的标记，标记员采

用了两步标记方法。第一步是通过多种方式建立用户学校和工作信息的简档，包括从他们个人主页中收集学校和工作信息，用与学校和工作相关的关键词手工搜索他们发布的信息，如毕业、校园、工作、办公等，并分析他们在校园和办公类别中最常签到的位置。第二步是基于上述收集的信息标记用户之间的关系类型。如果一个链接的两个用户在大约相同的时间段内去同一所学校，则该链接标记为“同学”。如果一个链接的两个用户在大约相同的时间段内在同一公司中工作，则该链接标记为“同事”。此外，如果一个链接的两个用户具有不同的教育和工作经历但像朋友一样进行交互，则该链接标记为“朋友”。在这里，两个用户是否像朋友一样互动是由标记人员通过分析用户交互行为的语义来决定的，这在本书的算法中并没有用作输入。例如，如果用户频繁提及用户 b 并在新浪微博上分享关于用户 b 在假日或生日时发送给他的礼物图片，则链接（a，b）可能被标记为朋友。这种类似朋友的行为还包括一起购物、一起吃饭、一起拍照、发表评论或经常密切提及彼此等。上述两个步骤分别由两位标记人员分别进行，两位标记人员标记过程的 Cohen’s kappa 系数（Carletta，1996）为 0.854，提供了相对较高的评估一致性并确保了本章数据集的可靠性。为了确保基本事实的正确性，本书删除了具有不一致标签的社会关系，仅保留用于实验评估的一致的标记数据集。数据集的详细信息如表 2.3 所示。

表 2.3　各种关系类型的用户对数

关系类型	新浪微博/对	街旁/对	全局网络/对
同事	2460	3567	4302
同学	3349	630	3416
朋友	2361	2408	2532
其他	225	138	736

为了定量比较不同方法的性能，我们对所有链接的准确度（accuracy）进行度量并对每种关系类型的 $F1$ 指数进行度量。这里，准确度被定义为被预测准确的链接数与被预测所有链接数之比，$F1$ 值是精确度和召回率的调和平均值。

$$F1 = \frac{2 \times \text{precision} \times \text{recall}}{\text{precision} + \text{recall}} \tag{2.7}$$

其中，precision 表示在算法声明为类型 k 的所有实例中被正确地分类为类型 k 的部分；recall 表示在真正属于类型 k 的所有链接中被正确地分类为类型 k 的部分。实验采用了五折交叉验证，平均结果在随后的讨论中给出。随机游走的衰减率的设置方法将在后面详细讨论。

2. 不同方法的比较

与现有的关系类型识别研究相比，我们的工作创新体现在以下两个方面：①多个社会网络的融合；②将决策树模型和随机游走模型进行组合，以利用用户行为和网络结构信息。因此，为了证明所提出的 DT-RW 模型的有效性，首先比较不同的合并方案，以识别特征向量的合并和（或）多个社会网络的网络结构的合并是否可以改善社会关系识别的性能。其次，探讨行为和结构信息相结合的有效性。最后，将决策树与其他一些传统的分类方法进行比较，以显示在这个问题中选择决策树的优势。合并多个社会网络的有效性方面，根据前文给出的不同的合并方案，我们运行所提出的 DT-RW 模型，表 2.4 给出了各种合并方案的准确度，表 2.5 给出了针对每种关系类型的 $F1$ 值。

表 2.4　不同合并方案下的准确度

合并方案	G_s 上准确度	合并方案	G_j 上准确度
（i）$G_s \cup G_j$ and $F_s \cup F_j$	0.933	（i）$G_s \cup G_j$ and $F_s \cup F_j$	0.890
（ii）G_s and $F_s \cup F_j$	0.918	（iii）G_j and $F_s \cup F_j$	0.879
（iv）G_s and F_s	0.871	（v）G_j and F_j	0.866

表 2.5　每种关系类型不同合并方案下的 $F1$ 值

合并方案	C	S	F	O
（i）$G_s \cup G_j$ and $F_s \cup F_j$	0.956	0.971	0.856	0.662
（ii）G_s and $F_s \cup F_j$	0.921	0.970	0.880	0.394
（iii）G_j and $F_s \cup F_j$	0.945	0.630	0.850	0.634
（iv）G_s and F_s	0.856	0.973	0.764	0.381
（v）G_j and F_j	0.935	0.643	0.832	0.609

表 2.4 中合并方案（i）同时预测新浪微博和街旁链接的关系类型，表中分别在新浪微博和街旁列出方案（i）的准确度，以确保比较的公平性。通过深入地分析和比较，有以下几个发现：①网络结构的合并确实有利于提高跨多个社会网络的关系识别的准确度。通过方案（i）与方案（ii）和方案（iii）的对比可以看出，网络的合并构建了更健全的全局社会网络结构，并使其更适于随机游走以识别社交关系类型。②特征向量的合并也显著提高了关系识别的准确度，而街旁特征的表现优于新浪微博特征。与方案（iv）相比，方案（ii）中的街旁特征向量的扩展将准确度提高了 4.7 个百分点。这是因为街旁特征包含从签到信息中提取的很多用户移动特征。移动模式，如频繁签到位置、位置类别和序列模式，有效地指示了真实的人口统计信息，从而揭示了社交关系类型。

为了验证合并模式对准确度差异的显著性，本章做了配对 t 检验。零假设是 H0：$D \leqslant 0$，其中，D 是合并模式对的准确度的差异。备选假设 H1 是 $D>0$。显著性水平 α 设为 0.05。结果表明，方案（i）明显优于方案（ii），其中，与链接 G_j 的合并，其 p 值远小于 0.05。

为了验证结合行为和结构两方面信息进行关系类型识别的有效性，我们将本书提出的 DT-RW 模型与以下方法进行了比较。

DT：仅使用行为信息的决策树模型。

RW：随机游走仅使用没有 DT 的网络结构信息来设置初始影响。

RCA（root cause analysis，根本原因分析）：基线方法，Tang 等（2011a）提出的关系分类算法。

所有这些方法都使用合并的特征向量在合并的全局网络上来预测链接的关系类型。预测准确度如图 2.7 所示。图 2.7 表明，DT-RW 准确度超出基线方法 RCA 达 0.13，证明了本书的模型在结合本地用户行为和全局社交结构以准确预测关系类型方面的优势。在人人网上识别关系的 RCA 算法，在关系类型更为复杂的新浪微博和街旁的情况下表现不佳。此外，仅利用行为信息的决策树方法表现不佳，准确度仅为 0.789，而增加随机游走方法（DT-RW）确实有效，在关系识别中将准确度提高到 0.92。RW 预测准确度高于 DT 预测准确度表明，网络结构在这个问题上比从本地用户行为中提取的特征更有用。

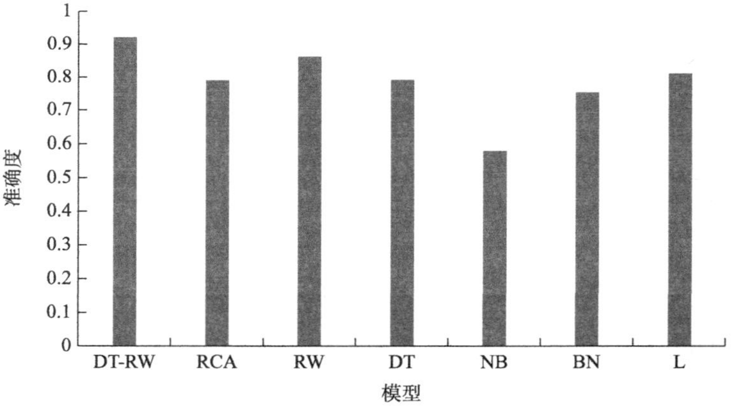

图 2.7　不同算法的准确度对比

此外，DT-RW 与包括 RCA、RW 和 DT 在内的所有其他方法进行比较的配对 t 检验一致表明，DT-RW 的组合行为和结构的改善在统计上是显著的，所有的 p 值都远小于 0.05，检验结果如表 2.6 所示。

表 2.6　不同方法的配对 t 检验结果

方法	p 值
DT-RW vs. RCA（基准）	7.17×10^{-13}
DT-RW vs. RW	1.40×10^{-9}
DT-RW vs. DT	1.79×10^{-11}

本章采用决策树方法设置初始影响，可供选择的其他模型包括如下几个：①NB，仅使用行为信息的朴素贝叶斯（naïve Bayesian）；②BN，仅使用行为信息的贝叶斯网络（Bayesian network）；③L，仅使用行为信息的逻辑回归（logistic regression）。这些模型的结果也显示在图 2.7 中。从图 2.7 可以看到，该问题的决策树方法的预测准确度明显优于朴素贝叶斯和贝叶斯网络。尽管逻辑回归的预测准确度略好于决策树，但本章仍然选择决策树来设置初始影响是因为它易于理解并且比逻辑回归更加节省时间，因为使用本章的数据集构建逻辑回归模型需要 2 小时以上，而决策树只需要大约 5 分钟。因此，决策树在有效性和效率方面优于其他传统分类方法。

3. 特征贡献分析

为了训练决策树分类模型，我们从用户简档、交互行为和人员移动性的信息中抽取了一系列特征。为了分析这些特征对于分类任务的有效性，我们度量了每个特征相对于关系类型的增益比（GainRatio）。增益比是一种基于信息的度量（Quinlan，1996），它考虑了分类特征的辨别能力，并减少了多值特征的偏置影响，计算公式如下：

$$\text{GainRatio}(F)=\frac{\text{entropy}(C)-\text{entropy}(C|F)}{\text{entropy}(F)} \tag{2.8}$$

$$\text{entropy}(C)=-\sum_{c\in C}p(c)\log(p(c)) \tag{2.9}$$

$$\text{entropy}(F)=-\sum_{f\in F}p(f)\log(p(f)) \tag{2.10}$$

$$\text{entropy}(C|F)=-\sum_{f\in F}\sum_{c\in C}p(c|f)\log(p(c|f)) \tag{2.11}$$

其中，C 表示关系类型的集合；F 表示特征的集合；$p(c)$和 $p(f)$分别表示具有关系类型 c 和特征值 f 的实例的比率；$p(c|f)$表示具有特征值的链接中具有关系类型 c 的链接的比率。

表 2.7 的前两列中列出了具有最高增益比的五个特征的结果。此外，另外训练五个 DT-RW 模型，分别移除五个特征中的一个以评估所选特征在关系识别方

面的有效性。表 2.7 给出了删除了一个特征的模型与未删除前模型的性能差异，包括准确度的差异和每种关系类型的 *F*1 度量方面的差异。它表明特征 Is_schoolLoc1_same 具有最高的增益比 0.153。同时，该特征的加入可以提高预测准确率 2.6 个百分点，特别有利于识别同学关系类型，因为此特征表明两个用户经常在同一所学校签到。诸如 Co_comment 和 Co_mention_user 之类的交互功能还显著提高了同事、朋友的预测性能，可能是因为提及和评论的行为的关系类型不同。此外，P_coin_worktime（定义为两个用户在工作时间内签到相同地点的概率）在预测同事和朋友关系类型中起着重要作用，表明移动特征的序列模式揭示了很多关于社交关系的类型。

表 2.7 特征贡献比较

特征	增益比	准确度差异	*F*1 的差异			
			C	*S*	*F*	*O*
Is_schoolLoc1_same	0.153	+0.026	+0.039	+0.008	+0.043	+0.038
Co_mention_user	0.149	+0.025	+0.017	+0.004	+0.075	+0.182
Co_comment	0.125	+0.016	+0.054	−0.008	+0.087	+0.255
P_coin_worktime	0.108	+0.012	+0.028	−0.007	+0.068	−0.011
Co_mention	0.097	+0.009	+0.025	+0.006	+0.074	+0.159

4. 已知关系类型的链接的百分比的影响

以上实验结果均基于五折交叉验证，表明已知类别的链接的百分比占整个数据集的 80%。实际情况中已知类型的链接的百分比可能很小，因此进一步比较了不同百分比的模型性能，图 2.8 显示了已知关系类型的链接的百分比从 10%变为 90%（*X* 轴），DT 模型和 DT-RW 模型的准确度变化（*Y* 轴）。它表明 DT-RW 模型的性能明显优于 DT 模型，特别是当百分比较小时。DT-RW 模型在仅有 30%的标记链接百分比情况下取得 87%的高准确度，并且保持相对稳定，而 DT 模型需要 90%的标记链接百分比才能达到仅 79%的准确度。实验表明，由于随机游走的关系传播，当已知类别的样本有限时，所提出的 DT-RW 模型在很大程度上优于 DT 模型。Pair-wise *t* 检验结果表明，DT-RW 模型在不同百分比下均显著优于 DT 模型。

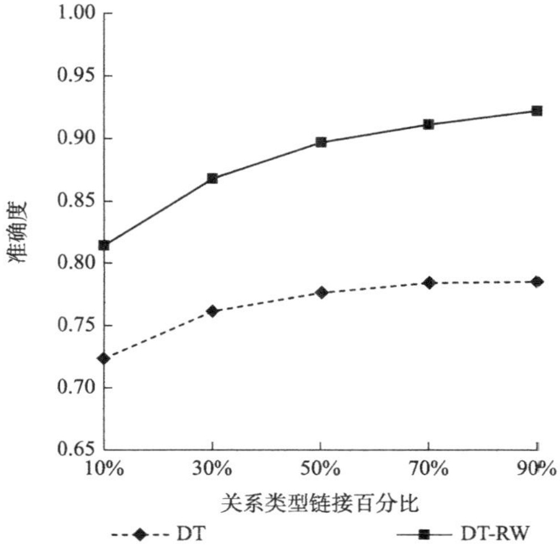

图 2.8　已知关系类型链接的百分比对模型准确度的影响

5. 参数敏感性分析

在利用决策树获得链接的关系类型概率分布时，我们设置了置信度阈值参数 minconf，为了设置合适的取值，将 minconf 的值从 0.5 变为 1，得到了合并网络上 DT-RW 模型的准确度，如图 2.9 所示。从图 2.9 可以看出，随着 minconf 从 0.5 增加到 0.9，准确度不断增加，更高的置信度意味着使用更高可靠性的规则，因此被决策树分类错误的关系会比较少。但是，当它高于 0.9 时，准确度开始下降。这可能是“过度拟合”现象造成的。如果采用 minconf 高于 0.9 的强规则，一些可能适用于更普适情况但在当前训练数据集中不常出现的分类规则将被排除，从而导致在测试集上的准确度下降。因此，建议将 minconf 的值设为 0.9。

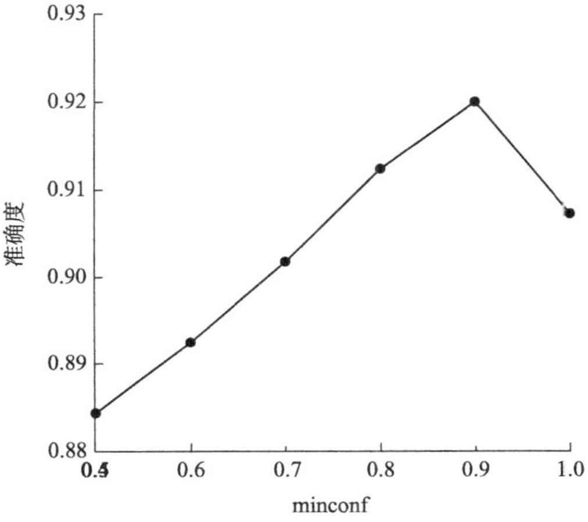

图 2.9　阈值参数 minconf 与准确度

不同的关系具有不同的结构特性，因此应具有不同的衰减因子。鉴于关系类型 k 的衰减函数表达为 $d_k(t)=1-a_k(t-1)$的形式，本章分别设置同事、同学、朋友和其他关系类型的衰减率向量为（a_1，a_2，a_3，a_4）。为获得每种关系类型的适当衰减比，我们首先对衰减比矢量随机设置一个初始值，如（0.5，0.5，0.5，0.5）。然后通过调整衰减比矢量迭代地运行该模型。在每次迭代中，对某种关系类型 k，基于其当前值上下调整其衰减比，如[a_k–0.2，a_k+0.2]，步长为 0.1，同时保持所有其他关系类型的衰减比不变。例如，在改变每个类型的衰减比之后，我们获得具有最高准确度的衰减比设置是（0.7，0.7，0.5，0.4），然后使用该值来设置第二次迭代的初始值，如此迭代下去，直到两次迭代之间准确度再无改进为止。对于 DT-RW 模型，本书发现最合适的值（0.8，0.5，0.5，0.4）在三次迭代后达到 91.99%的准确度。表 2.8 列出了部分实验结果。

表 2.8　衰减比参数的选择

（a_1,a_2,a_3,a_4,a_5）	准确度	（a_1,a_2,a_3,a_4,a_5）	准确度
（0.4，0.5，0.5，0.5）	0.8750	（0.8，0.7，0.5，0.4）	0.9192
（0.6，0.5，0.5，0.5）	0.9103	（0.9，0.7，0.5，0.4）	0.9190
（0.7，0.5，0.5，0.5）	0.9148	（0.8，0.5，0.5，0.4）	0.9199
（0.7，0.6，0.5，0.5）	0.9151	（0.8，0.6，0.5，0.4）	0.9197
（0.7，0.7，0.5，0.5）	0.9153	（0.8，0.5，0.3，0.4）	0.7775
（0.7，0.7，0.4，0.5）	0.9053	（0.8，0.5，0.4，0.4）	0.9003
（0.7，0.7，0.6，0.5）	0.9126	（0.8，0.5，0.6，0.4）	0.9184
（0.7，0.7，0.5，0.4）	0.9186	（0.8，0.5，0.7，0.4）	0.9141

2.2.7　小结

本节描述了以往相对较少被研究的跨异构社会网络的社交关系识别问题，主要贡献是开发了一种新颖的 DT-RW 模型，它可以兼顾局部用户行为和全局网络结构，以提高社会关系类别识别的准确性。通过综合从新浪微博和街旁提取的信息，DT-RW 模型在识别包括同事、同学、朋友等在内的一系列社会关系类型时达到了 92%的平均准确度。DT-RW 模型明显优于其他方法。此外，对实验结果的深入分析揭示了一些新发现，包括不同社会网络的融合方法、不同特征的贡献等。

2.3 考虑不同类型社会关系影响的推荐方法研究

关系类型是社会分类的重要属性，不同的关系类型意味着不同的行为规范。例如，我们跟家人和朋友通常以情感交流为主，而与同事则以事务性关系为主。因而，不同的社会关系类型往往对我们的行为选择存在区分性影响。因此，本节主要介绍基于不同类型社会关系影响的推荐方法研究。

本节将推荐应用场合聚焦在旅行套餐推荐上。旅行套餐是指由旅行社设计的包含旅游时间、旅游地点、费用、行程和食宿安排的组合旅游产品（Tan et al.，2014；Liu et al.，2011，2014），如“北京人文历史七日游”“三亚双飞纯玩五日游”等。之所以考虑旅行套餐推荐，主要基于以下两个方面的原因。一方面是因为家人和朋友等社会关系对人们的旅行决策具有十分重要的影响，尤其是在共同旅行（co-travel）时，正所谓“重要的不是去哪儿，而是和谁去”。这种家人和朋友的重要影响在旅行决策研究中已被广泛证实（Currie et al.，2008；Gitelson and Kerstetter，1995；Sirakaya and Woodside，2005；Jeng and Fesenmaier，2002）。研究表明，因为旅行决策具有高成本、高风险的特点，所以旅行者更愿意接受他人的建议，甚至是模仿朋友或同伴的旅行方案，表现出从众行为。而在与朋友共同旅行的决策中，人们更倾向于去彼此都喜欢的目的地旅行（Currie et al.，2008）。此外，不同关系类型对旅行活动的区分性影响也被 Murphy 等（2007）的研究证实。可见，考虑用户旅行活动中的从众心理并区分不同关系类型的影响有望提高旅游推荐的质量。另一方面，游侠客旅行网为我们的研究提供了重要的数据支持。游侠客旅行网是中国第一家结合电子商务旅行社和在线社交网络的社会化电子商务平台，采用“旅行+交友”的模式，目标是打造介于自助游和跟团游的全新旅游方式。截至 2015 年 12 月该平台已积累了超过 105 万注册会员，平均每周组织出游活动超过 2000 人次。与传统的线下旅行社不同，该平台不仅设计和出售旅行套餐，而且通过社交网络积累用户，形成“线上互动”和“线下出游”的旅行模式。此外，该平台还提供好友分组管理功能，由用户添加好友时自行标注关系类别，进行好友分组。可见，游侠客旅行网积累了旅行者套餐购买交易记录、旅行套餐详细描述信息、旅行者之间的社交网络及关系类型标签等丰富的信息，如图2.10 所示。

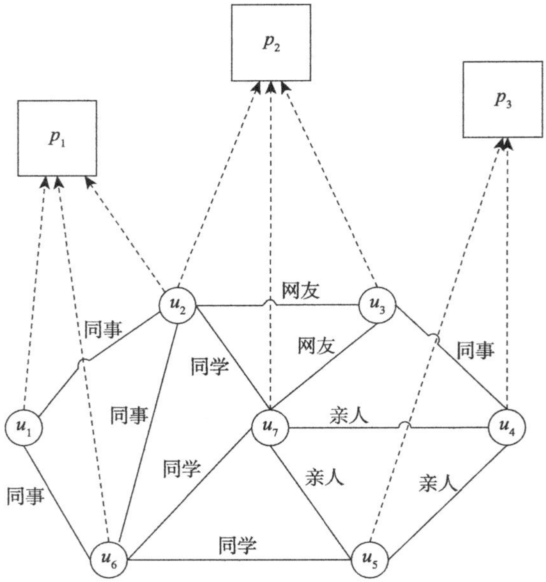

图 2.10　带关系标签的社会网络和旅行套餐购买示意图

图 2.10 为旅行者之间带关系标签的社交网络和旅行套餐购买示意图。图 2.10 中圆圈表示用户，圆圈之间的边表示用户之间存在好友关系，边上的标签表示关系类型，如同学、同事、网友、亲人等。方框表示旅行套餐，由用户指向旅行套餐的虚线箭头表示用户购买某个旅行套餐并参与过相应旅行活动。旅行套餐含有描述信息，包括名称、类型、价格、时间、旅行天数和套餐简介。这里时间属性的含义是该旅行套餐的活跃时间，在该段时间内可能组织一批或多批旅行活动，而旅行天数（如 7 天）是每一个旅行批次对应的时间。

为了研究不同类型的社会关系对用户行为的影响，并进而设计有效的推荐模型，需要考虑以下几个问题。旅行数据集的极度稀疏性导致难以直接根据用户-旅行套餐的购买行为发现相似用户，因此如何解决数据稀疏性问题是首先要考虑的问题，那么考虑与用户具有不同社会关系的用户的旅行行为是否会有助于解决旅行数据的极度稀疏性问题？用户在旅行活动中会受不同类型的朋友的影响表现出从众行为，如何建模这种影响？针对以上问题，我们提出一个主题模型 SocoLDA，该模型的设计主要基于如下两点考虑。

（1）综合用户的个人旅行记录和同游行为，学习用户的旅行兴趣；通过引入同游行为考虑用户行为和朋友行为的相似点，建模社会化影响的作用，以弥补用户个人旅行记录过于稀疏，以至于难以在旅行套餐空间找到相似用户的问题（Liu et al.，2011；Shi and Ali，2012）。

（2）综合旅行主题和关系类型建模用户的同游行为，即人们跟不同类型的朋友喜欢从事不同的活动。因而，从关系类型的角度考虑了同游行为的社会化影响。以 SocoLDA 为基础，基于用户协同过滤的思路，我们设计了旅行套餐推荐方法 SocoTraveler。该推荐方法采用用户协同过滤的思路，首先根据 SocoLDA 识别的用户兴趣分布寻找相似用户，其次给用户推荐相似用户选过但用户本人尚未选过的旅行套餐。

2.3.1　相关工作

社会化推荐指通过充分挖掘用户之间的社会关系，以应对推荐数据集的稀疏性问题并改善推荐质量的一类推荐系统研究（King et al.，2010）。这些社会关系可以是 Facebook 上的朋友关系、Epinions 上的信任关系、Twitter 上的关注关系等。与从推荐方法角度分类不同，社会化推荐是从引入社会关系作为额外信息的角度进行区分的一个推荐研究领域，与之并列的还有引入地点位置、时间、天气等情境信息的情境化推荐（Verbert et al.，2012），在此不做具体介绍。

社会化推荐研究基于这样的理念：人们的行为和偏好常常和他们的朋友有一定的相似性，这种相似性是由同质性（homophily）（McPherson et al.，2001）或社会影响（social influence）（Cialdini and Goldstein，2004）造成的。同质性是说人们在选择朋友时会倾向于选择跟自己兴趣爱好相似的人做朋友，而社会影响是说成为朋友的人会越来越表现出相同的兴趣、行为和偏好。从这个意义上说，考虑用户朋友的行为和偏好能在一定程度上为预测用户自身的行为和偏好提供启示，尤其是在用户自身行为信息过于稀疏的情况下。因此，社会化推荐的研究应运而生。

社会化推荐中，利用用户间的信任关系提高推荐系统评分预测能力的推荐系统称为基于信任关系的推荐系统，包括 RSTE（Ma et al.，2009）、SocialMF（Jamali and Ester，2010）、TrustMF（Yang et al.，2013）、TrustSVD（Guo et al.，2015）等。其中，SocialMF 将用户的特征向量表示成其朋友特征向量的加权平均，以信任程度的大小作为权重，建模了社会影响对用户偏好的传递性（Jamali and Ester，2010）。TrustMF 认为用户信任的人和信任该用户的人会同时影响用户的偏好（Yang et al.，2013）。以上基于信任关系的推荐系统均假设用户的偏好和他们信任的朋友具有相似性，而另外一类基于社交网络朋友关系的社会化推荐系统认为，真实世界的朋友关系是多种多样的，考虑不同朋友对用户影响的差异性十分重要。例如，soReg（Ma et al.，2011）推荐系统通过用户和朋友之间的相似度大小来度量这种差异性，并在目标函数中引入基于整体加权和基于个体的两种正则项，在一定程度上提高了社会化推荐的质量。Yuan 等（2011）考虑了用户之间的朋友关系和用户与社区的隶属关系这二者的差异性，分别用正则项和因子化（factorization）两种方案建模这两类关系，并提出了基于联合矩阵分解的推荐模型。整体来说，以上社会化推荐研究均同时考虑所有朋友的影响，而 Yang 等（2012）认为，用户选择不同类型物品时受不同类型朋友的影响，例如，用户购买汽车时可能会征求懂汽车的朋友的建议，而购买衣服时可能更多地征求家人朋友的建议，从而可以在推荐中考虑物品类别的限制以区分不同朋友的影响。Yuan 等（2014）发现，在进行用户档案预测时考虑关系类型的影响十分必要，因为用户的不同属性往往与不同关系类型的朋友一致，例如，工作单位属性更有可能和同事一致，学校属性更有可能和同学一致。此外，Tang 等（2011a）发现关系类型在口碑营销中的差异性影响，有关游戏和 CD 的信息在同学关系上传播的概率为 55%，而在家人关系上则仅仅为 5%。可见，不同关系类型的差异化影响确实存在，也为我们在推荐系统设计中考虑不同关系类型的影响提供了文献支持。

与工作（Yang et al.，2012）不同的是，我们不从物品类别的角度硬性区分朋友的影响，即将朋友是否购买过有关类别的物品作为是否影响用户购买该类物品的区分标准。本书从另外两个维度上建模朋友影响的差异性：①不同关系类型的朋友对我们行为和偏好的影响存在差异性，比如同学更有可能影响我们和学习相关的行为和物品偏好，如文具、书本等，而家人更有可能影响我们的饮食健康偏好等；②根据社会网络结构和用户行为信息，从数据中自动发掘不同的朋友圈子，并考虑不同朋友圈的影响进行社会化推荐。不仅如此，本书的研究试图从心理学的角度挖掘用户的从众心理，同时考虑用户个性和从众心理的影响进行用户行为建模，以提高推荐系统的质量和可解释性。

2.3.2 问题定义

给定用户集合 U、旅行套餐集合 P 和一系列可观测的旅行记录 $T=\{(u,p)\}$，其中每一条记录（u，p）表示用户 $u\in U$ 参与了旅行套餐 $p\in P$ 的旅行活动。对每一条旅行记录（u，p）$\in T$，定义分值 $R_{u,p}=1$。根据这些可观测的旅行记录，可以抽取出每个用户的历史旅行记录。

定义 2.4（历史旅行记录）：一个用户的历史旅行记录指该用户一段时期内参与过的旅行套餐的集合。对于用户 u，将其历史旅行记录记为 $P_u=\{p\mid(u,p)\in T\}$。

众所周知，人们通常跟不同类型的朋友或亲人外出旅游。这种两人共同选择一个旅行套餐的行为称为同游行为。注意本书所说的同游行为并不保证两用户在同一时间一起旅游，而只是意味着两用户选择过共同的旅行套餐，因为同一旅行套餐往往在一段时期内包含多个旅行批次，所以这两个用户可能参与不同批次的旅游活动。据此给出一个用户的同游者定义和带关系标签的同游关系网络的定义。

定义 2.5（同游者）：一个用户的同游者指跟该用户至少有过一次同游行为的旅行者集合。对于用户 u，将其同游者记为 C_u，对于任意用户 $v \in C_u$，至少存在一个旅行套餐 p 满足 $(u,p) \in T$ 且 $(v,p) \in T$。需要说明的是如果用户 v 与用户 u 同游过多次，那么用户 v 在同游者列表 C_u 中相应地出现多次，且出现次数等于两用户同游的次数。

定义 2.6（带关系标签的同游关系网络）：一个带关系标签的同游关系网络指由用户和用户之间的同游关系构成的网络，且每对关系都有相应的关系类型标签，记为 G（U，E，R）。其中，U 表示用户集合，E 表示用户之间的同游关系集合，R 表示 E 中所代表的同游关系对应的关系类型集合。这里关系类型不仅包括同学、同事、情侣、网友等社会关系类型，还包括之前没有社会关系的同游关系，简称“非社会化同游关系”。

基于以上的定义，本书将研究任务界定为带关系标签的同游关系网络的旅行套餐推荐，简称“带关系标签的旅行套餐推荐”，具体定义如下。

带关系标签的旅行套餐推荐是指给定一系列可观测的旅行记录集合 $T^{\text{train}} = \{(u,p)\}$ 和一个带关系标签的同游关系网络 G（U，E，R），对未知的用户 u 和旅行套餐对（u，p）预测评分 $R_{u,p}$，并为每个用户生成个性化的 Top-N 推荐列表 P_u。

2.3.3 数据分析

为了奠定模型设计的基础，我们对从游侠客旅行网收集到的实际用户行为和社会关系数据进行了统计分析和探查。

本节所用的旅行数据集来源于游侠客旅行网，其“旅行+交友”的模式受到了旅行者的广泛欢迎。在研究中，我们抽取了一个 2010~2014 年为期 5 年的旅游数据集，包括 10 812 个用户、2369 个旅行套餐和 68 786 条旅行记录。在数据清洗中，去掉了少于两次旅行记录的用户，从而确保每个旅行者有至少一条记录用于训练、一条用于测试。在游侠客旅行网上，旅行套餐被分属于深度旅游、户外运动、休闲度假、摄影外拍、观光游览、同城聚会和沙龙讲座七个类别。

在游侠客旅行网上，用户之间可以互加好友，并对好友进行分组管理。因而从朋友分组我们可以获得用户之间的关系类型标签。具体来说，出现在旅行数据集中的社会关系类型包括网友、现实朋友、出游相识、同学、同事、同乡、亲人和其他八个类别。这里现实朋友是指在现实世界中相互认识的朋友关系，与网友相对应。出游相识指用户通过参与游侠客旅行活动相互认识而建立的朋友关系。同乡指有共同的家乡或出生地的地缘关系类型。在旅行数据集中，不同关系类型的数目如表 2.9 所示。

表 2.9 不同关系类型的数目

关系类型	数目	关系类型	数目
网友	111 976	同学	6 631
现实朋友	70 817	同事	2 891
出游相识	55 380	同乡	1 682
其他	10 416	亲人	205

基于该旅行数据集，本章从以下两个方面进行了数据分析。

第一，从众心理的影响。从众指个体倾向于参照群体价值规范而改变其行为、观点或态度。在这里，通过度量用户选择某个旅行套餐的概率是否随着选择该套餐的朋友人数的增加而增加来反映从众心理在旅行套餐选择场合的影响。具体来说，记 P_u 为用户 u 选择过的旅行套餐集合，$P_{F_u}^n$ 表示同时被用户 u 的 n 个朋友选择过的旅行套餐集合。定义比率 $p(u,n)=\frac{\left|P_u \cap P_{F_u}^n\right|}{\left|P_{F_u}^n\right|}$，表示给定用户 u 的 n 个朋友选择了旅行套餐，该用户也会选择该旅行套餐的概率。更进一步，为区分关系类型的影响，用 $P_{F_u^R}^n$ 表示同时被用户 u 的 n 个关系类型为 R 的朋友选择过的旅行套餐集合，那么给定用户 u 的 n 个关系类型为 R 的朋友选择某旅行套餐，该用户也选择该旅行套餐的概率为 $p(u,R,n)=\frac{\left|P_u \cap P_{F_u^R}^n\right|}{\left|P_{F_u^R}^n\right|}$。最后，对数据集中所有用户计算 $p(u,R,n)$，平均后的结果绘制成图 2.11，图中横轴表示选择旅行套餐的不同关系类型的朋友数 n，纵轴表示平均用户选择该旅行套餐的概率 $p(u,R,n)$。图例中“任何关系”表示有某种社会关系，即在社交网络上有“好友关系”，但不限定类型。可以发现，随着选择旅行套餐的朋友数增加，用户选择相应旅行套餐的概率也会增加。可见，用户选择旅行套餐时确实受从众心理的影响。同时，不同关系类型的影响程度存在差异性。其中，同事、同学、出游相识等关系类型的影响较强，而网友的影响较弱。

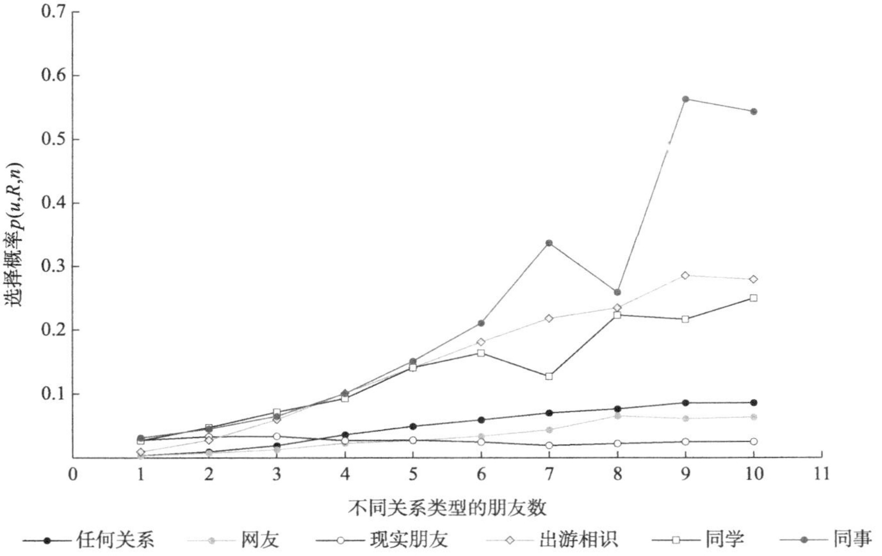

图 2.11　不同关系类型的朋友数对用户选择概率的影响

第二，社会关系类型对旅行主题的影响。在现实生活中，我们往往喜欢和不同类型的朋友尝试不同类型的活动。例如，我们更喜欢和伴侣看电影，和同学讨论学习问题。类似地，我们认为社会关系的类型也会影响旅行主题的选择。简单地，我们将旅行套餐类型作为旅行主题的测度。接着基于词袋（bag of words）的思路，将每一个社会关系类型视为一个文档，属于该关系类型的同游者参与过的旅行套餐类型作为该文档中的词，然后采用 TF-IDF 测量每种旅行套餐类型表达该类同游关系类型的重要性。在信息检索领域，TF-IDF 常用来度量词在表达文本内容上的重要性，被定义为词在该文档中的出现频次和拥有该词的文档数的倒数的乘积。相应地，若某个套餐类型在某个关系类型的文档中出现的 TF-IDF 值越大，则该套餐类型对于描述该类关系类型的同游特点越重要，也说明该类关系类型的同游者更喜欢游览相应的旅游套餐类型。如图 2.12 所示，其中 OF、RF、TA、S、C、FT、R 分别代表网友、现实朋友、出游相识、同学、同事、同乡和亲人，每类同游关系类型中的旅行套餐类型分布均有明显的差异。可以看出，同事之间更喜欢参加同城聚会，而网友之间更喜欢摄影外拍。从这个角度来说，不同关系类型的用户确实喜欢参加不同主题的活动，说明在建模同游关系时考虑关系类型和旅行主题的影响十分必要。

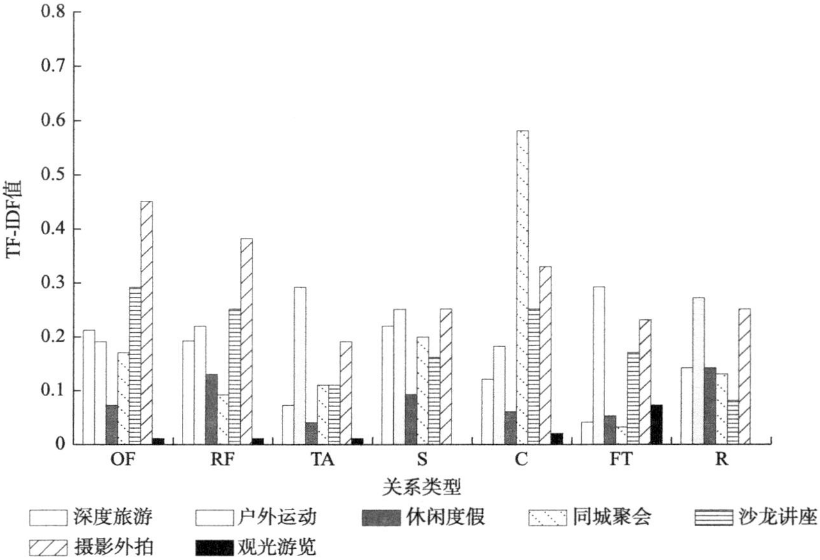

图 2.12　旅行套餐类型在描述同游关系类型中的 TF-IDF 值

2.3.4　模型设计和实现

本小节从模型设计、参数学习介绍模型 SocoLDA 和推荐方法 SocoTraveler。

1. SocoLDA 模型设计

SocoLDA 模型试图同时考虑个人旅行行为和社会化同游行为两方面信息来描述用户的旅行兴趣。个人旅行行为直接表达了用户的旅行兴趣。例如，若一个用户曾经选择过有关登山的旅行套餐，则该用户可能对登山旅行感兴趣。另外，社会化同游行为考虑了用户旅行兴趣受朋友行为的影响。若某用户喜欢和有某类旅行兴趣（如深度旅游）的朋友同游，那么该用户很可能受该类朋友的影响而逐渐喜欢深度旅游，并在将来选择深度旅游类旅行套餐，尽管从该用户已有的旅行记录上并不能反映出他对深度旅游套餐的偏好。此外，考虑到人们倾向于和不同关系类型的好友参加不同类型的活动，建模时应同时考虑旅行主题和社会关系类型对同游行为的影响。因而，在 SocoLDA 模型中，同游关系的生成既考虑了旅行主题的吸引，又区分了不同社会关系类型的影响。

为此，模型同时建模用户历史旅行记录和同游者来表征用户的旅行兴趣。类比传统的 LDA 模型，SocoLDA 模型将每个用户视作文档，并将用户选择过的旅行套餐和同游者分别视为文档中的两类词。SocoLDA 概率图模型如图 2.13 所示，图中符号含义如表 2.10 所示。

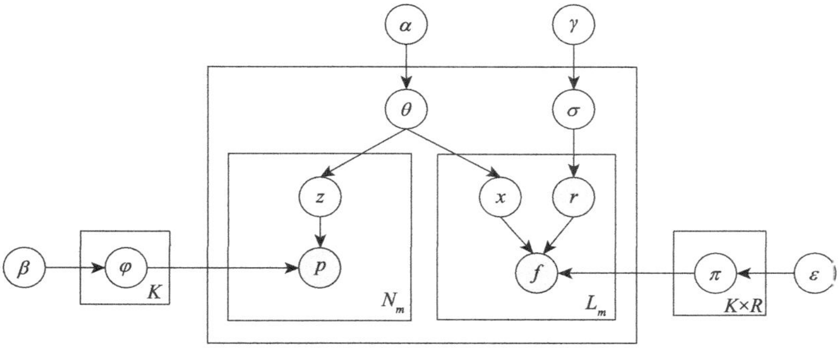

图 2.13　SocoLDA 概率图模型

表 2.10　SocoLDA 模型符号及含义

符号	含义
M	用户数，$M=\|U\|$
V	旅行套餐数，$V=\|P\|$
K	主题数
R	关系类型数，包括一种非社会化同游关系
N_m	第 m 个用户选择过的旅行套餐数
L_m	第 m 个用户的同游者数
$\alpha,\beta,\gamma,\varepsilon$	狄利克雷分布的超参数
θ	用户的旅行兴趣多项分布
φ	主题的旅行套餐多项分布
σ	用户的关系类型多项分布
π	给定主题和关系类型对的同游者分布
z	一个旅行套餐对应的主题
x	一次同游行为对应的主题
r	两个同游者之间的关系类型
p	用户的一个旅行套餐编号
f	用户的一个同游者编号

图 2.13 中，有阴影的变量 p、f、r 分别表示旅行套餐、同游者和同游关系类型，是可观测的显变量。没有阴影的 z 和 x 分别表示一个旅行套餐对应的主题和一次同游行为对应的主题，是不可观测的隐变量。从图 2.13 可以发现，用户的旅行兴趣分布 θ 同时受旅行套餐所对应的主题 z 和同游行为所对应的主题 x 的影响。也就是说，一个用户被预测为对主题 k 具有强烈的旅行兴趣，可能是因为该用户自己选择过多个属于主题 k 的旅行套餐，也可能是因为该用户的同游者对主题 k 具有强烈的兴趣。可见，该模型确实在建模用户个人旅行兴趣时考虑了同游者兴

趣的影响，从而有效缓解了个人旅行记录数据极度稀疏的问题。SocoLDA 模型的生成过程如图 2.14 所示。

for 每一个主题 $k=1,2,\cdots,K$
生成 $\varphi_k \sim \text{Dirichlet}(\beta)$
for 每一个主题 $k=1,2,\cdots,K$
　for 每种关系类型 $r=1,2,\cdots,R$
　生成 $\pi_{k,r} \sim \text{Dirichlet}(\varepsilon)$
for 每一个用户 $m=1,2,\cdots,M$
生成 $\theta_m \sim \text{Dirichlet}(\alpha)$
生成 $\sigma_m \sim \text{Dirichlet}(\gamma)$
　for 第 m 个用户选择的第 n 个旅行套餐，其中 $n \in \{1,2,\cdots,N_m\}$
　　生成旅行主题 $z_{m,n} \sim \text{Multi}(\theta_m)$，其中 $z_{m,n} \in \{1,2,\cdots,K\}$
　　生成旅行套餐 $p_{m,n} \sim \text{Multi}\left(\varphi_{z_{m,n}}\right)$，其中 $p_{m,n} \in \{1,2,\cdots,V\}$
for 第 m 个用户选择的第 l 个同游者，其中 $l \in \{1,2,\cdots,L_m\}$
　　生成关系类型 $r_{m,l} \sim \text{Multi}(\sigma_m)$，其中 $r_{m,l} \in \{1,2,\cdots,R\}$
　　生成同游主题 $x_{m,l} \sim \text{Multi}(\theta_m)$，其中 $x_{m,l} \in \{1,2,\cdots,K\}$
　　生成同游者 $f_{m,l} \sim \text{Multi}\left(\pi_{x_{m,l},r_{m,l}}\right)$，其中 $f_{m,l} \in \{1,2,\cdots,M\}$

图 2.14　SocoLDA 模型的生成过程

对于个人历史旅行记录的生成部分，假设每个用户的旅行兴趣可以表示为旅行主题的分布，旅行主题可以表示为旅行套餐的分布。如图 2.14 上半部分所示，对于第 m 个用户，首先依据狄利克雷先验 α 抽取该用户的主题分布 θ_m，即 $\theta_m \sim \text{Dirichlet}(\alpha)$；接着，对于该用户选择的第 n 个旅行套餐，从该用户的主题分布 θ_m 抽取相应的旅行主题 $z_{m,n}$，即 $z_{m,n} \sim \text{Multi}(\theta_m)$，接着根据该主题的旅行套餐分布 $\varphi_{z_{m,n}}$ 产生相应的旅行套餐 $p_{m,n}$，即 $p_{m,n} \sim \text{Multi}\left(\varphi_{z_{m,n}}\right)$。可见，个人旅行套餐的生成思路与 LDA 模型基本一致。

对于生成同游者的部分，生成过程相对更为复杂。不同的用户具有不同的关系类型分布。例如，有的用户更喜欢和家人旅行，而有的用户更喜欢和网友旅行。因而，对每个用户定义一个关系类型的多项分布 σ_m 来建模这种差异。这里所说的关系类型不仅包括显式的加为好友的社会关系类型，如同学、同事、网友等，还包括同游关系类型，因为这种同游关系也蕴含着一种潜在的社会影响和兴趣的相似性。另外，同游行为的产生考虑了旅行主题和关系类型的综合作用。具体来说，对于第 m 个用户，首先根据狄利克雷先验 γ 产生该用户的同游关系类型分布 σ_m，即 $\sigma_m \sim \text{Dirichlet}(\gamma)$。其次，对于该用户的第 l 个同游者，分别根据关系类型分布

σ_m 和用户主题分布 θ_m 产生同游关系类型 $r_{m,l}$ 和同游主题 $x_{m,l}$，即 $r_{m,l} \sim \text{Multi}(\sigma_m)$ 和 $x_{m,l} \sim \text{Multi}(\theta_m)$。最后，基于同游主题 $x_{m,l}$ 和同游关系类型 $r_{m,l}$ 的综合影响，根据同游者多项分布 $\pi_{x_{m,l},r_{m,l}}$ 产生同游者，即 $f_{m,l} \sim \text{Multi}\left(\pi_{x_{m,l},r_{m,l}}\right)$。

2. SocoLDA 模型的参数学习

鉴于 SocoLDA 模型无法求解精确的闭合解，为此采用吉布斯采样的方式进行模型推导，过程如下。

$$
\begin{aligned}
& p\left(x_{m,l} \mid x_{-(m,l)}, p, z, r, f, \alpha, \beta, \gamma, \varepsilon\right) \propto p(p, f, r, z, x \mid \alpha, \beta, \gamma, \varepsilon) \\
& = \iint\iint p(p, f, r, z, x, \theta, \varphi, \sigma, \pi \mid \alpha, \beta, \gamma, \varepsilon)\, \mathrm{d}\theta \mathrm{d}\varphi \mathrm{d}\sigma \mathrm{d}\pi \\
& = \int p(\theta \mid \alpha) p(z \mid J) p(x \mid \theta) \mathrm{d}\theta \times \int p(\varphi \mid \beta) p(p \mid \varphi, z) \mathrm{d}\varphi \\
& \quad \times \int p(\sigma \mid \gamma) p(r \mid \sigma) \mathrm{d}\sigma \times \int p(\pi \mid \varepsilon) p(\varepsilon \mid \pi, x, r) \mathrm{d}\pi
\end{aligned} \tag{2.12}
$$

去掉式(2.12)中不包含 x 的积分项 $\int p(\varphi \mid \beta) p(p \mid \varphi, z) \mathrm{d}\varphi$ 和 $\int p(\sigma \mid \gamma) p(r \mid \sigma) \mathrm{d}\sigma$，得

$$
p\left(x_{m,l} \mid x_{-(m,l)}, p, z, r, f, \alpha, \beta, \gamma, \varepsilon\right) \propto \int p(\theta \mid \alpha) p(z \mid J) p(x \mid \theta) \mathrm{d}\theta \int p(\pi \mid \varepsilon)\ p(\varepsilon \mid \pi, x, r) \mathrm{d}\pi
$$

$$
= \int \prod_{m=1}^{M} \frac{\Gamma\left(\sum_{k=1}^{K} \alpha_k\right)}{\prod_{k=1}^{K} \Gamma(\alpha_k)} \prod_{k=1}^{K} \theta_{m,k}^{\alpha_k - 1} \prod_{m=1}^{M} \prod_{n=1}^{N_m} \theta_{z_{m,n}} \prod_{m=1}^{M} \prod_{l=1}^{L_m} \theta_{x_{m,l}} \mathrm{d}\theta \times \int \prod_{k=1}^{K} \prod_{r=1}^{R} \frac{\Gamma\left(\sum_{f=1}^{M} \varepsilon_f\right)}{\prod_{f=1}^{M} \Gamma(\varepsilon_f)} \pi_{k,r,f}^{\varepsilon_f - 1} \prod_{m=1}^{M} \prod_{l=1}^{L_m} \pi_{x_{m,l}, r_{m,l}, f_{m,l}} \mathrm{d}\pi
$$

$$
= \prod_{m=1}^{M} \int \frac{\Gamma\left(\sum_{k=1}^{K} \alpha_k\right)}{\prod_{k=1}^{K} \Gamma(\alpha_k)} \prod_{k=1}^{K} \theta_{m,k}^{\alpha_k - 1 + c_{k,m,*} + d_{k,m,*,*}} \mathrm{d}\theta_m \times \prod_{k=1}^{K} \prod_{r=1}^{R} \int \frac{\Gamma\left(\sum_{f=1}^{M} \varepsilon_f\right)}{\prod_{f=1}^{M} \Gamma(\varepsilon_f)} \pi_{k,r,f}^{\varepsilon_f - 1 + d_{k,*,r,f}} \mathrm{d}\pi_{k,r}
$$

$$
= \prod_{m=1}^{M} \frac{\Gamma\left(\sum_{k=1}^{K} \alpha_k\right)}{\prod_{k=1}^{K} \Gamma(\alpha_k)} \frac{\prod_{k=1}^{K} \Gamma\left(\alpha_k + c_{k,m,*} + d_{k,m,*,*}\right)}{\Gamma\left(\sum_{k=1}^{K} \alpha_k + c_{k,m,*} + d_{k,m,*,*}\right)} \times \prod_{k=1}^{K} \prod_{r=1}^{R} \frac{\Gamma\left(\sum_{f=1}^{M} \varepsilon_f\right)}{\prod_{f=1}^{M} \Gamma(\varepsilon_f)} \frac{\prod_{f=1}^{M} \Gamma\left(\varepsilon_f + d_{k,*,r,f}\right)}{\Gamma\left(\sum_{f=1}^{M} \varepsilon_f + d_{k,*,r,f}\right)}
$$

去掉与 $x_{m,l}$ 无关的常数项，得到

$$
p\left(x_{m,l} | x_{-(m,l)}, p, z, r, f, \alpha, \beta, \gamma, \varepsilon\right) \propto \frac{\prod_{k=1}^{K} \Gamma\left(\alpha_k + c_{k,m,*} + d_{k,m,*,*}\right)}{\Gamma\left(\sum_{k=1}^{K} \alpha_k + c_{k,m,*} + d_{k,m,*,*}\right)} \prod_{k=1}^{K} \frac{\Gamma\left(\varepsilon_{f_{m,l}} + d_{k,*,r_{m,l},f_{m,l}}\right)}{\Gamma\left(\sum_{f=1}^{M} \varepsilon_f + d_{k,*,r_{m,l},f}\right)}
$$

运用 Gamma 函数性质 $\Gamma(x+1) = x\Gamma(x)$，上式的右边项变成

$$\frac{\prod_{k=1}^{K}\Gamma\left(\alpha_k+c_{k,m,*}+d_{k,m,*,*}\right)}{\Gamma\left(\sum_{k=1}^{K}\alpha_k+c_{k,m,*}+d_{k,m,*,*}\right)}\prod_{k=1}^{K}\frac{\Gamma\left(\varepsilon_{f_{m,l}}+d_{k,*,r_{m,l},f_{m,l}}\right)}{\Gamma\left(\sum_{f=1}^{M}\varepsilon_f+d_{k,*,r_{m,l},f}\right)}$$

$$=\frac{\prod_{k\neq x_{m,l}}\Gamma\left(\alpha_k+c_{k,m,*}+d_{k,m,*,*}^{-(m,l)}\right)}{\Gamma\left(1+\sum_{k=1}^{K}\alpha_k+c_{k,m,*}+d_{k,m,*,*}^{-(m,l)}\right)}\times\Gamma\left(\alpha_{x_{m,l}}+c_{x_{m,l},m,*}+d_{x_{m,l},m,*,*}^{-(m,l)}+1\right)$$

$$\times\prod_{k\neq x_{m,l}}\frac{\Gamma\left(\varepsilon_{f_{m,l}}+d_{k,*,r_{m,l},f_{m,l}}^{-(m,l)}\right)}{\Gamma\left(\sum_{f=1}^{M}\varepsilon_f+d_{k,*,r_{m,l},f}^{-(m,l)}\right)}\times\frac{\Gamma\left(\varepsilon_{f_{m,l}}+d_{x_{m,l},*,r_{m,l},f_{m,l}}^{-(m,l)}\right)}{\Gamma\left(\sum_{f=1}^{M}\varepsilon_f+d_{x_{m,l},*,r_{m,l},f}^{-(m,l)}\right)}\times\frac{\varepsilon_{f_{m,l}}+d_{x_{m,l},*,r_{m,l},f_{m,l}}^{-(m,l)}}{\sum_{f=1}^{M}\varepsilon_f+d_{x_{m,l},*,r_{m,l},f}^{-(m,l)}}$$

去掉公式中与 $x_{m,l}$ 无关的常数项，即可得到式（2.13）。

$$p\left(z_{m,n}\mid z_{-(m,n)},p,f,\alpha,\beta\right)\propto\frac{\left(c_{z_{m,n},m,*}^{-(m,n)}+d_{z_{m,n},m,*,*}+\alpha_{z_{m,n}}\right)\left(c_{z_{m,n},*,p_{m,n}}^{-(m,n)}+\beta_{p_{m,n}}\right)}{c_{z_{m,n},*,*}^{-(m,n)}+\sum_{i=1}^{V}\beta_i} \quad (2.13)$$

采用类似的推导可以得到采样估计的变量 $x_{m,l}$，即

$$p(x_{m,l}\mid x_{-(m,l)},r,f,\alpha,\varepsilon)\propto\frac{\left(c_{x_{m,l},m,*}+d_{x_{m,l},m,*,*}^{-(m,l)}+\alpha_{x_{m,l}}\right)\left(d_{x_{m,l},*,r_{m,l},f_{m,l}}^{-(m,l)}+\varepsilon_{f_{m,l}}\right)}{d_{x_{m,l},*,r_{m,l},*}^{-(m,l)}+\sum_{l=1}^{M}\varepsilon_l} \quad (2.14)$$

其中，$c_{z,m,p}$ 表示第 m 个用户出于主题 z 选择旅行套餐 p 的次数；$d_{x,m,r,f}$ 表示第 m 个用户出于主题 x 和关系类型为 r 的用户 f 同游的次数。相应地，$c_{z,m,p}^{-(m,n)}$ 表示除去第 m 个用户的第 n 个旅行套餐后，用户 m 基于主题 z 选择旅行套餐 p 的次数。类似地，$d_{x,m,r,f}^{-(m,l)}$ 中 $-(m,l)$ 表示除去第 m 个用户的第 l 个旅行套餐。

收集吉布斯采样稳定后的采样结果，可以估计模型各参数的期望分布，如下面的公式所示。

$$\theta_m^z=\frac{c_{z,m,*}+d_{z,m,*,*}+\alpha_z}{c_{*,m,*}+d_{*,m,*,*}+\sum_{k=1}^{K}\alpha_k} \quad (2.15)$$

$$\sigma_m^r=\frac{d_{*,m,r,*}+\gamma_r}{d_{*,m,*,*}+\sum_{i=1}^{R}\gamma_i} \quad (2.16)$$

$$\varphi_z^p=\frac{c_{z,*,p}+\beta_p}{c_{z,*,*}+\sum_{n=1}^{V}\beta_n} \quad (2.17)$$

$$\pi_{x,r}^{f}=\frac{d_{x,*,r,f}+\varepsilon_f}{d_{x,*,r,*}+\sum_{l=1}^{M}\varepsilon_l} \tag{2.18}$$

分析以上采样公式，可以在一定程度上加深对 SocoLDA 模型设计理念的理解。比如，用户的主题分布 θ_m^z 表示为 $c_{z,m,*}$ 和 $d_{z,m,*,*}$ 的和，体现了 SocoLDA 模型综合用户历史旅行记录和同游用户兴趣推导用户的旅行兴趣分布。主题层面的旅行套餐分布 φ_z^p 实现了高维物品空间到低维主题空间的降维，并将旅行主题表示成旅行套餐的分布。而基于旅行主题和关系类型的同游者分布 $\pi_{x,r}^f$ 则包含了旅行主题和关系类型如何共同影响同游行为的信息。

主题层面的旅行套餐分布 φ_z^p 从概率层面对每个主题在旅行套餐空间进行了描述。为了更好地从语义层面进行主题分析和描述，将主题概率分布 φ_z^p 和旅行套餐的描述信息（如名称、费用、旅行天数）相结合，从主题描述总结方面进行主题描述。

主题描述总结是通过简单计算对主题的总结性描述。对于数值属性信息如费用和天数等，可以分别根据式（2.19）和式（2.20）计算主题的期望价格和期望天数。其中。$\text{price}(p)$ 和 $\text{days}(p)$ 分别表示旅行套餐 p 所对应的价格和天数，$E[\text{price}(z)]$ 和 $E[\text{days}(z)]$ 分别表示主题 z 所对应的期望价格和期望天数。

$$E[\text{price}(z)]=\sum_{p\in P}\text{price}(p)\varphi_z^p \tag{2.19}$$

$$E[\text{days}(z)]=\sum_{p\in P}\text{days}(p)\varphi_z^p \tag{2.20}$$

从旅行套餐名称中抽取关键词来对主题进行关键词总结。具体来说，可以根据式（2.21）计算词 w 在主题 z 中的出现频次，其中 $\#(w,p)$ 表示词 w 在旅行套餐 p 的名称中出现的次数。

$$E[\text{frequency}(z,w)]=\sum_{p\in P}\#(w,p)\varphi_z^p \tag{2.21}$$

3. 推荐模型 SocoTraveler

基于 SocoLDA 模型，本章提出名为 SocoTraveler 的推荐方法。该方法基于用户协同过滤的思路，通过匹配用户的兴趣分布发现相似用户，然后给用户推荐相似用户选择过但该用户尚未选择过的旅行套餐。整体来说，SocoTraveler 推荐方法包括以下三个步骤。

（1）给定所有用户历史旅行记录和同游者信息，利用 SocoLDA 模型推导用户的旅行兴趣分布 θ_m。

（2）根据用户的兴趣分布θ_m计算用户之间的相似度，并基于协同过滤的方法产生初始推荐列表。

（3）加入与初始推荐列表相匹配的新旅行套餐，生成最终的推荐列表。

为了找到兴趣相似的用户，本章采用了相关系数这种简单有效的相似度计算方法。用户u_a和u_b之间的相似度如式（2.22）所示。

$$\operatorname{sim}\left(u_a,u_b\right)=\frac{\sum_{z=1}^{K}\left(\theta_a^z-\bar{\theta}^z\right)\left(\theta_b^z-\bar{\theta}^z\right)}{\sqrt{\sum_{z=1}^{K}\left(\theta_a^z-\bar{\theta}^z\right)^2}\sqrt{\sum_{z=1}^{K}\left(\theta_b^z-\bar{\theta}^z\right)^2}} \tag{2.22}$$

其中，$\bar{\theta}^z$表示所有用户在主题z的平均概率；θ_a^z和θ_b^z分别表示用户a和用户b的兴趣分布。

接着，基于用户协同过滤的思路，根据式（2.23）计算用户u对旅行套餐p的得分$R_{u,p}$。其中，S是考虑的相似用户数，用户之间的相似度$\operatorname{sim}(u_s,u)$根据式（2.22）计算。$R_{u_s,p}$根据用户的历史旅行记录获得，若用户$u_s$选择过$p$，则$R_{u_s,p}=1$，否则等于0。

$$R_{u,p}=\frac{\sum_{s=1}^{S}R_{u_s,p}\times\operatorname{sim}\left(u_s,u\right)}{\sum_{s=1}^{S}\operatorname{sim}\left(u_s,u\right)} \tag{2.23}$$

因为旅行套餐具有较强的实效性，新上市的旅行套餐因为没有积累用户行为，往往面临冷启动的问题。为此，根据旅行套餐的描述信息将新的旅行套餐与已上市的旅行套餐匹配起来，并在用户初始推荐列表中加入匹配的新旅行套餐，从而解决冷启动的问题。

具体来说，旅行套餐之间的相似度计算如式（2.24）所示。其中，W_{p_i}和W_{p_j}分别表示旅行套餐p_i和p_j的文本描述信息（如名称）包含的词的集合。两旅行套餐的描述文本交集越大，则二者相似度越高。

$$\operatorname{sim}\left(p_i,p_j\right)=\frac{\left|W_{p_i}\bigcap W_{p_j}\right|}{\left|W_{p_i}\bigcup W_{p_j}\right|} \tag{2.24}$$

接着，根据新旅行套餐与用户初始推荐列表中旅行套餐的相似程度，计算用户与新旅行套餐的评分，如式（2.25）所示。其中，Q是考虑的Top-Q推荐列表的长度，R_{u,p_i}由式（2.23）计算得到，$\operatorname{sim}\left(p_i,p_{\text{new}}\right)$由式（2.24）计算得到。

$$R_{u,p_{\text{new}}}=\frac{\sum_{i=1}^{Q}R_{u,p_i}\times \text{sim}\left(p_i,p_{\text{new}}\right)}{\sum_{i=1}^{Q}\text{sim}\left(p_i,p_{\text{new}}\right)} \tag{2.25}$$

最后，根据预测评分将新旅行套餐加入初始推荐列表中，并去掉已过期的旅行套餐，从而形成最终的推荐列表。

2.3.5　实验评估

为验证所提模型的性能，本章设计了一系列实验，分别评估 SocoTraveler 的推荐效果，以及模型 SocoLDA 的主题发现效果。具体包括：与传统推荐方法的推荐效果比较；主题分析，分析旅行主题和同游关系类型对同游行为的综合影响。

1. 实验设置

将从游侠客网站上收集到的数据集分成训练集和测试集两部分。测试集由每个用户的最后一条旅行记录构成，所有用户的其他旅行记录构成训练集。表 2.11 展示了训练集数据和测试集数据的统计信息。测试集中包含 165 条游览新旅行套餐的记录，涉及 23 个训练集中没有出现的新旅行套餐。

表 2.11　训练集和测试集统计信息

	用户数/个	旅行套餐数/个	旅行记录数/个
训练集 T_{train}	10 812	2 346	57 974
测试集 T_{test}	10 812	1 824	10 812

在基准方法选择上，我们从以下几个角度选取了一些经典的推荐方法。首先，考虑到本章所提的推荐方法考虑了从众心理的影响，属于社会化推荐的范畴，因而选择了经典的社会化推荐方法 SocialMF（Jamali and Ester，2010）和 Citation-LDA（Wang et al.，2013）；其次，鉴于研究问题属于旅行套餐推荐，我们选取了已有旅游套餐推荐研究中效果最好的方法 OTM-ORS（Popescul et al.，2001）；再次，鉴于所提模型 SocoLDA 是基于 LDA 的改进模型，本章将 LDA 也作为基准方法之一；最后，把经典的协同过滤推荐方法 UCF（Breese et al.，1998）和 ICF（Sarwar et al.，2001）考虑进来作为基准方法。

SocialMF 是适合于评分预测的经典社会化推荐方法。它假设用户的特征向量与朋友的特征向量的加权平均尽可能地相似，并通过正则项将这种相似性考虑到推荐模型中。

UCF 是基于用户的协同过滤，利用用户–物品选择矩阵计算用户之间的相似度，然后推荐相似用户选择过的物品。这里采用雅可比系数（Jaccard coefficient）计算用户之间的相似度。

ICF 是基于物品的协同过滤，该方法假设用户会喜欢和以前选择的物品相似的物品。同样采用雅可比系数基于用户–物品选择矩阵计算物品之间的相似度。

Citation-LDA 最初用于建模论文中词和引用关系的生成。对应到我们的问题中，Citation-LDA 将每个用户视为一个文档，将用户已选择的旅行套餐看作文档的词，将与用户有过同游行为的其他用户看作文档的引用列表。该模型假设用户的物品选择和同游行为都出于用户自身的兴趣。可见，与 SocoTraveler 相比，Citation-LDA 不考虑关系类型的影响。

OTM-ORS 是基于面向对象的思路提出的旅行套餐推荐模型，也属于主题模型。该模型建模旅游记录中用户和旅行套餐的特征值对的相关关系来进行旅行套餐推荐。除了模型提出时使用的七个特征外，我们还进一步增加了旅行套餐类型、用户所在地点、用户家乡省区市三个特征来提高该模型的推荐效果。

LDA 相关方法包括 LDA-P 和 LDA-W，它们都基于 LDA 模型，只是变换了具体输入。其中，LDA-P 直接用用户选择过的旅行套餐编号作为输入，而 LDA-W 用用户选择过的旅行套餐的文本描述信息经过 Ansj 工具分词后的词作为输入。对以上主题模型，都根据式（2.22）计算用户之间的相似度，并按照 SocoTraveler 的推荐方法生成推荐列表。

同时变换 SocoTraveler 方法的几种不用设置，比较其推荐效果。SocoTraveler 相关的方法包括 ST-New、ST-S、ST-W 和 ST-W-S，这四种方法与 SocoTraveler 的区别在于：ST-New 不加入新旅行套餐，即去掉推荐方法的第三步；ST-S 未考虑社会化同游者；ST-W 利用旅行套餐的文本描述作为输入；ST-W-S 利用旅行套餐的文本描述作为输入，且在同游者中不加入非社会化同游者。这四种方法除了以上指定的区别外，其他设置均与 SocoTraveler 保持一致。

在参数设置上，选定主题数 K=100，超参数 $\alpha = \frac{50}{K}$，其他超参数为 0.01。迭代地进行 1500 轮吉布斯采样，然后进行模型参数的估计。对于 ST-W、ST-W-S 和 LDA-W 三个需要用旅行套餐文本信息作为输入的模型，采用 Ansj 进行分词处理，并且去掉停用词和高度热门词。

在评价准则上，选择推荐领域常用的 AUC 和召回率作为评价指标。

AUC 衡量了推荐列表排序的正确程度，等价于一个随机选取的正例排在随机选取的负例之前的概率，计算方法如式（2.26）所示。AUC 取值范围为[0.5，1]，AUC 值越大，则推荐质量越高。

$$\mathrm{AUC}=\frac{1}{|U|}\sum_{u}\frac{1}{|E(u)|}\sum_{(i,j)\in E(u)}\mathrm{ind}(R_{u,i}>R_{u,j}) \tag{2.26}$$

其中，$R_{u,i}$ 表示推荐系统预测的用户 u 对物品 i 的评分；$\mathrm{ind}\left(R_{u,i}>R_{u,j}\right)$ 表示指示函数；$E(u)$ 表示待评价的物品对集合，如式（2.27）所示。

$$E(u)=\{(i,j)\mid(u,i)\in T_{\text{test}}\wedge(u,j)\notin(T_{\text{test}}\cup T_{\text{train}})\} \tag{2.27}$$

召回率衡量了推荐列表召回用户真实选择的物品的能力。令 I^d 表示测试集中所有选择行为的集合，且 $i_j^d\in I^d$（ $j=1,2,\cdots,\left|I^d\right|$ ）表示 I^d 中的一个选择行为。记 R_j 为针对选择行为 i_j^d 产生的推荐列表。定义一个指示函数 $\mathrm{ind}\left(i_j^d,R_j\right)$，表示 i_j^d 是否包含在 R_j 中，如下所示：

$$\mathrm{ind}\left(i_j^d,R_j\right)=\begin{cases}1, & i_j^d\in R_j\\ 0, & 其他\end{cases}$$

于是，召回率的计算公式为

$$\mathrm{Recall}=\frac{\sum_{j=1}^{\left|I^d\right|}\mathrm{ind}\left(i_j^d,R_j\right)}{\left|I^d\right|} \tag{2.28}$$

召回率的取值范围为[0, 1]，0 表示测试集中没有任何一个选择行为包含在推荐列表中，1 表示所有选择行为都被推荐列表覆盖。召回率取值越大，推荐方法质量越高。记推荐列表长度为 N 时的召回率指标为 Recall@N 或简记为 R@N。

2. 推荐效果

首先，我们比较了各个方法在 AUC 和召回率两个指标上的推荐效果。表 2.12 展示了 SocoTraveler 与基准方法在 AUC 指标的比较。图 2.15 展现了 SocoTraveler 与通用推荐模型的召回率比较，图 2.16 是所提模型与基于主题模型的推荐模型的召回率比较，图 2.17 则是 SocoTraveler 与其各种变种之间的召回率比较。

表 2.12　SocoTraveler 与基准方法在 AUC 指标上的推荐效果比较

方法名	AUC	方法名	AUC	方法名	AUC
LDA-W	0.686	ST-W-S	0.707	SocoTraveler	0.801
SocialMF	0.700	Citation-LDA	0.754	ST-New	0.791
UCF	0.693	OTM-ORS	0.722	ST-S	0.765
ICF	0.669	LDA-P	0.741	ST-W	0.753

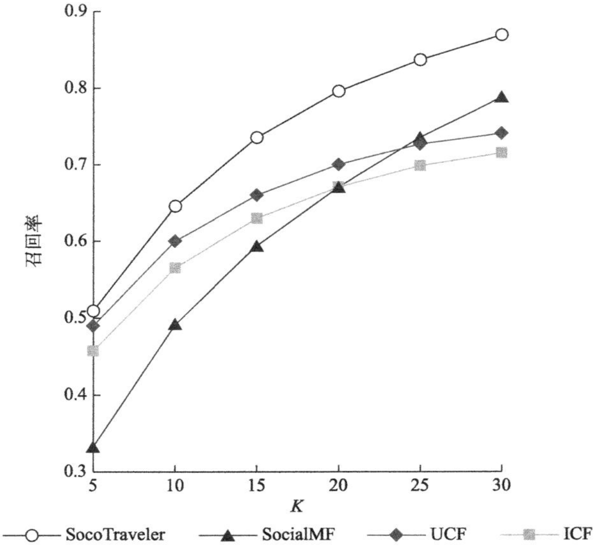

图 2.15 SocoTraveler 与通用推荐模型的召回率比较

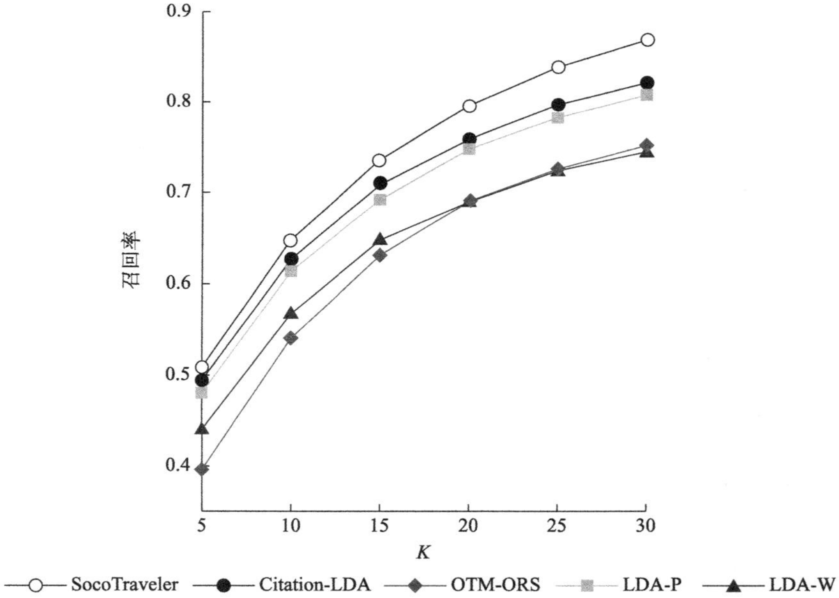

图 2.16 SocoTraveler 与基于主题模型的推荐模型的召回率比较

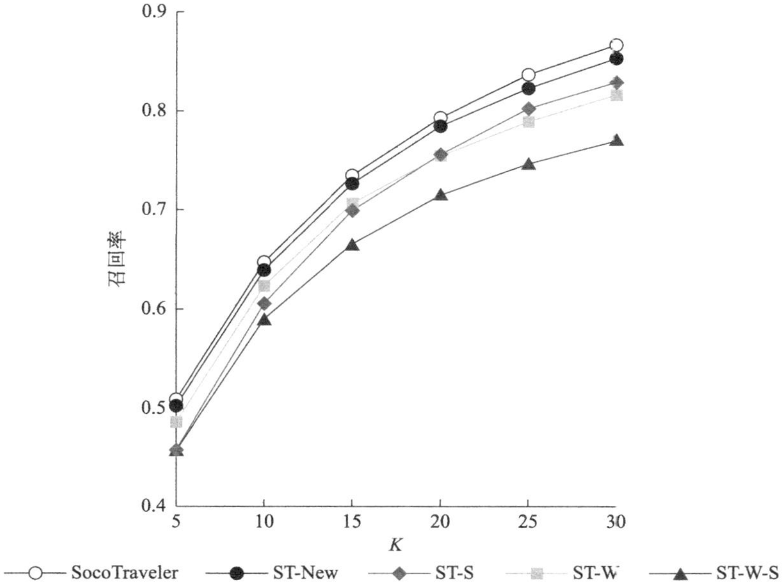

图 2.17　SocoTraveler 与其变种之间的召回率比较

整体来说，SocoTraveler 推荐方法明显优于其他推荐方法，体现了考虑社会化信息并区分不同关系类型的影响对于旅行套餐推荐的重要作用。具体来说，可以得到以下几点结论。

（1）从 SocoTraveler 相对于 ST-New 的优势可以看出，基于旅行套餐的描述信息将新上市的旅行套餐加入推荐列表中，有助于解决旅游推荐的冷启动的问题。

（2）SocoTraveler 方法相较于不考虑非社会化同游者的 ST-S 方法，效果有明显的提升，AUC 指标从 0.765 提高到 0.801。可见，非社会化同游关系作为一种隐性的社会关系信息，在一定程度上反映了同游者之前旅行兴趣的相似性，有助于提升旅行套餐推荐效果。

（3）利用旅行套餐编号作为输入推荐效果优于使用旅行套餐的文本信息作为输入，这可以从 SocoTraveler 相较于 ST-W 的优势，以及 LDA-P 相较于 LDA-W 的优势反映出来。这可能是因为旅行套餐的文本信息过于冗长繁杂且包含大量的噪声，而旅行套餐编号作为一个整体反映了用户的旅行兴趣，且剔除了噪声的影响。

（4）从 SocoTraveler 相对于 Citation-LDA 的优势可以看出，考虑关系类型的影响有助于进一步提高旅行推荐的质量。这主要是因为人们在选择跟谁旅行时，不仅会考虑对旅行主题是否感兴趣，与同游者之间的社会关系也是重要的考虑因素。

（5）在旅行套餐推荐中，考虑用户的从众心理和社会影响有助于提高推荐质量。这可以从 SocoTraveler 相较于非社会化推荐方法（如 OTM-ORS、LDA 相关方法、UCF、ICF）的优越性反映出来。可见，引入社会关系信息能有效地解决旅行套餐数据集的稀疏性问题，提升推荐的效果。

（6）尽管 SocialMF 考虑了社会关系信息，但并没有收到令人满意的结果，甚至不如一些不考虑社会信息的推荐方法，如 LDA-P 和 OTM-ORS。这一方面是因为 SocialMF 是针对显式评分数据集提出的推荐方法，同时依赖于正例和负例进行学习；另一方面，也是因为 SocialMF 假设用户的特征向量等于所有朋友兴趣向量的平均，而实际上用户兴趣并非与所有的朋友都存在相似性，尤其是对于朋友列表非常长的用户而言。

3. 主题分析

SocoLDA 模型是一个主题模型，本部分对模型发现的主题信息进行展示和分析。部分主题的语义信息如表 2.13 所示，表中共列出了 3 个主题，同时列出了每个主题下最重要的 3 个旅行套餐名称、价格和旅行天数信息。可以看出，主题 3 是西北草原行，价格相对高昂，旅行时间也较长；主题 13 是以划船、漂流为主的清凉亲水游，价格和旅行天数变化幅度较大；主题 48 则以登山为主，涉及武功山、武夷山、齐云山等中国名山，价格和旅行天数居中。

表 2.13　主题信息

主题编号	主题标签	排名	旅行套餐名称	价格/元	天数/天
主题 3	西北草原行	1	北疆 9 日深度游	3950	9
		2	坝上草原 6 日清凉游	2350	6
		3	秋季呼伦贝尔草原和大兴安岭 9 日游	3580	9
主题 13	清凉亲水游	1	桂林全景游（漓江漂流）	1190	5
		2	中秋漂流行（农家橘子采摘）	120	1
		3	巫溪泛舟清凉游（梯田摄影）	420	2
主题 48	名山穿越	1	中国东部武功山攀登穿越	550	4
		2	道教名山齐云山环线穿越	300	2
		3	绝美武夷山赏景个性游	600	3

表 2.14 列出了五个主题的汇总信息，包括主题编号、主题标签、主题关键词、平均价格、平均天数等。其中，后三项根据式（2.19）~式（2.21）计算而来，主题标签是人为根据其他描述信息总结的。从中可以看出，在这五个旅行主题中，主题 3“西北草原行”价格最高、旅行时间也最长，平均花费超过 3000 元，时长约为 7 天；而“游侠夜爬”则是接近免费的一天性旅行活动。此外，有些旅行主题主要集中在一个季节，如主题 13“清凉亲水游”和主题 90“秋季徒步”，而有的旅行主题则相对不受季节的限制，如主题 48“名山穿越”。可见，SocoLDA 能

较好地进行旅行主题的识别，识别的主题有明确的语义和可解释性。

表 2.14　主题描述总结

主题编号	主题标签	主题关键词	平均价格/元	平均天数/天
3	西北草原行	草原、草地、马、凉爽、风筝	3070.05	6.77
11	游侠夜爬	户外、夜爬、环线、周四、晚上	25.08	1.04
13	清凉亲水游	河流、水、大海、泛舟、漂流	512.88	2.29
48	名山穿越	名山、山、穿越、野营、攀登	448.87	2.74
90	秋季徒步	户外、徒步、秋季、古道	139.68	1.16

基于 SocoLDA 模型，每个用户都被描述为特定的同游关系类型集合和旅行主题集合。为了揭露同游关系类型和旅行主题的相关关系，本章利用点互信息（pointwise mutual information，PMI）来度量二者的相关程度。给定一对关系类型 r 和主题 x，PMI(x,r)指的是两个事件 x 和 r 同时发生的概率与二者分别发生的概率的差值，如式（2.29）所示。为了便于比较，定义标准化的点互信息（nPMI），如式（2.30）所示。nPMI 取值范围为$[-1,+1]$，-1表示两事件从不同时发生，$+1$表示两者总是同时发生。

$$\mathrm{PMI}(x,r)=\log\frac{P(x,r)}{P(x)P(r)} \tag{2.29}$$

$$\mathrm{nPMI}(x,r)=\frac{\mathrm{PMI}(x,r)}{-\log(P(x,r))} \tag{2.30}$$

基于以上定义，对任一关系类型和旅行主题计算 nPMI 值，得到每种关系类型下 nPMI 值最高的三个主题和该主题对应的描述信息，如表 2.15 所示。

表 2.15　同游关系类型与旅行主题的相关性

关系类型	主题	nPMI	主题关键词	平均价格/元	平均天数/天
网友	91	0.141	摄影、户外、人像、上海、田子坊	234.98	1.68
	7	0.113	户外、古道、露营、休闲、夜爬	292.23	1.76
	62	0.109	聚会、美女、沙龙、领队活动、寻宝	51.50	1.12
现实朋友	18	0.316	深度旅游、秋季、美景、休闲	1275.39	4.42
	8	0.227	摄影、深度、大海、小溪、瀑布、海岛	580.30	2.35
	3	0.227	草原、草地、马、凉爽、风筝	3070.05	6.77
出游相识	4	0.168	古道、传奇、村庄、摄影、户外	58.78	1.10
	41	0.163	古道、秋季、优美、山、景色	85.08	1.16
	7	0.135	户外、古道、露营、休闲、夜爬	292.23	1.76

续表

关系类型	主题	nPMI	主题关键词	平均价格/元	平均天数/天
同学	18	0.140	深度旅游、秋景、美丽、户外	275.39	1.42
	97	0.130	登山、户外、徒步、穿越	17.74	1.03
	4	0.128	古道、传奇、村庄、摄影、户外	58.78	1.10
同事	62	0.270	聚会、美女、沙龙、领队活动、寻宝	51.50	1.12
	7	0.104	户外、古道、露营、休闲、夜爬	292.23	1.76
	69	0.103	沙龙、摄影、盛大、聚会、奖励	363.18	1.47
同乡	91	0.197	摄影、户外、人像、上海、田子坊	234.98	1.68
	72	0.105	摄影、梯田、云南、红土地、油菜花	2716.80	7.03
	7	0.104	户外、古道、露营、休闲、夜爬	292.23	1.76
亲人	60	0.139	户外、攀登、城市、夜行、林隐寺	10.28	1.02
	18	0.139	深度旅游、秋景、美丽、户外	275.39	1.42
	90	0.136	户外、徒步、秋季、古道	139.68	1.16
非社会化同游关系	24	0.010	徽杭古道、户外、休闲、轻装	292.91	1.32
	27	0.009	深度、草原、青海湖、拉萨、莫高窟	3212.79	7.74
	34	0.008	摄影、雪乡、雾凇、雪山	3469.17	6.95

通过分析表 2.15 的信息，得到以下几点发现。

（1）比较所有关系类型的 nPMI 值可以发现，现实朋友对应的 nPMI 值整体最高，在 0.2 以上，而非社会化同游关系的 nPMI 值整体最低，不超过 0.01。可见，具有稳定的社会关系，尤其是现实世界的朋友，更有可能一起出游。

（2）网友之间喜欢价格较低、天数较短的户外活动，同时，露营、夜行、穿越等活动在网友之间比较受欢迎。这可能是因为借助于社会网络，人们得以和有特定兴趣的人聚集在一起。

（3）现实朋友更倾向于远距离的深度旅游，如草原旅行、海岛摄影等，这些活动价格相对较高，持续时间也更长。可见，相比于网友，人们更倾向于跟彼此认识、深入了解的朋友远行。

（4）出游相识的朋友热衷于一天时间的古道徒步活动，可能这类活动更适合人们之间相互交流、结实新的朋友。考虑到这一点，旅行社不妨多在平台新用户间进行古道徒步活动的宣传，吸引新用户参加此类活动，并相互认识建立社会关系。

（5）对于同学、同事、同乡和亲人而言，他们之间的旅行主题更为多样化，既包括远距离的深度旅游，也有近距离的休闲活动。此外，同事之间喜欢沙龙、聚会类活动，以增进团队感情、分享旅游经验。

2.3.6　小结

本节以旅行套餐推荐为应用背景，研究了如何利用不同类型社会关系对用户行为的差异化影响进行个性化推荐的方法，提出了一个概率主题模型 SocoLDA，用于建模旅行者的兴趣偏好，考虑了八种不同关系类型的影响，具体包括：网友、现实朋友、出游相识、同学、同事、同乡、亲人和非社会同游关系。在此基础上，提出了推荐模型 SocoTraveler，综合 SocoLDA 和用户协同过滤的思路进行旅行套餐推荐。在真实旅行数据集上的实验结果表明，该方法相较于传统经典的推荐方法具有明显的优势，从而也验证了从关系类型的角度考虑社会影响的差异性对于旅游推荐的重要意义。基于 SocoLDA 进行旅行主题的语义分析，得到了一些有意义的发现，可以给旅行社产品设计和营销策略提供启示。

参 考 文 献

Abrams D，Hogg M A. 1990. Social identification，self-categorization and social influence[J]. European Review of Social Psychology，1（1）：195-228.

Backstrom L，Leskovec J. 2011. Supervised random walks：predicting and recommending links in social networks[R]. Hong Kong：The Fourth ACM International Conference on Web Search and Data Mining.

Breese J S，Heckerman D，Kadie C. 1998. Empirical Analysis of Predictive Algorithms for Collaborative Filtering[M]. Los Angeles：Morgan Kaufmann Publishers Inc.

Carletta J. 1996. Assessing agreement on classification tasks：the kappa statistic[J]. Computational Linguistics，22（2）：249-254.

Chen Y L，Chuang C H，Chiu Y T. 2014. Community detection based on social interactions in a social network[J]. Journal of the Association for Information Science and Technology，65（3）：539-550.

Cialdini R B，Goldstein N J. 2004. Social influence：compliance and conformity[J]. Annual Review of Psychology，55（1）：591-621.

Crandall D J，Backstrom L，Cosley D，et al. 2010. Inferring social ties from geographic coincidences[J]. Proceedings of the National Academy of Sciences of the United States of America，107（52）：22436-22441.

Currie R R，Wesley F，Sutherland P. 2008. Going where the Joneses go：understanding how others influence travel decision-making[J]. International Journal of Culture，Tourism and Hospitality Research，2（1）：12-24.

Diehl C P，Namata G，Getoor L. 2007. Relationship identification for social network discovery[R]. Columbia：The 22nd National Conference on Artificial Intelligence.

Gitelson R J，Kerstetter D L. 1995. The influence of friends and relatives in travel decision-making[J]. Journal of Travel & Tourism Marketing，3（3）：59-68.

Guo G，Zhang J，Yorke-Smith N. 2015. TrustSVD：collaborative filtering with both the explicit and implicit influence of user trust and of item ratings[R]. Austin：The 29th AAAI Conference on Artificial Intelligence.

Jamali M, Ester M. 2010. A matrix factorization technique with trust propagation for recommendation in social networks[R]. Bilbao：The 4th ACM Conference on Recommender Systems.

Jeng J，Fesenmaier D R. 2002. Conceptualizing the travel decision-making hierarchy：a review of recent developments[J]. Tourism Analysis，7（1）：15-32.

King I，Lyu M R，Ma H. 2010. Introduction to social recommendation[R]. New York：The 19th International Conference on World Wide Web：1355-1356.

Kong X，Zhang J，Yu P S. 2013. Inferring anchor links across multiple heterogeneous social networks[R]. San Francisco：The 22nd ACM International Conference on Information and Knowledge Management.

Li P，Yu J X，Liu H Y，et al. 2011. Ranking individuals and groups by influence propagation[R]. Shenzhen：The 15th Pacific-Asia Conference on Knowledge Discovery and Data Mining.

Liben-Nowell D，Kleinberg J. 2007. The link-prediction problem for social networks[J]. Journal of the American Society for Information Science and Technology，58（7）：1019-1031.

Liu Q，Chen E H，Xiong H，et al. 2014. A cocktail approach for travel package recommendation[J]. IEEE Transactions on Knowledge and Data Engineering，26（2）：278-293.

Liu Q，Ge Y，Li Z M，et al. 2011. Personalized travel package recommendation[R]. New York：The 11th IEEE International Conference on Data Mining.

Ma H，King I，Lyu M R. 2009. Learning to recommend with social trust ensemble[R]. Boston：The 32nd International ACM SIGIR Conference on Research and Development in Information Retrieval.

Ma H, Zhou D, Liu C, et al. 2011. Recommender systems with social regularization[R]. Hong Kong：The 4th International Conference on Web Search and Web Data Mining.

McPherson M, Smith-Lovin L, Cook J M. 2001. Birds of a feather：homophily in social networks[J]. Annual Review of Sociology，27（1）：415-444.

Murphy L，Mascardo G，Benckendorff P. 2007. Exploring word-of-mouth influences on travel decisions：friends and relatives vs. other travellers[J]. International Journal of Consumer Studies，31（5）：517-527.

Popescul A，Pennock D M，Lawrence S. 2001. Probabilistic Models for Unified Collaborative and Content-based Recommendation in Sparse-data Environments[M]. Los Angeles：Morgan Kaufmann Publishers Inc.

Quinlan J R. 1996. Improved use of continuous attributes in C4.5[J]. Journal of Artificial Intelligence Research，4（1）：77-90.

Sarwar B，Karypis G，Konstan J，et al. 2001. Item-based collaborative filtering recommendation algorithms[R]. Hong Kong：The 10th International Conference on World Wide Web.

Shi K, Ali K A. 2012. GetJar mobile application recommendations with very sparse datasets[R]. New York：The 18th ACM SIGKDD International Conference on Knowledge Discovery and Data Mining.

Sirakaya E，Woodside A G. 2005. Building and testing theories of decision making by travellers[J]. Tourism Management，26（6）：815-832.

Sun D，Lau W C. 2013. Social relationship classification based on interaction data from smartphones[R]. New York：2013 IEEE International Conference on Pervasive Computing and Communications Workshops.

Tan C，Liu Q，Chen E H，et al. 2014. Object-oriented travel package recommendation[J]. ACM Transactions on Intelligent Systems and Technology，5（3）：1-26.

Tang S J，Yuan J，Mao X F，et al. 2011a. Relationship classification in large scale online social networks and its impact on information propagation[R]. Shanghai：The 30th IEEE International Conference on Computer Communications.

Tang W B，Zhuang H L，Tang J. 2011b. Learning to infer social ties in large networks[J]. Machine Learning and Knowledge Discovery in Databases，6913：381-397.

Verbert K，Manouselis N，Ochoa X，et al. 2012. Context-aware recommender systems for learning：a survey and future challenges[J]. IEEE Transactions on Learning Technologies，5(4)：318-335.

Wang C，Han J W，Jia Y T，et al. 2010. Mining advisor-advisee relationships from research publication networks[R]. Washington D C：The 16th ACM SIGKDD International Conference on Knowledge Discovery and Data Mining.

Wang X L，Zhai C X，Roth D. 2013. Understanding evolution of research themes：a probabilistic generative model for citations[R]. Chicago：The 19th ACM SIGKDD International Conference on Knowledge Discovery and Data Mining.

Yang B，Lei Y，Liu D Y，et al. 2013. Social collaborative filtering by trust[R]. Beijing：The Twenty-Third International Joint Conference on Artificial Intelligence.

Yang X W，Steck H，Liu Y. 2012. Circle-based recommendation in online social networks[R]. Beijing：The 18th ACM SIGKDD International Conference on Knowledge Discovery and Data Mining.

Yuan Q，Chen L，Zhao S W. 2011. Factorization vs. regularization：fusing heterogeneous social relationships in top-n recommendation[R]. New York：The 5th ACM Conference on Recommender Systems.

Yuan Q，Cong G，Lin C Y. 2014. COM：a generative model for group recommendation[R]. Chicago：The 20th ACM SIGKDD International Conference on Knowledge Discovery and Data Mining.

Zhang J W，Kong X N，Yu P S. 2013. Predicting social links for new users across aligned heterogeneous social networks[R]. Barcelona：IEEE International Conference on Data Mining.

第3章　基于目标的循环神经网络动态个性化推荐算法[①]

姜玮洁，卫强
清华大学经济管理学院

3.1　研究背景

传统上，基于时间序列数据的动态推荐场景通常仅考虑用户已有偏好的动态转移。然而，推荐平台或被推荐的用户很可能还会预设未来期望达到的目标。比如，在电子商务场景下，电商平台为用户推荐产品的目的是希望引导用户购买某特定产品，因此在为用户进行推荐引导时会更具有针对性。而在一些新兴推荐场景，如高等教育中的线下课程推荐，这种情况更为典型。为了能引导学生更为系统地选课和学习，选课指南或教学计划会针对学生今后目标课程或专业学习需要提供必要的先修/必修课程推荐。而对于线上大规模在线开放课程（massive open online course，MOOC）平台，用户学习目标导向更为突出，且要求也更为多样化，而课程选择也更为复杂，从而对平台的推荐系统提出了更高的针对性和个性化要求，希望平台能为用户推荐能更好帮助他们通过课程考试的学习内容。特别是，如教育场景下的个性化自适应学习系统——智能教学系统（intelligent tutoring systems，ITS），则会结合学习目标根据学生在海量习题上的回答情况对学生知识水平进行定制化评估（Koedinger et al.，1997）。随着在线教育的不断发展，在线学习系统中包含越来越多学习内容，如学习视频、学习网页、学习讨论区帖子等；同时课程学习的复杂性和个性化教学的需求使得

---

① 本章内容部分来源于 Jiang 等（2019）、Jiang 和 Pardos（2019）。

学习内容之间的依赖关系（如先修关系）比传统场景更为复杂，因此，设计适合的推荐系统——从而能更具针对性和自适应地将课程和学习内容推荐给学习用户——的必要性更为凸显。

大量调查发现，美国大学生从入学到成功获得学位的时间远远不止四年。比如，美国的公立大学，学生入学六年之后只有 49.5%的学生成功毕业，在私立大学，学生入学六年之后也只有 78.2%的学生成功毕业（DeAngelo et al.，2011）。其中，学生对课程的投入程度对其能否毕业起到非常关键的作用，比如，全职学生的毕业比例远高于兼职学生的毕业比例（Shapiro et al.，2017）。然而，导致很多学生无法按时毕业的一个重要原因就是学生缺乏对每个学期课程的合理规划和指导（Jones，2014）。通常，每 400 名学生只有一名课程导师对学生的选课进行规划和指导，而很多学生其实并没有真正选对专业学习有帮助的课程。进一步研究发现，有效的选课指导给两年制项目学生的毕业能带来非常大的帮助（Hodara et al.，2016）。因此，为了帮助学生更好地进行课程学习，近年来推荐系统的应用也逐渐渗透到高等教育领域，如美国斯坦福大学和加利福尼亚大学伯克利分校（简称伯克利）都开发了针对各自学校学生的课程推荐系统。很多在线学习平台（如美国哈佛大学和麻省理工学院联合创建的 edX）也利用推荐算法为用户（学生）推荐新课程及课程中的学习内容。随着 MOOC 等平台的发展，高等教育领域正在成为推荐系统的一个新兴研究和应用领域。学生的选课记录及成绩等数据在学期的自然划分下也是一类典型的时间序列数据，因此课程推荐系统无疑需要从时间序列数据的角度出发，设计相应的建模方式。

推荐系统引入到高等教育场景的初衷是帮助学生更好地选择与自己相适配的理想课程，从而能够顺利毕业。而顺利毕业的关键不仅在于选课，更重要的在于在课程上取得优异成绩。而教育领域中的智能教学系统，其着眼点即为引导学生在某门课程上以更为合理的顺序学习知识点，从而能够在练习中获得更高的正确率。因此，在课程推荐系统中，面对顺利毕业这一目标，不仅要考虑推荐合适的课程，还应该将帮助学生获得更好的成绩这一维度纳入考虑，从而为学生推荐既符合专业要求又匹配学生能力的课程。

大学生成功获得学位需要穿越多个关卡，同时面临着很多挑战，比如，选择心仪的专业并被成功录取，选择适合自己的课程及课程难度，以及未来的职业发展规划等。这些选择对于学生来说往往是在平衡风险和收益的同时，尽量优化多个目标，比如，选择难度较大的课程从而能够获得更强的职场竞争力的同时，如何来保持较高的平均学分绩点（grade point average，GPA）。这些也都是智能课程推荐系统设计需要考虑的关键点。特别是在在线环境中，基于大量学生的历史选课信息、成绩信息及专业信息等，一个典型的问题就是能否从这些海量多维度信息中提炼出能够帮助学生实现上述目标的有力证据，并打造相应的面向目标的推荐系统。因此，本章将结合我们的研究积累，介绍在时间序列数据推荐场景下，如何打造基于目标的个性化推荐算法，并在高等教育的线下课程选课系统和 MOOC 推荐场景下展开应用分析。

随着高等教育的不断进步，以及教学模式开放性和灵活性的提高，特别是一些跨学科研究和教学方向——如数据科学（data science）——的兴起，为不同专业背景和发展方向的学生提供合适的学习资源和个性化的课程设置，从而帮助他们从不同基础和角度出发取得良好的学习效果，显得越发重要。这意味着高等学府需要针对不同学科背景的学生提供合适的学习资源及课程安排。结合主流的高等教育环境，本章重点关注一类典型的学习目标设定，即基于学生未来感兴趣的某门课程，根据其之前的选课历史和学习效果（课程得分），个性化地发掘适合相应课程的先修课程。需要注意的是，尽管大学都有一些公共的和常规的先修课程列表，但这些列表往往存在如下问题：①先修课程列表可能没有与时俱进地调整，特别是在课程和专业教学内容不断更新的情况下。②不够全面，比如，忽略了不同院系下的课程组合可能会覆盖某些课程的先修内容。③没考虑学生对于已修课程的掌握程度，而只是硬性规定某个先修课程。④列表上的先修课程如果被选满了，学生只能选择替代课程而无法实现合理的课程配置，等等。结合上述四点现存的先修课程列表的不足，本章提出了相应的个性化推荐先修课程的算法。该算法可更为全面和灵活地基于每个学生的选课历史及其对课程的掌握情况为其量身打造适合的先修课程。显然，基于每个学生的选课历史及其对具体每门课程的掌握情况，并针对任意一门目标课程为其推荐先修课程是一个极其个性化和定制化的过程，难以人工完成。课程教师一般来说只对自己教授的课程和与自己研究方向相关的课程较为了解，非课程教师如学术导师对课程的了解广度更宽，但缺乏一定深度。这两类教师对于规模众多的学生来说显然是稀缺资源，因此设计出具有智能性和自动化的推荐系统就有其明确的必要性和紧迫性。机器学习模型可以通过从海量数据中广泛而深入地学习和优化，发现数据的潜在模式和表示规则等，因而具有很好的预测效力。因此，也成为推荐系统研究的一个热点方向。然而机器学习模型自身或多或少地难以有效区分关联性和因果性，也造成基于机器学习模型的推荐系统的可靠性需谨慎对待。本章中，我们希望在智能课程推荐的场景下，探索在给定的约束条件下，机器学习模型如何有效学习并提供可靠推荐，并进一步通过三个典型预测任务，即成绩预测、先修课预测和选课预测充分验证所提方法的有效性和普适性。

特别是在 MOOC 的高度开放性、高度灵活性的学习场景下，不同学生的学习情况和对内容的掌握程度都存在着更为明显的差异，即使是针对同一门课程，根据不同的学生的学习进度及通过考试拿到结业证书所经历的过程往往也有所不同。因此，针对不同学生各异的学习情况来定制和设计个性化的学习内容是非常必要的，然而课程教师的一对一人工规划和指导是不现实的，这进一步要求我们打造个性化和自动化的智能课程和学习内容推荐系统。

鉴于循环神经网络（recurrent neural networks，RNNs）在序列建模和表示学习上的优势，我们用其作为本章基于目标的动态个性化推荐的基本模型，并做了相应的改进使其能够针对特定的目标做出推荐。尽管循环神经网络被用在很多序列推荐场景中（Hidasi et al.，2015；Hidasi et al.，2016；Pardos et al.，2019），但其尚未应用于基于目标的个性化推荐模型。因此，我们对于循环神经网络的改造及将其应用到基于目标的推荐任务中集中体现了我们研究工作的创新性。

3.2 研究模型

在建立模型之前，有必要将高等教育课程教学的相关概念从推荐的视角进行梳理。首先，学生对于课程内容的掌握程度（成绩或水平）是有限的（Chaiklin，2003），因此推荐的课程应该是学生有能力掌握的。这就要求模型需要将学生成绩纳入考量，并能够预测学生在未来课程上的掌握能力（通过成绩体现），这与智能教学系统中基于神经网络的深度知识追踪（deep knowledge tracing）模型框架（Piech et al.，2015）一致。其次，我们希望所提出的预测学生成绩的模型能够推测出任何一门课程的先修课程。为了验证这一点，可以利用学校所提供的先修课列表来检验模型推测先修课程的能力。最后，我们可以合理假设模型推荐的课程与在目标课程中表现较好的学生更加匹配。换言之，即在目标课程上表现欠佳的学生在前一学期可能没有选对适合自己且对目标课程有所帮助的课程。这一点也与商品推荐系统所推荐的商品更有可能是顾客以前点击的商品是类似的。这一点将在本章模型的第三个验证任务中得以证实，即对学生在选某门荣誉课程[①]（honors course）的前一个学期的选课情况进行预测时，根据课程号所对应课程难度的三个级别（初级、高级和研究生课程[②]），我们可控制推荐的课程不能比目标课程级别更高——这也符合我们的教育常识。此外，为了确保推荐课程的相关性，也为了跟现实情况保持一致，规定推荐的课程只从和目标课程所在院系的所有先修课程所在的院系中选择。

传统的循环神经网络模型常被用于预测时间序列中的下一时刻的内容。基于此类模型的推荐系统是基于协同过滤的思想，即对目标用户的推荐来源于与其行为相似的用户。然而在选课背景下，即使选课历史相似的学生，他们的目

① 荣誉课程通常指某门课程难度较大的课程版本。

② 本科生也可以选研究生课程。

标课程及目标成绩也可会呈现多样化和差异化。当推荐过程进一步引入用户目标时，问题的复杂性也随之增强。如果我们只针对达到特定目标的用户进行训练，初始庞大的数据也将变得非常稀疏。而且如果对于每个目标都需要针对性地训练一个独立模型，这样的思路会在很大程度上增加训练成本，且稀疏的数据会降低模型的可靠性。因此，我们希望构建一个具有通用性的预测学生成绩的模型，并能巧妙地兼容对学生学习目标的考虑，从而达到更好地个性化推荐先修课程的目的。

3.2.1 问题定义

普通的循环神经网络模型将模型在多个时间段的输入序列 $x_1,x_2,\cdots,x_T$，通过每个时刻的隐藏状态 $h_1,h_2,\cdots,h_T$，映射到对应时间段的输出序列 $y_1,y_2,\cdots,y_T$，这个过程可以被看成对过去信息的顺序编码，并将作用于对未来的预测。

因此，我们利用一个循环神经网络的变体，即长短期记忆（long short term memory，LSTM）单元（Hochreiter and Schmidhuber，1997），通过多个门单元保留和遗忘相关的信息，从而更好地学习到输入信息的时序相关性。LSTM 通过多个门机制缓解了当序列很长时循环神经网络致命的梯度消失问题（Bengio et al.，2003；Gers et al.，1999）。虽然我们问题场景下的序列——学生历史学期的选课序列——可能包含短序列，使用 LSTM 仍然可以帮助模型选择性地过滤掉不相关的课程成绩对未来课程成绩的影响。具体地，LSTM 通过遗忘门（forget gate）f_t 决定在时刻 t 忘记哪些信息。令 g_t 表示在第 t 个学期的课程成绩，h_{t-1} 表示在第 $t-1$ 个学期的隐藏状态，则

$$f_t=\sigma\left(W_{fg}g_t+W_{fh}h_{t-1}+b_f\right) \tag{3.1}$$

进一步，LSTM 通过输入门（input gate）i_t 决定在时刻 t 存入单元的信息，则

$$i_t=\sigma\left(W_{ig}g_t+W_{ih}h_{t-1}+b_i\right) \tag{3.2}$$

另一个变量 $\widetilde{C_t}$ 同时被计算，即

$$\widetilde{C_t}=\tanh\left(W_{Cg}g_t+W_{Ch}h_{t-1}+b_C\right) \tag{3.3}$$

我们将 C_t 表示为单元内的状态，可通过式（3.4）迭代计算得到。

$$C_t=f_t\times C_{t-1}+i_t\times\widetilde{C_t} \tag{3.4}$$

最后，计算 LSTM 在时刻 t 的隐状态 h_t，即

$$o_t=\sigma\left(W_{og}g_t+W_{oh}h_{t-1}+b_o\right) \tag{3.5}$$

$$h_t=o_t\times\tanh\left(C_t\right) \tag{3.6}$$

上述 LSTM 模型可以用到学生成绩预测中。模型在某个时刻（学期）的输出则为学生在所有课程上所有成绩上的概率分布，如图 3.1 所示，在本章的后续内

容中将该模型记为模型 1。

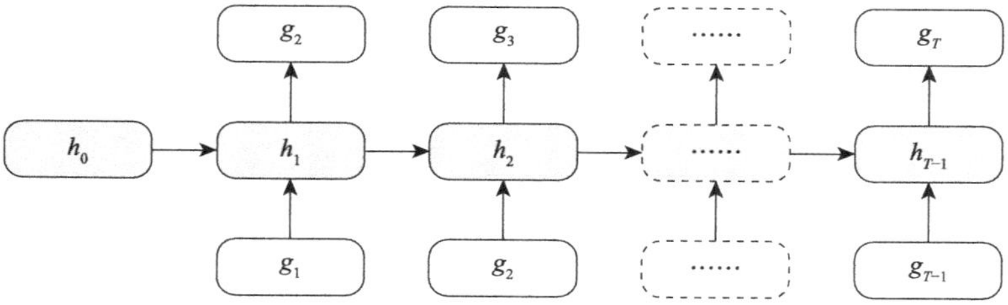

图 3.1　简单的课程成绩预测 LSTM 模型（模型 1）

然而，最新一些研究发现，影响学生在当前学期课程成绩的因素不仅只有之前学期的课程成绩，还有当前学期课程的共同选课情况（Brown et al.，2018）。其原因在于，同一个学期选择的课程之间可能会互相影响，一方面，学生在一个学期内的可用时间相对有限和固定，因此选的课程越多，分摊到每门课上的时间就越少，从而可能会间接影响学生的课程成绩，即替代效应。另一方面，不同课程之间可能具有协同促进作用，比如，同时学习“数据结构”和“离散数学”可能会相互促进彼此的学习效果，因为两门课包含相辅相成的内容，即互补效应。因此，考虑到上述两方面情况，我们提出了基于模型 1 的改进模型，即将学期 t 的课程成绩 C_t 和学期 $t+1$ 的所选课程 C_{t+1} 拼接起来作为模型在学期 t 的输入，从而预测学期 $t+1$ 的所选课程的成绩，如图 3.2 所示（表示为模型 2）。

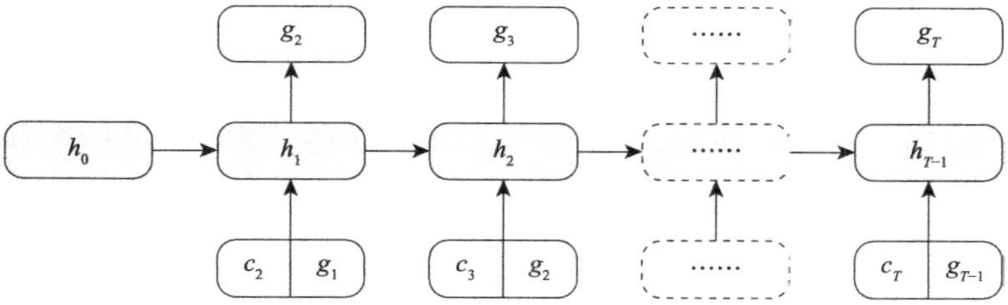

图 3.2　将预测学期所选课程纳入模型输入的课程成绩预测 LSTM 模型（模型 2）

此外，可以进一步合理假设学生的专业信息也会影响课程成绩。比如，某些学生在一些非本专业的课程上可能会较容易取得高分，而在另一些非本专业的课程上可能不容易取得高分，如数学系的学生往往拥有一些经济专业课程的基础知识，因此更容易在经济专业的课程上取得高分，然而在文学系的课程上未必容易获得理想的成绩。因此，我们提出进一步地将学生在学期 t 的专业与课程成绩连接共同作为模型输入的改进 LSTM 模型，用模型 3 表示。在此模型中，我们将学生在学期 $t+1$ 的所选课程（不包含成绩）通过一层线性变换再和 LSTM 的隐藏层拼接输入到模型中，这意味着学生在学期 $t+1$ 的选课情况只会影响当前学期的课程成绩而不会影响之后学期的隐状态和输出（课程成绩的概率分布）①。最后，所得到的考虑学生专业信息的改进 LSTM 模型如图 3.3 所示。

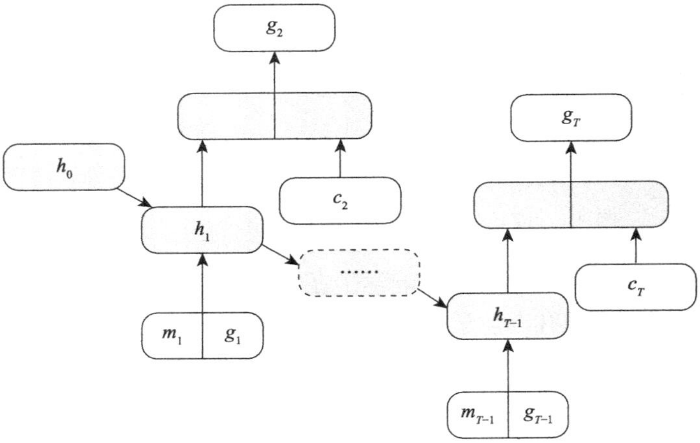

图 3.3　考虑学生专业信息的课程成绩预测 LSTM 模型（模型 3）

3.2.2　模型的输入和输出时间序列

为了基于学生的历史选课成绩序列来训练 LSTM 模型，首先需要以合理的方式将选课成绩序列转化为输入向量 g_t。值得注意的是，一个学生在一个学期可以选若干门课程，并且可以选择自己想要的成绩类型，如等级制（如 A、B、C 和 D）或通过制（通过或不通过）。因此，输入向量的设计需要综合考虑上述因素。假设共有 n 门课程和 m 种类型的等级制成绩。令 g_t 表示学生在学期 t 的所有课程上的成绩，g_t^i 表示学生在学期 t 在课程 i 上的成绩。则 g_t 为代表学生所选课程及课程成绩的多位 0-1 编码（multi-hot encodings），即只有所选课程的相应成绩的对应位置表示为 1，其他位置都为 0；g_t^i 为单位 0-1 编码（one-hot encoding），只有课程 i 的成绩的对应位置表示为 1，其他位置都表示为 0。具体如式（3.7）和式（3.8）所示。

$$g_t^i=\left(s_i^1,s_i^2,\cdots,s_i^m,s_i^{\text{Pass}},s_i^{\text{No-Pass}}\right) \tag{3.7}$$

$$g_t=\left(g_t^1,g_t^2,\cdots,g_t^n\right) \tag{3.8}$$

其中，$g_t^i\in\{0,1\}^{m+2}$，$g_t\in\{0,1\}^{(m+2)\times n}$。

同时，令 c_t 为学生在学期 t 的多位 0-1 编码选课向量，则只有在学期 t 所选课程的对应位置为 1，其他课程的位置都为 0。即

① 进一步的数据实验表明，将学生所选课程直接输入 LSTM 的隐藏层会有损模型的预测能力。

$$c_t=\left(c_t^1,c_t^2,\cdots,c_t^n\right) \tag{3.9}$$

此外，一个学生允许同时注册多个专业，因此可令 m_t 为学生在学期 t 的多位 0-1 编码专业向量，只有在学期 t 所拥有的专业的对应位置为 1，其他专业的位置都为 0。即

$$m_t=\left(m_t^1,m_t^2,\cdots,m_t^k\right) \tag{3.10}$$

其中，k 表示专业的数量。

3.2.1 节中的三种模型（图 3.1，图 3.2 和图 3.3）的输入是 g_t、c_t 和 m_t 的不同组合，输出都是 g_t，意味着尽管 LSTM 的输入信息不同，最终目的都是预测学生在下个学期的课程成绩。值得一提的是，在图 3.1 中，LSTM 在时刻 t 的输出是给定学生历史课程成绩，t+1 学期的学生课程成绩的条件概率，即 $P\left(g_{t+1}\mid g_1,\cdots,g_t\right)$。同理，图 3.2 的 LSTM 模型在时刻 t+1 的输出表示的是条件概率 $P(g_{t+1}\mid g_1c_2,\cdots,g_tc_{t+1})$。图 3.3 的 LSTM 模型在时刻 t+1 的输出表示的是条件概率 $P(g_{t+1}\quad g_1c_2m_1,\cdots,g_tc_{t+1}m_t)$。

3.2.3 改进的掩码损失函数

模型输出的是对应所有课程所有成绩的概率分布，但是我们只需计算出学生所选课程对应部分的那部分损失。因而，无须计算模型输出中没有被选的课程的对应位置的损失，更不需要通过反向传播对模型参数进行更新。因此，模型的训练目标是所有学生在所有学期所选课程成绩的负对数似然函数。给定 $\hat{g}_{t+1}$ 为学生在 t+1 学期的真实课程成绩，也就是模型的真实标签，模型可使用交叉熵损失函数计算模型输出的概率分布和模型真实标签的相似度。具体计算公式为

$$\text{loss}=-\sum_t \hat{g}_{t+1}^T \log g_{t+1} \tag{3.11}$$

然而，如前所述，学生在之前学期的课程成绩不应该对未来学期没有选的课程的成绩造成影响（即使模型在没有选的课程的对应位置也会输出值）。此外，学生在一门课中的成绩 g_t^i 只能是等级成绩或者通过/不通过，即 $\left(s_i^1,s_i^2,\cdots,s_i^n\right)$ 或 $\left(s_i^{\text{Pass}},s_i^{\text{No-Pass}}\right)$ 的单位 0-1 编码。因此，针对上述两个问题，我们可进一步对式（3.11）的损失函数进行修正。

（1）未选课程的成绩掩码（第一层掩码损失函数）。根据学生实际选课成绩的标签 $\hat{g}_{t+1}$ 将未选课程的模型输出部分掩码，即不考虑未选课程在损失函数中的部分。

（2）非相关成绩类型掩码（第二层掩码损失函数）。对于每门课程的成绩 g_t^i，该成绩只能是等级成绩 $g_t^{i1}=\left(s_i^1,s_i^2,\cdots,s_i^n\right)$ 或通过/不通过 $g_t^{i2}=\left(s_i^{\text{Pass}},s_i^{\text{No-Pass}}\right)$ 中的

一种，因此两种成绩类型相互独立，分别设立交叉熵损失函数，根据学生实际选课成绩的标签 $\hat{g}_{t+1}$ 将未获得的成绩类型部分掩码。

图 3.4 展示了两阶段掩码损失函数（masked loss function）。具体来说，图 3.4 假设一共有三门课程，根据学生实际选课成绩的标签（深灰色圆圈代表真实成绩），其中学生在课程 2 的成绩为 A，在课程 3 的成绩为 Pass（即通过，图 3.4 中用 P 表示，NP 表示不通过）。因此，根据未选课程的成绩掩码，由于学生没有选课程 1，所有和课程 1 相关的模型输出都会被掩码；根据非相关成绩类型掩码，课程 2 的通过/不通过部分的模型输出和课程 3 的等级成绩部分的模型输出也都会被掩码。两阶段被掩码的损失函数中的部分将不会被计算（图中浅灰色实心箭头所示部分），只有剩下的两部分损失（图中深灰色实心箭头所示部分）会被计算并且通过反向传播更新模型参数。这一计算过程也反映了前述模型的逻辑过程。

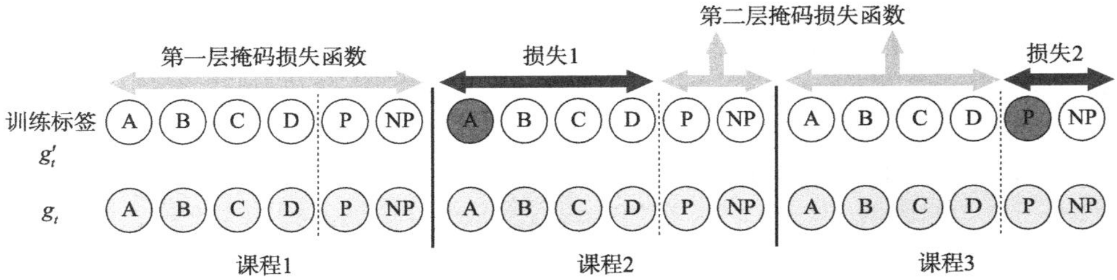

图 3.4　两阶段掩码损失函数示意图

改进的掩码损失函数如式（3.12）所示。

$$\text{loss} = -\sum_{t}\sum_{i,\hat{g}_{t+1}^{i}\neq 0}\left(\widehat{g_{t+1}^{i1}}^{T}\log g_{t+1}^{i1} + \widehat{g_{t+1}^{i2}}^{T}\log g_{t+1}^{i2}\right) \tag{3.12}$$

3.3　实验数据集

实验数据集来自伯克利自 2008 年秋季学期至 2017 年春季学期所有学期的学生选课数据。数据集包含了 164 196 名学生（本科生和研究生）的 480 万条完整的选课记录（包含学生的最终成绩）。学生在一个学期的选课的统计中位数是 4。课程总数为 10 430，包含 6 个学院，17 个学科划分，124 个不同系的 9714 门通选课程。在实验中，我们只考虑在数据集中被选课超过 20 次的通选课程，最后得到 7843 门通选课程。原始数据集由学校的教育数据中心以 csv 的格式存储。选课记录中包含的学生信息包括选课时间、加密的学生 ID、学生类型、学生的专业，包含的课程信息有课程名、课程号、院系名称、授课教师、学分、学时等。

和本章研究相关的学生选课数据属性样本如表 3.1 所示。

表 3.1　学生选课数据样本

学期	加密的学生 ID	专业	院系	课程号	成绩
2014 年春季学期	x137905	法律	法律系	178	B
2014 年秋季学期	x137905	法律	法律系	165	C
2014 年秋季学期	x282243	数学	数学系	140	D
2014 年秋季学期	x282243	数学	数学系	121	A

3.4　学生课程成绩预测

本节将介绍如何对 3.2 节中介绍的 LSTM 模型进行训练以对学生的课程成绩进行预测。基于时间序列数据的时间顺序特征，将数据在时间维度上分为三部分，2008 年秋季学期到 2015 年秋季学期作为训练集，2016 年春季学期作为验证集，2017 年春季学期作为测试集。

首先，利用基于小批量（mini-batch）数据的随机梯度下降法对式（3.6）中的损失函数进行优化。为了抑制过拟合问题，训练时我们对模型输出之前的线性层进行丢失（dropout）处理；同时我们还使用权重衰减（weight decay）和梯度修剪（gradient clipping）来抑制过拟合。经过调参，我们发现 LSTM 的隐藏层节点数为 50 时，模型预测效果最好。同时，我们将模型每次处理的样本数，即上面提到的批量数据的大小定为 32。值得注意的是，在之后的基于目标的推荐场景中我们根据一般常识，将为学生设定目标课程的理想成绩（通常为 A 或 B），因此我们将这里的理想成绩（A 或 B）设定为划分成绩理想与不理想的界限，将等级成绩按这个界限划分成两类，即不低于界限的成绩看作成绩理想，反之视为不理想。在本章的实验中，我们将 A 和 B 分别设为界限进行实验。

实际情况中，学生可以自由选择每门课程的成绩类型为等级制成绩或者通过/不通过，因此对成绩的预测可分为两个独立的分类问题，即对于等级制成绩的课程，检测预测等级制成绩的准确率；对于成绩为通过/不通过的课程成绩，检测其相应的准确率。我们用准确率和 F 值来检测等级制成绩的预测结果，用准确率来检测成绩为通过/不通过的预测结果，结果如表 3.2 所示。实验结果显示，无论将成绩理想的界限设为 A 或 B，将学生在预测学期的选课情况纳入模型的输入后，模型的预测能力有所提升（模型 2 和模型 1 比较）；然而，加入学生的专业信息（模型 3）对模型的预测能力基本没有帮助（相比模型 2）。学生的专业信息没能很好地提升模型的预测能力的原因可能是学生专业的差异性已很大程度上蕴藏在学生的选课模式中。而且同样专业的学生在成绩的获得上也体现出多样性，因此专业信息并不能很好地助力模型的区分能力。虽然将成绩理想的界限设为B时，模型的准确率相对较高（88.05%），但是这个值和数据中成绩不低于B的比例（85.46%）相差不大（意味着如果把所有成绩预测为高于B模型也能获得85.46%的准确率）。后续的实验将进一步验证该模型在先修课预测和个性化先修课推荐上的鲁棒性。当将成绩理想的界限设为A时，我们发现A类模型在分类的*F*值（60.24%）上明显高于B类模型的*F*值（42.01%）。此外，A类模型的准确率（75.23%）也远高于数据中成绩不低于A的比例（50.31%）。模型2和模型3的预测效果普遍好于模型1，因此在后续的实验中，我们将只采纳模型2（图3.2）和模型3（图3.3）。

表3.2 学生课程成绩预测准确率（两类成绩类型）

模型设置		等级制成绩		通过/不通过
界限	模型	准确率	*F*值	准确率
B	成绩不低于B的比例	85.46%	—	90.97%
B	模型1	87.75%	39.05%	90.71%
B	模型2	88.05%	42.01%	91.78%
B	模型3	87.78%	40.21%	91.76%
A	成绩不低于A的比例	50.31%	—	83.69%
A	模型1	74.61%	55.05%	85.42%
A	模型2	75.23%	60.24%	85.81%
A	模型3	75.19%	58.86%	86.05%

3.5 先修课程预测

学校教务处提供的先修课程列表综合了授课教师对教授课程的先修课内容的建议，以保证学生在学习一些高级课程之前能够具有相应的知识基础。为了进一步验证所提出的课程成绩预测模型的价值，我们认为将学生选课序列和成绩序列作为输入变量的成绩预测模型中应该潜在蕴涵着课程之间的先修关系。同时，受深度知识追踪模型（Piech et al.，2015）中知识点关联性发现的启发，本节设计了从课程成绩预测模型中探索并验证先修课程的框架，通过该框架可从已学习好的课程成绩预测LSTM模型中挖掘任意课程的先修课程，并且无须额外训练。

为了让模型能预测先修课程，LSTM只需要在一个时刻点有输入，对应的输出为目标课程。以模型2为例，预测过程的示意图如图3.5所示。

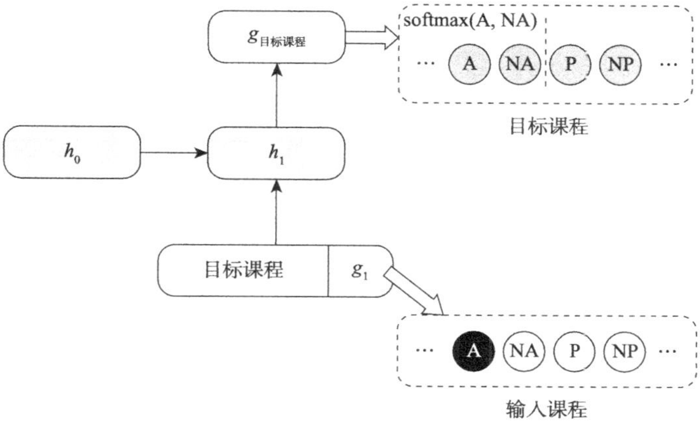

图 3.5　基于课程成绩预测模型的先修课程预测框架

我们以将理想成绩界限设为 A 为例，预测一门目标课程的先修课程的步骤如下①,②。

步骤 1　令 c_1 为只有目标课程的位置为 1 的单位 0-1 编码向量。

步骤 2　让所有课程以成绩不低于 A 在 g_1 上遍历（如图 3.5 中黑色圆圈所示），然后将 c_1 和 g_1 拼接后输入到 3.4 节中的成绩预测模型中。

步骤 3　计算模型输出中目标课程获得成绩不低于 A 的概率 $P_{\text{target}}^{A}=\dfrac{e^{s_{\text{target}}^{A}}}{e^{s_{\text{target}}^{A}}+e^{s_{\text{target}}^{\text{NA}}}}$ 其中，s_{target}^{A} 表示模型在目标课程成绩为 A 的位置的输出值，$s_{\text{target}}^{\text{NA}}$ 表示模型在目标课程成绩为非 A 的位置的输出值。

步骤 4　对 P_{target}^{A} 从高到低排序，然后按照前 10 个 P_{target}^{A} 的值对应的 g_1 找到对应的输入课程作为推荐的先修课程。

我们采用了伯克利教务处提供的先修课程列表来验证所提出的先修课预测方法。先修课程列表包含 1215 门目标课程的 2300 对先修课程对（一门目标课程可能包含多门先修课程）。先修课程列表的样本如表 3.3 所示。由于实验数据集中，近 8000 门课程数量远大于 Piech 等（2015）的教学指导系统深度知识追踪模型预测知识点关联性问题中的总共 69 个练习题，这使得本节的先修课程预测问题更具挑战性。此外，可以引入教育领域的知识，以有效缩小预测先修课程的范围。具体来说，我们提取所有课程院系信息，只考虑目标课程所在院系的课程及目标课程所在院系的其他目标课程的先修课程所在院系的课程。这相当于在上述步骤 2 之前利用领域知识对所有课程按院系过滤了一次，删减了大量显然不相

① 当界限设为 B 时，同理，步骤一致。

② 模型 1 和模型 3 的预测过程相同，只有非成绩部分的输入与各自模型相同。

关的信息，这不仅减小了遍历课程的时间成本，也充分利用了领域知识以提高预测准确性①。

表 3.3　伯克利教务处官方先修课程列表样本

先修课程	目标课程
计算机 188	计算机 189
数学 53	计算机 189
统计 5	计算机 266
化学 3A	化学 3B
经济学 1	经济学 100B

举例而言，对过滤过程来说，假如表 3.3 是全部课程的集合，当我们选定课程“计算机 189”为目标课程时，首先考虑计算机系作为先修课程的院系之一，其次考虑和课程“计算机 189”同一个院系即计算机系的其他目标课程（这里为“计算机 266”）的先修课程（这里为“统计 5”）所在的院系（这里为统计系）。所以对于课程“计算机 189”来说，它的备选先修课程来自计算机系和统计系。注意，这里我们从实际应用场景出发，没有考虑任何和目标课程的实际先修课程有关的信息，而是从与其同院系的其他目标课程出发，有效利用领域知识帮助目标课程缩小先修课程的预测范围。此外，本着不给学生推荐比目标课程更难的课程的教育理念，在步骤 2 之前会将比目标课程级别高的课程过滤掉。具体来说，伯克利的课程共分为三个等级，课程号低于 100 的课程主要的目标学生为一、二年级的本科生；课程号为 100~199 的课程主要的目标学生为三、四年级的本科生，课程号为 200 及以上的课程主要的目标学生为研究生。教务处提供的先修课程列表只是起到建议性的指导作用,并不会在学生选课系统中对学生的选课进行约束，同时也存在着更新不够及时的问题，这也潜在提高了学生不合理选课的可能性。而随着学科的发展和教学内容的演变和跨学科交叉，更多更新的先修课程有待被发掘。因此，本章所讨论的基于学生目标的个性化先修课程推荐方法，也针对这个问题给学生提供了更有针对性的解决方案，特别是能提出一些有价值的但官方先修课程建议列表无法提供的先修课程。然而，从方法的有效性验证角度来看，本节采用官方先修课程列表作为参考是一个必需且常用的手段。并且，这也为 3.6 节的个性化先修课程推荐提供了可靠性的验证和鲁棒性的保障。

一门课程可能有多门先修课程，因此通过以下方式对先修课预测的准确率进行验证。

---

① 更多的实验显示，不过滤课程的实验结果在先修课的预测准确率上低于过滤课程的实验结果。

（1）先修课程预测的总体准确率[①]，即

$$\frac{\#\text{成功预测的先修课程对}}{\#\text{先修课程列表中的课程对}} \tag{3.13}$$

（2）至少有一门先修课程被预测正确的目标课程的准确率，即

$$\frac{\#\text{至少有一门先修课程被预测正确的目标课程}}{\#\text{先修课程列表中的目标课程}} \tag{3.14}$$

实验结果如表 3.4 所示。结果显示所有模型在先修课程的预测上表现相似，几乎都能预测出接近三分之一的先修课程对；并且大约 44%的目标课程都至少会有一门先修课程被预测正确。这意味着尽管提出的成绩预测模型并不是以预测教务处给出的先修课程对为目标，但成绩预测模型仍然能够较为有效地预测出教务处给出的先修课程对中的先修课程。因此，我们希望进一步基于 3.4 节提出的学生课程成绩预测模型来设计针对学生的目标课程（通常为难度较高的课程）的个性化先修课程推荐。这里我们也假定学生在选难度较高的课程之前通常会先修一些课程为目标课程的学习奠定基础。

表 3.4　先修课程预测准确率

划分界限与模型		准确率	
界限	模型	先修课程对	目标课程
B	模型 2	30.48%	44.86%
B	模型 3	29.61%	43.54%
A	模型 2	29.72%	43.77%
A	模型 3	30.08%	45.61%

3.6　基于目标的个性化先修课程推荐

学生课程成绩预测的实验结果（表 3.2）显示，将 A 设为满意成绩界限的模型的预测效果相比于基础预测[②]（预测为占比较多的成绩）的提升优于将 B 设为满意成绩界限的模型。但是，3.5 节先修课预测的实验结果显示，所有模型在对学生成绩进行预测的过程中学习到的课程关系，都潜在蕴藏了一些课程之间的先修关系。

① #表示满足文字描述条件的个体数量。

② 在正负样本不均的二分类的问题中，模型的分类结果很容易偏向于占比较多的类别一方，因此把样本全部预测成占比较多的那一类成绩这一策略可以作为一类对比预测方法，如表 3.2 中将成绩 B 设置为满意成绩界限的预测策略的正确率为 85.46%。

进一步，本节引入基于目标的个性化课程推荐，推荐过程模拟真实的课程推荐场景。这里的目标为学生在任意课程上希望得到不低于满意成绩界限（A 或 B）的成绩。个性化体现在针对不同专业背景和选课背景甚至专业和选课背景相同但是课程成绩不同的学生，定制化地推荐合适课程使得他们能够以最高可能性达到自己的目标。比如，对于来自计算机系和数学系的两名学生的同一门目标课程“机器学习”，推荐适合他们的先修课程。本节提出的个性化先修课程推荐框架仍然是基于 3.4 节中提出的学生课程成绩预测的 LSTM 模型。LSTM 模型中通过对学生多个学期的课程及成绩的学习，可以得到学生在多个学期的学习过程中课程掌握程度的演化情况。同样基于此，我们可认为该模型具有对新学期目标课程的学习程度的预测能力，也具有针对给定课程学习目标挖掘个性化的先修课程的能力。

3.6.1　基于目标的个性化先修课推荐框架

基于目标的个性化先修课推荐问题可以被定义为如下形式，即学生对系统提交请求：“基于我之前的选课情况和对课程的掌握情况，我想在下学期的某课程上取得满意的成绩（高于 A 或高于 B），本学期应该选什么课？”为了解决该问题，同样利用训练好的课程成绩预测 LSTM 模型，以模型 2（图 3.2）为例，可构建相应的个性化先修课程的框架，如图 3.6 所示。该框架同时考虑了学生的历史选课记录和成绩，以及目标课程的目标成绩（A 或 B），从而在当前学期，为该学生生成帮助其最大可能在下个学期目标课程上取得不低于目标成绩的先修课程。

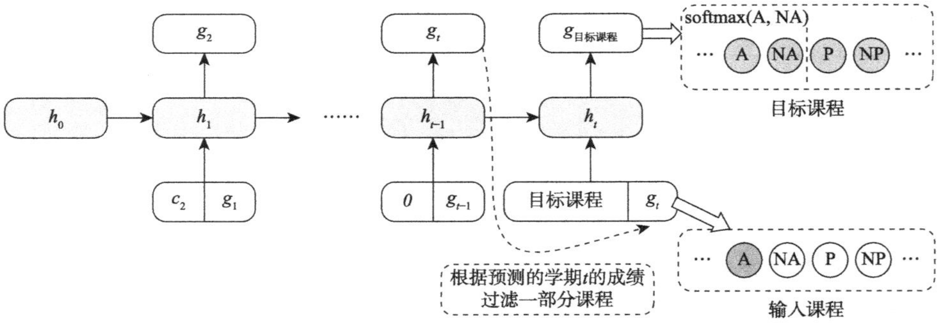

图 3.6　基于目标的个性化先修课推荐模型

假设学生拥有 $t-1$ 个学期的选课历史，计划在第 $t+1$ 个学期选某门目标课程并且理想成绩为至少得 A，则为其生成第 t 个学期先修课程的步骤如下。

步骤 1　将学生的选课历史和历史课程成绩输入 LSTM，得到 h_{t-1} 和 g_{t-1} 的值。注意 $t-1$ 时刻的模型输入参数之一 c_t 被设置为 0 向量，因为在真实的推荐场景下我们并不知道学生在学期 t 将会选择什么课程。

步骤 2　将所有课程以成绩 A 在 g_{t-1} 上遍历，将 g_t， h_{t-1} 和 c_{t+1} =目标课程输

入模型在 t+1 时刻的隐藏层。

步骤 3　计算模型在 t+1 时刻的输出中目标课程的成绩高于等于 A 的概率 $P_{\text{target}}^{A}=\dfrac{e^{s_{\text{target}}^{A}}}{e^{s_{\text{target}}^{A}}+e^{s_{\text{target}}^{\text{NA}}}}$。

步骤 4　按照 P_{target}^{A} 从高到低排序，并根据其值找出对应的输入课程，选出对应的前 10 门课程作为个性化先修课程的推荐列表。

同样，我们可以利用教育学的领域知识在步骤 2 遍历课程之前通过以下步骤过滤掉一部分不相关的课程，从而提高推荐的效率和效果。

（1）我们只考虑和目标课程同院系的课程，以及和目标课程同院系的其他课程（不包括目标课程）的先修课程所在院系的课程。

（2）通过课程号过滤掉比目标课程级别更高的课程。

（3）过滤掉在学期 t 不开的课程。

（4）过滤掉该学生已经修过的课程。

（5）过滤掉目标课程。

（6）通过模型在学期 t−1 的输出只考虑预测在学期 t 能获得高于或等于 A 的课程。因为我们不推荐该学生无法获得满意成绩的先修课。

在数据实验中，我们从 10 个不同的理工科和文科院系选择了 10 门公认难度较大通常且会被学生列为目标课程的课程。并将 2016 年春季学期作为推荐先修课程的学期，2016 年秋季学期作为学生选定目标课程的学期。测试集中的学生需要具有 2016 年秋季学期的选课记录，以及至少在 2016 年秋季学期前还有两个学期的选课历史。

我们将 2016 年秋季学期在这 10 门课中的任何课程上有过选课记录的学生作为学生总体。如果学生在 2016 年春季学期的选课记录至少有一门课出现在模型推荐列表的 10 门个性化先修课程中，则认为是一次成功的推荐。模型的总体准确率为被成功推荐的学生人数占学生总体的比例。此外，我们认为在目标课程上成绩优异的学生和表现欠佳的学生在前一个学期的选课记录上可能存在差异。其中一个关键原因是表现欠佳的学生可能忽略了对先修课程的学习，而表现优异的学生在先修课程的学习上更加完整和系统，从而为目标课程的学习打下了坚实的基础。基于此，我们假设模型在目标课程表现优异（在满意成绩的界限之上）的学生集合上的预测准确率可能会高于在目标课程上表现欠佳（在满意成绩的界限之下）的学生集合上的预测准确率。因此，我们分别计算模型预测这两类学生的准确率。与前文一致，满意成绩的界限分别设为 A 和 B。

3.6.2　实验结果

对于模型 2 和模型 3，满意成绩的界限设为 A 和 B 的实验结果分别如图 3.7

和图 3.8 所示。表 3.5 中的第三列和第四列对图中模型在各门目标课程上的个性化先修课程的预测准确率进行了总结。首先，一个明显的结果是，个性化先修课推荐算法在为目标课程表现欠佳的学生预测先修课程的准确率明显低于在表现优异的学生上的准确率，与上一小节中假设一致。对于表现优异的学生，将 B 设为满意成绩的模型可达到大约 57%的准确率，将 A 设为满意成绩的模型可以达到大约 38%的准确率。表 3.5 的第四列表示对应模型预测表现优异的学生的准确率与预测表现欠佳的学生的准确率之差。此净差值在所有模型中为 21%左右，进一步验证了假设的合理性。

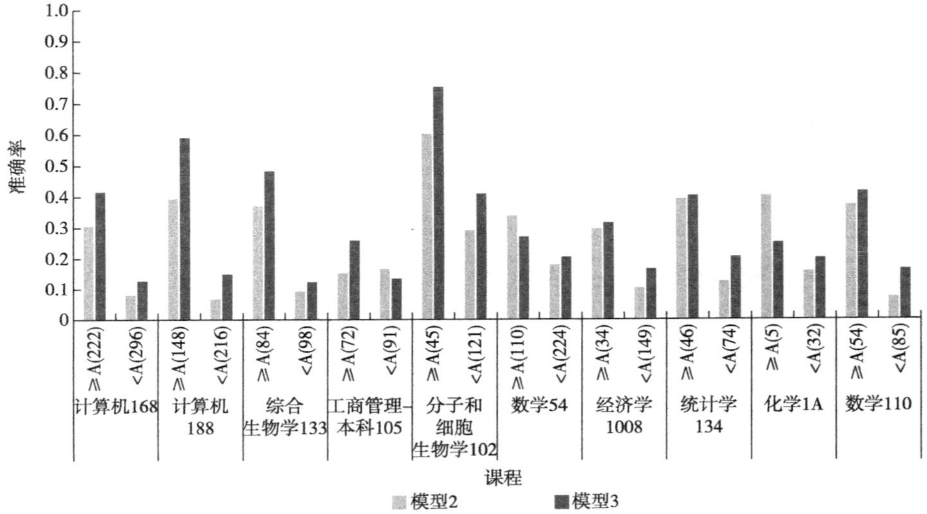

图 3.7　基于目标的个性化课程推荐准确率（满意成绩界限：A）

括号内数字代表在该门课程上获得相应成绩的人数

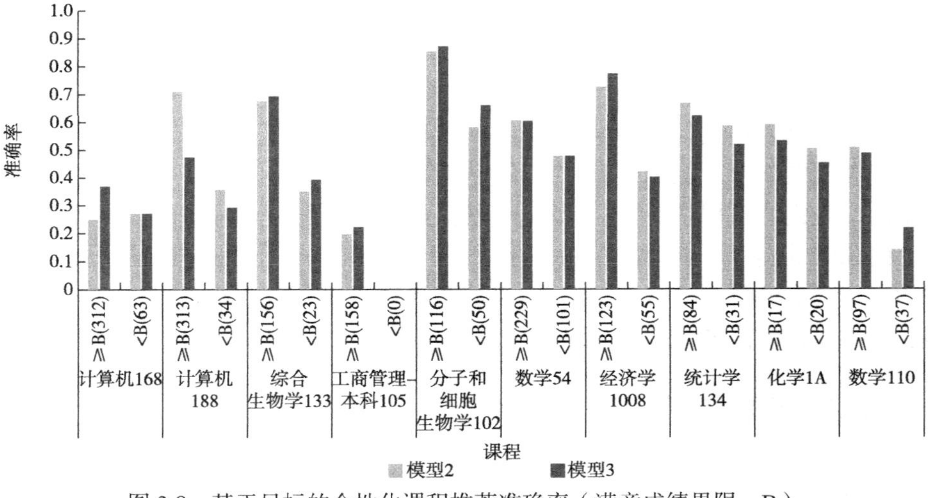

图 3.8　基于目标的个性化课程推荐准确率（满意成绩界限：B）

表 3.5　模型验证汇总（准确率）

划分界限与模型		基于目标的个性化先修课程推荐		成绩预测	先修课预测
界限	模型	优异学生	优异学生–欠佳学生	等级制成绩	平均[1)]
B	模型 2	57.65%	21.21%	88.05%	37.67%
B	模型 3	56.34%	19.33%	87.78%	36.58%
A	模型 2	36.09%	22.93%	75.23%	36.74%
A	模型 3	41.36%	22.61%	75.19%	37.84%

1）本列为表 3.4 中的第三列和第四列的平均值

表 3.5 还进一步总结了 3.4 节的课程成绩预测（等级制成绩）和 3.5 节的先修课程预测的实验结果，每一项验证的最佳结果加粗表示。值得注意的是，表 3.5 的每一行都代表了同一个 LSTM 模型在三类不同视角的任务上的验证结果。对成绩预测的验证最贴近 LSTM 模型训练时的目标函数，成绩预测模型对后续个性化先修课程推荐最直接的影响是在推荐之前，将学生无法获得满意成绩的课程过滤掉，不作为推荐的候选先修课。尽管不同模型在验证的准确率上有一些差异，但所有模型在预测官方先修课列表上的平均准确率都比较相近。

3.6.3　结果讨论

表 3.5 结果显示，将满意成绩的界限设为 B 的模型 2 比将满意成绩的界限设为 A 的模型 2 在个性化先修课程推荐上的准确率明显要高（57.65%和 36.09%）。将满意成绩的界限设为 B 的模型 2 在等级制成绩预测上的准确率比将满意成绩的界限设为 A 的模型 2 的准确率更高（88.05%和 75.23%）。同样，对于模型 3，结果类似。一种非常可能的解释是学生在选课时通常会关注课程难度和自身能力的匹配性，而会天然规避自己认为无法取得满意成绩的课程。

然而，将满意成绩的界限设为 B 的模型 2 和模型 3 比将满意成绩设为 A 的模型在成绩预测上的准确率高很可能是因为 B 类模型从学生成绩数据分布的不均匀上受益更多（学生成绩数据中成绩高于 B 的比例大于高于 A 的比例）。而且我们看到 A 类模型在成绩预测上的 F 值明显高于 B 类模型（60.24%模型 2 界限 A 和 42.01%模型 2 界限 B）（表 3.2）。F 值更加全面地反映分类器对正负样本的区分能力，而不仅是对一类样本的识别能力。关于 B 类模型的推荐准确率更高的另一种可能的原因是成绩 A 对学生来说偏高，造成成绩 A 的数据较为稀疏。

A 类模型和 B 类模型对学校先修课程列表的预测的准确率非常相似。这也进一步说明用 A 作为满意成绩的界限可能并没有比使用 B 作为成绩的界限能更好地使模型学习出课程之间的先修关系。

因此，总体来说，使用成绩 B 作为成绩的界限对于模型在课程之间的先修关系的学习上已经提供了足够信息。值得一提的是，模型对成绩的预测是基于学生之前的选课情况、成绩及普遍的努力程度（基于大量学生的历史数据）。而如果学生愿意花费更多的时间努力学习某一门课，不排除其获得更高成绩的可能。因此，对成绩的预测只是一个下限，而非学生在课程成绩上的某种上限，学生想要取得满意成绩而可能面临的知识水平上的障碍和困难是可以通过努力逾越的。

3.7 改进的基于目标的推荐算法框架

基于 3.6 节提出的推荐算法，本节进一步提出一个改进的基于目标的推荐算法框架。该算法采用神经网络的学习机制，针对每个学生的情况个性化地学习帮助其达到目标的推荐内容，特别是能同时适用于大学线下课程推荐场景和线上 MOOC 的学习场景。具体来说，在 MOOC 场景下的学习目标为通过一门课中的在线考试。

3.7.1 整体框架

学生的行为如选课记录，所选课程的成绩，在 MOOC 平台观看学习视频的记录，以及回答问题的记录都体现了学生知识的演化过程。综合大学线下选课场景及 MOOC 线上学习场景，不失一般性，可用向量 a_t 表示学生在时间 t 的学习行为。这里可以使用类似 3.2 节所提出的 RNN 模型对学生的时间序列学习行为 $\left(a_1,a_2,\cdots,a_t\right)$ 进行追踪建模，模型可被形式化为 $a'_{t+1}=\mathrm{RNN}\left(a_t,h_{t-1}\right)$。其中，历史时期的学习行为被用来预测下个时期的学习行为。同时，学生的历史学习能力或者“知识状态”在模型的训练过程中可通过向量 h_{t-1} 学习和表示。基于学生的知识状态和特定的学习目标，基于目标的推荐旨在为学生提供在 t 时刻能够最大化 t+1 时刻目标成功率的行为建议，即 a_t。本节所提出的方法是对 3.6 节中方法的改进和拓展。这是因为 3.6 节在已学习好的 RNN 模型的基础上对候选行为进行枚举，虽然可能达到所谓的全局最优解，但是时间复杂度相对较高。而本节提出的利用基于神经网络反向传播对学生的行为进行个性化学习的方法，结合学生的知识状态和领域知识，对每个学生以优化其目标为学习目标，进行最优行为 a_t 的学习。

改进的基于目标的推荐算法的整体框架如图 3.9 所示。首先，利用 RNN 模型从大量学生的时序学习行为中，可以学习学生的知识状态演化模型。其中，所学习到的 RNN 模型可被用来预测学生的下一时期的学习行为。该模型还体现了学生行为所对应的相应知识点之间的关系（如课程之间的先修关系，MOOC 课程里知识点之间的关联关系等）。因此，图 3.9 中所有黑色箭头对应的参数都是 RNN 模型中学习到的参数。其次，将一个学生的历史学习行为数据输入到训练完毕的

RNN 模型中，从而得到该学生在 $t-1$ 时刻的知识表示 h_{t-1}。最后，基于该学生的知识表示 h_{t-1}，以及一些基于领域知识构建的滤波器和学生 $t+1$ 时刻的目标，固定 RNN 的参数，利用反向传播（与 3.6 节中的枚举对比），对时刻 t 的学习行为进行优化学习（图 3.9 中连接 s 到 a_t 的箭头代表的参数是该过程中唯一的学习参数）。

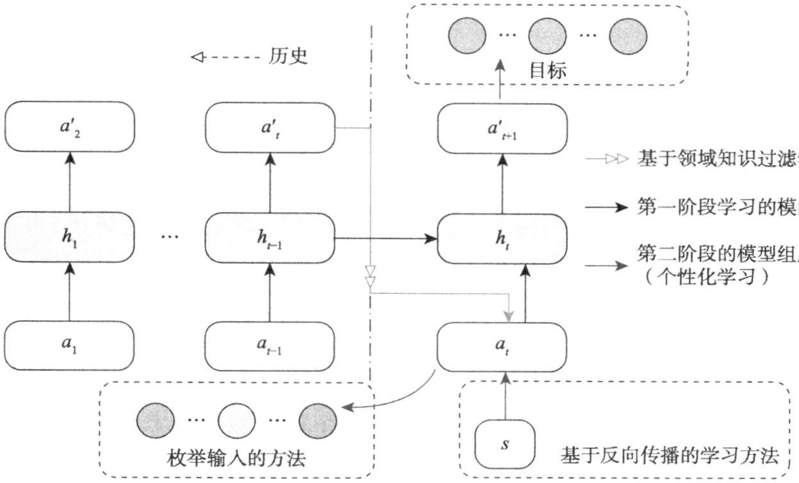

图 3.9　改进的基于目标的推荐算法框架

3.7.2　课程推荐场景下改进的基于目标的推荐算法

在大学的选课场景下，基于目标的推荐旨在基于学生的目标课程为学生推荐个性化的先修课程。以 3.6 节中最优的学生课程知识追踪模型（成绩预测模型），即模型 2 为例，则有 $a_t=\left(c_{t+1},g_t\right)$，其中 g_t 为学生在第 t 个学期在所有课程上成绩的多维向量表示，$g_t=\left(g_t^1,g_t^2,\cdots,g_t^n\right)$，其中 g_t^i 为在学期 t 在课程 i（假设一共有 n 门课程）上的成绩的向量表示，具体有 $g_t^i=\left(s_i^{\geqslant B},s_i^{<B},s_i^{\text{Pass}},s_i^{\text{No-Pass}}\right)$。这里，我们将成绩 B 设为区分成绩高低的标准，即认为不低于 B 的成绩为成绩优异，低于 B 的成绩为成绩欠佳（这是由于在 3.6 节中，将 B 设为区分标准时推荐效果最好）。此外，c_t 表示学生在学期 t 的课程选择情况的多维向量，$c_t=\left(c_t^1,c_t^2,\cdots,c_t^n\right)$。在 3.6 节的最优模型（模型 2）中，在 t 时刻输入 g_t 并加入下一个学期的课程选择情况，即将 c_{t+1} 和 g_t 连接作为模型在 t 时刻的输入参数(这里进一步考虑了课程共同选择可能会对课程成绩带来的影响，使得模型在预测成绩上的准确率可以有所提升，如图 3.6 所示)。在模型训练之后，将任何学生的选课历史和课程成绩历史输入到模型中，就可以学习得到代表学生课程知识表示的多维向量 h，从而作为改进的基于目标的推荐算法的输入。

为了表示改进的基于目标的推荐算法的学习过程，模型在 t 时刻的第一层输入首先表示为 $s=\left(1,0,0,0\right)_n$，其中 s 和 g_t 的维度一样。从含义上来说，只有每门课成绩为高于 B 的位置设为 1，其他位置设为 0。接着，s 和该基于目标的推荐模型中的唯一的参数 w_{sg} 相乘（w_{sg} 为 1 向量，维度和 s 相同），目的在于只让最终被推荐的课程的成绩高于 B 的位置为 1（因为我们认为学生只有在先修课上获得满意的成绩才能为目标课程的学习打下坚实的基础）。此外，同 3.6 节，可利用教育学中的领域知识将不适合作为目标课程的先修课程删除，比如，比目标课程级别高的课程、学生已经通过的课程，以及根据成绩预测模型在 t 时刻的输出 g_t' 判断该学生无法获得不低于 B 成绩的课程，这些都不适合作为先修课。因此，在处理上，可以根据所有的领域知识将不适合作为先修课程的课程对应到 g_t' 中的位置都置为 0，将其余课程高于成绩 B 的位置都置为 1，其他置 0。接下来，用 g_t' 与 g_t 相乘得到的值来更新 g_t，确保不适合作为个性化先修课程的课程在 g_t 中的所有成绩对应的位置都为 0。最后，将 g_t 和 c_{t+1} 连接作为模型在 t 时刻的最终输入。该模型的训练学习目标是最大化该学生在目标课程上获得不低于 B 成绩的概率。理论上，g_t 应该为 0-1 向量，向量中 1 的数量应该等于被推荐的课程数。这里，我们将在不低于 B 的位置的值最大的前 10 门课程作为推荐的个性化先修课程。算法的伪代码如图 3.10 所示。

procedure First stage（inference）
　　$h_{t-1}, g_t' = \text{GradePredictionModel}(g_1,\cdots,g_{t-1},c_2,\cdots,c_t,h_0)$
procedure Second stage（individual fitting）
　　$s \leftarrow (1,0,)_n$
　　$w_{sg} \leftarrow \mathbf{1}$
　　$g_t' \leftarrow \text{filters}(g_t')$
　　$c_{t+1} \leftarrow$ target course（one-hot）
　　$g_{t+1} \leftarrow$ target course grade（one-hot for grade>=B）
loop:
　　if DescreasedProportion(loss) $< \sigma$ **then return** g_t
　　else
　　　　$g_t \leftarrow w_{sg}\cdot s\cdot g_t'$
　　　　$\_, g_{t+1}' \leftarrow \text{GradePredictionModel}(c_{t+1},g_t,h_{t-1})$
　　　　loss = MaskedCrossEntropy(g_{t+1}', g_{t+1})
　　　　Backpropagation(loss)
　　　　recommended-courses=Top10(g_t)

图 3.10　高等教育场景下改进的考虑用户目标的先修课程推荐算法伪代码

3.7.3 课程推荐场景下的改进的基于目标的推荐实验结果与分析

本节使用的数据集、实验场景和目标课程的选取与 3.6.2 小节相同，推荐算法则采用 3.7.2 小节提出的改进算法。同样，结合实际课程推荐场景，我们认为推荐的前 10 门课中至少有一门课是该学生在 2016 年春季学期选过的，则是一次成功的推荐。实验的总推荐准确率为成功推荐的次数（学生数）与学生总数之比。

实验结果如表 3.6 所示，具体包括三类结果，即在目标课程上表现优异（不低于 B）的学生集合上的推荐准确率，在目标课程上表现优异（不低于 B）的学生集合上的推荐准确率与在目标课程上表现欠佳（低于 B）的学生集合上的推荐准确率之差，以及在所有学生集合上的平均准确率。此外，可以将此结果与 3.6 节中的算法的结果进行对比。在 3.6 节中提到，算法在目标课程上表现优异（不低于 B）的学生集合上的推荐准确率与算法在目标课程上表现欠佳（低于 B）的学生集合上的推荐准确率之差越大，则越能反映个性化先修课程推荐算法的合理性。其原因为表现欠佳的学生可能因为没有合理选择先修课程而导致在目标课程上的成绩不理想。因此，理想的实验结果应该为在目标课程上表现优异（不低于 B）的学生集合上的推荐准确率高，以及在目标课程上表现优异（不低于 B）的学生集合上的推荐准确率与在目标课程上表现欠佳（低于 B）的学生集合上的推荐准确率的差距大。表 3.6 的实验结果也支持了这一点，即本节提出的改进算法在总体推荐准确率上相比 3.6 节的算法提升了大约 26 个百分点，其中在目标课程上表现优异的学生上的推荐效果提升了大约 20 个百分点。然而，算法在目标课程上表现优异和表现欠佳的学生上的推荐准确率之差有显著的降低。这说明，除了在先修课程选择外，导致学生在目标课程上表现欠佳可能还有其他原因。因此，即使实验结果显示很多在目标课程上表现欠佳的学生在先修课的选择上与我们算法的推荐课程一致，但因为其中一部分学生可能是由非选课原因导致在目标课程上成绩欠佳，所以并不适合作为算法的测试集。

表 3.6　课程推荐场景下的改进的基于目标的推荐实验结果

模型	推荐 N 门课	准确率		
		优异学生	优异学生–欠佳学生	平均
个性化推荐算法	10	57.65%	21.21%	49.6%
改进的个性化推荐算法	10	77.17%	6.509%	75.78%

以下通过两个实际算例来进一步说明算法效果。第一，对于目标课程“数据科学基础”，一个在“离散数学”和“线性代数”上分别获得 A 和 B 的数学系学生会被推荐“数据结构”作为个性化先修课。然而，一个社会学系的没有任何大学数学和计算机背景的学生会被推荐“计算的美与乐”作为“数学科学基础”的

先修课程，这门“计算的美与乐”课程是为非理工科的学生打造的学习编程的基本知识的课程，因此对于没有数理基础的社会学系同学，是一门更为合理的先修课程。第二，对于目标课程“宏观经济分析”，该数学系的同学会被推荐“经济学基础”作为个性化先修课，帮助他了解经济学的基础知识。然而，对于上述社会学系的学生，他在“经济学基础”这门课上已获得成绩 B，同时也已选修了其他一些社会学课程，因此他则被推荐学习“线性代数”作为目标课程“宏观经济分析”的个性化先修课程，以帮助他增强数学基础。这两个实际算例非常有代表性，能很好地凸显面向目标的个性化推荐算法的价值和意义。

3.7.4 MOOC 场景下改进的基于目标的推荐算法

在 MOOC 场景下基于目标的推荐，则是为学生推荐能够帮助他在一门课程学习中更好地通过考试的学习内容。所以，在 MOOC 场景下的知识追踪模型是一个时序的预测学生是否能够正确地回答在一门课学习过程中遇到的习题的模型，该模型需要追踪学生在学习一门课时学习知识的演化过程。

在 MOOC 的场景下，每个时刻都对应着学生在学习在线课程时的一个学习行为。检测学生是否正确地回答了一个问题可通过行为“检查问题”（problem_check_action）来体现。其他的学习行为包括“播放视频”（playing_video）、“跳转页面”（go_to_page）、“返回页面”（go_back_to_page）和“进入下一页”（go_to_the_next_page）等，这些行为都体现了可观测到的学生学习一门课时的基本操作。而学生在过去时间内的学习行为会影响学生是否能答对之后的课程习题。与 3.6 节中大学选课场景下的成绩预测模型追踪学生在各个学期中学习到的课程知识类似，我们同样可采用 RNN 模型中的一类模型 LSTM 对学生在在线学习场景下的学习的知识进行追踪，学生在时刻 t 的行为表示为 $a_t=\left(v_t,p_t\right)$，$v_t=\left(v_t^1,v_t^2,\cdots,v_t^n\right)$ 表示代表学习内容的网页或者视频的向量，v_t 是 0-1 变量，只有学生在时刻 t 浏览的内容所对应的位置为 1，其余位置都为 0。$p_t=\left(p_t^{1c},p_t^{1i},\cdots,p_t^{mc},p_t^{mi}\right)$ 表示学生在时刻 t 在所有习题上回答正确的情况，m 是一门课中的习题总数，其中，$\left(p_t^{kc},p_t^{ki}\right)=(1,0)$ 表示答对了第 k 个习题，$\left(p_t^{kc},p_t^{ki}\right)=(0,1)$ 表示答错了第 k 个习题。这里一个学生在一个时刻 t 只有一个行为，所以向量 a_t 只有一个维度为 1，其他都为 0，也就意味着 v_t 和 p_t 只有一个为 0-1 向量，另一个为 0 向量。综上所述，在该场景下的知识追踪模型（问题回答对错预测模型）可表示为 $p_t'=\mathrm{LSTM}\left(v_{t-1},p_{t-1},h_{t-2}\right)$。这里我们并不需要预测学生在下一个时刻的行为，而只预测他是否能回答对问题，因此模型的输出中不包括 v_t'。

在课程推荐场景中，我们引入了掩码损失函数，从而只需考虑学生选择的课程所获得的成绩部分的预测误差。在 MOOC 场景中，类似地，只有学生回答的问题部分的预测误差需要被考虑到损失函数中。在某一个时刻，学生可能在学习知识网页或浏览学习视频，并没有回答问题，则就不需要考虑这种情形下的输出。因此，MOOC 场景下的掩码损失函数可表示为

$$\text{loss} = -\sum_{t} \sum_{k,\left(\hat{p}_{t+1}^{kc},\ \hat{p}_{t+1}^{ki}\right)\neq 0} \left(\hat{p}_{t+1}^{kc}, \hat{p}_{t+1}^{ki}\right)^{\mathrm{T}} \log \operatorname{softmax}\left(p_{k+1}^{kc}, p_{k+1}^{ki}\right)$$

我们使用了 edX 上一门包含了 4763 名活跃用户（学生）的 1 869 406 个学习行为的在线课程的数据。其中，回答问题正确的总次数为 177 623，回答问题错误的总次数为 104 711。其他的学习行为都与学习知识相关。由于回答问题这类行为在总体行为数量中比较稀疏，以及学生数量相对于选课场景较为有限，我们采用十折交叉验证来训练和测试模型的预测效果。实验结果显示，平均预测准确率为 77.17%（数据中回答正确的次数所占比例是 62.91%）。由于预测回答问题准确与否是一个二分类问题，我们还使用平均 AUC 值衡量分类效果，平均 AUC 值是 87.49%，这意味着模型较好地具备了根据学生的历史学习行为预测学生是否具备了正确回答习题的能力。

在 MOOC 平台上，一个典型的考试形式是一个列有多个测试题的网页。因此，在 MOOC 场景下可将目标设定为在考试（测试集）上取得好成绩。基于该目标的推荐则旨在为学生推荐能够最大化提高测试题准确率的学习内容。基于 3.7.1 小节的模型框架，对 MOOC 场景使用的推荐内容过滤条件包括：①将在目标测验之后的章节的学习内容过滤掉，不作为候选推荐内容；②所推荐的学习内容不可能是习题，故将习题页面过滤掉，不作为候选推荐内容。

在实验分析中，可根据是否成功地推荐了帮助学生在考试中取得好成绩的先修学习内容，将学生的学习行为序列分为两类，即推荐成功的学生学习序列和推荐失败的学生学习序列。接着，可以计算这两类序列在该门课上的一共 142 个测试集上的平均准确率。总的平均推荐准确率也可作为评价指标之一。表 3.7 显示，3.6 节中基于 RNN 的成绩预测模型+枚举推荐先修内容的推荐算法正确推荐的序列在测试题上的平均准确率更高。同时，推荐正确的序列在测试题上的平均准确率与推荐错误的序列在测试题上的平均准确率之差，相比于本节提出的改进算法要更大，因此实验结果更为理想，其原因在于 MOOC 场景下，学生在一个时间点只有一个学习行为，基于枚举的方法能够找到全局最优解。而在选课场景下，枚举方法只能假设学生在推荐学期只选一门课，而忽略了学生在一个学期可能选多门课程及课程之间共同选择可能对目标课程的学习带来的影响。因此，枚举方法无法找到全局最优解。而在 MOOC 场景下，枚举方法相比学习的方法在推荐准确率上虽然更有优势，但由于需对该课程内所有的学习内容进行枚举，在时间复杂度上远高于本节提出的基于反向传播的直接学习先修内容的方法，因而在现实场景中实用性低于学习的方法。

表 3.7　MOOC 场景下的改进的基于目标的推荐实验结果

模型	推荐 N 门课	学生在测试题集上的回答准确率		准确率
		推荐正确的学生	推荐正确的学生–推荐错误的学生	平均
个性化推荐算法	10	72.12%	8.1%	11.04%
改进的个性化推荐算法	10	66.51%	1.05%	12.17%

3.8 小　　结

本章提出了基于目标的个性化先修内容推荐算法，并同时应用于高等教育背景下的线下大学学生选课场景和线上 MOOC 学习场景中。特别是，基于循环神经网络模型框架，基于线下选课和 MOOC 学习场景，提出了多个模型，分别可以进行成绩预测、官方先修课程对预测，以及基于目标的个性化先修课程推荐。并通过大规模实际数据验证了所提出模型和算法的有效性和推荐效果。

本章提出的基于目标的推荐系统框架在推荐系统领域首次将用户的历史行为和未来目标同时考虑到推荐系统中，具有一定的开创意义，同时对于非教育场景下的推荐系统具有一定的指导意义，比如，根据用户的目标产品类别为其推荐产品或者评论信息，从而使得用户更加容易产生购买行为。与此同时，我们的研究也具有一定的局限性，例如，用户达到目标之前的行为是多时期的，而目前提出的方法虽然考虑了用户多时期历史行为，但仅考虑离目标最近的时期进行推荐。因此，未来的工作可以继续研究基于目标的多时期推荐，无论对于线下学生选课还是在线的 MOOC 学习，多时期的推荐将具有更强的学习规划和指导意义。

参考文献

Bengio Y，Ducharme R，Vincent P，el al. 2003. A neural probabilistic language model[J]. Journal of machine learning research，3（6）：1137-1155.

Brown M，Monbrun M，Teasley S，et al. 2018. Conceptualizing Co-enrollment：accounting for Student Experiences Across the Curriculum[R]. Sydney：The 8th International Conference on Learning Analytics and Knowledge.

Chaiklin S. 2003. The zone of proximal development in Vygotsky's analysis of learning and instruction[J]. Vygotsky's educational theory in cultural context，1：39-64.

DeAngelo L，Franke R，Hurtado S，et al. 2011. Completing College：Assessing Graduation Rates at Four-Year Institutions[M]. Los Angeles：Higher Education Research Institute，UCLA.

Gers F, Schmidhuber J, Cummins F, et al. 1999. Learning to forget: continual prediction with LSTM[R]. Edinburgh: The 9th International Conference on Artificial Neural Networks.

Hidasi B, Karatzoglou A, Baltrunas L, et al. 2015. Session-based recommendations with recurrent neural networks[R]. San Juan: International Conference on Learning Representations 2015.

Hidasi B, Quadrana M, Karatzoglou A, et al. 2016. Parallel recurrent neural network architectures for feature-rich session-based recommendations[R]. Boston: The 10th ACM Conference on Recommender Systems.

Hochreiter S, Schmidhuber J. 1997. Long short-term memory[J]. Neural Computation, 9 (8): 1735-1780.

Hodara M, Martinez-Wenzl M, Stevens D, et al. 2016. Improving credit mobility for community college transfer students[J]. Planning for Higher Education, 45 (1): 51.

Jiang W J, Pardos Z A. 2019. Time slice imputation for personalized goal-based recommendation in higher education[R]. Copenhagen: The 13th ACM Conference on Recommender Systems.

Jiang W J, Pardos Z A, Wei Q. 2019. Goal-based course recommendation[R]. Tempe: The 9th International Conference on Learning Analytics and Knowledge.

Jones S. 2014. Four-Year Myth[M]. Indianapolis: Complete College America.

Koedinger K, Anderson J R, Hadley W H, et al. 1997. Intelligent tutoring goes to school in the big city[J]. International Journal of Artificial Intelligence in Education, 8: 30-43.

Pardos Z A, Fan Z H, Jiang W J. 2019. Connectionist recommendation in the wild: on the utility and scrutability of neural networks for personalized course guidance[J]. User Modeling and User-Adapted Interaction, 29 (2): 487-525.

Piech C, Bassen J, Huang J, et al. 2015. Deep knowledge tracing[R]. Montreal: Annual Conference on Neural Information Processing Systems.

Shapiro D, Dundar A, Huie F, et al. 2017. Completing College: a National View of Student Completion Rates–fall 2011 Cohort[M]. Hemdon: National Student Clearinghouse.

第二篇　面向社会化与用户生成内容的应用模式分析

第4章 基于用户生成内容的产品搜索和评估行为

易成
清华大学经济管理学院

本章关注社会化电商平台上的消费者行为，探索基于用户生成内容的产品搜索和评估机制如何在新的维度上改变消费者行为，以及新的内容呈现方式如何影响消费者。第一部分的研究针对社会化电商平台上基于用户生成内容的搜索和推荐机制对消费者发现“惊喜”产品的影响，即用户如何跳出预设的搜索条件找到意外的好产品。第二部分研究聚焦于不同形式的社会化产品推荐在不同购物情境下对消费者产品评估和决策的影响，重点揭示消费者的购物阶段及商家促销的产品稀缺性信息的调节作用。第三部分研究聚焦于一种针对用户点评的新展示方式，即商家选择并突出显示正面的用户点评，研究商家对点评展示的合理操纵如何影响消费者决策。

4.1 社会化搜索和推荐机制对消费者搜索行为的影响

4.1.1 研究背景

搜索和推荐系统的设计一直是信息系统和计算机科学等领域的研究热点。前人的研究多聚焦在如何根据用户提供的关键词或过去的购买行为来尽可能提高搜索结果的相关性或准确性。然而，人们在搜索过程中其实经常被各种各样的信息所吸引，因为他们的搜索目标可能原本就不那么清晰，或者即使事先确立了明确的搜索目标，人们也会根据不断接收到的新信息而改变目标。因此，搜索和推荐系统如果一味迎合用户以往的喜好或关键词，既不能满足人们进行探索的自然愿望，也不利于用户经验的积累，因为这样就限制了用户去接触新信息和发现新产品的可能性。如果人们一直被推送同类新闻、同类影片、同类音乐，那么他们就无法走出原来喜好的“舒适区”，错失很多有价值的新东西。因此，搜索推荐系统如何既能提供符合人们搜索条件的信息，又能引导人们发现满足他们潜在需求的“意外的惊喜”（serendipity，即预设条件之外的有价值的发现）是个非常重要的研究问题。但目前的信息系统研究却鲜有从这个方向上尝试去理解用户的搜索行为或设计搜索工具，前人研究也常把发现惊喜视为“偶然”事件。因此，我们着重研究了消费者线上购物过程中如何发现惊喜，探索怎样的产品搜索和推荐机制能支持用户的创新性发现。

具体上说，人们越来越多地在社会化的开放性平台（如Digg、Pinterest和Yelp）进行信息搜索。在这些平台上，用户分享他们的兴趣、收藏和产品，产生了体量庞大的信息。因此，信息搜索者能很容易接触到多样化的信息和来自不同用户的收藏好物，也能很灵活地选择浏览内容。相较于传统的基于搜索关键词或过去购买行为的搜索和推荐系统，人们在社会化信息平台上的信息浏览兴趣和路径更容易不断变化和调整。他们不仅可以根据产品自身的特征入手寻找，也可以追随社会群体的推荐或者个体用户的收藏。从产品的属性来看，通过产品特征浏览而获得的产品往往比较类似（如追溯被用户贴上同一标签的产品），这些特征线索因此可以看作是产品间的强关系连接媒介；但社会化环境中每个用户都可能有多种喜好，每个人的分享并不只限于同类产品，因此以人为媒介的产品浏览和获取可以看作是产品间的弱关系连接。在连接方式多元化的产品网络中，消费者很可能“邂逅”与任务非直接相关的多种潜在选择，因此他们的信息浏览和获取并不会完全拘泥于传统电子商务及管理信息系统背景下“任务导向”型模式（宗乾进，2013）。另外，在社会化购物环境中，消费者关注的信息对象不仅是用户产生的内容，还有信息源本身，即用户在社会网络中的地位及用户间的社交关系，这种社会网络结构及社会关系是通过用户之间的互动而形成的。信息源的网络地位及其与消费者之间的关系在很大程度上影响着消费者对产品推荐和信息的处理与接纳。因此，不同于传统电商，研究社会化购物环境下的消费者行为要深入考虑社会网络结构和社会关系对用户信息处理的影响（袁红，2013）。以上两方面也对应了Borgatti和Cross（2003）在针对人际网络中知识获取和学习的研究中指出的两个重要方面，一是信息的知悉及获取（awareness and access），二是信息的评估（evaluation）。前者指人们获取信息的入口，后者指人们对信息的处理和接纳。

近十年来虽然有越来越多的研究关注社交媒体，但大多集中在社交网站上的用户行为或者网络口碑的产生和影响。针对线上人际网络和社会化信息元素对消费者的产品获得过程和决策行为影响的研究分布零散（Yadav et al.，2013），国内的实证研究也相对少见（宗乾进，2013；袁红，2013）。在已有的研究中，Stephen 和 Galak（2012）及 Olbrich 和 Holsing（2011）初步发现，社交互动（如产品标签、评分、个人推荐列表）相较于传统的广告及搜索媒体对商品的点击和消费者购买行为有更大的潜在影响。但这种社会化购物环境下消费者产品获取和购买过程的新特点，以及多元的社会化信息影响消费者行为的具体理论机理，目前的研究还不能提供明晰的解答。因此，探索社会化电商平台的关键功能如何影响消费者的产品搜寻过程和购物决策行为是很重要的研究课题。

4.1.2　理论基础

用户线上信息的交互过程可以用信息觅食理论（information foraging theory）（Pirolli and Card，1999）来解释，即用户如何在网络环境下利用信息线索（information scent）（如文字或图片链接）来获取信息和决定在不同信息区块（patch）（如网站或网页）之间的移动。信息觅食理论认为，信息采集者的任务及其所处环境都不是事先被准确定义的，信息采集的任务是找寻目标信息，同时在这个过程中进一步描述、理解和明确自身需求。采集者在寻找信息的过程中，常常根据所处的环境进行成本效益分析（cost benefit analysis）来调整自己的信息采集策略，力图用最少的搜索时间和精力达到信息收益最大化。信息采集的成本往往体现在两个方面，一是找到并进入一个新信息区块，二是在区块中吸收信息。因为自身的精力有限，信息采集者并不一定会去找最合适的信息区块，而是会先找寻一个足够好的、能得到和处理的信息区块。当在这个区块中寻找信息的成本超过了换到另一个信息区块的成本，采集者便会停止在该区块中的搜索。采集者对一个信息区块是否值得进入的判断则很大程度上依赖于该区块的信息线索。

组群在信息环境中对信息的发现、获取和分享被称为群体信息觅食（social information foraging）（Pirolli，2007）。在群体信息觅食的情况下，用户不仅作为一个单个的信息搜索者发现和组织信息,还可以借助群体智慧迅速获取所需信息。当拥有不同知识的个体共享他们在不同领域的搜索发现，那么每个个体的信息搜索成本便大大降低，更有可能发掘平时难以找到的信息区块。比如，社会化标签功能让用户可以用自己的词汇充分表达产品多方面的属性，这些词汇通常以扁平的聚集态形式出现在产品页面上，让所有的用户都能更容易地发现和尝试不同的产品搜索路径。另外，群体信息觅食也强调了少数更有经验和知识的用户在提升整体信息搜索效率方面的重要性，因为从这些意见领袖用户吸取信息往往能拓展一个普通信息采集者的搜索空间。在社会化的信息平台上，信息采集者的一个重要任务便是识别真正对自己有价值的意见领袖用户，因此在社会化环境中信息线索的另一个关键功能是表明一个用户作为信息提供源的可靠性。

总而言之，基于现有理论，人们通常希望以最低的成本找到符合预期条件的产品，尽快结束搜索任务；我们进一步认为，在产品搜索情境下，如果环境中的信息线索能让人们发现预期条件外的好产品并辅助他们以较低的成本迅速地调整搜索方向，他们会投入精力和时间进入新一轮搜索，去寻找更多的、计划之外的产品。

4.1.3 搜索和推荐机制对用户惊喜性发现的影响的理论框架

易成和周姗姗（2016）在其研究中，将用户获得惊喜性发现的程度和搜索效率作为信息搜索过程的重要指标，对电商平台上不同的搜索功能对搜索过程的影响进行了探索，并揭示搜索过程对决策结果的影响。文中建立了理论模型和研究假设，提出消费者在电商平台上产品搜索的机制分为两大类，即探索式浏览和聚焦式搜索。其中，探索式浏览类功能包括非个性化浏览（non-personalized browsing）（如排行榜、社会化推荐等）和个性化浏览（personalized browsing），而聚焦式搜索类功能包括基于回忆的关键字搜索（recall-based keyword searching）（如搜索栏）和基于识别的关键字搜索（recognition-based keyword searching）（如分类导航和分面搜索）。前人研究已经指出，用户的信息行为可以分成收敛式（convergent）和发散式（divergent）两类。这两种信息搜索方式往往是互为补充、混合使用的。一方面，用户会首先利用收敛式信息搜索来精确定位搜寻的目的，然后通过发散式信息搜索从各式各样的信息中识别和整合价值，以得到有用的发现；另一方面，只有分散式信息搜索会导致过于杂乱和庞杂的信息，需要收敛式信息搜索的辅助，以使用户能够更深入地理解这些信息，从而发现这些信息的价值。收敛式和分散式信息搜索结合才能帮助用户发现那些事先未预期到的信息里的价值，即惊喜。

基于信息觅食理论和前人关于信息搜索方式的研究，我们提出，各类产品搜索机制对用户发现惊喜的影响并不一样，并且它们之间会有交互效应。具体来说，非个性化浏览功能作为一种发散式的搜索功能对于用户发现惊喜有正向作用，且这个作用在当网站提供基于用户识别的关键词搜索功能时及当网站提供个性化搜索功能时更大。而基于用户识别的关键词搜索功能、基于用户回忆的关键词搜索功能及个性化的浏览功能对于提高用户搜索效率有正向作用。用户发现惊喜的程度及搜索效率会对其决策满意度有正向作用。

基于此理论模型，我们进行了实验式调研（experimental survey）。具体上说，我们邀请被试进行了一个搜索当地餐馆的任务，并以餐馆代金券作为参与的报酬。每个被试使用我们给定的十个购物网站之一来完成这个任务。这十个实验用平台在信息搜索功能方面各有不同的侧重点，因此观察和分析用户在这些平台上的购物过程能保证用户对不同搜索功能的使用有一定的方差。为了避免用户在使用特定购物网站时有较强的习惯，我们规避了天猫、淘宝、京东等非常知名的购物网站。在实验中，每位被试在平台上对不同搜索功能的使用被全程记录了下来。任务完成后，我们让被试回答了一系列关于餐馆搜索过程和结果的问题。基于 PLS-SEM（partial least squares-structural equation modeling，偏最小二乘法–结构方程模型）的数据分析结果显示，非个性化浏览功能对用户发现惊喜的正向作用显著，但基于用户识别的关键字搜索功能和个性化浏览功能并没有显著的调节作用。另外，基于用户回忆的关键字搜索功能对于用户发现惊喜有反向作用。基于用户识别的关键词搜索功能对于提高用户搜索效率有正向作用，但基于用户回忆的关键词搜索功能和个性化推荐功能对于提高用户搜索效率没有显著作用。另外，当网站提供基于用户回忆的关键词搜索功能时，会削弱个性化浏览功能对用户搜索效率的作用。最后，发现惊喜的程度和搜索效率都对决策满意度有显著的正向作用。

本章研究结果指出，购物网站上非个性化浏览功能（典型代表为排行榜、热门活动等板块）可以让用户接触到种类多样且质量较高的信息，帮助用户构建新的偏好和需求，提高了用户去发现意料之外的惊喜信息的可能性；然而依赖于搜索栏关键词的搜索则会限制用户发现惊喜信息的可能。分类导航、标签等功能可以帮助用户丰富对餐馆特点的知识，并且这些功能可以让用户不费力气就可以筛选出具有某些特点的餐馆，缩小了产品的选择范围。同时，相比于基于用户识别的关键词搜索功能，基于用户回忆的关键字搜索功能需要用户付出更多的成本（时间、精力）来达到缩小产品选择范围的目的，因此对搜索效率的作用不明显。另外，网站提供的基于用户回忆的关键词搜索功能会削弱个性化浏览功能对用户搜索效率的作用。

4.1.4　产品标签和社会化推荐对用户惊喜性发现的影响

基于上述研究，Yi 等（2017）聚焦于社会化电子商务平台上基于用户生成内容的两种搜索机制。一是用户分享的产品标签，即用户用自己的词汇来表达产品的多方面属性，并成为其他用户搜索同类属性产品的搜索线索。标签是聚集态的基于产品特性的信息线索，其扁平式展示特征也让用户在不同标签（即不同搜索路径）之间能很容易地转换。二是意见领袖的相关产品推荐列表，这些用户对消费者浏览的产品相关行业有一定了解，也赢得了社区用户的认同，但推荐的产品不一定直接与每位消费者的喜好及所搜集的产品相契合，而且产品之间往往差异较大。这类信息线索强调高质量的个体信息来源而非产品特性。

1. 研究假设

从消费者搜索产品的情境出发，本章意在探索电商平台上产品标签和意见领袖推荐这两类搜索机制如何协助用户不仅找到计划内想找的产品，而且能发现预料之外的好产品。本节的关键应变量包括：①在搜寻过程中消费者能有效地跟随搜索条件寻得和评估相关产品的程度（即有效性）；②在搜寻过程中消费者能邂逅新颖的、意料之外的有用产品的程度（即创新性）。我们也进一步测试了消费者这两个方面的搜寻经历如何影响他们对购物结果的满意度，图 4.1 是本章的研究模型。

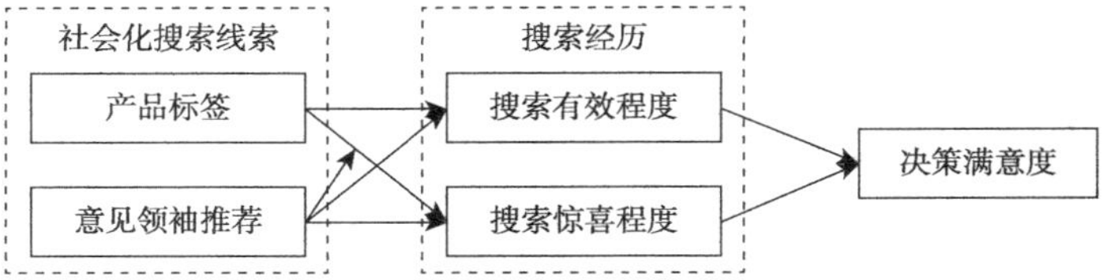

图 4.1　研究模型（Yi et al.，2017）

我们着重研究的第一种产品搜索机制是产品标签功能。标签是用户用自己的词汇来充分表达产品多方面的属性，也因此更能直观地反映用户的搜索需求，用户因此无须再去思考和输入准确的搜索关键词。一方面，跟踪标签能让人们低成本高频率地获得和评估所需品类的产品，是一种容易理解、可及性高的信息线索。根据信息觅食理论，信息采集者通常会选择性地对信息线索强的信息区块集中搜索。当他们能有效地发现好的信息线索，他们的搜索路径就会相对集中，也就能更有效地发现和比较相关产品。因此，本章提出以下假设。

H4.1：提供社会化产品标签能提高消费者搜寻过程的有效性。

另一方面，多样化的社会化标签代表着不同的搜索路径和预期价值，标签的扁平式展示使用户能够以较低的成本发现不同的、有趣的信息搜索区块并能快速转换。因此，人们往往能抓住他们在搜索浏览过程中被激发的新兴趣，并跟随新兴趣转换搜索方向，接触更多意料之外的有用的产品。因此，本章提出以下假设。

H4.2：提供社会化产品标签能提高消费者搜寻过程的创新性。

本章研究的第二种搜索机制是意见领袖推荐列表。在社会化购物网站上，每个消费者都能根据自身购买经验和喜好分享商品，个人购买分享和推荐已成为社会化电商环境中产品搜寻的主要模式之一。不同于随机的个体推荐，产品页面上的用户链接可能是处于社交网络中心的社区意见领袖，对正在浏览的产品相关行业有一定了解，他们提供的信息质量被更多的用户认同。对用户的认同感使这些个人链接成为有价值的信息线索。人们可以从这些意见领袖用户的门户中获取他们对某产品的看法，也可以从他们的推荐中获取其他相关的高质量产品。因此，本章提出以下假设。

H4.3：提供意见领袖推荐列表能提高消费者搜寻过程的有效性。

过去的研究指出，社区里一小部分的意见领袖用户往往是社区里创新性信息的来源。因此，在社会化电商平台上，以追随这些用户的方式获取的产品往往非常新颖和多样化，并非直接与每位消费者的喜好、思考方式及所搜集的产品信息相契合。从信息觅食理论的角度看，经由用户连接的产品多样性较高，有助于拓展消费者搜索的广度，发现自己潜在的喜好，让消费者愿意去探索和发现计划外的好产品。因此，本章提出以下假设。

H4.4：提供意见领袖推荐列表能提高消费者搜寻过程的创新性。

本章进一步提出，当消费者能有效地发现一些有趣的产品时，提供产品标签对消费者创新性搜索的作用将会更加突出。群体信息采集理论指出，社会化信息线索如标签的有效性是建立在用户能发现计划外的、值得继续搜索的新想法的基础上的。在产品搜索情境中，如果意见领袖推荐这种搜索机制能为不同品类的好产品建立一座桥梁，帮消费者发现计划外的、平时难以接触到的好产品，那么消费者也就能发现跟这些产品相关的众多有趣标签，并基于这些标签更有效地转换搜索路径，进行进一步的创新性搜索。因此，本章提出以下假设。

H4.5：有意见领袖推荐列表机制时，提供社会化产品标签对消费者搜寻过程创新性的正面作用会更强。

另外，本章也提出，在搜寻过程中，当消费者能有效地跟随搜索条件寻得和评估相关产品，他们就能更有把握地做决定，决策满意度也会提升。当消费者能邂逅新颖的、意料之外的有用产品，他们就会更投入到搜索中，享受发掘新颖的好产品的过程，也就会对他们最后的选择更满意。所以，搜索过程的有效性和创新性都会对决策满意度有正面的影响效果。

2. 研究方法和分析结果

本节采用 2（产品标签：有或无）× 2（意见领袖推荐：有或无）被试间实验来验证研究假设。我们与国内某大型生活点评平台合作，根据真实的用户数据（6 万多注册用户的个人信息、产品点评、点赞、收藏等）和产品数据（上海 1000 多家餐馆的图片、文字、评分信息等）设计了四种实验网站。这些实验平台都有传统的搜索功能（如搜索框、商品分类导航等），每家餐馆和每个用户都有详细的信息页面，但区别在于餐馆信息页面上的产品标签和意见领袖推荐的机制（即两种都有、两种都无、只有标签或只有意见领袖推荐）。

我们邀请了 118 位被试并把他们分成四组，每位被试都在实验环境下使用随机分配的一种实验平台来进行指定的搜索任务，即为周末的朋友聚餐选择一家餐馆。我们仔细观察和记录了每位被试的搜索行为（包括每一步点击、浏览等），并在他们搜索任务完成后，一方面请他们回答搜索体验相关的问题（包括搜索过程的有效性和创新性、决策满意度等），另一方面针对每个被试的点击行为和搜索集合（即被试浏览过详细信息的产品）做产品网络分析，量化了他们对搜索线索的使用、搜索过程的跳跃性及搜索集的多样化程度等。

结合主观和客观搜索行为数据，我们发现，提供产品标签能帮助消费者有效地建立搜索目标和找到与目标相关的产品（H4.1 成立），而提供意见领袖的相关推荐对搜索过程的有效性并没有显著影响（H4.3 不成立）。另外，单单提供意见领袖推荐对消费者搜索过程的创新性没有显著作用（H4.4 不成立），一个可能的解释是如果搜索机制只是引导用户发掘多样化的产品但不能让他们有效地围绕这些产品进行进一步的搜索和评估，那么用户会很难深入理解和利用这些新发现的价值。因为围绕着一个新主题进行搜索成本太高，用户甚至会放弃这些新颖的发现，回归常规搜索路径，或从总体上自主降低其搜索的探索性。但我们也发现，当意见领袖推荐这种机制存在时，消费者能发现和追随更多有趣的产品标签，从而接触到质量高且多样化的产品，增加了发现“意外惊喜”的机会（H4.2 和 H4.5 成立，请见图 4.2）。换言之，当两种机制同时存在时，消费者搜索过程的创新性才能显著提升。因为在这个过程中，用户能在发现多样化的好产品时低成本地跳出自己原本选定的标签（即搜索路线），快速找到新的搜索方向和调整搜索路径（即跟踪新的标签），不需花费过多精力就能系统地继续追踪新发现，理解新发现的价值。搜索过程的有效性和创新性都对用户决策的满意度有显著作用。

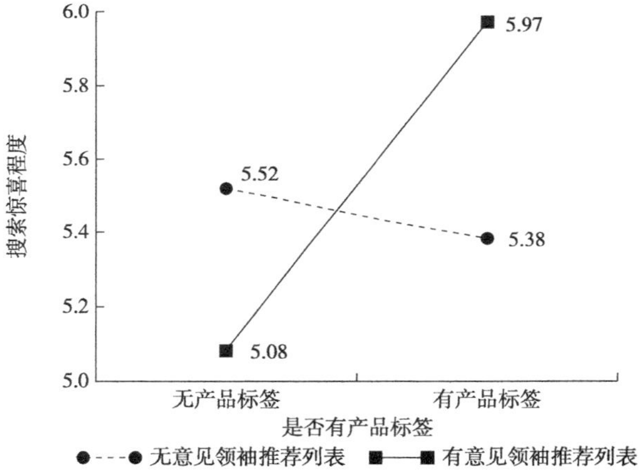

图 4.2 两种搜索机制在发现惊喜方面的交互效应（Yi et al.，2017）

综上，我们可以用信息觅食理论来解释用户的信息搜索行为。用户搜索信息时需要在花费的时间和精力与所获信息之间达到一种最优化的平衡，所以提供明确的信息线索让用户少走“弯路”、少做“无用功”是很重要的。本章在一个鼓励用户发现新信息的环境下，发现人们的确是尽量以最少的精力找到符合预期的产品，但也会因为意外发现的好产品而想继续追寻，如果环境中有合适的信息线索让他们快速调整搜索方向，他们会愿意投入精力进入新一轮搜索，去寻找更多、更新的产品。

4.1.5　理论和实践意义

本节的理论意义主要体现在以下三方面。第一，以往的信息系统研究往往假定消费者会按定制的搜索目标进行线性或系统的信息获取。然而在社会化购物的新环境下，消费者的需求和认知会因为在社会化环境中“邂逅”的新信息而不断变化，他们对产品多样化和新颖性的要求已逐步提高。本节意图从如何发现惊喜这个方向上去理解用户的搜索行为和设计搜索工具，发现惊喜的产生并不是偶然的。当信息线索的启发性和可及性高时，用户会被意料之外的信息所吸引，去探索更多计划外的产品，这种经历也会大大提升用户对决策的满意度。

第二，传统的搜索和推荐机制主要依赖于用户输入的具体搜索条件或过去的行为来提供个性化的结果。但本节着重研究社会化电商平台上基于用户生成内容的两种搜索机制——产品标签和意见领袖推荐。相较于传统的搜索机制，这两种社会性搜索线索结构性更弱，能让用户接触到更广泛的信息及更灵活地选择浏览内容。本节通过真实的产品和用户数据搭建实验搜索平台，展示了这两种不同搜索线索对提升用户搜索经历的相互促进作用。

第三，本节基于信息觅食理论来解释用户的产品搜索行为。信息觅食理论的相关研究强调了搜索线索对对应内容的描述性质。本节则研究了两类不同类型的搜索线索——产品标签和意见领袖推荐。产品标签是一种自然语义线索，清晰地描述了所追溯产品的特性；但意见领袖推荐的线索并没有直接提供产品内容相关的描述性信息，而是强调高质量的个体信息来源。我们发现这两种不同的信息线索并不是独立作用的，它们对用户创新性搜索的行为有着互相促进的作用。

对于电商平台的设计和管理者，我们的研究也有一定的参考意义。具体来说，惊喜的发现并不都是偶然的，而是可以通过不同类型搜索工具的配合设计而辅助实现的。面对体量庞大的用户生成内容，管理者应意识到不同的应用和设计方法会对消费者的信息搜索体验有不同的引导。将用户的产品标签聚集，多样化的标签可以形成一个庞大且连接性强的产品网络，从而提高用户浏览各类产品的能力。而识别社区中的达人用户能让用户迅速发现新颖的好产品，有了进一步搜寻和追溯的起点。但是单单聚焦于个体用户间的产品分享可能会使得搜索失去系统性，让用户迷失于多样化的产品中；而将基于用户的推荐和基于产品特征的标签结合起来，能让消费者更有效地找到目标产品并提高他们发现惊喜的机会。

4.2 社会化推荐对消费者产品评估的影响

4.2.1 研究背景

本节在以上针对社会化购物平台上搜索推荐机制的研究基础上有三个方面的拓展。第一，越来越多的电商平台上引入了不同的社会化产品推荐。比如，亚马逊既提供了来自所有消费者的推荐，又通过与 Facebook 合作提供给消费者朋友圈友人的推荐。Levi Strauss 网站上，人们可以在“friends store”上看到友人的喜好，也可以到“everyone store”看其他陌生人的喜好。在社会网络领域，大部分研究发现用户之间的强关系（如关系亲密的好朋友之间）更能保证个体之间的信任，因此来自强关系的信息更容易让人接纳（毕继东，2009；周建利等，2012），但也有少数研究发现弱关系（如很少联系的熟人或是陌生人之间）更能促进新信息的传播（de Bruyn and Lilien，2008；Shi et al.，2014）。那么在线上购物环境中，来自强关系和弱关系的产品推荐对消费者会有怎样的影响？人们是不是更愿意考虑自己更信任的、喜好更相似的朋友们的推荐呢？从商家的角度，是不是展示好友的推荐信息总是比展示很少联系的熟人或陌生人意见对消费者更有帮助呢？

第二，社会化推荐信息对消费者的影响很可能随着消费者接收信息时的情境而变化，并不能简单地基于关系强度对信任感的线性影响来预测和解释。探索不同的社会化产品推荐（如来自强关系或弱关系）对消费者的影响如何随着消费者的购物情境的变化而变化是本章在原工作基础上的第二点拓展。具体来说，产品搜索和决策是一个复杂的信息处理和选择的过程。我们在 4.1 节探索了产品搜索机制对消费者整个产品搜寻过程的引导，事实上这个搜寻过程本身是一个需求逐渐明确的过程，消费者在不同搜寻阶段对信息的需求和处理也因此存在差异。比如，在购物初期，消费者还没有特别明确的需求，因此那些抽象的、能立刻突显出产品价值的信息会立即引起他们的兴趣。在购物后期，消费者信息需求更明确，他们仔细地搜索和比较产品的实际价值和可行性，对抽象的边缘信息接纳度也相对减弱。消费者线上购物的不同阶段对应着他们与不同页面的交互，这对平台和商家而言，关键问题就是如何在有限的版面上提供最有影响力的推荐信息。

第三，产品搜寻和购买是一个复杂的信息处理和选择的过程。社会化电商平台加强了消费者、商家和社会群体在这个过程中的互动，让消费者同时受到其他用户生成的产品信息（user-generated content，即社会化产品信息）和商家发布的产品信息（marketer-generated content，如优惠券、限时或限量促销）的影响。商家促销信息是其刺激消费者需求的常用手段。淘宝“双十一”的创纪录交易额充分表明商家促销信息确实从很大程度上影响着消费者的购物决策，“秒杀”及“限时团购”等新兴营销方式对消费者的影响也日益受到关注（袁红，2013）。虽然社会化产品信息和商家产品信息作为独立的主题都吸引了不少相关研究，但很少有研究将两者联系起来探索它们的相互作用和影响（Goh et al.，2013；Lu et al.，2013）。社会化产品信息和商家促销信息是如何共同影响消费者的？它们的相对影响在购物过程中会有怎样的变化？本部分研究着重探索在线上购物环境中，来自群体的产品推荐，以及来自强关系和弱关系的产品推荐，在不同的购物情境下对消费者的影响。

4.2.2　理论基础

信息搜寻和购买是一个复杂的信息处理和选择的过程。认知学中的思维定式理论（mind-set theory）（Gollwitzer，1990）能帮助解释消费者在不同购物情境下的信息处理行为。该理论认为人们以目标为导向的行为一般包括两个阶段。在第一阶段，行为目标并不确定，人们的思维模式处于考虑阶段（deliberative mind-set），试图确定其所期望的目标或结果。他们善于接纳任何可获得的信息，对新信息很敏感，处理周边信息时也有更高的积极性和更快的处理速度。在第二阶段，人们已建立起具体的行为目标，思维模式从考虑阶段转换到执行阶段（implemental mind-set），追求目标的实现，并着重考虑跟目标实现直接相关的中心信息，如时间、地点、方式、花费等。在此基础上，学者又提出了双阶段购物模型（Lee and Ariely，2006），在购物初期，消费者还没有特别明确的信息需求，他们的购物目标更抽象、更概括。他们倾向于随意浏览信息，注重购买产品可能产生的正面效果。这时消费者对环境中的信息都比较敏感，那些抽象概括性的、能立刻凸显出产品价值的信息会迅速地引起消费者对产品的兴趣，他们在寻找购物目标时容易受到情境和外部的影响，如他人的购买行为及商家的促销。而在购物后期，消费者信息需求更明确、更具体，他们会仔细地搜索和比较产品，意在具体衡量产品对自己的实际价值和可行性，以做最后选择，对外部信息接纳度也相对减弱。他们会很大程度上坚持自己的购物目标，集中处理具体的产品属性信息，比较不易受到类似产品促销等情境和外部信息的影响。

此外，根据消费者对产品的需求和目标明确性的差异，商家的稀缺性促销信息很可能进一步改变消费者原本的信息处理方式。例如，当消费者需求较模糊时，稀缺性促销信息可能会让消费者认为稀缺的产品价值更高，因此吸引他们对某些稀缺产品的注意，并尝试获得更多信息以进一步确定需求目标。这种“物以稀为贵”的想法源于商品理论（commodity theory）（Cialdini，1993）。但当消费者对产品的需求清晰，稀缺性促销信息则会迫使消费者采取更抽象、只针对产品核心属性的评估，以便加快决策。这是因为对达成目标的渴望会让消费者产生压迫感和紧急感，这种感觉会促使他们更快地行动起来，采用更简单的信息处理方法，以避免错失心仪产品后的后悔心理（Brehm，1966；Clee and Wicklund，1980）。在这两种不同状态下，社会化推荐信息对消费者评估和决策的影响也会相应地发生变化。因此，商家如何在适当的时机为消费者提供社会化推荐和促销信息，以及这两种信息会发生怎样的交互作用，是值得深入研究的。

4.2.3 社会化推荐和商家促销信息在不同购物阶段对消费者的影响

前人研究表明，由消费者行为所产生的社会化推荐（如“已购买人数”）和由商家提供的交易稀缺性信号（如“促销剩余时间”）分别对人们的购买行为有显著的独立影响。然而，目前很少有研究探讨这两种信号之间是否存在交互影响，以及它们对人们的影响是否会在购物过程中发生变化。Yi 等（2014）针对社会化产品推荐和由产品稀缺性信号在不同购物阶段对消费者的影响提出并验证了一系列假设。具体来说，我们提出社会化推荐和稀缺性信号在消费者购物前期会削弱彼此的影响，而在购物后期，这两种信息则能加强彼此的影响。这是因为在购物初期，消费者还没有建立明确的目标，这时高稀缺性信号传达了产品的高价值特征，把消费者的注意力吸引到了这些稀缺产品上来。因此，在众多可考虑的产品中，消费者会优先处理这些稀缺产品的具体特征信息，而抽象的社会化推荐信息的作用则被削弱了。在购物后期，消费者已经建立了明确的目标，有他们打算购买的商品，这些商品的高稀缺性会加剧消费者怕得不到目标产品的担忧，阻碍他们对产品具体特征的评估和思考，导致他们更依赖更抽象、更迅速的方式做决策，因此社会化推荐信息的影响也就增强了。

在 Yi 等（2019a）的研究中，为了进一步验证社会化推荐信息在不同购物阶段的作用，以及社会化推荐信息和商家促销信息的交互效应，我们采用了实地实验和实验室（眼动仪）实验相结合的检验方法。实验室实验保证了严格的变量控制从而能够得到可靠的因果性关系，而实地实验从根本上加强了实验结果在现实世界里的可信度和普适性。我们首先在某知名电商网站上进行了一次实地实验。我们确定了目标产品品类（Polo 衫）及目标产品（男女各一件），然后在象征不同购物阶段的页面（即频道浏览页和产品信息页面）上调整社会化推荐功能，建立了四种不同的频道浏览页和产品信息页面。我们将来自不同 IP 地址的访客随机分配到不同组，向他们配放不同的浏览页面，因此每个组的访客看到的针对目标产品的社会化推荐和产品稀缺度是不同的。在为期一周的实验时间内，我们收集了网站访客的所有线上行为，包括用户在站内所有的浏览路径（以辅助辨别用户的购买目的和阶段）和产品点击、购买行为，以比较不同组用户对目标产品的点击率和购买率的差别。

随后，我们进行了一次实验室的眼动实验。具体说来，我们建立了一个实验平台，选定了目标产品（背包和水壶），并设计了一系列的情境，让被试在情境中做购物决策。在实验过程中，我们捕捉了消费者的眼动数据，并结合实验问卷的心理测量，以及实地实验的结果，进行了进一步的分析综合，为研究的理论推导提供了更强的证据。

两个实验结果都发现，社会化推荐对消费者产品评估的影响在购物初期相较于购物后期更大。这意味着，当消费者的购物目的还没有明确建立时，他们的确倾向于参考其他人的选择，而当他们的购物目标明确后，他们不再单纯地依赖其他人的意见而做决策。更重要地，社会化产品推荐信息与商家的稀缺性促销信息有交互效果，即在消费者购物初期，它们互相削弱彼此的作用，而在后期，它们互相增强对消费者决策的影响。

4.2.4　来自强关系和弱关系的推荐在不同购物情境下对消费者的影响

Song 等（2017）研究了来自不同社会关系的产品推荐在不同的购物情境下，如随着消费者需求变化和商家稀缺性促销的强弱变化，如何影响消费者产品评估和选择。本节采用社会认知学中的解释水平理论（Trope et al.，2007）作为理论基础，即不同的社会关系反映了人们之间不同的社会距离和心理距离，而心理距离影响着人们对他人的认知方式。强关系之间意味着较短的心理距离，有可能使个体启用相对较低的解释水平表征对方，从而更关注其推荐产品的低水平细致信息，如实用和实惠。而弱关系之间意味着较远的心理距离，那么个体会更关注对方推荐产品的高水平、核心抽象信息，如功能和价值。而前人研究已指出，外部信息与消费者内部思维取向相匹配时才能产生最大影响力，因为此时消费者会感知信息更有价值，于是更倾向于接纳此信息。因此，我们可以预期来自不同社会关系的产品推荐信息在消费者的不同购物阶段会有不一样的影响。譬如，来自大量弱关系或陌生用户的推荐属于高水平抽象处理的社会化信息，与消费者购物前阶段没有清晰目标时的信息处理方式较一致。而来自强关系的推荐往往被处理得更具体，这与人们在购物后期的低水平审核更相似。此外，根据消费者对产品的需求明确性的差异，商家促销信息可能进一步改变消费者原本的信息处理方式。例如，当消费者需求较模糊时，促销信息可能会吸引消费者对某些稀缺产品的注意，并进行更具体的评估；但当消费者对产品的需求清晰，稀缺性促销信息则会迫使消费者采取更抽象、针对产品核心属性的评估，以便加快决策。在这两种不同状态下，社会化推荐信息对消费者评估和决策的影响也会发生相应变化。

因此，本节意在挖掘社会化推荐的潜力，探索如何有效地、有针对性地利用好具有消费潜力的人际关系链,在适当的时机为消费者提供来自不同社会关系(强关系或弱关系)的推荐。我们的假设是，当消费者没有明确的购买目的（即购物初期），来自弱关系的推荐会比来自强关系的推荐对消费者产品评估的影响更大；而当消费者已建立明确的购买目标（即购物后期），强关系的推荐会更有影响力。但是，当产品相对稀缺时，不同的社会化推荐对人们购买意愿的相对影响会被削弱。这是因为产品的高稀缺信息可能改变消费者的信息处理方式，让处于购物初期的消费者对稀缺产品更为关注，信息处理水平从高水平抽象处理变得更低水平化、具象化；而处于购物后期的本应具体处理产品信息的消费者则变得倾向于更快地做决策，怕失去目标产品的焦虑让这些消费者的认知资源减少，于是采用相对更抽象的信息处理方式评估产品。

本节采用了2（推荐来源：强关系或弱关系）×2（购物阶段：购物初期或购物后期）×2（商品稀缺性：高稀缺 vs.低稀缺）的组间实验室实验来验证上述假设。在正式实验开始的两周前，我们邀请被试完成了一次网上注册，注册过程中要求被试回答一些基本的个人信息，如年龄、性别等，我们还要求被试列举在社会化媒体（如微信、微博）上互动较为频繁（如转发、评论等行为）的5个关系亲密的好友。同时，被试需要列举近1~2个月他们在社会化媒体上几乎没有互动的熟悉度较低的5个朋友（达人、明星等除外）。在正式实验中，我们根据被试提供的信息随机抽取3个亲密的好友作为强关系推荐源，3个熟悉度较低的朋友(熟人)作为弱关系推荐源。

在正式实验中，处于购物初期的被试只需要浏览一个实验网站，不需要做出购买决定。实验网页中会呈现出正在进行促销的6款羽毛球拍，其中一款羽毛球拍是我们的目标商品。6 款羽毛球拍的图片下方有价格、折扣、推荐信息及剩余数量。被试不会进一步看到羽毛球拍详细信息的页面。在购物后期，被试因为急需购买羽毛球拍而浏览实验网站。实验网页中会呈现目标羽毛球拍，被试可以点击进入该款羽毛球拍的详细信息页面，该页面呈现了此款羽毛球拍的价格、折扣、推荐信息、剩余数量及关于此款羽毛球拍的简单介绍。本实验用剩余数量来操纵商品的稀缺性,即用商品剩余4件和498件分别代表商品的高稀缺性和低稀缺性。所有被试在完成实验后都回答了他们对目标球拍的购买意愿（基于1~7等级利克特量表）。

本节的结果验证了我们的假设（图 4.3）。研究结果显示，消费者在购物初期［图 4.3（a）]，弱关系的推荐能导致消费者具有更强的购买意向；而在购物后期［图 4.3（b）]，强关系推荐更能增强消费者的购买意向。但是，当产品稀缺性较高时，不论是在购物初期还是后期，来自不同社会关系的推荐的差别不再明显。

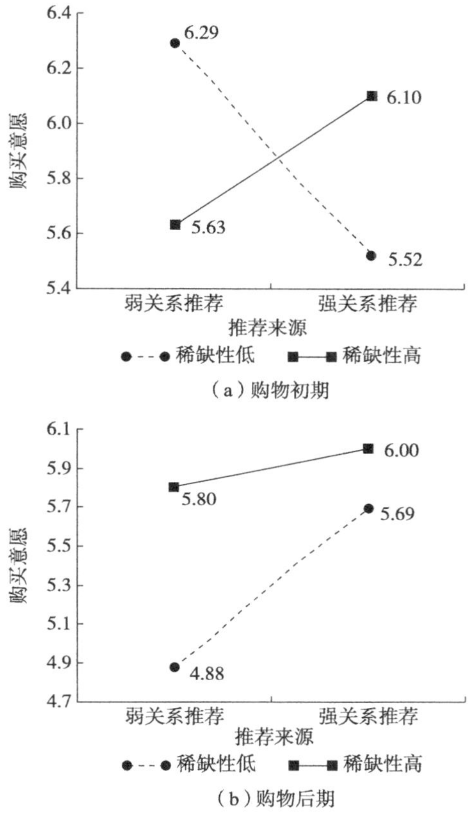

图 4.3　社会化推荐和产品稀缺性在两个购物阶段不同的交互效应（Song et al.，2017）

4.2.5　理论和实践意义

以上研究揭示了社会化产品推荐信息和商家促销信息是如何共同影响消费者，以及它们的相对影响在购物过程中会有怎样的变化。在传统的社会网络和信息传播相关研究基础上，本章引入了社会距离的概念和解释水平理论，分析社会化产品推荐对消费者决策的影响机理，并进一步揭示消费者需求的变化及商家的促销行为对不同的社会化产品推荐效果的调节作用。本章也为商家如何有的放矢地投入社会化产品推荐元素提供了一定的启示。

具体来说，自从 Granovetter（1973）开创性地提出弱关系的重要性之后，很多学者都致力于研究弱关系的作用，比如，弱关系对于信息传播的重要性（Shi et al.，2014）。随着社会化商务的盛行，各大商家都致力于寻找更为有效的推荐策略，而社会关系是社会化商务中不可或缺的一个组成部分，因而研究不同关系强度的推荐效果具有十分重要的意义。本节将弱关系的重要作用拓展到社会推荐领域，并发现弱关系的推荐更能影响消费者购物初期对产品的评估，这不仅挑战了人们认为强关系推荐更有效的思维定式，也进一步丰富、补充了关系强度的研究。

另外，我们把解释水平理论和思维定式理论与线上购物情境结合，深入解释分析了人们在购物阶段的信息处理解释水平及思维方式的区别，并通过揭示不同产品信息在不同购物阶段的影响来体现这种区别。这也在一个新的情境中丰富了原有理论。

就商品稀缺性而言，之前众多研究从不同层面研究了这一促销策略。但是对于人们面对稀缺性信息是怎么进行决策的，之前研究并没有给出一致性的结论。本节加深了我们对稀缺性信息影响的理解，即当人们在购物初期时，商品的稀缺性信息很可能会让消费者更为关注稀缺商品较为细节的信息；而当人们在购物后期时，商品的稀缺性信息会导致消费者关注商品抽象、整体层面的信息，采取抽象的思维方式制定决策。因此，本节从购物过程的角度完善和充实了现有的关于稀缺性的研究。

4.3 商家突显的用户点评对消费者产品评估的影响

4.3.1 研究背景

用户生成内容，包括文本信息、图片、视频等，正越来越多地被商家用在社会化媒体如博客、微博（如 Twitter）或社交平台（如 Facebook）上以促进产品销售，因为用户生成的信息往往比商家自己发出的广告更能让人信服。产品点评就是一种主要的用户生成内容，也是消费者决策时的重要参考信息。过去关于产品点评如何影响消费者行为的研究很多，但绝大多数都是着眼于点评特征如数量、正负性和差异性对消费者购买行为的影响，或商家如何根据消费者点评信息来调整营销策略（Chen and Xie，2008；Gu et al.，2012；Zhu and Zhang，2010）。在这些研究中，大多数商家都扮演着被动观察者的角色，对于用户点评的内容和传播途径缺乏控制力，很难根据自身实际情况和需要制定更有效的口碑营销策略。很少有研究关注商家如何主动利用第三方点评平台或电商网站上的用户点评来推广产品。

事实上，商家主动利用用户点评来进行营销的确有难度，因为商家往往很难控制第三方平台上用户点评的内容。但用户生成内容正越来越多地被商家用在社会化媒体上促进产品销售。在各类点评平台上，商家开始通过调整点评的展示方式来吸引消费者对正面产品信息的注意力，如 Tripadvisor 上商家页面置顶的

“hotel’s favorite”（即商家挑选的最喜欢的点评），Yelp上赞助商家的链接（通过链接上的一条正面点评，消费者可点击进入该点评置顶的商家页面）。类似地，亚马逊、Walmart（沃尔玛）及一号店等平台上的商家通过产品试用项目，能在获得免费产品的消费者的点评中选择和突出展示一条非常正面的“体验点评”。上述种种策略都体现了现阶段商家希望能合理利用第三方平台上的点评来促进产品销售，而商家突出展示选定用户点评这种策略的效果却还不得而知。因此，在Yi等（2019b）的研究中，我们主要关注用户生成的产品点评（或口碑）如何能被商家合理利用。商家通过不同的页面展示方式，特别是突显点评（firm-highlighted review）这种新的点评展示方式来影响消费者的购买决策，这种影响效果会随着点评信息环境和商家声誉的变化而改变。

4.3.2 理论基础和研究假设

如上文描述，商家可以通过各种方式在页面上突出展示某个或某几个正面点评，希望它能吸引消费者的注意力，这就像在搜索引擎的结果页面上，赞助商链接往往出现在最上方的显著位置。只是在点评平台上，商家突出显示的是用户生成的信息，而不是商家发布的广告。我们提出这类点评展示方法可能有两种互相抵触的效果。一是凸显效应（salience effect）（Krosnick and Alwin，1987），即页面上更显著的信息往往更能让人记住，并对人的判断有更大的作用。因此，列在第一个的最显著的点评往往能让消费者对产品形成一个正面的最初印象，这种最初印象在很大程度上也会对消费者接下来的信息处理和最终判断有积极影响。二是由于消费者的怀疑心理可能带来的负面作用（Brown and Krishna，2004）。一条被标明是商家“喜欢”所以特意突显的点评，或是得到了免费产品的用户写的“体验”点评，让消费者觉察到此点评的营销性质，因此对它的客观性产生怀疑，甚至会让消费者在处理其他点评时也更小心。因此，如果消费者的怀疑心没有解除，那么商家对点评展示的改变很可能达不到预期的效果。

因此，本节针对商家如何能合理、有效利用用户点评推广产品这一问题，着重研究商家突出展示某选定用户点评并注明此点评与商家促销相关的营销策略对消费者决策的影响。我们认为，此营销策略能达到预期效果的关键是要消除消费者对突出展示点评的怀疑心理。基于消费者怀疑心理的文献，本节主要聚焦三个关键因素，一是商家突显点评的内容特性（如绝对正面的或相对有保留的点评），二是商家的点评信息环境（如商家总星级和其他点评的差异性），三是商家本身的特性（如品牌声誉）。虽然一条绝对正面的用户点评看起来更能积极影响消费者，但因为消费者知晓被突出展示的点评的性质，他们很可能会对一条极正面的突显点评产生怀疑，而如果商家突出展示的用户点评是正面的但相对有所保留（如只有四星或包含少许产品不足之处的描述），那么消费者的怀疑则可能降低一些，突显这类点评甚至能比突显极正的点评对消费者的积极影响更大。此外，如果商家的其他点评差异性特别大（如有很负面的点评），或商家本身声誉并不高，那么通过选择合适的点评来降低消费者的怀疑心对保证此营销策略的有效性可能尤为重要。

综上，本节的研究假设是消费者会对一条极正面的突显点评产生怀疑，而如果这条点评相对有所保留（如只有四星或包含少许产品不足之处的描述），那么消费者的怀疑则会降低。我们进一步提出，当商家突出显示的点评引起了消费者怀疑，消费者会对接下来的负面点评更敏感，以印证他们对第一个正面点评的怀疑和削弱这个点评对决策的影响。因此，当商家的总体评价比较正面但点评的差异性较大时（即有很正面的点评，也有很负面的点评），商家突显一条让人怀疑的点评会让消费者更容易受到其他负面点评的影响；而如果商家突出展示的点评能降低消费者的怀疑心理，那么消费者对其他负面点评的关注度就会相对降低，突显的正面点评就更能正面地影响消费者决策。相反地，当商家的所有点评都比较一致（即都是中等或正面的评价），消费者也就不能通过其他负面评价来印证他们的怀疑。在这种情形下，即使商家突显点评激起了用户初始的怀疑心理，这种怀疑心理对消费者最终决策的影响也很小。此外，突显点评策略的影响也会受到商家本身声誉的影响。对于点评有差异性的商家，如果商家本身声誉并不高，那么突显一条有所保留的点评来降低消费者怀疑对保证此营销策略的有效性尤为关键；但如果商家声誉较高，那么消费者对极端正面的点评的接纳度也较高。研究模型见图 4.4。

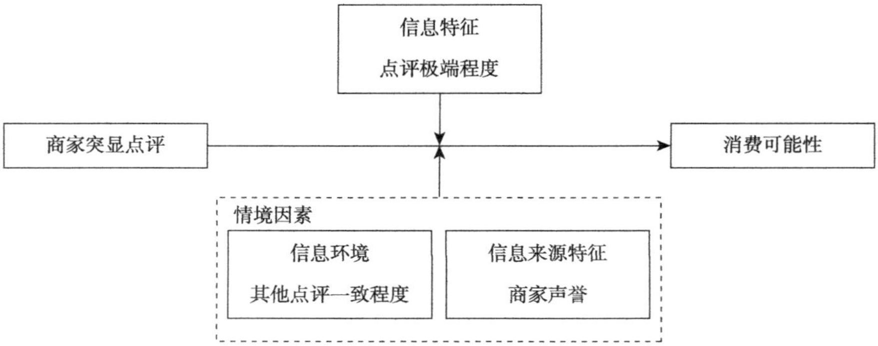

图 4.4　研究模型（Yi et al.，2019b）

4.3.3　研究方法和分析结果

我们创建了不同商品的实验网站，通过多个不同类型实验，收集用户在不同情境下的多方面数据（眼动、主观意愿和客观决策等）来对比有商家突出显示的点评和没有突出显示点评的商品信息页面对消费者产品评估的影响。第一个眼动实验通过追踪被试眼睛在页面的注视点，发现相比在没有任何突出展示点评的页面，消费者对商家突出展示的点评会投入更多关注，但他们对这条点评客观性的怀疑也变得更强，因此突出显示一条正面点评并没有显著提高消费者的最终消费意愿。事实上，当商家突出显示一条点评，消费者会更加关注其他负面点评（以印证他们的怀疑）。第二、三个实验验证了点评的极端程度和其他点评的差异性对消费者购买意愿的影响，即当商家的总星级较高但点评差异性较大，商家突显一条让人怀疑的点评会让消费者更容易受到其他负面点评的影响，使得商家突显点评策略无法正面影响消费者的购买意愿。但当商家的所有点评都比较一致（即都是中等或正面的评价），那么用户疑心的负面影响会减弱，商家突显点评的正面凸显效应就变得显著。第四个实验通过与某知名语言培训公司合作，从线上市场调研公司召集城市白领作为被试，验证了商家突出显示点评和商家声誉对被试实际购买决策（即购买公司培训课程）的影响，即对于点评差异性较大的商家，如果商家本身声誉不高，那么只有当消费者疑心被打消时（即通过选择一条相对保留的突显点评），突显点评策略才有效。

4.3.4　理论和实践意义

本章不同于以往对用户点评的研究，着眼于商家如何主动、合理地利用用户点评来推广产品，特别是在一个点评信息丰富的环境中。近年来，商家通过各种方式尝试在社交媒体上以用户生成内容来影响潜在消费者的产品评估，因为过去的研究大都提出由消费者生成的内容往往比商家自己设计的广告更有说服力。但很少有研究探索有明确推广目的的用户生成内容的效果。本节聚焦于商家突显的用户点评，发现虽然消费者一般把用户点评视为诚实、无偏见的信息，但如果用户点评有明确的商业动机，消费者的怀疑会显著增强。本节揭示了商家可以根据点评的整体特征和自身的声誉采取不同的点评选取策略以降低消费者的怀疑心理。

本节也更加深了我们对营销信息如何影响消费者对其他信息的处理及购买决策的理解。如果商家突显的点评信息没有激起消费者的怀疑心，那么消费者就会对产品建立一个好的初始印象并依据此印象处理后面的信息，而如果商家突显点评一开始就让消费者怀疑其真实性，那么这种怀疑的负面心态也会一直影响消费者对其他正面点评的接纳。因此，当我们审视特定的用户生成内容对消费者的影响时，也要考虑它所处的整体信息环境。在一个信息相对混杂的环境中，消除消费者怀疑心理非常重要。

另外，虽然关于用户生成内容的研究很多，但我们对于用户生成内容和商家本身声誉的交互影响的理解还比较有限。当商家希望利用用户生成内容来影响消费者对产品的评估时，自身的声誉是一个很重要的因素。一个声誉高的商家可以让消费者关注非常正面的点评而且不引起他们怀疑，而一个声誉相对低的商家就需要在选择点评时考虑如何降低消费者的怀疑。

总之，本节主要关注商家突出显示但显露其营销本质的点评可能引起的怀疑心理，意在评估商家点评展示策略所带来的两种相对力量（正面的凸显效应和负面的消费者怀疑心理），并考虑多种环境因素（如点评信息环境和商家本身声誉）的影响。在研究方法上采取了眼动实验和实地实验相结合，考虑了不同产品和不同背景的被试。本节不仅是对现有口碑营销理论的补充，也对商家实践有着重要的指导意义。研究结果将对商家如何在合适的信息环境中突出显示合适的点评以有效地影响消费者对产品的评估有重要的启示。

参 考 文 献

毕继东. 2009. 网络口碑对消费者购买意愿影响实证研究[J]. 情报杂志，28（11）：46-51.

易成，周姗姗. 2016. 线上消费者发现“惊喜”的产品搜索行为研究[R]. 西安：第十八届中国管理科学学术年会.

袁红. 2013. 社会化媒体环境下的消费者信息搜寻行为研究述评[J]. 情报杂志，32（4）：91-96.

周建利，张爱华，段婧. 2012. 社会关系强度对社交网络中应用接受意愿的影响研究[J]. 中国科技信息，（23）：80-82.

宗乾进. 2013. 国外社会化电子商务研究综述[J]. 情报杂志，（10）：117-121.

Borgatti S P，Cross R. 2003. A relational view of information seeking and learning in social networks[J]. Management Science，49（4）：432-445.

Brehm J W. 1966. A Theory of Psychological Reactance[M]. New York：Academic Press.

Brown C L，Krishna A. 2004. The skeptical shopper：a metacognitive account for the effects of default options on choice[J]. Journal of Consumer Research，31（3）：529-539.

Chen Y B，Xie J H. 2008. Online consumer review：word of mouth as a new element of marketing communication mix[J]. Management Science，54（3）：477-491.

Cialdini R B. 1993. Influence：The Psychology of Persuasion[M]. New York：Morrow.

Clee M A，Wicklund R A. 1980. Consumer behavior and psychological reactance[J]. Journal of Consumer Research，6（4）：389-405.

de Bruyn A，Lilien G L. 2008. A multi-stage model of word-of-mouth influence through viral marketing[J]. International Journal of Research in Marketing，25（3）：151-163.

Granovetter M S. 1973. The strength of weak ties[J]. American Journal of Sociology，78（6）：1360-1380.

Goh K Y，Heng C S，Lin Z J. 2013. Social media brand community and consumer behavior：quantifying the relative impact of user-and marketer-generated content[J]. Information Systems Research，24（1）：88-107.

Gollwitzer P M. 1990. Action phases and mind-sets[C]//Higgins E T，Sorrentino R M. Handbook of Motivation and Cognition：Foundations of Social Behavior. New York：Guilford Press：53-92.

Gu B，Park J，Konana P. 2012. Research note：the impact of external word-of-mouth sources on retailer sales of high-involvement products[J]. Information Systems Research，23（1）：182-196.

Krosnick J A，Alwin D F. 1987. An evaluation of a cognitive theory of response-order effects in survey measurement[J]. Public Opinion Quarterly，51（2）：201-219.

Lee L，Ariely D. 2006. Shopping goals，goal concreteness，and conditional promotions[J]. Journal of Consumer Research，33（1）：60-70.

Lu X H，Ba S L，Huang L H，et al. 2013. Promotional marketing or word-of-mouth? Evidence from online restaurant reviews[J]. Information Systems Research，24（3）：596-612.

Olbrich R，Holsing C. 2011. Modeling consumer purchasing behavior in social shopping communities with clickstream data[J]. International Journal of Electronic Commerce，16（2）：15-40.

Pirolli P. 2007. Information Foraging Theory：Adaptive Interaction with Information[M]. New York：Oxford University Press.

Pirolli P，Card S. 1999. Information foraging[J]. Psychological Review，106（4）：643-675.

Shi Z，Rui H X，Whinston A B. 2014. Content sharing in a social broadcasting environment：evidence from Twitter[J]. MIS Quarterly，38（1）：123-142.

Song T T，Yi C，Huang J H. 2017. Whose recommendations do you follow? An investigation of tie strength，shopping stage，and deal scarcity[J]. Information & Management，54（8）：1072-1083.

Stephen A T，Galak J. 2012. The effects of traditional and social earned media on sales：a study of a microlending marketplace[J]. Journal of Marketing Research，49（5）：624-639.

Trope Y，Liberman N，Wakslak C J. 2007. Construal levels and psychological distance：effects on representation，prediction，evaluation，and behavior[J]. Journal of Consumer Psycholcgy，17（2）：83-95.

Yadav M，de Valck K，Hennig-Thurau T，et al. 2013. Social commerce：a contingency framework for assessing marketing potential[J]. Journal of Interactive Marketing，27（4）：311-323.

Yi C，Jiang Z H，Benbasat I. 2017. Designing for diagnosticity and serendipity：an investigation of social product-search mechanisms[J]. Information Systems Research，28（2）：413-429.

Yi C，Jiang Z H，Li X P，et al. 2019b. Leveraging user-generated content for product promotion：the effects of firm-highlighted reviews[J]. Information Systems Research，30（3）：711-725.

Yi C，Jiang Z H，Zhou M. 2014. The effects of social popularity and deal scarcity at different stages of online shopping[R]. Auckland：The 35th International Conference on Information Systems.

Yi C，Jiang Z H，Zhou M. 2019a. The effects of scarcity and popularity at different stages of online shopping[R]. Working Paper.

Zhu F，Zhang X Q. 2010. Impact of online consumer reviews on sales：the moderating role of product and consumer characteristics[J]. Journal of Marketing，74（2）：133-148.

第 5 章　在线评论管理反馈研究

叶强[1]，Bin Gu[2]，张自立[1]
1 哈尔滨工业大学经济与管理学院，2 W. P. Carey School of Business，Arizona State University

5.1　在线评论管理反馈的外部性测量与管理

5.1.1　研究背景

在过去的十几年里，在线客户评论已经成为消费者重要的产品信息参考来源。超过 80%的在线用户在做出购买决定之前会先浏览其他客户的评论体验（Anderson and Simester，2001），人们普遍认为这些评论比商家提供的信息更中立、更可信（Bickart and Schindler，2001）。以往研究表明，对体验型商品而言，在线评论对产品销售有显著影响（Chevalier and Mayzlin，2006；Duan et al.，2008b；Chintagunta et al.，2010）。鉴于在线评论的重要性，一些有前瞻性的商家开始积极地对用户发表的在线评论进行管理。例如，美国的在线零售巨头亚马逊公司会主动向消费者征求产品体验评价。管理者通过开展 Vine 项目，为一组选中的消费者提供合作商家赞助的免费赠品，以鼓励他们发表关于新产品或预发布产品的使用体验，从而为其他客户的购买提供参考依据。

本章研究探索了被大多数文献所忽略的另一种激励用户发表商品评论的有效方式：在线管理反馈（online managerial responses）。通过文献综述，我们发现，许多在线评论平台（如 TripAdvisor 等）允许商家为客户发表的在线评论提供管理反馈，并逐渐有一些公司已经开始关注管理反馈的重要性（Park and Allen，2013）。然而，一些关于在线评论网站的研究发现，由于到目前为止使用在线管理反馈给商家带来的利弊并不明确，尽管在各大网站和在线社区中客户评论的数量在不断增加，但商家对在线平台管理反馈的使用仍然有限（Lappas et al.，2016；Levy et al.，2013）。本章的研究目的是评估管理反馈对后续客户发表评论的影响，并考察该影响可能的潜在机制。

这些发现表明，在线商业环境下，管理反馈是除了传统客户补救（customer recovery）做法之外处理在线评论和对不满客户进行补救的一个非常重要的新工具。目前许多在线平台，如美国亚马逊公司、美国最大的点评网站 Yelp、中国新蛋网（Newegg）和苹果应用商店（Apple app store），都为商家设计了为客户评论提供管理反馈的功能。尽管该功能至今尚未被所有公司充分利用，但它展现出了未来被整合到日常商业流程中的潜力，特别是对于服务行业的 B2C（business to consumer）公司。从理论上讲，管理反馈将现有的客户补救理论扩展到了更加互联的在线环境中。与以往理论不同的是，在线环境的开放性特征带来了本章所揭示的外部性效应。

5.1.2　假设提出

1. 在线评论的驱动因素

到目前为止，大量文献研究了在线评论对产品销售的影响（Chevalier and Mayzlin，2006；Duan et al.，2008a；Zhu and Zhang，2010），这些研究的发现引起了商家管理人员的密切关注。然而，到目前为止从理论上尚不清楚商家如何能够最大限度地影响客户或公众的意见。因此，关于用户评论的研究大多已经转向了对在线评论前因的研究（Burtch et al.，2017；Berger and Schwartz，2011），即探索可以影响或激励用户发表产品评论的因素。直觉上，产品的销量可能与在线评论的数量呈正相关。现有研究表明，在线评论的数量可以由产品的销量和商品购买者的心理动机两方面驱动产生。事实上，当前文献不仅证实了在线评论对产品销量的显著因果影响（Chevalier and Mayzlin，2006；Ye et al.，2009），一些研究也发现了产品的销售与购买者未来评论活动之间的相关性（Dellarocas and Narayan，2006；Ren et al.，2018）。由于在线评论反映的是客户对产品或服务的使用评价（Moe and Schweidel，2012），假设客户发表评论的概率恒定，那么评论的数量应该与产品的销量呈正相关（Ye et al.，2011）。Moe 和 Schweidel（2012）认为，虽然产品或服务的销售构成了评论数量的基础，但客户发表评论的倾向会受到自身经验和各种环境因素的影响。上述文献揭示了商品销量、产品的使用体验及社交影响可以对评论数量和评论满意度产生影响的原因和机制（mechanisms）（Lee et al.，2015）。与以上研究不同，本章则检验了当用户看到一个商家（酒店）所提供的管理反馈时，他们的评论动机和发表评论的行为会如何变化。本章通过检验管理反馈的可能机制所得到的研究结果，为现有文献提供了补充，并为管理反馈实践提供建议。

2. 管理反馈的作用机制

尽管一些酒店的管理者已经开始关注管理反馈，但是到目前为止只有一小部分酒店在使用管理反馈（Levy et al.，2013）。Lappas 等（2016）的研究显示，TripAdvisor 上大约 2/3 的负面评论没有收到来自商家的反馈。此外，酒店在实施管理反馈时也有不同的做法（Park and Allen，2013）。本章试图进一步考察在线评论环境下管理反馈的公共属性（public nature）是否会影响未来客户的评论行为，以及管理反馈作用背后可能的潜在机制。管理反馈可能会通过改变评论者发表评论的动机来影响未来评论的发表。在在线社区相关文献中，反馈对用户参与贡献的动机和行为的影响显著。Proserpio 和 Zervas（2017）关于管理反馈的研究背景与本章类似，并且发现采用管理反馈增加了评论数量和评论的满意度。他们认为，管理反馈鼓励客户发表更多正面评论并减少负面评论的发表。原因在于发表正面评论的客户会觉得自己的评论受到了感激，而发表负面评论的客户则知道他们的评论会受到审核。由于这个解释关注的是发表评论的动机，本章称之为动机论点。

另一种机制是管理反馈可能通过其对产品销售的影响来影响未来评论。管理反馈可能会凸显正面评论并减轻负面评论的影响，因此，考虑到客户购买前依靠评论来评估产品，未来销售可能会增加（Ho et al.，2017）。最近的研究表明，管理反馈的确可以增加销售（Kumar et al.，2016；Xie et al.，2014）。该机制与服务补救文献相关（Lewis and McCann，2004；Marshall and Leng，2002）。Gu 和 Ye（2014）揭示了管理反馈对回头客（repeat customers）数量有正向的影响，但他们也发现这样的反馈降低了其他顾客的满意度。然而，由于他们的研究只关注了回头客，目前尚不清楚管理反馈对本章所关注的更广泛的受众有何种影响。由于以上解释关注的是管理反馈对负面评论的缓解，本章将这种机制称为缓解论点。本章还通过对管理反馈的评论目标类型和管理反馈内容的风格进行研究，进一步对现有文献进行细致的补充。Lappas 等（2016）发现大部分评论，尤其是负面评论没有收到反馈。即使对于那些有反馈意见的，也很少有反馈提供详细的解释。Xie 等（2017a）发现反馈者的不同角色对于不同类型的酒店可能很重要。仅仅做出反馈是不够的——不恰当的反馈甚至可能适得其反。相反，管理者需要以恰当的风格对相应类型的评论做出反馈。本章旨在研究正面评论和负面评论的管理反馈会如何影响未来的评论数量，是否会产生不同的影响效应。

5.1.3 研究设计

1. 研究情景

与美国的 Expedia 类似，携程旅行网（以下简称携程网）与艺龙旅行网（以下简称艺龙网）也都提供包括机票、酒店预订和旅游指南等其他服务。本章只关注两个平台的酒店预订服务，特别是平台上的在线评论和管理反馈。这两家旅游网站都允许客户对酒店住宿发表在线评论。此外，携程网还允许酒店管理层对客户评论做出反馈，而艺龙网在研究期间则没有为商家提供管理反馈功能。具体例子如下，图 5.1 和图 5.2 提供了中国成都五星级酒店——成都索菲特万达大饭店（Sofitel Wanda Chengdu）网站的截图。它们展示了在线客户评论的例子，包括评级和评论文本，以及携程网上的管理反馈。携程网和艺龙网都在努力保证在线客户评论的质量和准确性。在研究期间内，这两个平台只允许真正的客户在每次入住后对入住的酒店发表评论（一次在线交易发表一次评论）。为了鼓励用户提交在线评论，在线平台会在每位客户退房后向他们的注册邮箱发送带有评论链接的电子邮件提醒用户对入住酒店做出评价。在线平台还有专门的团队来识别和移除有问题的评论。这些质量控制过程使得酒店很难通过发表促销或虚假评论来产生信息偏差。任何试图发布虚假评论的酒店一经在线平台发现将被处以重额罚款。此外，考虑到在线平台网站上的大量评论，即使在审查过程中存在被忽略的虚假评论，其影响也可能非常有限。

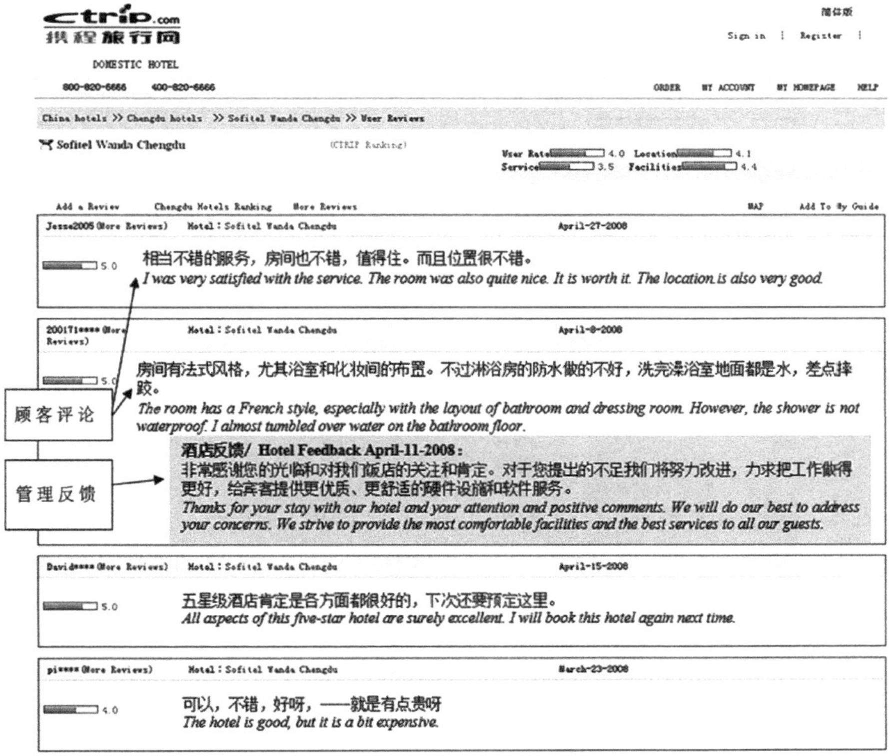

图 5.1　携程网具有管理反馈的评论示例

图 5.2　艺龙网客户在线评论示例

本章的数据来自携程网和艺龙网两个网站。为了获取数据，我们编写了两个Java 爬虫，以搜索中国 10 个主要城市的酒店在携程网和艺龙网上的所有可用信息，包括每一个酒店的评论内容、评论评级、发表日期、是否存在管理反馈及每一个客户评论的管理反馈内容等信息。我们收集了 2006 年 1 月至 2011 年 7 月期间的数据。但是，艺龙网从 2009 年初开始提供管理反馈功能，携程网在 2009 年进行了多次设计变更，因此，我们只使用了 2006 年 1 月至 2008 年 12 月的数据，以确保识别策略有效。搜集到的样本包含来自携程网的 2733 家酒店的 72 645 条评论和来自艺龙网的 1759 家酒店的 11 570 条评论。我们使用酒店名称和电话号码来匹配携程网和艺龙网上的相同酒店，并手动检查匹配列表以确保准确性。最终，经匹配识别出从两个网站均可获得的酒店 943 家。本章的主要分析将评论数据汇总到酒店-月（i,t）层面，计算两个在线代理的第 t 月每一个酒店 i 的评论总量和平均评级。有些酒店可能在某些月份在携程网和艺龙网上没有评论。这种情况下，在汇总中将效价设置为零可能会导致评级产生负偏差。因此，我们的研究用历史平均效价替换缺失的平均效价，并转换成月数据。如图 5.1 和图 5.2 所示，由于艺龙网与携程网具有不同的评级系统（分别是二级和五级），这种差异可能会影响匹配酒店的管理反馈对评论效价影响的估计结果。此外，艺龙网上的有些评论只有评论文本没有评级（如图 5.2 所示的第三条评论）。本章使用一个文本挖掘分类器——*n*-grams（n=16）的动态语言模型分类器，通过 LingPipe 套件进行估计。

表 5.1 列出了 943 个携程网和艺龙网匹配酒店的描述性统计结果。变量 $\text{Vol}_{i,t}$ 和 $\text{Val}_{i,t}$ 分别代表酒店 i 第 t 个月在携程网的新评论的数量和评论的平均效价，$\text{eVol}_{i,t}$ 和 $\text{eVal}_{i,t}$ 分别代表酒店 i 第 t 个月在艺龙网的新评论的数量和评论的平均效价。携程网的评论数量高于艺龙网的评论量。然而，两个在线平台的评论效价相近，其中艺龙网的评论效价稍高。本章还计算了所有酒店在携程网客户所有评论的平均效价（CumVal）和评论的总数量（CumVol）及在艺龙网客户所有评论的平均效价（eCumVal）和评论的总数量（eCumVol）来控制历史评论的影响。

表 5.1　两个平台匹配酒店的描述性统计结果

变量	描述	均值	标准差	最小值	最大值
$\text{Vol}_{i,t}$	携程网新评论的数量	1.33	2.17	0.00	36.00
$\text{Val}_{i,t}$	携程网评论的平均效价	0.29	0.32	0.00	1.00
$\text{CumVol}_{i,t}$	携程网评论的总数量	35.54	36.39	0.00	282.00
$\text{CumVal}_{i,t}$	携程网所有评论的平均效价	0.17	0.13	0.00	1.00
$\text{eVol}_{i,t}$	艺龙网新评论的数量	0.36	0.87	0.00	25.00
$\text{eVal}_{i,t}$	艺龙网评论的平均效价	0.37	0.35	0.00	1.00
$\text{eCumVol}_{i,t}$	艺龙网评论的总数量	9.38	8.81	0.00	80.00
$\text{eCumVal}_{i,t}$	艺龙网所有评论的平均效价	0.37	0.28	0.00	1.00
MR_i	酒店 i 在研究期间是否采用了管理反馈	0.21	0.41	0.00	1.00
$\text{MR}_i \times \text{After}_{i,t}$	酒店 i 第 t 月是否采用了管理反馈	0.06	0.24	0.00	1.00

均值统计结果显示，本章的研究样本中有 21%的酒店提供了管理反馈，943 家匹配酒店中有 198 家在样本期结束时采用了管理反馈。由于是两个变量的交互作用，我们可以计算出管理反馈酒店平均有管理反馈的时间约为采样区间的 28.6%（=0.06/0.21）。在采用管理反馈后，4133 条新评论中有 1169 条收到了管理反馈。这个比例意味着即使在管理反馈酒店中，不同酒店的管理反馈做法也存在

很大差异。我们将在下文针对管理反馈的异质性进行额外的分析。

2. 管理反馈效果的识别策略

本章的重点是确定管理反馈对后续评论的影响，包括评论数量和效价。虽然无法观测到酒店的这种线下属性，但我们的研究的一个独特之处在于利用了这两个旅游网的相同酒店来解决这个问题。我们在两个网站上观测的是相同的酒店，因此可以通过两个平台之间的差异来控制无法观测的酒店质量。为了准确度量影响，我们采用三重差分规范来识别这种关系。同时，为了便于讨论，将那些已经发表管理反馈的酒店称为“管理反馈酒店”，将那些从未发表管理反馈的酒店称为“非管理反馈酒店”。在本章的三重差分规范中，第一个差异是携程网和艺龙网上相同酒店的度量，控制了无法观测的酒店质量变化。第二个差异是管理反馈酒店与非管理反馈酒店的差异，解释了它们内在质量的差异。在此过程中，将非管理反馈酒店作为一个控制组，实验组是酒店发表第一个管理反馈的事件，只有管理反馈酒店接受该处理。第三个差异是管理反馈酒店发表管理反馈之前和之后的处理。本章的三重差分设计利用携程网和艺龙网上的管理反馈和非管理反馈酒店之间的差异来控制潜在酒店质量的无法观测的趋势。

3. 实证模型

为了控制其他变量对后续客户在线评论的影响，本章使用了三重差分模型。该模型使得我们可以控制面板数据中与时间和酒店相关的变量。本章的模型如式（5.1）所示。

$$\Delta Y_{i,t} = \gamma \mathrm{MR}_i + \beta \mathrm{MR}_i \times \mathrm{After}_{i,t} + \delta X_{i,t} + \alpha_i + \theta_t + \varepsilon_{i,t} \tag{5.1}$$

其中，$\Delta Y_{i,t}$ 表示酒店 i 第 t 个月在携程网和艺龙网两个平台的评论数量（或评论效价）差异；MR_i 表示在我们的研究时间区间内酒店 i 是否为客户评论提供了管理反馈；$\mathrm{After}_{i,t}$ 表示酒店 i 是否在第 t 个月开始为客户评论提供管理反馈；$X_{i,t}$ 表示控制变量向量。应当特别注意的是，有些酒店在客户的评论发表很久以后才为该评论提供了管理反馈。对于这些酒店，我们使用它们第一次提供管理反馈的时间来识别 $\mathrm{After}_{i,t}$。在式（5.1）中，系数 γ 用来获取提供管理反馈的酒店与没有提供管理反馈酒店的差异。β 是三重差分的估计结果，用来获取管理反馈对后续客户评论的效价与评论量的影响。我们还加入了月度虚拟变量来控制评论产生的内部时间变化对评论产生的影响。本章采纳了稳健的酒店层面的聚类误差项来研究数据集中不同酒店随时间的自相关关系（Bertrand et al.，2004）。

式（5.1）中的规范有几个潜在问题：首先，每家酒店可能具有与其是否提供管理反馈决策相关的特征。因此，我们还采用了一个固定效应模型来解释无法观测的酒店特性的影响。需要注意的是，在固定效应模型中剔除该影响是因为这些因素是酒店特有的并且不会随时间变化。其次，这两家在线平台可能存在的潜在趋势会导致即使在两个平台上的相同酒店也无法进行比较。这个问题是双重的，一是两个平台的不同设计是否会影响评论。例如，如果携程网只允许来自真实客户的评论，而艺龙网允许非住宿的评论，那么评论的性质可能会有所不同。根据图 5.1 和图 5.2 可知，这两个平台只允许通过它们预订酒店的客户进行评论。因此，我们不考虑第三方评论。二是，这两个在线平台可能服务于不同的客户群体或有不同的趋势。我们根据图 5.3 中的谷歌趋势比较了它们的受欢迎程度。图 5.3 显示，这两个网站吸引的客户兴趣水平相当，但携程网后期变得越来越受欢迎。为了解决人们对这两个网站日益变化的受欢迎程度的担忧，我们在向量中添加了月份这个虚拟变量，以考虑潜在的不同趋势。如果携程网和艺龙网上的所有酒店都出现了不同的趋势变化，那么这个时间趋势变量就会对该差异进行控制。

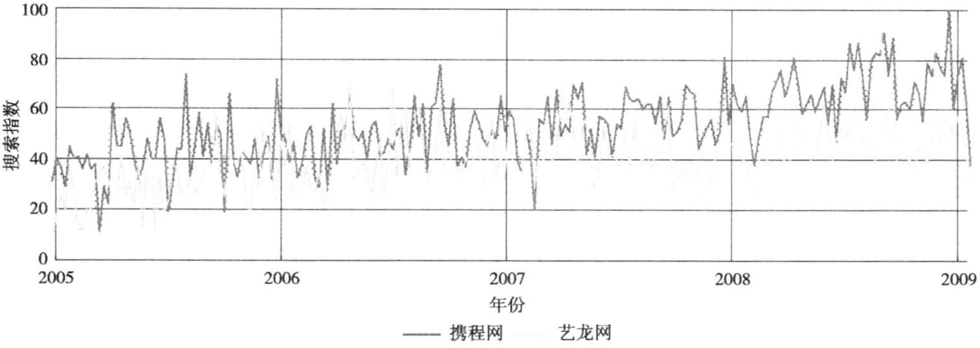

图 5.3　携程网和艺龙网的谷歌搜索趋势

最后，携程网和艺龙网之间的差异所导致的管理反馈酒店和非管理反馈酒店之间可能存在不同的趋势。例如，如果管理反馈酒店的客户从艺龙网向携程网迁移的数量高于非管理反馈酒店，那么管理反馈酒店的评论数量可能会增加更多，这种迁移也可能与提供管理反馈相关。为此，我们在控制变量中添加了一个时间趋势变量和一个交互项来检验管理反馈酒店和非管理反馈之间可能存在的这种不同的时间趋势，交互项的系数将反映这种关系。

5.1.4　研究结果分析

1. 非模型检验的结果

该部分检验了管理反馈对后续评论效价和评论数量的影响。表 5.2 列出了两个网站上具有管理反馈的酒店和不具有管理反馈酒店在评论数量和评论效价的差异。另外，还做了双边 t 检验来检验二者差异的显著性，结果显示酒店采用管理反馈前后评论效价没有显著变化，而评论的数量产生了显著变化，具体结果见表 5.2。

表 5.2 管理反馈和非管理反馈酒店的均值比较

变量	（1）非管理反馈酒店	（2）管理反馈酒店采纳管理反馈之前	（3）管理反馈酒店采纳管理反馈之后	（4）t 值	（5）P 值
$\Delta \mathrm{Val}_{i,t}$	−0.075	−0.095	−0.080	1.046	=0.30
$\Delta \mathrm{Vol}_{i,t}$	0.864	1.187	1.903	8.791	<0.01

2. 管理评论对评论数量与效价的影响

表 5.3 为式（5.1）中三重差分回归模型的回归结果。为了降低数据的偏度并方便解释，在做差分之前，我们对两个在线平台的评论效价与评论数量取自然对数处理。表 5.3 的模型（1）~模型（3）展示了管理反馈对评论数量的影响。其中，模型（1）使用普通最小二乘法（ordinary least squares，OLS）回归，同时加入了酒店层面聚合标准误差。根据 $\mathrm{MR}_i \times \mathrm{After}_{it}$ 的系数可知，酒店在采纳管理反馈以后每月的评论数量平均增加 14.2%（P<0.01）。携程网和艺龙网潜在的不同时间趋势使用月份虚拟变量来获取。由于之前的评论数量和评论效价可能会影响销量及后续的评论数量，本章依据 Chevalier 和 Mayzlin（2006）、Chintagunta 等（2010）的研究，控制了两个在线平台的累计评论数量和评论效价。在模型（2）中，我们为实验组和控制组都加入了时间趋势变量，用以检测使用管理反馈的酒店和没有使用管理反馈的酒店是否具有不同的趋势。携程网和艺龙网潜在的不同时间趋势使用月份变量来控制。管理反馈与月份变量交互项的系数不显著，表示实验组和控制组随时间变化没有明显差异。模型（3）展示了固定效应模型的结果，其中 $\mathrm{MR}_i \times \mathrm{After}_{it}$ 三重差分估计值的系数与模型（1）的结果相似。

表 5.3 管理反馈对后续评论的影响

因变量	ΔlogVol			ΔlogVal		
	模型（1）	模型（2）	模型（3）	模型（4）	模型（5）	模型（6）
MR_i	0.069***	0.102**		0.030	0.070	
$\mathrm{MR}_i \times \mathrm{After}_{i,t}$	0.142***	0.147***	0.123***	0.071	0.072	0.092
$\Delta \mathrm{CumVol}_{i,t-1}$	0.005***	0.005***	−0.008***	0.003***	0.003***	−0.004***
$\Delta \mathrm{CumVal}_{i,t-1}$	−0.030	0.007	0.145***	1.882***	1.893***	1.462***
Month_t		−0.007***			−0.002	
$\mathrm{MR}_i \times \mathrm{Month}_t$		−0.002			−0.002	
hotel dummies	No	No	Yes	No	No	Yes
month dummies	Yes	No	Yes	Yes	No	Yes
Observations	23 082	23 082	23 082	23 082	23 082	23 082
调整的 R^2	0.148	0.148	0.148	0.030	0.029	0.030
模型	OLS	OLS	FE	OLS	OLS	FE

表示 p<0.05，*表示 p<0.01

表5.3中的模型（4）~模型（6）展示了管理反馈对评论效价的影响。模型（4）和模型（6）分别为普通最小二乘法和固定效应模型的回归结果。本章的研究没有发现酒店提供管理反馈以后评论效价显著提高。模型（5）包含了线性时间趋势变量月份及管理反馈与月份的交互项，用来检验管理反馈酒店与非管理反馈酒店的不同趋势。与模型（2）相似，我们无法拒绝两组存在相同时间趋势的原假设。

3. 管理反馈的机制

通过以上分析，我们可以得出如下结论，管理反馈的采用增加了后续的评论数量，但对评论效价的影响不大。然而，尚不清楚管理反馈产生这种影响的原因。在本节中，我们通过检验采用管理反馈后不同酒店的管理反馈做法的异质性来考察管理反馈的机制。首先检验管理反馈对正面评论和负面评论是否有不同的影响，然后考察反馈目标和风格是否起作用。

1）对正面评论和负面评论的影响

我们首先分别考察了采用管理反馈对正面评论和负面评论数量的影响。正如本章的文献综述中所讨论的，管理反馈可能通过两种机制影响评论。在动机论点下，管理反馈应该增加评论的总量，当有社交身份存在时可能会减少负面评论；在缓解论点下，管理反馈通过增加销售来同时增加正面评论和负面评论的数量，而不改变它们的相对组成。

与结果有关的两个问题可能与评论效价的实验组有关。首先，为了使携程网和艺龙网的评论效价具有可比性，本章使用文本挖掘来获得每条评论的情感倾向。然而，由于文本挖掘过程并不完善，这一过程可能会导致评论效价的偏差。因此，我们对来自携程网和艺龙网的用户评级进行标准化处理，以对结果进行复查。由于携程网使用五星级评级方案，而艺龙网采用双星级评级系统，我们在式（5.1）中采用三重差分时必须将它们转换为相同的取值范围，即选择将携程网的五星级评级除以5来将其取值转换至0和1之间，然后对用户评级进行取对数转换作为因变量。固定效应模型（1）和模型（3）中管理反馈的影响不显著，并且我们注意到模型（2）和模型（4）中的管理反馈酒店和非管理反馈酒店似乎没有不同的时间趋势。其次，在将数据汇总到酒店-月层级的过程可能会产生一些问题。如5.1.4节所述，如果一个酒店在给定月份内没有评论，本章用历史平均效价来替换评论效价的缺失值。这种方法的问题在于，历史平均效价会平滑掉采用管理反馈后评论效价的变化，这会导致评论效价的影响不显著。为了解决这个问题，我们在评论层面上运行差分模型，这样就无须处理缺失观测值的问题。

2）管理反馈的目标与方式

我们将管理反馈当成是同质的并且只统计其数量，但是事实上酒店提供的管理反馈可能是异质的。比如，酒店可能有选择地回复特定类型的评论，以及酒店在回复时可能选择进行简短的或者详细的回复。针对这部分，我们进一步通过构建几个变量来考察管理反馈的内容与目的的异质性。这些变量的描述性统计结果如表 5.4 所示。表 5.4 中 $PosMR_{i,t}$ 和 $NegMR_{i,t}$ 分别代表酒店 i 在第 t 个月对正向评论（评级为 4 星或者 5 星的评论）回复的数量和负向评论（评级为 1 星到 3 星的）管理反馈的数量。我们注意到采纳管理反馈以后只有 198 个酒店的这两个变量具有正值。因此，我们根据分组计算了描述性统计的结果。平均而言，酒店对正向评论的反馈数量大于对负向评论的反馈数量。我们还计算了酒店对正向评论和负向评论的回复率。本章使用每条管理反馈的字数来衡量回复的方式，并将酒店 i 在第 t 个月的平均管理反馈长度均值做了取自然对数处理。本章考察了管理反馈的目标和方式可能存在的机制。

表 5.4 管理反馈的目标与方式描述性统计结果

变量	描述	均值	标准差	最小值	最大值
$PosMR_{i,t}$	回复正向评论的管理反馈数量	0.57	1.45	0	13
$NegMR_{i,t}$	回复负向评论的管理反馈数量	0.19	0.62	0	6
$PosRatio_{i,t}$	回复正向评论的管理反馈所占的比例	0.19	0.38	0	1
$NegRatio_{i,t}$	回复负向评论的管理反馈所占的比例	0.12	0.32	0	1
$LenR_{i,t}$	管理反馈的平均长度（取自然对数）	1.15	1.89	0	6.38

注：该数据是从酒店接受管理反馈以后统计的

本节遵循式（5.1）的设置，并在此基础上加入了管理反馈风格的滞后项。结果如表 5.5 所示。和本章的主研究的结果表 5.3 所示相同，模型（1）~模型（3）使用在线评论数量作为因变量，模型（4）~模型（6）使用评论效价作为因变量。由于评论效价的大部分系数都不显著，本章主要讨论模型（1）~模型（3）。模型（1）中，本章加入了正向评论和负向评论管理反馈数量的滞后项，以及管理反馈的平均长度。结果显示对正向评论的管理反馈对后续评论的数量具有显著正向影响；对负向评论的回复对后续评论的数量没有显著影响。

表 5.5 管理反馈的目的和方式的影响

变量	ΔlogVol			ΔlogVal		
	（1）	（2）	（3）	（4）	（5）	（6）
$MR_i \times After_{i,t}$	0.095**	0.094**	0.096**	0.059	0.060	0.060
$PosMR_{i,t-1}$	0.071**	0.368***		0.020	0.104	
$NegMR_{i,t-1}$	−0.007	−0.528**		−0.098	−0.403	
$LenR_{i,t-1}$	0.004	0.004	0.027	0.039	0.035	0.040
$PosMR_{i,t-1} \times LenR_{i,t-1}$		−0.074***				
$NegMR_{i,t-1} \times LenR_{i,t-1}$		0.127**				

续表

变量	ΔlogVol			ΔlogVal		
	（1）	（2）	（3）	（4）	（5）	（6）
$PosRatio_{i,t-1}$			0.700^{***}			
$NegRatio_{i,t-1}$			-0.517^{*}			
$PosRatio \times LenMR_{i,t-1}$			-0.176^{***}			
$NegRatio \times LenMR_{i,t-1}$			0.129^{*}			
$\Delta CumVol_{i,t-1}$	-0.008^{***}	-0.008^{***}	-0.008^{***}	-0.004^{***}	-0.004^{***}	-0.004^{***}
$\Delta CumVal_{i,t-1}$	0.143^{***}	0.143^{***}	0.145^{***}	1.462^{***}	1.462^{***}	1.462^{***}
month dummies	Yes	Yes	Yes	Yes	Yes	Yes
Observations	23 082	23 082	23 082	23 082	23 082	23 082
调整的 R^2	0.148	0.148	0.148	0.030	0.029	0.030

*表示 $p<0.10$，**表示 $p<0.05$，***表示 $p<0.01$

5.1.5　小结

本节的研究结果表明管理反馈增加了后续的评论数量。事实上，在酒店开始提供管理反馈之后，评论数量增加了 12%~14%。我们还发现如果没有提供后续的管理反馈，那么管理反馈的影响就会消失，而采用管理反馈之后更活跃的反馈活动与更高的评论数量有关。这一增长可能是因为评论者在预期自己的评论将受到重视时会更有动力发表评论，或者因为管理反馈缓解了负面评论对未来销售的影响。前一种动机论点支持基于一般在线社区中用户生成内容的驱动因素的文献（Chen et al.，2018），尤其是在线评论驱动因素（Goes et al.，2014；Huang et al.，2017）。本章的研究发现对这些文献进行了补充，即揭示了管理反馈可以有效增加评论数量，并且可能进一步提高未来销售。后一种缓解论点基于最近关于管理反馈对销售影响的文献（Xie et al.，2014；Kumar et al.，2016），并进一步探究管理反馈影响客户决策的潜在机制。本章的进一步分析为潜在机制提供了新提示。

5.2　管理者反馈相似性对酒店在线预订量的影响：以 Expedia 为例

5.2.1　研究背景

在线客户评论已成为影响个人购买决策的最重要的信息来源之一，尤其是对于酒店行业（Li et al.，2019b；Sparks and Browning，2011；Zhang et al.，2016）。由于酒店产品/服务具有无形性，消费者倾向于依靠口碑来推测酒店的质量（Li et al.，2017b；Li et al.，2019a）。与此同时，近年来社交媒体的兴起为从业人员联系客户和与他们进行沟通提供了很多方式（Hennig-Thurau et al.，2010）。例如，酒店管理者可以通过旅游预订和在线评论网站（如 Expedia 和 TripAdvisor）与客户进行互动，对他们的评论做出反馈。在当今竞争激烈的商业环境中，酒店管理者已经认识到了关注在线客户评论的重要性。根据 2015 年 5 月 Tourismus Partner 的一项调查可知，几乎所有的酒店（95%）都表明它们对在线客户评论进行了管理反馈。

如果酒店进行客户关系管理（customer relationship management，CRM），那么客户对酒店的感知可能会明显不同。在传统的客户关系管理模式下，酒店管理者通过面对面或电话与客户进行沟通，这种管理模式只会影响到该客户本身。然而，当今的旅游预订和在线评论网站，使用户很容易可以看到所有的同行客户评论和酒店管理反馈。通过浏览其他消费者的评论和酒店的反馈，用户能够收到来自其他客户和酒店管理者的反馈，从而会影响他们对相关酒店的感知（Lee and Song，2010）。因此，针对在线客户评论的管理反馈是一种新的客户关系管理模式，这种模式不仅能够影响发布在线评论的客户，还能够影响后续那些浏览到其他客户与酒店管理者之间沟通的客户的行为（Xie et al.，2014）。

基于此，本节旨在探讨在线管理反馈是否影响及如何影响客户的口碑和酒店预订，以填补以往文献中的研究空白。具体来说，本节采用从 Expedia 搜集的数据，检验酒店管理反馈数量，尤其是文本相似性对酒店绩效（以酒店在线预订量衡量）的影响。

5.2.2 假设提出

1. 管理反馈的数量和酒店预订

鉴于在线客户评论的重要性，企业将其在社交媒体平台上的角色从被动观察者转变为主动参与者（O’Connor，2010）。一个重要的实践是为在线客户评论提供管理反馈，实现了双向沟通。越来越多的公司认识到在线管理反馈在产品营销、细分市场和客户关系管理中的作用（Levy et al.，2013），意识到在线管理反馈能够影响客户满意度、忠诚度和保持率（Lo et al.，2010），以及未来的公司绩效（Xie et al.，2014）。Rose 和 Blodgett（2016）的实验研究还表明，管理反馈有助于减轻负面评论带来的不利影响。事实上，客户在预订酒店时不仅倾向于参考以前的在线评论，还会参考公司对其他客户评论的反馈。以往研究表明，管理反馈的频率能够提高游客的在线参与度，从而产生更多的在线评论、更多评论有用性的认可、更高的评论星级及更高的人气排名（Kwok and Xie，2016；Li et al.，2017a；Xie et al.，2014）。例如，近期 Proserpio 和 Zervas（2017）研究发现，采用了管理反馈的酒店的评论星级提高了 0.12 星，评论量增加了 12%。

在内部机制方面，以往的文献表明，酒店管理反馈水平会影响客户的感知质量、信任度和客户满意度，进而可能带来更多的在线预订和购买。首先，管理反馈反映了产品及其相关服务的质量（Li et al.，2017a）。更具体地说，管理反馈的及时性、处理速度和方式代表了酒店的态度，从而影响消费者对服务质量的感知（Brady and Cronin，2001）。此外，消费者和管理者之间的双向沟通在网上是公开可见的，后续的消费者可能会因此改变他们对产品/服务质量的感知（Wei et al.，2013）。管理反馈反映了酒店愿意倾听和关心消费者的反馈和担忧，并根据消费者的评论改进其产品和服务。这种积极的印象会带来更高的感知质量，最终影响消费者的购买决策。其次，管理反馈有助于提高消费者对酒店的信任。买卖双方之间的信任在电子交易中起着至关重要的作用（Ba and Pavlou，2002；Pavlou and Gefen，2004）。Pavlou 和 Dimoka（2006）的研究表明，信任可以建立在多种机制的基础上，如建立在消费者和酒店管理者之间的沟通中。管理反馈使酒店有机会解释消费者负面体验的原因，并进行必要的服务补救，这有助于与潜在消费者之间建立信任，以增加未来的销售额（Xie et al.，2014）。最后，在大多数情况下，负面评论代表服务失败或客户不满意，管理反馈通常被用作解决服务失败和补救负面评论的重要工具（Gu and Ye，2014；Wei et al.，2013）。由于酒店服务存在一般人为因素，很难完全避免消费者投诉（Kim et al.，2009）。从服务补救的角度来看，可以通过对客户评论做出反馈来提高客户满意度，这种情况下的客户满意度甚至高于那些没有服务失败经历的客户的满意度（McColl-Kennedy and Sparks，2003）。管理反馈对于低满意度的客户更有效，并且可以提高投诉客户的未来满意度（Gu and Ye，2014），而忽视客户的负面评论将导致客户的负面态度和不满（Vermeulen and Seegers，2009）。因此，企业应该将有效利用管理反馈作为一项重要策略，将不满意的客户转变为满意的客户。基于此，我们提出以下假设。

H5.1：管理反馈的数量对酒店预订有正向影响。

2. 管理反馈相似性与酒店预订

尽管管理者对在线客户评论的反馈越来越重视，但仍然对如何有效地做出反馈知之甚少（Sparks and Bradley，2017）。以往有限的研究探索了不同类型的在线评论管理反馈的影响。Lee 和 Song（2010）研究了三种不同类型的针对在线评论的企业管理反馈策略，即调节反馈（将投诉客户的担忧放在首位）、防御性回应（将组织利益放在首位）和无作为，每种策略有其不同的处理在线投诉的有效性。具体来说，与“无作为”相比，当公司存在过错时，防御性反馈对客户感知有更大的影响，研究表明客户更可能对防御性应对感到失望（Lee and Song，2010；Meng et al.，2018）。相反，与其他反馈策略相比，调节策略对客户做出积极评价的影响更大。此外，近期 Li 等（2019a）的研究发现，防御性反馈对于那些普通负面评论更有效，可以增强消费者的购买意愿和销售量，而调节反馈对公司存在过错时的负面评论的反馈效果更好。

此外，Wei 等（2013）提出另外两种管理反馈类型，即通用反馈和针对性反馈。通用反馈具有标准化的内容，不受评论中所提出的具体问题的限制，而针对性反馈是针对评论中提及的问题的个性化回答，是针对特定背景定制的。Wei 等（2013）的实验研究表明，与通用反馈相比，针对性反馈在处理在线客户投诉时更为有效，通过提高消费者的信任度和感知的沟通质量，从而提升客户的满意度。同样，管理反馈使用者的反馈也会产生有利的客户推论（Sparks et al.，2016）。

Chen 和 Xie（2008）提出，公司应根据评论中的信息及提供的产品或服务更改对客户评论的反馈。如果酒店的管理反馈不是个性化的，那么消费者会认为这些反馈是不可信的，只起到了一般广告的作用（Mauri and Minazzi，2013）。同样地，Min 等（2015）的实验研究表明，公司做出的针对性管理反馈，如对投诉的解释，可以提高客户反馈的有利性。基于此，本章运用文本挖掘技术，定量计算管理反馈内容的相似性指标，并提出以下假设。

H5.2：管理反馈相似性对酒店预订有负面影响。

基于上述文献讨论和研究假设，我们提出了以下研究框架（图 5.4）。

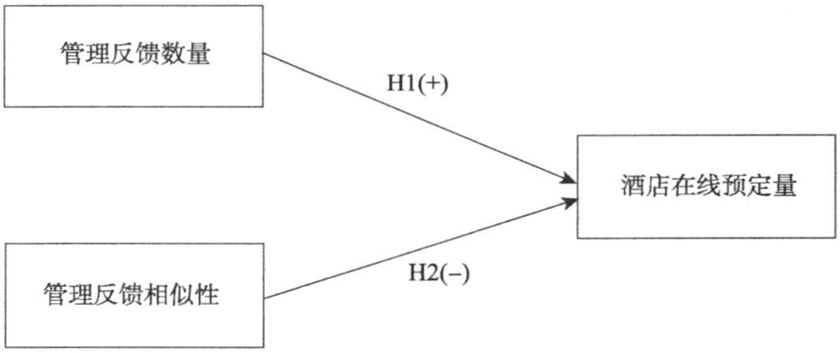

图 5.4　研究框架

5.2.3　研究设计

1. 数据搜集

本节采用了 Expedia 上发布的真实酒店的管理反馈，以保证自然环境下的研究。之所以选择 Expedia，是因为：①Expedia 在每个酒店主页的底部显示了过去 48 小时的预订数量，可以集成计算每月的在线酒店预订量；②Expedia 上的所有评论都是由经过核验的真实客户发布的，因此这些评论与其他那些没有核验系统的在线评论网站的评论相比，更为准确和可信；③Expedia 允许酒店管理者通过双向互动系统对客户评论做出反馈；④Expedia 是当今的一个流行网站，占美国在线旅游预订市场的近 3/4 的市场份额（Trefis Team，2016）。总而言之，采集到的 Expedia 的数据由三部分组成：客户发布的在线评论、酒店管理者发布的管理反馈及过去 48 小时内酒店预订的实时数量。图 5.5 展示了 Expedia 上酒店网页的屏幕截图。

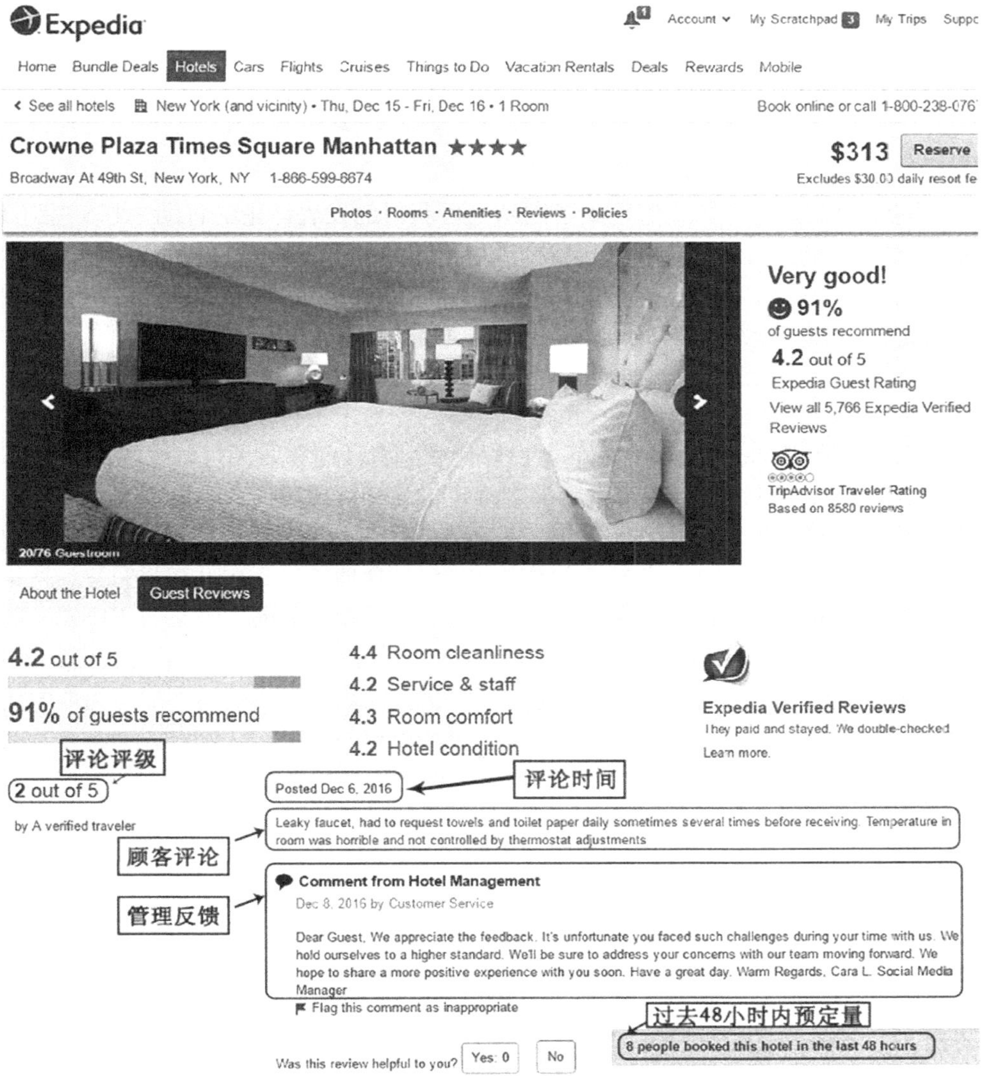

图 5.5　Expedia 上的酒店预订网页

由于纽约有大量的酒店，我们采用了纽约的酒店数据。通过将搜索查询限制在纽约市，共查询到约 500 家纽约酒店。由于酒店预订数量是动态的，并且一直不断更新，我们采集了 2014 年 8 月到 2015 年 7 月的面板数据。我们使用自编的 Java 爬虫工具，每天收集 Expedia 上过去 48 小时的预订数量，然后以月为基础将预订数量整合到每个酒店。同时，采集了 2015 年 8 月以前在 Expedia 上发布的 500 家酒店的所有评论和管理反馈，共产生 637 761 条客户评论和 23 980 条管理反馈。具体来说，负面评论最有可能收到管理反馈（1 星评论为 5.17%，2 星评论为 5.94%），其次是中性评论（3 星评论为 4.62%），然后是正面评论（4 星评论为 3.30%，5 星评论为 3.46%）。

对于每一条评论，我们采集了网站上可获得的发表评论的日期、1–5 星（1 星=差评，5 星=好评）的评论等级及管理反馈的文本（如果有的话）。然后，我们以月为基础整合每日评论和管理反馈（换句话说，将评论和管理反馈的每日数据按月汇总，如一个月的管理反馈数量、管理反馈相似性等）。然后以“酒店×月”层级将三个不同的数据集合并成一个数据集。

为了确保酒店有定期的在线预订和足够的评论来进行模型估计，我们剔除了那些某个月在 Expedia 上没有任何客户评论或没有任何在线预订的观测值。首先，如果酒店在某个月没有任何评论，那么肯定也没有管理反馈。这种情况就存在内生性问题，即“没有管理反馈”与酒店的反馈策略无关，而是由于没有在线客户评论可以反馈，因此剔除这些观测值进行分析是合理的。其次，在我们数据搜集的过程中，由于有些酒店进行装修等，这些酒店可能会关闭、停止与 Expedia 的合作，或者在特定时间段内不接受网上预订。对于这些酒店，我们无法获得完整的在线预订数据，因此，也剔除了这些观测值，因为它们可能与客户行为或酒店管理反馈无关。我们最终的数据集包含了纽约市自 2014 年 8 月至 2015 年 7 月共 12 个月，437 家独立酒店 5057 个观测值的在线预订数据。

2. 变量度量

1）管理反馈相似性计算

为了验证估计的鲁棒性，我们的模型采用了三种被广泛认可的文本挖掘函数来计算文本相似性，即余弦相似系数（cosine similarity coefficient）、戴斯相似系数（Dice similarity coefficient）和杰卡德相似系数（Jaccard similarity coefficient）。余弦相似系数是对内积空间的两个非零向量之间的个体差异的度量，它测量了它们之间角度的余弦（Maas et al.，2011）。余弦越大，两个向量之间的夹角越小，表示向量之间的相似性越高。戴斯相似系数将相似性通过两种文本中共同词与总词的比例来衡量（Och and Ney，2003）。杰卡德相似系数度量的相似性是两个文本的共同词与非共同词的比率（Huang，2008）。相似性越高，管理反馈内容的差异越小。

在本章中，我们将 X 和 Y 分别定义为一个二元向量，代表两种管理反馈：$X=(x_i,\cdots,x_n)$，其中，当词汇 i 出现在向量 X 中时，x_i 等于 1，否则等于 0；$Y=(y_i,\cdots,y_n)$，其中，当词汇 i 出现在向量 Y 中时，y_i 等于 1，否则等于 0。根据这些定义，计算管理反馈 X 和 Y 之间相似系数的函数如下：

$$\text{余弦相似系数}=\frac{\sum_{i=1}^{n}x_i\times y_i}{\sqrt{\sum_{i=1}^{n}x_i^2}\times\sqrt{\sum_{i=1}^{n}y_i^2}} \tag{5.2}$$

$$\text{戴斯相似系数}=\frac{2\sum_{i=1}^{n}x_i\times y_i}{\sum_{i=1}^{n}x_i+\sum_{i=1}^{n}y_i} \tag{5.3}$$

$$\text{杰卡德相似系数}=\frac{\sum_{i=1}^{n}x_i\times y_i}{\sum_{i=1}^{n}x_i+\sum_{i=1}^{n}y_i-\sum_{i=1}^{n}x_i\times y_i} \tag{5.4}$$

其中，n 表示词库中唯一单词的数量。

如果一家酒店在一个月内有两个或两个以上的管理反馈，我们首先使用式（5.2）、式（5.3）或式（5.4）计算任意两个管理反馈之间的相似性得分，然后计算这些得分的平均值，以表示该酒店在该月内管理反馈的总体相似性。图 5.6 是一系列散点图，展示了每个月管理反馈的单词数与总体相似性之间的关系，并使用最小二乘线性回归拟合了散点图。如第（a）列和第（b）列所示，总体相似性随着酒店管理者在反馈中使用更多独特的词而降低（就总数和平均数而言），而总体相似性则随着单词总数或平均数的增加而增加（第（c）列和第（d）列），这意味着丰富的词汇，而不是重复的词汇，有助于管理反馈之间的低相似性（即差异）。

2）主要变量的度量

因变量（$\text{BookingNum}_{i,t}$）是 Expedia 上第 t 个月酒店 i 的在线预订数量，通过每日在线预订数量之和度量。关于控制变量，$\text{RevNum}_{i,t}$ 表示第 t 个月酒店 i 的客户评论数量；$\text{RevAvg}_{i,t}$ 是第 t 个月酒店 i 的客户评论星级的平均值；$\text{RevVar}_{i,t}$ 是第 t 个月酒店 i 的客户评论星级的方差。变量汇总统计见表 5.6，变量间皮尔逊相关矩阵见表 5.7。

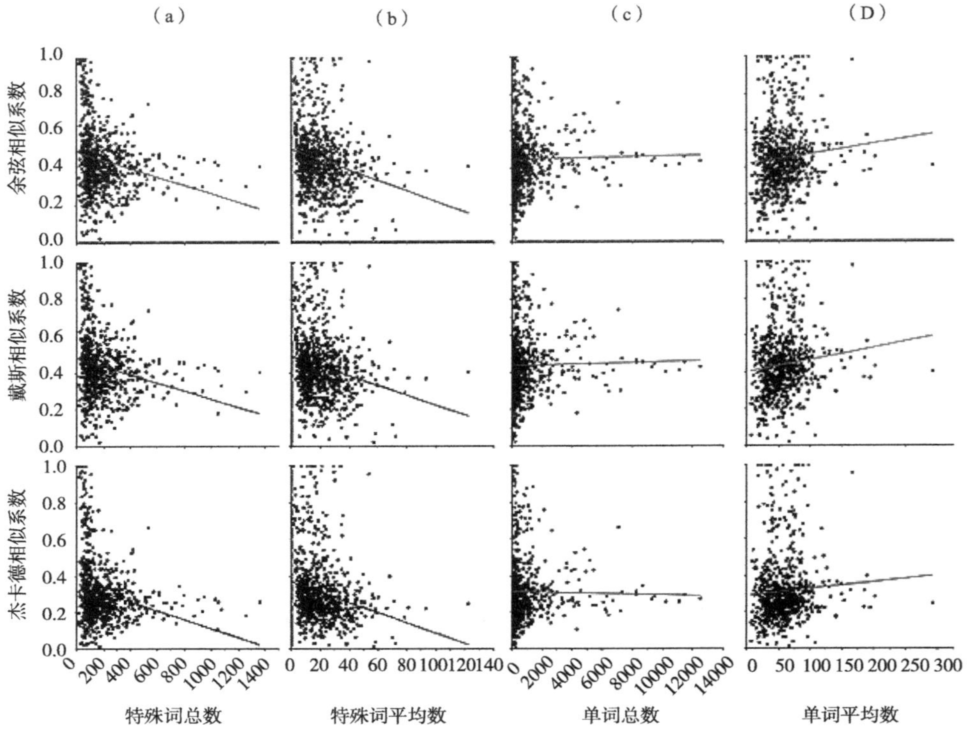

图 5.6 管理反馈相似性与词汇数的散点图

表 5.6 变量汇总统计

变量	观测值数量	均值	标准差	最小值	最大值
$BookingNum_{i,t}$	5057	378.407	477.951	1	5484
$RevNum_{i,t}$	5057	27.686	37.118	1	372
$RevAvg_{i,t}$	5057	3.958	0.643	1	5
$RevVar_{i,t}$	5057	0.739	0.494	0	4
$RespNum_{i,t}$	5057	2.703	11.989	0	189
RespLevel_Cosine					
0	4270				
1	451	0.335	0.089	0	0.447
2	336	0.599	0.152	0.448	1
RespLevel_Dice					
0	4270				
1	449	0.322	0.089	0	0.436
2	338	0.589	0.155	0.437	1
RespLevel_Jaccard					
0	4270				
1	504	0.216	0.649	0	0.314
2	283	0.491	0.194	0.315	1

表 5.7　变量间皮尔逊相关矩阵

变量	1	2	3	4	5	6	7	8
$BookingNum_{i,t}$	1							
$RevNum_{i,t}$	0.8322	1						
$RevAvg_{i,t}$	0.0019	0.0328	1					
$RevVar_{i,t}$	0.1078	0.0761	−0.4732	1				
$RespNum_{i,t}$	0.2803	0.3118	0.0332	0.0353	1			
RespLevel_Cosine	0.1726	0.1585	0.0044	0.0681	0.4961	1		
RespLevel_Dice	0.1718	0.1565	0.0052	0.0686	0.4939		1	
RespLevel_Jaccard	0.1620	0.1489	0.0051	0.0634	0.4828			1

关于自变量，$RespNum_{i,t}$ 是第 t 个月酒店 i 的管理反馈数量。$RespLevel_{i,t}$ 是一个三级分类变量，表示第 t 个月酒店 i 的管理反馈相似性。根据以往那些基于反馈相关性，将管理反馈分为通用反馈和针对性反馈的研究（Wei et al.，2013），我们从相似性的角度对管理反馈进行了分类。对于用相似词反馈所有评论的管理反馈策略，我们将其分类为高相似性反馈。对于用很多独特的词反馈特定情况的管理反馈策略，我们将其归类为低相似性反馈。具体来说，如果第 t 个月酒店 i 有两个或更多管理反馈，并且它们的相似性很高，则 $RespLevel_{i,t}$ 编码为 2；如果第 t 个月酒店 i 有两个或更多管理反馈，并且这些管理反馈之间的总体相似性很低，则编码为 1；如果没有或只有一个管理反馈，则编码为 0，因为这种情况下无法计算管理反馈的相似性。我们用来将 $RespLevel_{i,t}$ 分为低相似性水平（$RespLevel_{i,t} = 1$）和高相似性水平（$RespLevel_{i,t} = 2$）的阈值，是管理反馈相似性所有值的平均值。所有变量的描述性分析如表 5.6 所示，相关矩阵如表 5.7 所示。从表 5.7 可以看出，主要自变量之间的相关系数较小，最大值为 0.4961。自变量之间的相对低相关性消除了计量模型中的多重共线性问题。

3. 经济模型

面板数据（分析单位：酒店 × 月）可以让我们以时间序列的方式研究针对客户在线评论的管理反馈对在线酒店预订量的影响。为了控制不可观测的酒店异质性，本节采用固定效应面板数据模型。此外，面板数据的性质可以控制时不变因素（Li et al.，2017c），并有助于减少遗漏变量偏差带来的影响。与 Xie 等（2017b）的研究一致，本章还探索了管理反馈对酒店在线预订量影响的滞后效应而非同期效应，主要原因有两个：避免伪回归（反向关系）和进行预测。基于此，我们分别使用前一个月、两个月、三个月和四个月的自变量的累积值来解释和预测 Expedia 上的在线酒店预订[①]。因此，需要估算的计量经济模型如下：

$$\begin{aligned}\text{BookingNum}_{it} = \beta_{10} + \beta_{11}\text{RevNum}_{i,t-1} + \beta_{12}\text{RevAvg}_{i,t-1} + \beta_{13}\text{RevVar}_{i,t-1} \\ + \beta_{14}\text{RespNum}_{i,t-1} + \beta_{15}\text{RespLevel}_{i,t-1} + u_{1i} + \varepsilon_{1it}\end{aligned} \quad (5.5)$$

$$\begin{aligned}\text{BookingNum}_{it} = \beta_{20} + \beta_{21}\text{RevNum}_{i,t-2} + \beta_{22}\text{RevAvg}_{i,t-2} + \beta_{23}\text{RevVar}_{i,t-2} \\ + \beta_{24}\text{RespNum}_{i,t-2} + \beta_{25}\text{RespLevel}_{i,t-2} + u_{2i} + \varepsilon_{2it}\end{aligned} \quad (5.6)$$

$$\begin{aligned}\text{BookingNum}_{it} = \beta_{30} + \beta_{31}\text{RevNum}_{i,t-3} + \beta_{32}\text{RevAvg}_{i,t-3} + \beta_{33}\text{RevVar}_{i,t-3} \\ + \beta_{34}\text{RespNum}_{i,t-3} + \beta_{35}\text{RespLevel}_{i,t-3} + u_{3i} + \varepsilon_{3it}\end{aligned} \quad (5.7)$$

$$\begin{aligned}\text{BookingNum}_{it} = \beta_{40} + \beta_{41}\text{RevNum}_{i,t-4} + \beta_{42}\text{RevAvg}_{i,t-4} + \beta_{43}\text{RevVar}_{i,t-4} \\ + \beta_{44}\text{RespNum}_{i,t-4} + \beta_{45}\text{RespLevel}_{i,t-4} + u_{4i} + \varepsilon_{4it}\end{aligned} \quad (5.8)$$

其中，$\text{RevNum}_{i,t-1}$、$\text{RevAvg}_{i,t-1}$、$\text{RevVar}_{i,t-1}$、$\text{RespNum}_{i,t-1}$ 及 $\text{RespLevel}_{i,t-1}$ 是 $\text{RevNum}_{i,t}$、$\text{RevAvg}_{i,t}$、$\text{RevVar}_{i,t}$、$\text{RespNum}_{i,t}$ 及 $\text{RespLevel}_{i,t}$ 的一阶滞后；$\text{RevNum}_{i,t-2}$、$\text{RevAvg}_{i,t-2}$、$\text{RevVar}_{i,t-2}$、$\text{RespNum}_{i,t-2}$ 及 $\text{RespLevel}_{i,t-2}$ 是 $\text{RevNum}_{i,t}$、$\text{RevAvg}_{i,t}$、$\text{RevVar}_{i,t}$、$\text{RespNum}_{i,t}$ 及 $\text{RespLevel}_{i,t}$ 的前两个月的累积值；$\text{RevNum}_{i,t-3}$、$\text{RevAvg}_{i,t-3}$、$\text{RevVar}_{i,t-3}$、$\text{RespNum}_{i,t-3}$ 及 $\text{RespLevel}_{i,t-3}$ 是 $\text{RevNum}_{i,t}$、$\text{RevAvg}_{i,t}$、$\text{RevVar}_{i,t}$、$\text{RespNum}_{i,t}$ 及 $\text{RespLevel}_{i,t}$ 的前三个月的累积值；$\text{RevNum}_{i,t-4}$、$\text{RevAvg}_{i,t-4}$、$\text{RevVar}_{i,t-4}$、$\text{RespNum}_{i,t-4}$ 及 $\text{RespLevel}_{i,t-4}$ 是 $\text{RevNum}_{i,t}$、$\text{RevAvg}_{i,t}$、$\text{RevVar}_{i,t}$、$\text{RespNum}_{i,t}$ 及 $\text{RespLevel}_{i,t}$ 的前四个月的累积值；u_{1i}、u_{2i}、u_{3i}、u_{4i} 表示不可观测的特征截面效应。

5.2.4 研究结果分析

1. 主要结果

上述计量经济模型的估计结果见表 5.8。为了确保固定效应面板数据模型是正确的模型规范，我们做了 F 检验和豪斯曼检验。如表 5.8 所示，F 检验拒绝了混合最小二乘模型的零假设（常截距模型），豪斯曼检验拒绝了随机效应模型的零假设，表明固定效应模型是本章的正确模型规范。此外，还对方差膨胀系数（variance inflation factor，VIF）进行了检验，以确定是否存在多重共线性，表 5.8 中的结果表明，所有经济计量模型中的 VIF 值均为小于 10 的截断值（Hair et al.，1998），说明不存在多重共线性问题。

---

① 我们在计算前 4 个月的累计值时停止的原因是我们发现模型的估计结果与前 5 个月和后 5 个月相似，但 R^2 显著下降。

表 5.8　估计结果

$lgBookingNum_{i,t}$	Cosine				Dice				Jaccard			
	(1)	(2)	(3)	(4)	(5)	(6)	(7)	(8)	(9)	(10)	(11)	(12)
$lgRevNum_{i,t}$	0.265***	0.323***	0.260***	0.211***	0.265***	0.323***	0.260***	0.212***	0.265***	0.324***	0.260***	0.212***
	(0.0118)	(0.0141)	(0.0177)	(0.0195)	(0.0118)	(0.0141)	(0.0177)	(0.0195)	(0.0118)	(0.0141)	(0.0177)	(0.0195)
$RevAvg_{i,t}$	0.0440**	0.0919***	0.0770**	0.0858**	0.0438**	0.0916***	0.0765**	0.0849**	0.0441**	0.0913***	0.0759**	0.0852**
	(0.0204)	(0.0275)	(0.0358)	(0.0417)	(0.0204)	(0.0275)	(0.0358)	(0.0417)	(0.0204)	(0.0275)	(0.0358)	(0.0418)
$RevVar_{i,t}$	−0.0154	−0.0630***	−0.0744***	−0.0608*	−0.0153	−0.0631***	−0.0735***	−0.0597*	−0.0156	−0.0621***	−0.0722***	−0.0583*
	(0.0175)	(0.0218)	(0.0271)	(0.0314)	(0.0175)	(0.0218)	(0.0271)	(0.0314)	(0.0175)	(0.0218)	(0.0271)	(0.0314)
$lgRespNum_{i,t}$	0.00647	−0.0135	−0.0177	−0.0180	0.00721	−0.0141	−0.0167	−0.0171	0.00585	−0.0107	−0.0145	−0.0158
	(0.0258)	(0.0224)	(0.0217)	(0.0210)	(0.0258)	(0.0224)	(0.0217)	(0.0210)	(0.0258)	(0.0224)	(0.0217)	(0.0210)
RespLevel_0	—	—	—	—	—	—	—	—	—	—	—	—
RespLevel_1	−0.0830	−0.0396	−0.0216	−0.0503	−0.0905	−0.0385	−0.0371	−0.0642	−0.0731	−0.0657	−0.0652	−0.0813
	(0.0593)	(0.0574)	(0.0590)	(0.0589)	(0.0594)	(0.0577)	(0.0587)	(0.0587)	(0.0584)	(0.0561)	(0.0576)	(0.0579)
RespLevel_2	−0.0505	−0.117**	−0.132**	−0.171***	−0.0427	−0.115**	−0.121**	−0.159***	−0.0604	−0.100*	−0.0995*	−0.153**
	(0.0609)	(0.0570)	(0.0583)	(0.0588)	(0.0605)	(0.0568)	(0.0585)	(0.0589)	(0.0625)	(0.0590)	(0.0602)	(0.0604)
Constant	4.545***	3.980***	4.145***	4.227***	4.545***	3.981***	4.144***	4.227***	4.545***	3.980***	4.145***	4.223***
	(0.0866)	(0.1173)	(0.1548)	(0.1816)	(0.0865)	(0.1173)	(0.1549)	(0.1816)	(0.0866)	(0.1173)	(0.1550)	(0.1818)
Observations	5057	5148	5175	5188	5057	5148	5175	5188	5057	5148	5175	5188
R-Squared	0.107	0.112	0.0522	0.0328	0.108	0.112	0.0516	0.0322	0.107	0.111	0.0509	0.0317
F-Test	11.38***	9.29***	8.11***	7.93***	11.38***	9.29***	8.10***	7.91***	11.38***	9.28***	8.08***	7.90***
Hausman Test	1993***	924***	385***	1012***	1995***	923***	494***	1026***	1999***	918***	523***	1018.5***
VIF	2.74	2.74	2.73	2.69	2.74	2.74	2.72	2.69	2.74	2.74	2.72	2.69

注：括号中为标准误差

*表示 $p<0.1$，**表示 $p<0.05$，***表示 $p<0.01$

我们的模型分别引入三个被广泛应用的用于计算管理反馈文本相似性得分的函数。模型（1）~模型（4）分别用余弦相似系数表示了前一个月、两个月、三个月和四个月累积的评论和反馈数据的估计结果。基于戴斯相似系数，模型（5）~模型（8）分别显示了前一个月、两个月、三个月和四个月累积的评论和反馈数据的估计结果。同样，模型（9）~模型（12）利用杰卡德相似系数分别给出了前一个月、两个月、三个月和四个月累积的评论和反馈数据的估计结果。根据 R^2 的模型适应度指标可以看出，利用前两个月累积的评论和管理反馈，即模型（2）、模型（6）和模型（10），较好地解释了本月在线酒店预订数量的变化。随着我们使用的累积月数的增加，模型的 R^2 下降①，证实了近因效应。

从模型（2）、模型（6）和模型（10）可以看出，估算结果一致。首先，客户评论量对 Expedia 上酒店预订有显著影响，系数为正（系数=0.323、0.323、0.324）。其次，客户评论的平均星级对 Expedia 上酒店预订也有积极和显著的影响（系数=0.0919、0.0916、0.0913）。然而，客户评论的评级方差对 Expedia 上酒店预订产生了负面和统计上显著的影响（系数=−0.0630，−0.0631，−0.0621）。从管理反馈的影响来看，管理反馈数量对酒店预订的影响在统计上不显著，这表明 H1 不成立。虽然管理反馈有助于改善酒店形象，但并不一定意味着管理反馈的数量可以直接增加在线酒店预订量。这一发现与以往文献一致，即更多的管理反馈并不能保证更高的酒店预订数量（Xie et al.，2016）。我们的研究结果表明，整体评级是客户做决策所基于的最重要的标准，而管理反馈数量对客户决策过程的影响是无关紧要的。这一结果表明，当客户在线预订酒店时，管理反馈数量本身既不具有信息性，也不重要。

相反，管理反馈内容的相似性对酒店预订产生了负面和显著的影响。具体来说，与没有或只有一个管理反馈（RespLevel_0）相比，具有高度相似性的管理反馈（RespLevel_2）显著降低了 Expedia 上的酒店预订（系数=−0.117，−0.115，−0.100）。与没有或只有一个管理反馈（RespLevel_0）相比，低相似性管理反馈（RespLevel_1）的影响不显著。对这一结果的一种解释是基于信息过载和无聊理论（Klapp，1986）。首先，对于客户来说，冗余信息可能是毫无意义的重复或“噪声”。在我们的研究中，与没有或只有一个管理反馈相比，很多具有高度相似性的管理反馈是信息重复的表现，更可能导致客户厌烦。与我们的发现一致，具有高度相似性的管理反馈对在线酒店预订具有显著的负面影响。McColl-Kennedy 和 Sparks（2003）的实验研究进一步证实了这一发现，指出那些被视为不关心客户的服务补救，会导致客户的负面情绪。其次，相似性较低的管理反馈意味着向客户展示了更多的独特词汇。然而，更多的信息并不等于或不意味着更有用的信

① 从 2 个月到 12 个月，模型的 R^2 显著下降。为了节省空间，我们不报告其他结果，但可以向作者咨询或索要。

息，因为更多的信息也伴随着信息干扰的增加。也就是说，低相似性的管理反馈并不能保证可以解决客户的投诉或担忧，也不能给后续客户留下良好印象，以确保预订数量的增加。因此，可以理解的是，低相似性的管理反馈对在线酒店预订数量的影响并不显著。

2. 鲁棒性检验

在上述模型中，我们用来将 RespLevel_{it} 分类为低相似性 $\text{RespLevel}_{it}=1$ 和高相似性 $\text{RespLevel}_{it}=2$ 的阈值是总体管理反馈相似性所有值的平均值。为了检验估计结果的稳健性，我们采用总体管理反馈相似性所有值的中位数作为阈值，重新估计了计量经济学模型。新模型的估计结果在数量上与主分析的估计结果相似（表 5.9）。

5.2.5　小结

与以往研究（Tsao et al., 2015; Hu et al., 2008; Zhang et al., 2010; Zhang et al., 2019）一致，本章的研究表明，在线评论的数量和平均评级对消费者的酒店预订有正向影响。此外，在线评论的评级方差对酒店预订有负向影响，这与 Ye 等（2009）的研究一致，即评论评级方差对酒店销售产生负向影响。在线评论评级的方差高表明客户对产品或服务质量的感知存在不确定性和分歧，可能会阻碍潜在客户的酒店预订。

本章的研究表明，管理反馈数量对在线酒店预订没有显著影响，这与部分以往研究的结果一致，即管理反馈对酒店预订或购买意向的影响微不足道甚至是负向的（Mauri and Minazzi，2013；Lee and Song，2010；Xie et al.，2016）。更重要的是，我们的研究揭示了一个重要的新发现：管理反馈的相似性显著影响了客户的酒店预订。具体来说，与那些没有或只有一个管理反馈的酒店相比，具有高相似性的管理反馈对在线酒店预订具有显著的负向影响，而具有低相似性的管理反馈则没有显著影响。因此，即使管理反馈具有低相似性，也不能“保证”对客户的酒店预订产生正向的影响或更好的结果。管理反馈的不同效应（即反馈数量和相似性）表明，有效管理反馈的关键不在于“多少”，而在于“如何”反馈。当消费者浏览到非常相似的管理反馈时，可能会感觉到他们没有得到任何真正的关注或有针对性的反馈，而只是得到了一些标准和通用的回复，这些反馈并不能解决他们的问题，从而只会让他们感到没有人情味或被冒犯。此外，即使在提供了“不相似”或不同的管理反馈之后，酒店也可能不会因此产生比没有或只有一个反馈更高的预定，可能是因为潜在客户仍然对质量感到担忧，或者他们仍然不能完全信任酒店。

此外，我们还发现了近因效应，也就是，最近两个月的管理反馈和网上评论

表 5.9 鲁棒性检验

$lgBookingNum_{i,t}$	Cosine				Dice				Jaccard			
	(1)	(2)	(3)	(4)	(5)	(6)	(7)	(8)	(9)	(10)	(11)	(12)
$lgRevNum_{i,t}$	0.265***	0.323***	0.260***	0.211***	0.265***	0.323***	0.260***	0.211***	0.265***	0.323***	0.259***	0.211***
	(0.0118)	(0.0141)	(0.0177)	(0.0195)	(0.0118)	(0.0141)	(0.0177)	(0.0195)	(0.0118)	(0.0141)	(0.0177)	(0.0195)
$RevAvg_{i,t}$	0.0444**	0.0917***	0.0766**	0.0847**	0.0448**	0.0917***	0.0769**	0.0858**	0.0446**	0.0921***	0.0781**	0.0869**
	(0.0204)	(0.0275)	(0.0358)	(0.0417)	(0.0204)	(0.0275)	(0.0358)	(0.0417)	(0.0204)	(0.0275)	(0.0358)	(0.0417)
$RevVar_{i,t}$	−0.0160	−0.0630***	−0.0734***	−0.0583*	−0.0164	−0.0630***	−0.0739***	−0.0585*	−0.0163	−0.0625***	−0.0736***	−0.0582*
	(0.0175)	(0.0218)	(0.0271)	(0.0314)	(0.0175)	(0.0218)	(0.0271)	(0.0314)	(0.0175)	(0.0218)	(0.0271)	(0.0314)
$lgRespNum_{i,t}$	0.00444	−0.0130	−0.0168	−0.0170	0.00328	−0.0134	−0.0180	−0.0185	0.00471	−0.0120	−0.0172	−0.0162
	(0.0259)	(0.0224)	(0.0217)	(0.0210)	(0.0259)	(0.0224)	(0.0217)	(0.0210)	(0.0258)	(0.0224)	(0.0217)	(0.0210)
RespLevel_0	—	—	—	—	—	—	—	—	—	—	—	—
RespLevel_1	−0.0483	−0.0387	−0.0321	−0.0567	−0.0315	−0.0389	−0.0159	−0.0332	−0.0411	−0.0421	−0.0168	−0.0519
	(0.0602)	(0.0581)	(0.0591)	(0.0589)	(0.0604)	(0.0584)	(0.0593)	(0.0594)	(0.0601)	(0.0576)	(0.0591)	(0.0588)
RespLevel_2	−0.0864	−0.111**	−0.119**	−0.161***	−0.100*	−0.109*	−0.128**	−0.176***	−0.0948	−0.112**	−0.132**	−0.169***
	(0.0594)	(0.0563)	(0.0578)	(0.0584)	(0.0594)	(0.0562)	(0.0576)	(0.0581)	(0.0598)	(0.0567)	(0.0579)	(0.0586)
Constant	4.544***	3.982***	4.145***	4.231***	4.544***	3.981***	4.146***	4.227***	4.544***	3.980***	4.142***	4.224***
	(0.0866)	(0.1173)	(0.1549)	(0.1816)	(0.0865)	(0.1173)	(0.1548)	(0.1815)	(0.0865)	(0.1173)	(0.1548)	(0.1816)
Observations	5057	5148	5175	5188	5057	5148	5175	5188	5057	5148	5175	5188
R-Squared	0.107	0.112	0.0517	0.0325	0.108	0.112	0.0524	0.0336	0.108	0.112	0.0524	0.0328
F-Test	11.38***	9.28***	8.09***	7.91***	11.39***	9.28***	8.11***	7.94***	11.39***	9.28***	8.11***	7.92***
Hausman Test	2002***	924***	492***	1122***	2008***	923***	512***	1115***	2004***	923***	528***	1126***
VIF	2.74	2.74	2.73	2.70	2.74	2.74	2.73	2.70	2.75	2.74	2.73	2.70

注：括号内为标准误差

*表示 $p<0.1$，**表示 $p<0.05$，***表示 $p<0.01$

信息最能解释当月的预订量，而超过近两个月的数据的解释力度则明显下降。可能的解释是，最新的评论和管理反馈揭示了有关产品或服务的最新信息，提高了消费者对所发布信息的可信度和价值感知（Maxham and Netemeyer，2002；Wei et al.，2013；Westerman et al.，2014）。

参考文献

Anderson E T，Simester D I. 2001. Research note：price discrimination as an adverse signal：why an offer to spread payments may hurt demand[J]. Marketing Science，20（3）：315-327.

Angrist J D，Pischke J-S. 2008. Mostly Harmless Econometrics：An Empiricist's Companion[M]. Princeton：Princeton University Press.

Ashenfelter O，Card D. 1985. Using the longitudinal structure of earnings to estimate the effect of training programs[J]. The Review of Economics and Statistics，67（4）：648-660.

Ba S L，Pavlou P A. 2002. Evidence of the effect of trust building technology in electronic markets：price premiums and buyer behavior[J]. MIS Quarterly，26（3）：243-268.

Berger J，Schwartz E M. 2011. What drives immediate and ongoing word of mouth?[J]. Journal of Marketing Research，48（5）：869-880.

Bertrand M，Duflo E，Mullainathan S. 2004. How much should we trust differences-in-differences estimates?[J]. The Quarterly Journal of Economics，119（1）：249-275.

Bickart B，Schindler R M. 2001. Internet forums as influential sources of consumer information[J]. Journal of Interactive Marketing，15（3）：31-40.

Brady M K，Cronin J J. 2001. Some new thoughts on conceptualizing perceived service quality：a hierarchical approach[J]. Journal of Marketing，65（3）：34-49.

Burtch G，Hong Y L，Bapna R，et al. 2017. Stimulating online reviews by combining financial incentives and social norms[J]. Management Science，64（5）：2065-2082.

Chen W，Wei X H，Zhu K. 2018. Engaging voluntary contributions in online communities a hidden Markov model[J]. MIS Quarterly，42（1）：83-100.

Chen Y B，Xie J H. 2008. Online consumer review：word-of-mouth as a new element of marketing communication mix[J]. Management Science，54（3）：477-491.

Chevalier J A，Mayzlin D. 2006. The effect of word of mouth on sales：online book reviews[J]. Journal of Marketing Research，43（3）：345-354.

Chintagunta P K，Gopinath S，Venkataraman S. 2010. The effects of online user reviews on movie box office performance：accounting for sequential rollout and aggregation across local markets[J]. Marketing Science，29（5）：944-957.

Dellarocas C，Narayan R. 2006. A statistical measure of a population's propensity to engage in post-purchase online word-of-mouth[J]. Statistical Science，21（2）：277-285.

Duan W J，Gu B，Whinston A B. 2008a. The dynamics of online word-of-mouth and product sales：an empirical investigation of the movie industry[J]. Journal of Retailing，84（2）：233-242.

Duan W J，Gu B，Whinston A B. 2008b. Do online reviews matter? — An empirical investigation of panel data[J]. Decision Support Systems，45（4）：1007-1016.

Goes P B，Lin M F，Au Yeung C. 2014. "Popularity effect" in user-generated content：evidence from online product reviews[J]. Information Systems Research，25（2）：222-238.

Gu B, Ye Q. 2014. First step in social media: measuring the influence of online management responses on customer satisfaction[J]. Production and Operations Management, 23(4): 570-582.

Hair J F, Black W C, Babin B J, et al. 1998. Multivariate Data Analysis[M]. 5th ed. Upper Saddle River: Prentice Hall.

Hennig-Thurau T, Malthouse E C, Friege C, et al. 2010. The impact of new media on customer relationships[J]. Journal of Service Research, 13(3): 311-330.

Ho Y-C, Wu J J, Tan Y. 2017. Disconfirmation effect on online rating behavior: a structural model[J]. Information Systems Research, 28(3): 626-642.

Hu N, Liu L, Zhang J J. 2008. Do online reviews affect product sales? The role of reviewer characteristics and temporal effects[J]. Information Technology and Management, 9(3): 201-214.

Huang A. 2008. Similarity measures for text document clustering[R]. Christchurch: The 6th New Zealand Computer Science Research Student Conference.

Huang N, Hong Y L, Burtch G. 2017. Social network integration and user content generation evidence from natural experiments[J]. MIS Quarterly, 41(4): 1035-1058.

Kim T T, Kim W G, Kim H B. 2009. The effects of perceived justice on recovery satisfaction, trust, word-of-mouth, and revisit intention in upscale hotels[J]. Tourism Management, 30(1): 51-62.

Klapp O E. 1986. Overload and Boredom: Essays on the Quality of Life in the Information Society[M]. Westport: Praeger Publisher.

Kumar N, Qiu L F, Kumar S. 2016. Exit, voice, and response in digital platforms: an empirical investigation of online management response strategies[P]. Mays Business School Research Paper NO. 2831236.

Kwok L, Xie K L. 2016. Factors contributing to the helpfulness of online hotel reviews: does manager response play a role?[J]. International Journal of Contemporary Hospitality Management, 28(10): 2156-2177.

Lappas T, Sabnis G, Valkanas G. 2016. The impact of fake reviews on online visibility: a vulnerability assessment of the hotel industry[J]. Information Systems Research, 27(4): 940-961.

Lee Y-J, Hosanagar K, Tan Y. 2015. Do I follow my friends or the crowd? Information cascades in online movie ratings[J]. Management Science, 61(9): 2241-2258.

Lee Y L, Song S. 2010. An empirical investigation of electronic word-of-mouth: informational motive and corporate response strategy[J]. Computers in Human Behavior, 26(5): 1073-1080.

Levy S E, Duan W, Boo S. 2013. An analysis of one-star online reviews and responses in the Washington, D.C., Lodging Market[J]. Cornell Hospitality Quarterly, 54(1): 49-63.

Lewis B R, McCann P. 2004. Service failure and recovery evidence from the hotel industry[J]. International Journal of Contemporary Hospitality Management, 16(1): 6-17.

Li C Y, Cui G, Peng L. 2017a. The signaling effect of management response in engaging customers: a study of the hotel industry[J]. Tourism Management, 62: 42-53.

Li H Y, Zhang Z Q, Meng F, et al. 2017b. Is peer evaluation of consumer online reviews socially embedded? –an examination combining reviewer's social network and social identity[J]. International Journal of Hospitality Management, 67: 143-153.

Li H, Song H, Li L. 2017c. A dynamic panel data analysis of climate and tourism demand: additional evidence[J]. Journal of Travel Research, 56(2): 158-171.

Li H Y, Wang C H, Meng F, et al. 2019a. Making restaurant reviews useful and/or enjoyable? The impacts of temporal, explanatory, and sensory cues[J]. International Journal of Hospitality Management, 83(7): 257-265.

Li H，Zhang Z，Meng F，et al. 2019b. “When you write review” matters：the interactive effect of prior online reviews and review temporal distance on consumers’ restaurant evaluation[J]. International Journal of Contemporary Hospitality Management，31（3）：1273-1291.

Lo A S，Stalcup L D，Lee A. 2010. Customer relationship management for hotels in Hong Kong[J]. International Journal of Contemporary Hospitality Management，22（2）：139-159.

Maas A L，Daly R E，Pham P T，et al. 2011. Learning word vectors for sentiment analysis[R]. Portland：The 49th Annual Meeting of the Association for Computational Linguistics：Human Language Technologies.

Marshall R，Leng S B. 2002. Price threshold and discount saturation point in Singapore[J]. Journal of Product & Brand Management，11（3）：147-159.

Mauri A G，Minazzi R. 2013. Web reviews influence on expectations and purchasing intentions of hotel potential customers[J]. International Journal of Hospitality Management，34：99-107.

Maxham III J G，Netemeyer R G. 2002. A longitudinal study of complaining customers’ evaluations of multiple service failures and recovery efforts[J]. Journal of Marketing，66（4）：57-71.

McColl-Kennedy J R，Sparks B A. 2003. Application of fairness theory to service failures and service recovery[J]. Journal of Service Research，5（3）：251-266.

Meng F，Dipietro R B，Gerdes J H，et al. 2018. How hotel responses to negative online reviews affect customers’ perception of hotel image and behavioral intent：an exploratory investigation[J]. Tourism Review International，22（1）：23-39.

Min H，Lim Y，Magnini V P. 2015. Factors affecting customer satisfaction in responses to negative online hotel reviews：the impact of empathy，paraphrasing，and speed[J]. Cornell Hospitality Quarterly，56（2）：223-231.

Moe W W，Schweidel D A. 2012. Online product opinions：incidence，evaluation，and evolution[J]. Marketing Science，31（3）：372-386.

O’Connor P. 2010. Managing a hotel’s image on TripAdvisor[J]. Journal of Hospitality Marketing & Management，19（7）：754-772.

Och F J，Ney H. 2003. A systematic comparison of various statistical alignment models[J]. Computational Linguistics，29（1）：19-51.

Park S-Y，Allen J P. 2013. Responding to online reviews[J]. Cornell Hospitality Quarterly，54（1）：64-73.

Pavlou P A，Dimoka A. 2006. The nature and role of feedback text comments in online marketplaces：implications for trust building，price premiums，and seller differentiation[J]. Information Systems Research，17（4）：392-414.

Pavlou P A，Gefen D. 2004. Building effective online marketplaces with institution-based trust[J]. information Systems Research，15（1）：37-59.

Proserpio D，Zervas G. 2017. Online reputation management：estimating the impact of management responses on consumer reviews[J]. Marketing Science，36（5）：645-665.

Ren J，Yeoh W，Ee M S，et al. 2018. Online consumer reviews and sales：examining the chicken-egg relationships[J]. Journal of the Association for Information Science and Technology，69（3）：449-460.

Rose M，Blodgett J G. 2016. Should hotels respond to negative online reviews?[J]. Cornell Hospitality Quarterly，57（4）：396-410.

Sparks B，Bradley G L. 2017. A “Triple A” typology of responding to negative consumer-generated online reviews[J]. Journal of Hospitality & Tourism Research，41（6）：719-745.

Sparks B A，Browning V. 2011. The impact of online reviews on hotel booking intentions and perception of trust[J]. Tourism Management，32（6）：1310-1323.

Sparks B A, So K K F, Bradley G L. 2016. Responding to negative online reviews: the effects of hotel responses on customer inferences of trust and concern[J]. Tourism Management, 53: 74-85.

Trefis Team. 2016. Priceline versus expedia: where do they stand currently? [EB/OL]. https://www.trefis.com/stock/pcln/articles/334258/priceline-versus-expedia-where-do-they-stand-currently/2016-01-29. [2019-03-14].

Tsao W C, Hsieh M T, Shih L W, et al. 2015. Compliance with eWOM: the influence of hotel reviews on booking intention from the perspective of consumer conformity[J]. International Journal of Hospitality Management, 46: 99-111.

Vermeulen I E, Seegers D. 2009. Tried and tested: the impact of online hotel reviews on consumer consideration[J]. Tourism Management, 30 (1): 123-127.

Wei W, Miao L, Huang Z W. 2013. Customer engagement behaviors and hotel responses[J]. International Journal of Hospitality Management, 33 (33): 316-330.

Westerman D, Spence P R, van der Heide B. 2014. Social media as information source: recency of updates and credibility of information[J]. Journal of Computer-Mediated Communication, 19 (2): 171-183.

Xie K, Kwok L, Wang W. 2017a. Monetizing managerial responses on TripAdvisor: performance implications across hotel classes[J]. Cornell Hospitality Quarterly, 43 (3): 240-252.

Xie K, So K K F, Wang W. 2017b. Joint effects of management responses and online reviews on hotel financial performance: a data-analytics approach[J]. International Journal of Hospitality Management, 62: 101-110.

Xie K L, Zhang Z L, Zhang Z Q. 2014. The business value of online consumer reviews and management response to hotel performance[J]. International Journal of Hospitality Management, 43: 1-12.

Xie K L, Zhang Z L, Zhang Z Q, et al. 2016. Effects of managerial response on consumer eWOM and hotel performance: evidence from TripAdvisor[J]. International Journal of Contemporary Hospitality Management, 28 (9): 2013-2034.

Ye Q, Law R, Gu B. 2009. The impact of online user reviews on hotel room sales[J]. International Journal of Hospitality Management, 28 (1): 180-182.

Ye Q, Law R, Gu B, et al. 2011. The influence of user-generated content on traveler behavior: an empirical investigation on the effects of e-word-of-mouth to hotel online bookings[J]. Computers in Human Behavior, 27 (2): 634-639.

Zhang Z L, Liang S, Li H Y, et al. 2019. Booking now or later: do online peer reviews matter?[J]. International Journal of Hospitality Management, 77: 147-158.

Zhang Z Q, Ye Q, Law R, et al. 2010. The impact of e-word-of-mouth on the online popularity of restaurants: a comparison of consumer reviews and editor reviews[J]. International Journal of Hospitality Management, 29 (4): 694-700.

Zhang Z Q, Zhang Z L, Yang Y. 2016. The power of expert identity: how website-recognized expert reviews influence travelers' online rating behavior[J]. Tourism Management, 55: 15-24.

Zhu F, Zhang X Q. 2010. Impact of online consumer reviews on sales: the moderating role of product and consumer characteristics[J]. Journal of Marketing, 74 (2): 133-148.

第6章　投资者生成内容的群体智慧研究

叶强，金玉，吴羡娇
哈尔滨工业大学经济与管理学院

6.1　在线投资社区中业余分析师的推荐价值研究

6.1.1　研究背景

在线投资社区为大众提供了分享和使用证券投资分析的平台（Bartov et al.，2018）。由于在线发布的成本低和在线投资社区的普及，新形式的金融分析逐渐形成，DIY（do it yourself）金融分析的时代正在到来（Chen et al.，2014）。最近，业余分析师通过在线投资社区分享了大量的业余投资分析，他们通常对某一行业有着独特见解，或对某一家公司进行了深入调查。这无疑将改变市场参与者获取信息的方式。也就是说，投资者将越来越多地依赖业余分析师的建议，利用集体智慧做出投资决策，而不再只单纯地追随卖方分析师。

与专业分析师一样，业余分析师的投资分析主要包含三个方面：盈利预测、推荐评级和文本分析。在研究业余分析师的产出时，研究人员目前主要关注了盈利预测和文本分析。之前的研究表明，业余分析师分享的文本分析和盈利预测可以预测股票的未来表现（Chen et al.，2014；Jame et al.，2016；Drake et al.，2017）。除了盈利预测和文本分析，投资分析还提供一个评级，来推荐投资者做出相应的投资行为，如购买、出售或持有证券。推荐是对股票表现的一种概括性的衡量，是财务分析的一个量化要素，因此投资者通常更加关注推荐评级。已有研究检验了通过非传统渠道分享的推荐的价值，如报纸（Barber and Loeffler，1993）、互联网股票留言板（Antweiler and Frank，2004）、电视（Engelberg et al.，2012）、垃圾邮件消息（Nelson et al.，2013）、买方分析师的在线社区（Crawford et al.，2017），此前的研究未能充分调查在线投资社区中的业余分析师分享的推荐评级能否预测股市表现。因此，本节试图解决这一研究空白，并探究两个具体的研究问题：业余分析师通过在线投资社区发布的推荐评级能否预测收益率？推荐评级的分歧是否与成交量有关？

本节的其余部分组织如下。在第二部分提出了本节的研究假设，在第三部分描述了所使用的数据和研究方法，在第四部分给出了实证结果及相应的分析。最后，本节通过讨论结果、贡献、局限和未来的研究方向对所做的研究进行总结。

6.1.2 假设提出

投资者通常依赖金融分析师获取金融证券的价值相关信息（Bartov et al.，2018）。以往对财务分析的研究主要集中于分析师的研究产出，包括股票推荐、盈利预测、目标价格和文本分析。总的来说，这些研究的结果表明，分析师的产出包含价值相关信息（Womack，1996；Francis and Soffer，1997；Barber et al.，2001；Brav and Lehavy，2003；Asquith et al.，2005；Loh and Stulz，2011；Huang et al.，2014；Hsieh et al.，2016；Huang et al.，2017）。随着社交媒体的日益普及，同行意见开始在金融市场中发挥重要作用（Chen et al.，2014）。与传统媒体相比，社交媒体与公司股票表现之间具有更强的关系（Yu et al.，2013）。Drake 等（2017）发现不同类型的社交媒体的影响差异显著，并证明半专业中介机构（如报纸网站、商业新闻网站、在线投资社区等）与资本市场的正向效应相关。业余金融分析是指业余分析师通过在线投资社区（如 Seeking Alpha、Estimize 和 The Motley Fool）进行的投资研究。业余金融分析的格式类似于卖方分析师撰写的报告，通常包括盈利预测、推荐评级和文本分析。最近的研究表明，业余分析师在在线投资社区发布的盈利预测和文本分析可以帮助预测盈利和股票收益（Chen et al.，2014；Jame et al.，2016）。除了盈利预测和文本分析之外，推荐评级也是衡量未来股票表现的指标，因此，了解业余分析师的推荐评级也很重要。

在线投资社区为业余分析师提供了共享证券信息的环境。几项研究表明，当人们意识到向社交网络贡献知识可以建立或提高他们的职业声誉时，他们就会积极地向社交网络贡献知识（Wasko and Faraj，2005；Chiu et al.，2006；Chang and Chuang，2011；Hu et al.，2012）。此外，在社交媒体中，社交互动在分享信息决策上发挥着重要的作用（Chiu et al.，2006；Hsu et al.，2007）。特别地，声誉和社会互动对共享知识的质量有正向影响，而对共享知识的数量没有正向影响（Chang and Chuang，2011）。因此，业余分析师可以利用在线投资社区作为新的渠道，展示他们的专业技能，并建立他们的声誉。特别是，想要成为意见领袖的业余分析师会发布高质量的投资分析（如股票推荐、盈利预测、目标价格和文本分析）。

Chen 等（2014）研究了业余分析师在 Seeking Alpha 上发表的文本分析的信息量。Seeking Alpha 是一个流行的在线投资研究社区。Seeking Alpha 上的文本分析是与卖方分析师撰写的报告格式类似的长篇文章（Avery et al.，2016）。他们发现，该网站上发表的投资研究与未来的回报和盈余惊喜显著相关。Jame 等（2016）使用 Estimize 中的众包盈利预测，表明业余分析师发布的盈利预测在预测收益和衡量市场预期方面越来越有用。Drake 等（2017）的研究表明，社交投资平台作为半专业中介与资本市场效应存在关联。总的来说，现有的研究提供了强有力的证据，证明业余财务分析具有投资价值，在线投资社区是新的信息来源。之前的研究比较了关联公司和非关联公司分析师的股票推荐（Lin and McNichols，1998；Michaely and Womack，1999），研究显示现有的和潜在的投资银行关系可以影响分析师的判断，承销商分析师的建议显示出明显的乐观偏见。特别地，看跌推荐和看跌推荐的变化包含更多的预测未来收益的信息（Womack，1996）。相对于看跌推荐，看涨推荐的准确率较低，这是由于股票推荐分布偏向于看涨推荐（Beneish，1991）。由于看跌推荐和看跌推荐的变化伴随着负收益，我们提出以下假设。

H6.1：社交投资平台中的业余分析师给出的看跌推荐，预示着股票将出现负收益率。

H6.2：社交投资平台中的业余分析师给出的看跌推荐的增多，预示着股票将出现负收益率。

交易量是衡量市场行为的另一个指标。金融理论表明，分歧导致交易。长期以来，分歧一直被认为是交易的一个可能动机（Antweiler and Frank，2004）。之前的研究（Hirshleifer，1977；Diamond and Verrecchia，1981；Karpoff，1986；Harris and Raviv，1993）已经进行了相关的理论分析。分歧导致交易量上升，这是因为两个市场参与者对一项资产分配不同的价值时，交易随之发生。社交媒体是检验这一理论的自然场所，因为社交媒体中的分歧是易观测的（Antweiler and Frank，2004）。对社交媒体的研究发现，散户投资者之间的分歧与交易量增加有关（Antweiler and Frank，2004；Das and Chen，2007；Sabherwal et al.，2011；Kim S H and Kim D，2014；Leung and Ton，2015）。理论和经验证据都支持这样一种观点，即分歧与交易量相关。Ajinkya 等（1991）的研究表明，分析师在财务分析上的分歧与交易量之间存在显著的正相关关系。在在线投资社区的背景下，业余金融分析（如推荐评级）中的分歧可能也与交易相关。这引出了以下假设。

H6.3：业余分析师推荐评级的分歧与成交量是正相关的。

6.1.3 研究设计

1. 数据

用于投资研究的 Seeking Alpha 成立于 2004 年初。Seeking Alpha 旨在挖掘群体智慧，洞察投资者感兴趣的每一个话题；Seeking Alpha 已成为当前新闻和信息、股票分析和投资建议的热门来源。该平台的用户每月会产生 4200 万次访问，平均每次访问时长大约 18 分钟。SimilarWeb 的 2018 年 1 月至 3 月的报告显示，在用户每次访问时长的排名中 Seeking Alpha 位居首位，超过了雅虎财经、谷歌财经和华尔街日报在线。

Seeking Alpha 的股票分析是篇幅较长的文章，其格式类似于卖方分析师撰写的报告。“Analysis”板块共有超过 90 万篇文章，由 1.6 万名交易员、经济学家、学者、金融顾问和行业专家贡献。在发表文章之前，Seeking Alpha 的编辑会对文章进行审查，以确保文章的清晰度、一致性和影响力。编辑反馈从不干涉作者论点或观点的实质。此外，Seeking Alpha 的编辑用“About ticker”标记每篇文章，以表明文章的分析重点。如果一篇文章分析了不止一只股票，“About ticker”将包含多个股票代码。为了准确地提取作者的观点，我们只关注“About ticker”包含一只股票代码的文章，大约占总文章的 1/3。此外，当作者撰写文章时，他们可以选择主题标签。其中，“Long ideas”指的是作者推荐购买股票，“Short ideas”指的是作者推荐做空该股。因此，所有的股票分析都给出了推荐评级：看涨、看跌或两者皆非。

在本章中，我们开发了一个爬虫程序，收集了 2005 年 1 月 1 日至 2018 年 4 月 30 日期间，标准普尔 500 指数成分股的 Seeking Alpha 股票分析。对于每个股票分析，我们收集时间戳、“About ticker”和分析内容（文本和推荐标签）。我们共收集了 95 784 份财务分析。有 28 781 份股票分析报告带有“Long ideas”的标签，而有 3485 份股票分析报告带有“Short ideas”的标签。在本章中，如果财务分析出现在非交易日，我们将通过 Seeking Alpha 发布财务分析的日期移至随后的交易日。我们的样本包含 65 893 个公司–交易日。此外，我们的研究使用了来自证券价格研究中心（Center for Research of Security Prices，CRSP）的金融市场数据、来自机构经纪人预测系统（Institutional Brokers’ Estimate System，IBES）的金融分析师数据和来自 Compustat 的财务报表数据。

2. 主要变量

1）因变量

根据假设，有两个因变量：异常收益和异常交易量。

根据文献，我们使用 Daniel 等（1997）的特征基准来计算异常收益。为了计算

股票 i 从交易日 t 到 t+3 的四天累积买入并持有异常收益（comulative buy-and-hold abnormal return），我们定义了

$$\mathrm{CAR}_{i,(t,t+3)}=\prod_{j=0}^{3}\left(1+\mathrm{Ret}_{i,t+j}\right)-\prod_{j=0}^{3}\left(1+\mathrm{Ret}_{i,t+j}^{\mathrm{DGTW}}\right) \tag{6.1}$$

其中，$\mathrm{Ret}_{i,t+j}$ 表示 t 日股票 i 的原始收益率；$\mathrm{Ret}_{i,t+j}^{\mathrm{DGTW}}$ 表示具有类似规模、账面市值比和动量特征的价值加权投资组合的收益率。

换手率是衡量交易量的一个指标，它被定义为该时期的交易量与已发行股票数量之比。根据 Garfinkel 和 Sokobin（2006）的研究，我们计算了换手率的变化（$\Delta\mathrm{TO}_{i,t}$）。因为某些宏观条件在整个市场中引发了大量的交易，所以某些交易日可能有更多的交易。因而，我们首先计算 t 日股票 i 的市场调整换手率（$\mathrm{MATO}_{i,t}$），即股票 i 的日换手率与所有 NYSE①/AMEX②股票的日换手率之差。然后从上述市场调整换手率的测度中，减去过去 20 个交易日的市场调整换手率的滚动平均值，得到换手率的变化 $\Delta\mathrm{TO}_{i,t}$。

$$\Delta\mathrm{TO}_{i,t}=\mathrm{MATO}_{i,t}-\frac{1}{20}\sum_{j=1}^{20}\mathrm{MATO}_{t-j} \tag{6.2}$$

2）自变量

根据假设，我们将看跌推荐、看跌推荐的变化和分歧指数作为自变量。

当作者撰写文章时，他可以选择一个主题标签，如“Long ideas”“Short ideas”，或者两者都不选。“Long ideas”指的是作者推荐购买股票，“Short ideas”指的是作者推荐做空该股。因此，我们用股票 i 在 t 日“Short ideas”占所有股票分析的百分比（$\mathrm{Short\_pct}_{i,t}$）来表示 t 日股票 i 获得看跌的情况。为了检验增加的看跌推荐在预测股票收益时是否包含信息，我们还考虑了“Short ideas”的百分比变化（$\Delta\mathrm{Short\_pct}_{i,t}$）。

为了获取股票分析是否有相同的观点，或者股票分析是否存在分散性，我们根据 Das 和 Chen（2007）的研究计算推荐分歧指数，即

$$\mathrm{Disag}_{i,t}=\left|1-\left|\frac{L-S}{L+S}\right|\right| \tag{6.3}$$

其中，L 表示股票 i 在 t 日“Long ideas”的数量；S 表示“Short ideas”的数量。如果所有的股票分析都是在推荐买或者推荐卖，那么这个指数就是零；如果“Short ideas”的数量与“Long ideas”的数量正好相等，那么该指数就是 1。

3）控制变量

为了有效地检验这些假设，我们将卖方分析师的盈利预测和推荐作为控制

① 全称为 New York Stock Exchange，纽约证券交易所。
② 全称为 American Stock Exchange，美国证券交易所。

变量。

我们使用机构经济人预测系统的详细推荐文件来计算 t 日股票 i 的推荐升级和降级的数量（$\mathrm{Upgrade}_{i,t}$，$\mathrm{Downgrade}_{i,t}$）。我们使用未经调整的机构经济人预测系统的详细历史文件和总结历史文件来计算盈余惊喜，即每股收益（earning per share，EPS）与财务分析师当前季度每股收益预测的中间值之差。我们还在回归中加入了两个二元变量，表明盈余惊喜的符号。当盈余惊喜是正值时，$\mathrm{PosES}_{i,t}$ 为 1，否则为 0；当盈余惊喜是负值时，$\mathrm{NegES}_{i,t}$ 为 1，否则为 0。

4）其他控制变量

主要包括：$\mathrm{Volatility}_{i,t}$ 表示 t 日前 20 个交易日的日收益平方和；$\mathrm{ARet}_{i,t-1}$、$\mathrm{ARet}_{i,t-2}$ 分别表示 t–1，t–2 日的异常收益率；$\mathrm{CAR}_{i,(t-60,t-3)}$ 表示 t–2 日前的 58 个交易日的累积买入并持有异常收益。

3. 实证模型

为了检验 H6.1 和 H6.2，我们使用以下模型对业余推荐的短窗口异常收益进行回归，类似于 Chen 等（2014）的研究。

$$\begin{aligned}\mathrm{CAR}_{i,(t,t+3)}=&\alpha_0+\beta_1\mathrm{Short\_pct}_{i,t}+\gamma_1\mathrm{Volatility}_{i,t}+\gamma_2\mathrm{Upgrade}_{i,t}\\&+\gamma_3\mathrm{Downgrade}_{i,t}+\gamma_4\mathrm{PosES}_{i,t}+\gamma_5\mathrm{NegES}_{i,t}+\gamma_6\mathrm{ARet}_{i,t-1}\\&+\gamma_7\mathrm{ARet}_{i,t-2}+\gamma_8\mathrm{CAR}_{i,(t-60,t-3)}+\varepsilon_{i,t}\end{aligned}\tag{6.4}$$

$$\begin{aligned}\mathrm{CAR}_{i,(t,t+3)}=&\alpha_0+\beta_1\Delta\mathrm{Short\_pct}_{i,t}+\gamma_1\mathrm{Volatility}_{i,t}+\gamma_2\mathrm{Upgrade}_{i,t}\\&+\gamma_3\mathrm{Downgrade}_{i,t}+\gamma_4\mathrm{PosES}_{i,t}+\gamma_5\mathrm{NegES}_{i,t}+\gamma_6\mathrm{ARet}_{i,t-1}\\&+\gamma_7\mathrm{ARet}_{i,t-2}+\gamma_8\mathrm{CAR}_{i,(t-60,t-3)}+\varepsilon_{i,t}\end{aligned}\tag{6.5}$$

另一个有趣的问题是业余推荐对换手率的可预测性。为了检验这个问题，我们估计了下面的回归模型。

$$\begin{aligned}\Delta\mathrm{TO}_{i,t}=&\alpha_0+\beta_1\mathrm{Disag}_{i,t}+\gamma_1\mathrm{Upgrade}_{i,t}+\gamma_2\mathrm{Downgrade}_{i,t}\\&+\gamma_3\mathrm{PosES}_{i,t}+\gamma_4\mathrm{NegES}_{i,t}+\varepsilon_{i,t}\end{aligned}\tag{6.6}$$

由于分歧是交易的动机，我们预期分歧与成交量之间存在正相关关系。

以上模型均考虑了年–月固定效应。为了校正误差项中的序列相关、交叉相关和异方差，我们使用了按公司和年–月聚类的 t 统计量。

6.1.4 研究结果分析

1. 描述性统计

表 6.1 报告了本章中关键变量的描述统计。$\mathrm{Short\_pct}_{i,t}$ 的统计数据表明，大约 3.66%的文章是被业余爱好者标记为“Short ideas”。表 6.2 给出了关键变量的

相关系数矩阵和 VIF。我们观察到$Short_pct_{i,t}$ 和$CAR_{i,(t,t+3)}$之间负相关，相关系数为−0.01，H6.1 成立。同时，$\Delta Short_pct_{i,t}$和$CAR_{i,(t,t+3)}$之间负相关。$Disag_{i,t}$和$\Delta TO_{i,t}$显著正相关，相关系数为 0.05，H6.3 成立。为了检验多重共线性，本章计算了所有自变量的 VIF 值。结果表明，最大 VIF 值为 2.71，说明多重共线性对我们的研究不构成威胁。

表 6.1 关键变量的描述统计

变量	观测值数量	均值	方差	最小值	中位数	最大值
$CAR_{i,(t,t+3)}$	65 870	0.000 1	0.048 1	−0.914 0	−0.000 3	1.728 0
$\Delta TO_{i,t}$	65 830	0.002 9	0.023 4	−0.416 0	0.000 1	1.453 0
$Short\_pct_{i,t}$	65 890	0.036 6	0.179 0	0.000 0	0.000 0	1.000 0
$\Delta Short\_pct_{i,t}$	65 240	−0.000 1	0.240 0	−1.000 0	0.000 0	1.000 0
$Disag_{i,t}$	25 410	0.016 7	0.123 0	0.000 0	0.000 0	1.000 0
$PosES_{i,t}$	65 890	0.041 7	0.200 0	0.000 0	0.000 0	1.000 0
$NegES_{i,t}$	65 890	0.013 9	0.117 0	0.000 0	0.000 0	1.000 0
$Upgrade_{i,t}$	65 890	0.038 8	0.238 0	0.000 0	0.000 0	9.000 0
$Downgrade_{i,t}$	65 890	0.033 4	0.203 0	0.000 0	0.000 0	7.000 0
$ARet_{i,t-1}$	65 880	−0.000 2	0.027 7	−0.820 0	−0.000 1	0.865 0
$ARet_{i,t-2}$	65 880	0.000 0	0.024 2	−0.820 0	−0.000 1	0.722 0
$CAR_{i,(t-60,t-3)}$	65 720	−0.005 0	0.142 0	−1.395 0	−0.006 4	2.794 0
$Volatility_{i,t}$	65 830	0.014 7	0.055 6	0.000 0	0.005 0	2.034 0

表 6.2 关键变量的相关系数矩阵和 VIF

变量	1	2	3	4	5	6	7	8	9	10	11	12	13
1	1.00												
2	−0.07	1.00											
3	−0.01	0.01	1.00										
4	−0.01	0.00	0.67	1.00									
5	0.00	0.05	0.15	0.10	1.00								
6	0.04	0.09	−0.03	−0.01	0.01	1.00							
7	−0.08	0.09	−0.01	0.00	0.01	−0.02	1.00						
8	−0.12	0.21	0.01	0.01	0.03	0.01	0.05	1.00					
9	0.08	0.12	−0.00	−0.00	0.01	0.02	0.01	0.06	1.00				
10	−0.03	−0.06	−0.00	0.01	−0.01	0.01	−0.00	−0.04	0.02	1.00			
11	−0.04	−0.06	−0.01	−0.01	−0.01	0.00	0.00	−0.01	0.00	0.01	1.00		
12	0.00	−0.05	0.01	0.00	0.01	0.01	−0.01	−0.02	0.00	0.01	0.02	1.00	
13	0.06	0.15	0.02	−0.00	0.02	−0.01	0.01	0.05	0.03	0.04	−0.02	−0.17	1.00
VIF			2.71	2.64	1.03	1.02	1.01	1.02	1.02	1.02	1.02	1.03	1.19

注：1 代表 $CAR_{i,(t,t+3)}$；2 代表 $\Delta TO_{i,t}$；3 代表 $Short\_pct_{i,t}$；4 代表 $\Delta Short\_pct_{i,t}$；5 代表 $Disag_{i,t}$；6 代表 $PosES_{i,t}$；7 代表 $NegES_{i,t}$；8 代表 $Upgrade_{i,t}$；9 代表 $Downgrade_{i,t}$；10 代表 $ARet_{i,t-1}$；11 代表 $ARet_{i,t-2}$；12 代表 $CAR_{i,(t-60,t-3)}$；13 代表 $Volatility_{i,t}$

2. 主要分析

根据 H6.2 预测，随着看跌推荐的增加，四天累积买入并持有异常收益趋于下降。根据式(6.4)我们在表 6.3 第 1 列中报告了该预测的结果。如前所述，$Short\_pct_{i,t}$ 的系数显著为负，支持了 H6.1。结果表明，看跌推荐被随后的股票表现所证实。我们也使用看跌推荐的变化来代替看跌推荐。第 2 列也显示了相似的结果。总体而言，业余分析师通过在线投资社区的看跌推荐传达了有关股市表现的信息。

表 6.3 主要分析的结果

变量	因变量：$CAR_{i,(t,t+3)}$		因变量：$\Delta TO_{i,t}$
	第 1 列	第 2 列	第 3 列
$Short\_pct_{i,t}$	-0.004^{***}（−3.33）		
$\Delta Short\_pct_{i,t}$		-0.002^{**}（−2.39）	
$Disag_{i,t}$			0.007^{***}（4.19）
$PosES_{i,t}$	0.010^{***}（8.39）	0.010^{***}（8.46）	0.012^{***}（12.10）
$NegES_{i,t}$	-0.034^{***}（−12.67）	-0.034^{***}（−12.65）	0.019^{***}（6.58）
$Upgrade_{i,t}$	-0.026^{***}（−15.51）	-0.026^{***}（−15.37）	0.019^{***}（7.90）
$Downgrade_{i,t}$	0.020^{***}（11.85）	0.020^{***}（11.71）	0.012^{***}（8.39）
$ARet_{i,t-1}$	-0.067^{**}（−2.30）	-0.068^{**}（−2.30）	
$ARet_{i,t-2}$	-0.079^{***}（−2.71）	-0.079^{***}（−2.68）	
$CAR_{i,(t-60,t-3)}$	0.003（0.87）	0.003（0.87）	
$Volatility_{i,t}$	0.061^{**}（2.45）	0.061^{**}（2.40）	
Observation #	65 702	65 104	25 385
R^2	0.042	0.042	0.098

注：括号内报告的是 t 检验结果

表示 $p<0.05$，*表示 $p<0.01$

表 6.3 第 3 列支持了 Harris 和 Raviv（1993）提出的假设，分歧与交易有关。我们发现分歧指数存在一个正的系数，H6.3 成立。

3. 稳健性检验

我们还通过同时考虑业余分析师的看涨和看跌推荐，检验了我们的结果的稳健性。特别地，我们计算了 t 日股票 i 的“Long ideas”占所有财务分析的百分比（$Long\_pct_{i,t}$）。为了检验增加的看涨推荐在预测股票收益率时是否包含任何信息，我们还考虑了“Long ideas”的变化（$\Delta Long\_pct_{i,t}$）。表 6.4 的结果表明，看涨推荐也会被随后的股票表现所证实，但看涨推荐的变化提供的可预测性有限。

表 6.4　稳健性检验的结果

变量	因变量：$CAR_{i,(t,t+3)}$		因变量：$\Delta TO_{i,t}$
	第 1 列	第 2 列	第 3 列
$Long\_pct_{i,t}$	0.001*** (2.79)		
$Short\_pct_{i,t}$	−0.003*** (−2.97)		
$\Delta Long\_pct_{i,t}$		0.000 (1.29)	
$\Delta Short\_pct_{i,t}$		−0.002** (−2.21)	
$Disag_{i,t}$			0.007*** (4.18)
$PosES_{i,t}$	0.010*** (8.52)	0.010*** (8.47)	0.012*** (12.11)
$NegES_{i,t}$	−0.034*** (−12.61)	−0.034*** (−12.64)	0.019*** (6.58)
$Upgrade_{i,t}$	−0.026*** (−15.50)	−0.026*** (−15.37)	0.019*** (7.89)
$Downgrade_{i,t}$	0.020*** (11.87)	0.020*** (11.71)	0.012*** (8.39)
$ARet_{i,t-1}$	−0.067** (−2.31)	−0.068** (−2.30)	
$ARet_{i,t-2}$	−0.079*** (−2.71)	−0.079*** (−2.68)	
$CAR_{i,(t-60,t-3)}$	0.003 (0.86)	0.003 (0.87)	
$Volatility_{i,t}$	0.062** (2.45)	0.061** (2.40)	
Observation #	65 702	65 104	25 385
R^2	0.042	0.042	0.098

注：括号内报告的是 t 检验结果

表示 p<0.05，*表示 p<0.01

6.1.5　小结

随着在线投资社区的发展，业余金融分析正在投资研究行业中扎根。本章旨在探讨业余财务分析的价值，特别是从 Seeking Alpha 中提取的看跌推荐。我们发现，业余财务分析中包含的看跌推荐的程度可以预测未来的股票收益率，即使在控制了卖方分析师的传统观点之后，这种预测仍然成立。此外，我们的分析表明，看跌推荐之间的分歧与交易量呈正相关。总而言之，我们的结论是，业余人士的推荐在预测市场活动（如股票收益率和交易量）方面越来越有用。这表明，业余分析师在在线投资社区分享了有价值的私人信息。

我们的第一个贡献是介绍一个新的现象——业余分析师的推荐，并评估其价值。这些结果补充了研究业余财务分析中盈利预测和文本分析的信息性的文献。此外，我们的研究丰富了预测股票的方法。特别是，业余分析师的推荐适用于更多的小盘股，而且比买方和卖方的分析更及时。随着社交媒体的普及，市场参与者越来越容易获得业余人士的推荐。因此，评估业余推荐在预测股票表现中的作用是至关重要的。

然而，我们的研究不可避免地存在一定的局限性。我们的样本只涵盖标准普尔 500 指数的成分股。未来的研究应增加样本量，以提高普遍性。此外，我们将实证检验市场价值是否对业余分析师推荐与市场活动之间的关系具有调节作用。

6.2 专家智慧与群体智慧对比研究

6.2.1 研究背景

卖方证券分析师和个人投资者是股票市场中的两类重要参与者，二者在资产规模和专业知识上存在显著差异（Kaniel et al.，2008）。分析师通常是股票市场中的专家，他们具有出色的信息收集和信息处理能力，并且偏好成长型公司的股票（Jegadeesh et al.，2004；Womack，1996）。而个人投资者则被认为是一群简单的、有偏见的噪声交易者（Kyle，1985；Black，1986），并且偏好引人注目的热门股票（Barber and Odean，2008）。因此，专家和群体对股票的偏好不同，并且以不同的方式影响股票市场的价格形成和流动性供给（Schmeling，2007）。

鉴于卖方分析师和散户投资者在股市中的重要作用，对他们的行为模式及其对股票市场的影响的研究具有重要意义。已有的大量研究探讨了股票市场中的专家行为（Womack，1996；Jegadeesh et al.，2004；Bradley et al.，2014）或分析师业绩的影响因素（Bradley et al.，2017；Merkley et al.，2016；Mokoaleli-Mokoteli et al.，2009；Hong and Kacperczyk，2010）。另外，对股票市场中普通群体行为（Hvidkjaer，2008；Barber et al.，2009；Kelley and Tetlock，2013；Kaniel et al.，2008）和个人投资者关注的研究大量涌现（Gargano and Rossi，2018；Joseph et al.，2011；Liu and Ye，2016；Da et al.，2011）。然而，很少有人注意到专家和群体对股市影响的差异。我们的研究试图通过以下两个问题来填补这一研究空白：①专家和群体对股票价格的影响是否不同？②专家和群体对股票交易量的影响是否不同？

6.2.2 假设提出

专家的智慧是否有价值一直是人们关注的焦点。本章中的专家是指经纪公司的证券分析师，他们促进股票市场中的信息传播，对股票价值进行分析和预测，为投资者提供分析师建议（Womack，1996；Loh and Stulz，2011；Kadan et al.，2009；Grossman and Stiglitz，1980；Jegadeesh et al.，2004；Brauer and Wiersema，2018）。

专家的智慧来自他们掌握的相关行业的特定信息和专业知识（Brown et al.，2015），并通过分析师的建议传递给投资者。此外，他们对成长型公司股票的偏好增加了他们的推荐价值（Jegadeesh et al.，2004）。因此，他们是股票估值和挖掘低估值股票方面的专家。此外，分析师的推荐会促进投资者的交易，导致更高的成交量。分析师推荐对股票价格和周转率具有一定的影响，分析师推荐评级具有一定的投资价值（Brauer and Wiersema，2018；Kudryavtsev，2019；Lin，2018；Charitou et al.，2018；Loh and Stulz，2011）。因此，我们提出以下假设。

H6.4a：分析师推荐与股票价格正相关。

H6.4b：分析师推荐与股票交易量正相关。

作为股票市场中的另一类重要参与者，股票市场中的散户群体大多是资产规模较小且不成熟的投资者（Akbas et al.，2015；Frazzini and Lamont，2008），他们根据公开信息或分析师推荐进行交易（Mikhail et al.，2007；Malmendier and Shanthikumar，2007），从而对股票价格产生影响（Kelley and Tetlock，2013）。然而，由于精力有限，他们无法处理所有的信息（Kahneman，1979）。在成千上万只股票中，散户群体往往会把注意力集中在引人注目的热门股票上，如绝对回报率极高或交易量巨大的股票。因此，群体关注体现了群体的偏好和智慧。

很多学者都很关注群体智慧是否会对股市产生影响。Barber 和 Odean（2008）根据注意力理论提出，散户是引人注目的股票的净购买者。群体的共同关注会推动股价上涨，导致更高的股票周转率（Liu and Ye，2016；Da et al.，2011；Joseph et al.，2011）。值得注意的是，中国股市的散户主要是短期投机者，他们更愿意快速实现收益。因此，群体关注会在短期内产生正的价格压力，随着投资者实现收益，在长期内会产生负的价格压力。在前人研究的基础上，我们提出以下假设。

H6.5a：群体关注在短期内与股价正相关，长期与股价负相关。

H6.5b：群体关注与股票交易量正相关。

分析师与散户投资者群体在资本规模、金融知识和交易模式方面存在显著差异（Kaniel et al.，2008）。

卖方分析师拥有丰富的信息来源、优秀的专业知识，并且更喜欢具有长期投资价值的股票（Jegadeesh et al.，2004），即分析师推荐将在较长一段时间内与股票价格相关。相反地，Hvidkjaer（2008）认为散户群体缺乏经验及专业知识，他们倾向于快速实现收益。他的研究结果表明，受群体青睐的股票在经历了短暂的价格上涨后，长期表现不佳。因此，我们提出以下假设。

H6.6a：分析师推荐对股票价格的影响比群体关注对股票价格的影响持续时间长。

Mikhail 等（2007）证实，大型（机构）和小型（个人）投资者都会根据分析师报告进行交易。然而，有限关注度及信息爆炸导致的对分析师推荐的忽视和反应不足（Dellavigna and Pollet，2009；Andrei and Hasler，2015）可能削弱分析师推荐对股票交易量的影响。相比之下，人们对特定股票的群体关注反映了他们的交易意愿，从而导致交易量显著增加。因此，我们提出以下假设。

H6.6b：群体关注对股票交易量的影响比分析师推荐对股票交易量的影响大。

6.2.3 研究设计

1. 数据收集

搜狗指数（http://zhishu.sogou.com）提供的股票累计搜索量（search volume index，SVI）反映了群体的关注及智慧。为了更准确地捕捉群体对上市公司股票的关注，了解其对股票市场的影响，我们编写了一个爬虫程序，基于股票代码爬取搜狗指数的股票日累计搜索量（图 6.1，股票代码：300059）。我们共收集了 2016 年至 2017 年之间的 3791 只股票的日累计搜索量。

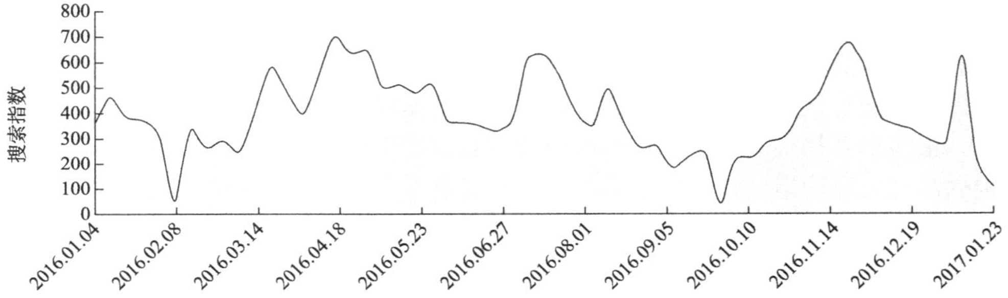

图 6.1　搜狗指数的股票日累计搜索量

此图仅为搜狗指数示例，无法一次性详细展示太多，与实际样本区间无关

此外，我们从国泰安数据库中获取了反映专家智慧的分析师推荐数据。国泰安数据库中的分析师推荐等级是标准化的，分为五类，评级范围从–2（卖出）到+2（买入）。我们共获得了 2016~2017 年的 278 389 条卖方分析师推荐数据，涉及 2997 只股票。

根据已有研究（Liu and Ye，2016；Da et al.，2011），我们还控制了反映企业绩效和资本结构的变量。A 股的其他财务特征数据及交易数据均来自国泰安数据库。在删除缺失数据和进行变量计算后，我们的数据集包含了 2016 年 1 月 4 日至 2017 年 12 月 29 日中国 A 股市场 2708 家上市公司的 51 848 个观察值。

2. 变量

1）因变量

根据 Loh 和 Stulz（2011）的研究，我们使用累积买入并持有异常收益来衡量专家意见和群体关注对股票价格的影响。N 日累积买入并持有异常收益定义为

$$\mathrm{CAR}_{it}=\prod_{t=0}^{n}\left(1+R_{it}\right)-\prod_{t=0}^{n}\left(1+R_{it}^{\mathrm{DGTW}}\right) \tag{6.7}$$

其中，R_{it} 表示股票 i 在 t 日的原始收益率；R_{it}^{DGTW} 表示与股票 i 具有相同规模、账面市值比，以及动量特征的基准投资组合的收益率（Daniel et al.，1997）。第 0 天是分析师推荐或在线搜索发生的当天。我们剔除了周末的分析师推荐或群体股票搜索量数据。

在已有研究的基础上（Llorente et al., 2002），我们采用异常换手率（abnormal turnover）来衡量专家意见和群体关注对股票交易量的影响。N 天异常换手率定义为

$$\mathrm{Abturn}_{it} = \log\left(\mathrm{turnover}_{it} + 1\right) - \frac{1}{n}\sum_{s=-n}^{-1}\log\left(\mathrm{turnover}_{i(t+s)} + 1\right) \tag{6.8}$$

为了避免换手率为零的情况，我们对换手率进行换算，即 $\log\left(\mathrm{turnover}_{it}+1\right)$。第 t 日是分析师推荐或在线搜索发生的当天。我们剔除了周末的分析师推荐或群体股票搜索量数据。

为了观察不同时间窗口的股票价格变化及股票交易活动，我们采用了 2 天、5 天、20 天、40 天和 60 天的时间窗口来计算 CAR 及 Abturn，从而衡量分析师推荐和个人投资者关注对股票市场的影响。

2）自变量

在前人的研究基础上，我们用分析师推荐共识水平来代理在 t 日对股票 i 的专家智慧（Jegadeesh et al.，2004）。t 日股票 i 的分析师推荐共识水平的计算方法如下：

$$\mathrm{CON}_{it} = \overline{t\text{ 日公司}i\text{ 所有分析师推荐评级}} \tag{6.9}$$

搜狗指数提供了股票的日累计搜索量数据，使我们可以直接测量群体关注和智慧（Da et al.，2011）。根据 Liu 和 Ye（2016）的研究，我们基于股票代码从搜狗指数网站上抓取了股票的搜索量数据，并计算出异常累计搜索量（abnormal search volume index，ASVI）。

$$\mathrm{ASVI}_{it} = \mathrm{SVI}_{it} - \mathrm{SVI}_{i,\mathrm{median}} \tag{6.10}$$

其中，

$$\mathrm{SVI}_{it} = \log\left(1 + t\text{ 日股票 }i\text{ 的搜索量}\right) \tag{6.11}$$

$$\mathrm{SVI}_{i,\mathrm{median}} = \log\left(1 + \text{过去60个交易日股票 }i\text{ 搜索量的中位数}\right) \tag{6.12}$$

3）控制变量

为了控制企业的业绩表现和资本结构，本节在相关研究的基础上引入了一些控制变量。本节涉及的所有变量如表 6.5 所示。

表 6.5 变量的定义

变量分类	变量	定义	数据来源
因变量	CAR	基于 DGTW 基准收益率计算的累积买入并持有异常收益	国泰安数据库
	Abturn	基于不同时间窗口计算的异常换手率	国泰安数据库
自变量	CON	分析师推荐共识水平，即某一公司在第 t 日的所有分析师推荐评级的平均值	国泰安数据库
	ASVI	公司 i 在第 t 日的 SVI 减去该公司在前 60 个交易日的 SVI 中位数	http://zhishu.sogou.com
控制变量	AbsRet	股票收益率的绝对值	国泰安数据库
	ROA	资产回报率，即净资产/股东权益余额	国泰安数据库
	EPS	每股收益，即净利润/实收资本	国泰安数据库
	CAP	市值，在回归中采用对数值	国泰安数据库
	DR	负债比率，即总负债/总资产	国泰安数据库
	IH	机构持有，在回归中采用对数值	国泰安数据库
	ANA	跟踪股票 i 的分析师人数，在回归中采用对数值	国泰安数据库

3．研究模型

本小节采用双向固定效应的面板数据回归模型，探讨专家智慧和群体智慧对股市影响的差异，并根据公司计算聚类标准误差。

为了研究专家建议对股价和交易量的影响，分别以累积买入并持有异常收益和异常换手率为因变量，以分析师推荐共识水平为自变量进行回归，即

$$\begin{aligned}\mathrm{CAR}_{it} = {} & \beta_0 + \beta_1\mathrm{CON}_{it} + \beta_2\mathrm{AbsRet}_{it} + \beta_3\mathrm{ROA}_{it} + \beta_4\mathrm{EPS}_{it} + \beta_5\mathrm{CAP}_{it} \\ & + \beta_6\mathrm{DR}_{it} + \beta_7\mathrm{IH}_{it} + \beta_8\mathrm{ANA}_{it} + \varepsilon_{it}\end{aligned} \tag{6.13}$$

$$\begin{aligned}\mathrm{Abturn}_{it} = {} & \beta_0 + \beta_1\mathrm{CON}_{it} + \beta_2\mathrm{AbsRet}_{it} + \beta_3\mathrm{ROA}_{it} + \beta_4\mathrm{EPS}_{it} + \beta_5\mathrm{CAP}_{it} \\ & + \beta_6\mathrm{DR}_{it} + \beta_7\mathrm{IH}_{it} + \beta_8\mathrm{ANA}_{it} + \varepsilon_{it}\end{aligned} \tag{6.14}$$

为了了解群体智慧对股票价格和交易量的影响，并将其对股票市场的影响与专家智慧的影响进行比较，我们分别以累积买入并持有异常收益和异常换手率为因变量，异常累计搜索量为自变量进行回归。

$$\begin{aligned}\mathrm{CAR}_{it} = {} & \beta_0 + \beta_1\mathrm{ASVI}_{it} + \beta_2\mathrm{AbsRet}_{it} + \beta_3\mathrm{ROA}_{it} + \beta_4\mathrm{EPS}_{it} + \beta_5\mathrm{CAP}_{it} \\ & + \beta_6\mathrm{DR}_{it} + \beta_7\mathrm{IH}_{it} + \beta_8\mathrm{ANA}_{it} + \varepsilon_{it}\end{aligned} \tag{6.15}$$

$$\begin{aligned}\text{Abturn}_{it} = &\beta_0 + \beta_1\text{ASVI}_{it} + \beta_2\text{AbsRet}_{it} + \beta_3\text{ROA}_{it} + \beta_4\text{EPS}_{it} + \beta_5\text{CAP}_{it} \\ &+ \beta_6\text{DR}_{it} + \beta_7\text{IH}_{it} + \beta_8\text{ANA}_{it} + \varepsilon_{it}\end{aligned} \tag{6.16}$$

6.2.4　研究结果分析

1. 描述性统计

我们的数据集包含了自 2016 年 1 月 4 日至 2017 年 12 月 29 日中国 A 股市场中 2708 家上市公司的 51 848 条数据。

数据的描述性统计、相关系数及多重共线性检验如表 6.6 所示。相关系数表明，CON 与 CAR、Abturn 呈正相关。然而，ASVI 与 CAR 短期内呈正相关，从长期来看呈负相关，而 ASVI 与 Abturn 之间的系数为正，且大于 CON 与 Abturn 之间的相关系数。此外，两个自变量（CON 和 ASVI）和控制变量之间的关系也有很大的不同，从中我们可以发现专家和群体对不同特征的股票偏好不同。

根据变量的统计量，我们发现分析师推荐的分布与 Malmendier 和 Shanthikumar（2014）的研究结果一致：分析师推荐评级大多是积极的，在整个样本期间的均值为 1.53，这一现象在关于分析师乐观偏见的相关文献中得以证实（Hong and Kacperczyk，2010；Mokoaleli-Mokoteli et al.，2009）。我们还在表 6.6 中展示了多重共线性检验结果。很明显，所有自变量和控制变量的 VIF 值都远小于 10，说明变量之间不存在多重共线性（Marquaridt，1970）。

2. 实证结果分析

为了探讨专家智慧或群体智慧是否能够导致正向的股票累积异常收益，我们分别对回归方程（6.13）和回归方程（6.15）进行估计，结果如表 6.7 所示。由表 6.7 可知，CAR2、CAR5、CAR20 的系数在 0.01 水平下显著为正，而 CAR40、CAR60 的系数不显著。这意味着分析师看好的股票将在接下来的一个月获得正的累积异常收益，H6.4a 得以验证。

表 6.7 中另一个有趣的现象是，ASVI 只与 CAR2 显著正相关，与 CAR20、CAR40 和 CAR60 呈显著负相关。也就是说，群体关注更有可能在短期内对股票产生购买压力和正的累积异常收益；从长期来看，股票价格会反转，产生负的累积异常收益，这与 Joseph 等（2011）的观点一致，验证了 H6.5a。

表 6.6 描述性统计、相关系数及多重共线性检验

项目	因变量										自变量		控制变量						
	CAR2	CAR5	CAR20	CAR40	CAR60	Abturn2	Abturn5	Abturn20	Abturn40	Abturn60	CON	ASVI	AbsRet	ROA	EPS	CAP	DR	IH	ANA
CAR2	1																		
CAR5	0.71	1																	
CAR20	0.39	0.56	1																
CAR40	0.26	0.38	0.7	1															
CAR60	0.21	0.3	0.56	0.8	1														
Abturn2	0.21	0.12	0.05	0.03	0.02	1													
Abturn5	0.2	0.1	0.04	0.02	0.01	0.88	1												
Abturn20	0.17	0.09	0.02	0	−0.01	0.7	0.84	1											
Abturn40	0.16	0.08	0.02	0.01	0	0.64	0.77	0.94	1										
Abturn60	0.15	0.08	0.03	0.01	0	0.61	0.73	0.9	0.97	1									
CON	0.05	0.05	0.03	0.02	0.02	0.02	0.03	0.03	0.04	0.04	1								
ASVI	0.13	0.07	0.01	−0.02	−0.03	0.27	0.34	0.46	0.52	0.52	0.04	1							
AbsRet	0.28	0.2	0.08	0.03	0.01	0.41	0.41	0.39	0.38	0.38	0.02	0.38	1						
ROA	0	0	0	0.01	0.01	0	0	0	0	0	0	0.01	0	1					
EPS	0.01	0.01	0.02	0.04	0.05	−0.01	−0.01	−0.01	−0.01	−0.01	0.08	−0.02	−0.03	0.09	1				
CAP	0	0.02	0.05	0.08	0.09	−0.05	−0.05	−0.05	−0.04	−0.03	0.05	−0.06	−0.10	0.03	0.38	1			
DR	0.01	0	0.02	0.01	0.01	−0.02	−0.01	−0.01	0	0.01	0.02	−0.02	−0.03	−0.04	0	0.31	1		
IH	0.02	0.03	0.06	0.08	0.1	−0.04	−0.05	−0.05	−0.03	−0.02	0.13	−0.06	−0.09	0.04	0.34	0.81	0.23	1	
ANA	0.01	0.02	0.05	0.08	0.09	−0.03	−0.03	−0.03	−0.03	−0.02	0.16	−0.03	−0.06	0.05	0.27	0.45	0.03	0.62	1
均值	0	0	0	−0.01	−0.02	0	0	0	0	0	1.53	0.42	0.02	0.09	0.71	23.45	0.44	4.29	2.69
标准差	0.04	0.05	0.1	0.13	0.17	0.02	0.02	0.02	0.02	0.02	0.5	0.56	0.02	1.12	1.23	1.02	0.2	1.03	0.69
VIF											1.04	1.17	1.18	1.01	1.22	3.19	1.14	3.73	1.69

表 6.7　专家智慧及群体智慧对累积买入并持有异常收益的不同影响

项目	(1)	(2)	(3)	(4)	(5)	(6)	(7)	(8)	(9)	(10)
	CAR2	CAR2	CAR5	CAR5	CAR20	CAR20	CAR40	CAR40	CAR60	CAR60
CON	0.003*** (0.000)		0.004*** (0.001)		0.004*** (0.001)		0.002 (0.001)		0.000 (0.002)	
ASVI		0.002*** (0.000)		−0.001 (0.001)		−0.005*** (0.001)		−0.010*** (0.002)		−0.014*** (0.002)
AbsRet	0.493*** (0.017)	0.478*** (0.017)	0.504*** (0.026)	0.515*** (0.024)	0.344*** (0.035)	0.398*** (0.032)	0.159*** (0.038)	0.259*** (0.038)	0.051 (0.045)	0.189*** (0.046)
ROA	−0.000** (0.000)	−0.000** (0.000)	0.000** (0.000)	0.000** (0.000)	−0.000 (0.000)	−0.000 (0.000)	0.000 (0.000)	0.000 (0.000)	−0.000 (0.001)	−0.000 (0.001)
EPS	−0.000 (0.000)	−0.000 (0.000)	−0.001 (0.001)	−0.001 (0.001)	−0.003 (0.002)	−0.003 (0.002)	−0.005* (0.003)	−0.005* (0.003)	−0.003 (0.004)	−0.003 (0.004)
CAP	0.001 (0.002)	0.001 (0.002)	0.005* (0.003)	0.006* (0.003)	0.021** (0.010)	0.021** (0.010)	0.041*** (0.016)	0.041*** (0.016)	0.051** (0.020)	0.051** (0.020)
DR	−0.002 (0.004)	−0.002 (0.004)	0.000 (0.007)	0.000 (0.007)	−0.013 (0.023)	−0.012 (0.023)	−0.019 (0.047)	−0.019 (0.047)	−0.102 (0.134)	−0.101 (0.134)
IH	0.002** (0.001)	0.002** (0.001)	0.002 (0.001)	0.002 (0.001)	0.000 (0.004)	0.000 (0.004)	0.002 (0.008)	0.002 (0.008)	0.002 (0.010)	0.002 (0.010)
ANA	−0.001 (0.001)	−0.001 (0.001)	−0.001 (0.001)	−0.001 (0.001)	−0.002 (0.004)	−0.002 (0.004)	−0.005 (0.006)	−0.004 (0.006)	−0.006 (0.009)	−0.006 (0.009)
常数项	−0.034 (0.034)	−0.036 (0.035)	−0.158** (0.068)	−0.161** (0.069)	−0.469** (0.210)	−0.473** (0.211)	−0.936*** (0.339)	−0.940*** (0.341)	−1.120** (0.454)	−1.125** (0.456)
样本数量	51 848	51 848	51 848	51 848	51 848	51 848	51 848	51 848	51 848	51848
固定效应	YES	YES	YES	YES	YES	YES	YES	YES	YES	YES
根据公司计算聚类标准误	2708	2708	2708	2708	2708	2708	2708	2708	2708	2708
R^2	0.096	0.095	0.054	0.053	0.024	0.024	0.021	0.022	0.021	0.023

注：括号中为按公司聚类标准差；Model（1），（3），（5），（7），（9）为专家智慧对股票价格影响，Model（2），（4），（6），（8），（10）为群体智慧对股票价格影响

***、**、*分别代表 1%、5%、10%水平显著

通过对比表 6.7 中的回归结果，不难发现 CON 对 CAR 的影响比 ASVI 要长，从而证实了 H6.6a。由于中国股票市场中的散户群体多为投机者，而非价值型投资者，他们更青睐短期回报。然而，专业的分析师更偏好具有长期盈利能力的成长型公司，因此分析师推荐的股票在相对较长的时期内会产生更高的异常回报（Jegadeesh et al.，2004）。

为了比较 CON 和 ASVI 对异常换手率的影响，我们对回归方程（6.14）和回归方程（6.16）进行了估计，结果如表 6.8 所示。

表 6.8 专家智慧及群体智慧对异常换手率的不同影响

项目	（1）	（2）	（3）	（4）	（5）	（6）	（7）	（8）	（9）	（10）
	Abturn2	Abturn2	Abturn5	Abturn5	Abturn20	Abturn20	Abturn40	Abturn40	Abturn60	Abturn60
CON	0.000 （0.000）		0.001*** （0.000）		0.001*** （0.000）		0.001*** （0.000）		0.001*** （0.000）	
ASVI		0.005*** （0.000）		0.008*** （0.000）		0.014*** （0.000）		0.018*** （0.000）		0.019*** （0.000）
AbsRet	0.368*** （0.008）	0.321*** （0.008）	0.376*** （0.009）	0.296*** （0.008）	0.399*** （0.009）	0.254*** （0.008）	0.413*** （0.010）	0.231*** （0.008）	0.421*** （0.010）	0.231*** （0.009）
ROA	–0.000 （0.000）	–0.000* （0.000）	–0.000* （0.000）	–0.000*** （0.000）	–0.000 （0.000）	–0.000** （0.000）	–0.000 （0.000）	–0.000*** （0.000）	–0.000 （0.000）	–0.000*** （0.000）
EPS	–0.000 （0.000）	–0.000 （0.000）	–0.000* （0.000）	–0.000** （0.000）	–0.000 （0.000）	–0.001*** （0.000）	–0.000 （0.000）	–0.001*** （0.000）	-0.000 （0.000）	–0.001** （0.000）
CAP	–0.001 （0.001）	–0.001 （0.001）	–0.001 （0.001）	–0.001 （0.001）	–0.000 （0.001）	–0.001 （0.001）	0.000 （0.001）	–0.000 （0.001）	0.000 （0.001）	0.000 （0.001）
DR	–0.002 （0.002）	–0.002 （0.002）	–0.002 （0.002）	–0.003* （0.002）	–0.004 （0.002）	–0.005*** （0.002）	–0.002 （0.003）	–0.004* （0.002）	–0.000 （0.003）	–0.002 （0.002）
IH	0.000 （0.000）	0.000 （0.000）	0.000 （0.000）	0.000 （0.000）	–0.000 （0.000）	0.000 （0.000）	–0.001 （0.001）	0.000 （0.000）	–0.001 （0.001）	0.000 （0.001）
ANA	–0.001 （0.000）	–0.001 （0.000）	–0.000 （0.000）	–0.000 （0.000）	–0.000 （0.001）	–0.000 （0.000）	–0.000 （0.001）	–0.000 （0.000）	–0.000 （0.001）	–0.000 （0.001）
常数项	0.008 （0.017）	0.009 （0.018）	0.004 （0.016）	0.006 （0.016）	0.006 （0.018）	0.010 （0.017）	–0.009 （0.020）	–0.004 （0.019）	–0.021 （0.024）	–0.015 （0.021）
样本数量	51 848	51 848	51 848	51 848	51 848	51 848	51 848	51 848	51 848	51 848
固定效应	YES	YES	YES	YES	YES	YES	YES	YES	YES	YES
根据公司计算聚类标准误	2708	2708	2708	2708	2708	2708	2708	2708	2708	2708
R^2	0.209	0.224	0.210	0.250	0.204	0.310	0.205	0.355	0.200	0.357

注：括号中为按公司聚类标准差

***、**、*分别代表 1%、5%、10%水平显著

与表 6.7 中的结果不同，CON 与 Abturn 总体上呈显著正相关。虽然 CON 的系数很小（0.001），但仍然能说明 CON 对 Abturn 有显著而微小的影响，H6.4b 得到部分证实。由于信息爆炸导致群体对分析师推荐反应不足，股票专家对股票

的异常换手率影响不大。另外，ASVI 与 Abturn 显著正相关，H6.5b 得到了有力的证实。表 6.8 的结果表明，群体关注度越高的股票成交量越大，这与 da Silva Rosa 和 Durand（2008）的研究结果一致。也就是说，由 ASVI 衡量的群体智慧反映了投资者的交易热情，从而导致了成交量的增加。

表 6.8 中的结果证实了 H6.6b 的推断。如上所述，ASVI 的系数在 0.01 水平显著为正，而第（1）列 CON 的系数不显著。此外，表 6.8 中系数的大小表明 ASVI 对 Abturn 的影响大于 CON 对 Abturn 的影响。这是由于 ASVI 更加直接地反映了群体交易股票的倾向，而分析师推荐对股票换手率的影响取决于群体是否听从专家的推荐。

6.2.5 小结

本节的目的是探讨专家智慧与群体智慧对股票市场的不同影响。我们分别使用分析师推荐共识水平和异常累计搜索量来衡量专家智慧和群体智慧。基于不同的时间窗口计算累积买入并持有异常收益和异常换手率，反映不同参与者对股市的影响。

我们的研究丰富了之前关于专业分析师和散户对股市影响的研究。实证结果表明，专家和群体对股票市场的影响是不同的。虽然专家的推荐对股票价格的影响更持久，但是群体的关注对股票交易量的影响更大。这意味着专家和群体的智慧对于金融风险管理和投资决策具有重要的价值。

然而，我们的研究仍然存在一定的局限性。首先，由于搜狗指数从 2016 年 1 月 1 日开始提供搜索量指数，样本区间仅为两年，在未来的研究中还需要进一步扩展样本区间。其次，在未来的研究中，可以引入其他变量来测量专家智慧（如分析师推荐的变化）和群体智慧（如互联网上群体投资者情绪），检验我们的结果的稳健性。

参 考 文 献

Ajinkya B B，Atiase R K，Gift M J. 1991.Volume of trading and the dispersion in financial analysts' earnings forecasts[J]. The Accounting Review，66（2）：389-401.

Akbas F，Armstrong W J，Sorescu S，et al. 2015. Smart money，dumb money，and capital market anomalies[J]. Journal of Financial Economics，118（2）：355-382.

Andrei D，Hasler M. 2015. Investor attention and stock market volatility[J]. The Review of Financial Studies，28（1）：33-72.

Antweiler W，Frank M Z. 2004. Is all that talk just noise? The information content of Internet stock message boards[J]. The Journal of Finance，59（3）：1259-1294.

Asquith P，Mikhail M B，Au A S. 2005. Information content of equity analyst reports[J]. Journal of Financial Economics，75（2）：245-282.

Avery C N，Chevalier J A，Zeckhauser R J. 2016. The "CAPS" prediction system and stock market returns[J]. Review of Finance，20（4）：1363-1381.

Barber B，Lehavy R，McNichols M，et al. 2001. Can investors profit from the prophets? Security analyst recommendations and stock returns[J]. The Journal of Finance，56（2）：531-563.

Barber B M，Loeffler D. 1993. The "dartboard" column：second-hand information and price pressure[J]. Journal of Financial and Quantitative Analysis，28（2）：273-284.

Barber B M，Odean T. 2008. All that glitters：the effect of attention and news on the buying behavior of individual and institutional investors[J]. The Review of Financial Studies，21（2）：785-818.

Barber B M，Odean T，Zhu N. 2009. Do retail trades move markets?[J]. The Review of Financial Studies，22（1）：151-186.

Bartov E，Faurel L，Mohanram P S. 2018. Can twitter help predict firm-level earnings and stock returns?[J]. The Accounting Review，93（3）：25-57.

Beneish M D. 1991. Stock prices and the dissemination of analysts' recommendations[J]. The Journal of Business，64（3）：393-416.

Black F. 1986. Noise[J]. The Journal of Finance，41（3）：528-543.

Bradley D，Clarke J，Lee S，et al. 2014. Are analysts' recommendations informative? Intraday evidence on the impact of time stamp delays[J]. The Journal of Finance，69（2）：645-673.

Bradley D，Gokkaya S，Liu X. 2017. Before an analyst becomes an analyst：does industry experience matter? [J].The Journal of Finance，72（2）：751-792.

Brauer M，Wiersema M F. 2018. Analyzing analyst research：a review of past coverage and recommendations for future research[J]. Journal of Management，44（1）：218-248.

Brav A，Lehavy R. 2003. An empirical analysis of analysts' target prices：short-term informativeness and long-term dynamics[J]. The Journal of Finance，58（5）：1933-1968.

Brown L D，Call A C，Clement M B，et al. 2015. Inside the "black box" of sell-side financial analysts[J]. Journal of Accounting Research，53（1）：1-47.

Chang H H，Chuang S S. 2011. Social capital and individual motivations on knowledge sharing：participant involvement as a moderator[J]. Information & Management，48（1）：9-18.

Charitou A，Karamanou I，Kopita A. 2018. Are analyst stock recommendation revisions more informative in the post-IFRS period?[J]. Journal of Business Finance & Accounting，45（1/2）：115-139.

Chen H L，De P，Hu Y J，et al. 2014.Wisdom of crowds：the value of stock opinions transmitted through social media[J]. The Review of Financial Studies，27（5）：1367-1403.

Chiu C M，Hsu M H，Wang E T G. 2006. Understanding knowledge sharing in virtual communities：an integration of social capital and social cognitive theories[J]. Decision Support Systems，42（3）：1872-1888.

Crawford S S，Gray W R，Johnson B R，et al. 2017. What motivates buy-side analysts to share recommendations online?[J]. Management Science，64（6）：2574-2589.

da Silva Rosa R，Durand R B. 2008. The role of salience in portfolio formation[J]. Pacific-Basin Finance Journal，16（1/2）：78-94.

Da Z，Engelberg J，Gao P J. 2011. In search of attention[J]. The Journal of Finance，66（5）：1461-1499.

Daniel K，Grinblatt M，Titman S，et al. 1997. Measuring mutual fund performance with characteristic-based benchmarks[J]. The Journal of Finance，52（3）：1035-1058.

Das S R, Chen M Y. 2007. Yahoo! for Amazon: sentiment extraction from small talk on the web[J]. Management Science, 53 (9): 1375-1388.

Dellavigna S, Pollet J M. 2009. Investor inattention and Friday earnings announcements[J]. The Journal of Finance, 64 (2): 709-749.

Diamond D W, Verrecchia R E. 1981. Information aggregation in a noisy rational expectations economy[J]. Journal of Financial Economics, 9 (3): 221-235.

Drake M S, Thornock J R, Twedt B J. 2017. The Internet as an information intermediary[J]. Review of Accounting Studies, 22 (2): 543-576.

Engelberg J E, Reed A V, Ringgenberg M C. 2012. How are shorts informed? Short sellers, news, and information processing[J]. Journal of Financial Economics, 105 (2): 260-278.

Francis J, Soffer L C. 1997. The relative informativeness of analysts'stock recommendations and earnings forecast revisions[J]. Journal of Accounting Research, 35 (2): 193-211.

Frazzini A, Lamont O A. 2008. Dumb money: mutual fund flows and the cross-section of stock returns[J]. Journal of Financial Economics, 88 (2): 299-322.

Garfinkel J A, Sokobin J. 2006. Volume, opinion divergence, and returns: a study of post-earnings announcement drift[J]. Journal of Accounting Research, 44 (1): 85-112.

Gargano A, Rossi A G. 2018. Does it pay to pay attention?[J]. The Review of Financial Studies, 31 (12): 4595-4649.

Grossman S J, Stiglitz J E. 1980. On the impossibility of informationally efficient markets[J]. The American Economic Review, 70 (3): 393-408.

Harris M, Raviv A. 1993. Differences of opinion make a horse race[J]. The Review of Financial Studies, 6 (3): 473-506.

Hirshleifer J. 1977. The theory of speculation under alternative regimes of markets[J]. The Journal of Finance, 32 (4): 975-999.

Hong H, Kacperczyk M. 2010. Competition and bias[J]. The Quarterly Journal of Economics, 125 (4): 1683-1725.

Hsieh C C, Hui K W, Zhang Y. 2016. Analyst report readability and stock returns[J]. Journal of Business Finance & Accounting, 43 (1/2): 98-130.

Hsu M H, Ju T L, Yen C H, et al. 2007. Knowledge sharing behavior in virtual communities: the relationship between trust, self-efficacy, and outcome expectations[J]. International Journal of Human-Computer Studies, 65 (2): 153-169.

Hu D N, Zhao J L, Cheng J S. 2012. Reputation management in an open source developer social network: an empirical study on determinants of positive evaluations[J]. Decision Support Systems, 53 (3): 526-533.

Huang A H, Lehavy R, Zang A Y, et al. 2017. Analyst information discovery and interpretation roles: a topic modeling approach[J]. Management Science, 64 (6): 2833-2855.

Huang A H, Zang A Y, Zheng R. 2014. Evidence on the information content of text in analyst reports[J]. The Accounting Review, 89 (6): 2151-2180.

Hvidkjaer S. 2008. Small trades and the cross-section of stock returns[J]. The Review of Financial Studies, 21 (3): 1123-1151.

Jame R, Johnston R, Markov S, et al. 2016. The value of crowdsourced earnings forecasts[J]. Journal of Accounting Research, 54 (4): 1077-1110.

Jegadeesh N, Kim J, Krische S D, et al. 2004. Analyzing the analysts: when do recommendations add value?[J]. The Journal of Finance, 59 (3): 1083-1124.

Joseph K，Wintoki M B，Zhang Z L. 2011. Forecasting abnormal stock returns and trading volume using investor sentiment：evidence from online search[J]. International Journal of Forecasting，27（4）：1116-1127.

Kadan O，Madureira L，Wang R，et al. 2009. Conflicts of interest and stock recommendations：the effects of the global settlement and related regulations[J]. The Review of Financial Studies，22（10）：4189-4217.

Kahneman D. 1979. Attention and Effort[M]. Englewood Cliffs：Prentice-Hall.

Kaniel R，Saar G，Titman S. 2008. Individual investor trading and stock returns[J]. The Journal of Finance，63（1）：273-310.

Karpoff J M. 1986. A theory of trading volume[J]. The Journal of Finance，41（5）：1069-1087.

Kelley E K，Tetlock P C. 2013. How wise are crowds? Insights from retail orders and stock returns[J]. The Journal of Finance，68（3）：1229-1265.

Kim S H，Kim D. 2014. Investor sentiment from internet message postings and the predictability of stock returns[J]. Journal of Economic Behavior & Organization，107：708-729.

Kudryavtsev A. 2019. Effect of investor inattention on price drifts following analyst recommendation revisions[J]. International Journal of Finance & Economics，24（1）：348-360.

Kyle A S. 1985. Continuous auctions and insider trading[J]. Econometrica，53（6）：1315-1335.

Leung H，Ton T. 2015. The impact of Internet stock message boards on cross-sectional returns of small-capitalization stocks[J]. Journal of Banking & Finance，55：37-55.

Lin H W，McNichols M F. 1998. Underwriting relationships，analysts' earnings forecasts and investment recommendations[J]. Journal of Accounting and Economics，25（1）：101-127.

Lin M C. 2018. The effect of 52 week highs and lows on analyst stock recommendations[J]. Accounting & Finance，58：375-422.

Liu X W，Ye Q. 2016. The different impacts of news-driven and self-initiated search volume on stock prices[J]. Information & Management，53（8）：997-1005.

Llorente G，Michaely R，Saar G，et al. 2002. Dynamic volume-return relation of individual stocks[J]. The Review of Financial Studies，15（4）：1005-1047.

Loh R K，Stulz R M. 2011. When are analyst recommendation changes influential? [J]. The Review of Financial Studies，24（2）：593-627.

Malmendier U，Shanthikumar D. 2007. Are small investors naive about incentives? [J]. Journal of Financial Economics，85（2）：457-489.

Malmendier U，Shanthikumar D. 2014. Do security analysts speak in two tongues? [J]. The Review of Financial Studies，27（5）：1287-1322.

Marquaridt D W. 1970. Generalized inverses，ridge regression，biased linear estimation，and nonlinear estimation[J]. Technometrics，12（3）：591-612.

Merkley K J，Michaely R，Pacelli J. 2016. Does the scope of the sell-side analyst industry matter? An examination of bias，accuracy，and information content of analyst reports[J]. The Journal of Finance，72（3）：1285-1334.

Michaely R，Womack K L. 1999. Conflict of interest and the credibility of underwriter analyst recommendations[J]. The Review of Financial Studies，12（4）：653-686.

Mikhail M B，Walther B R，Willis R H. 2007. When security analysts talk，who listens?[J]. The Accounting Review，82（5）：1227-1253.

Mokoaleli-Mokoteli T，Taffler R J，Agarwal V. 2009. Behavioural bias and conflicts of interest in analyst stock recommendations[J]. Journal of Business Finance & Accounting，36（3/4）：384-418.

Nelson K K, Price R A, Rountree B R. 2013. Are individual investors influenced by the optimism and credibility of stock spam recommendations?[J]. Journal of Business Finance & Accounting，40（9/10）：1155-1183.

Sabherwal S，Sarkar S K，Zhang Y. 2011. Do internet stock message boards influence trading? Evidence from heavily discussed stocks with no fundamental news[J]. Journal of Business Finance & Accounting，38（9/10）：1209-1237.

Schmeling M. 2007. Institutional and individual sentiment：smart money and noise trader risk?[J]. International Journal of Forecasting，23（1）：127-145.

Wasko M M，Faraj S. 2005. Why should I share? Examining social capital and knowledge contribution in electronic networks of practice[J]. MIS Quarterly，29（1）：35-57.

Womack K L. 1996. Do brokerage analysts' recommendations have investment value?[J]. The Journal of Finance，51（1）：137-167.

Yu Y，Duan W J，Cao Q. 2013. The impact of social and conventional media on firm equity value：a sentiment analysis approach[J]. Decision Support Systems，55（4）：919-926.

第三篇　大数据商业价值分析与新技术使能创新理论与方法

第7章　投资者关注度对资产价格的影响研究

叶强[1]，王晓琳[2、3]
1 哈尔滨工业大学经济与管理学院，2 上海海事大学经济管理学院，
3 上海交通大学安泰经济管理学院

7.1　投资者关注度对商品期货市场的影响研究

7.1.1　研究背景

投资者注意力（investor attention）在行为金融学中得到了广泛研究，大量研究表明，投资者关注会对股票市场产生显著影响。在早期研究中，衡量投资者注意力的指标是间接的。近年来，谷歌、百度等互联网搜索引擎已成为获取信息的重要手段。Da 等（2011）使用了搜索引擎中的 SVI 作为投资者关注的代理变量，他们研究了来自互联网的投资者关注对美国股票市场的影响，投资者在谷歌上搜索股票时产生的 SVI 可以衡量散户投资者的关注程度，当某只股票的搜索量上升后，其价格也会呈上升趋势。这种解释取决于这样一种假设：股票市场中的个人投资者是吸引他们注意的股票的净买家（Barber and Odean，2008；Chan，2003；Hirshleifer et al.，2005）。我们在中国期货市场检验了这一假设，投资者可以很容易地卖空。中国期货市场的区别在于散户投资者的直接参与，这对于散户投资者关注度的测试至关重要。

随着互联网技术的发展及互联网应用的普及，更多的人在互联网上留下了自己的使用痕迹，这些痕迹为研究者探索投资者关注提供了便利。本章的研究使用了美国股市中股票代码作为搜索的关键词，并认为此类关键词产生的 SVI 可以代

表个人投资者的投资者关注。本章的研究验证了来自互联网的投资者关注对股票市场在周级别的收益率具有显著的正向影响，并且这一影响会迅速翻转，并于第四周消失。这样的结论与之前的研究中利用头条次数、广告支出等变量作为投资者关注度的代理变量的研究结论相一致，即来自搜索引擎的 SVI 可以作为投资者关注的代理变量的结论。

Dimpfl 和 Jank（2016）指出，使用 SVI 作为投资者关注的代理变量会导致股票波动性上升。Ding 和 Hou（2015）认为，使用 SVI 作为投资者关注的代理变量，可以显著增加投资者基数，增加股票流动性。Barber 和 Odean（2008）指出，个人投资者的购买决策很大程度上会受到有限的投资者关注和过去的股票回报的影响。Dzielinski（2012）证明，在不确定性增加后的一周内，总股票回报率较低，但在之后的一周出现逆转。相反，已实现波动率在增加后的一周内很高，在下一周下降。Smith（2012）的研究表明，可以根据特定关键词谷歌搜索量的演变预测外汇市场的波动。他们的结论解释了为什么在许多研究中投资者关注对短期股票收益有积极的影响。在股票市场上，投资者在做购买决定时很容易受到投资者关注的影响，他们倾向于购买引起他们注意的股票，并卖出他们已经持有的股票。因此，在股票市场上，投资者关注会对散户投资者产生不对称的影响。之前大多数对股票市场的研究基于如下假设，即股票市场上的个人投资者是他们关注的股票的净买家。

我们使用中国领先的互联网搜索引擎百度的搜索频率作为关注度衡量指标，它分为移动设备搜索和基于 PC（personal computer，个人计算机）的搜索。以往以谷歌趋势（Google Trends）为搜索量数据源的 SVI 引起了投资者的关注和研究（Bank et al.，2011；Da et al.，2011；Ding and Hou，2015；Dimpfl and Jank，2016；Smith，2012；Dzielinski，2012）。Kamvar 和 Baluja（2006）认为，在移动设备上搜索的互联网用户和在 PC 设备上搜索的用户之间存在差异。与 PC 用户相比，手机用户输入的单词长度更短，点击链接的可能性更小，而且他们往往点击排名最高的链接，这可能是因为这些屏幕显示的信息有限，搜索更困难。Kamvar 等（2009）指出，由于没有统一的显示端口，移动设备上的搜索行为存在很大差异。Dyson 和 Haselgrove（2001）的研究表明，在 PC 屏幕上，正常阅读速度下的中等长度（每行 55 个字符）可以提供更好的理解。显然，屏幕更小的移动设备会缩小字符的大小或减少行长度和文本的可读性。以上对移动搜索行为的研究都表明，移动搜索在搜索过程中，搜索结果的数量和可读性都无法与 PC 搜索竞争。中文搜索引擎的使用表现出相似的行为特征（Wang，2018）。

在现存的互联网搜索对证券交易市场影响研究中，大部分研究都旨在利用互联网搜索指数构造投资者关注，再根据投资者关注理论研究其对金融交易市场的影响。在证券交易市场端，大部分研究聚焦于股票交易市场，少量的研究涉及外汇、期货等市场。而除了投资者关注外，投资者情绪对证券交易市场也具有较为重要的影响，通常来说投资者情绪会根据市场的涨跌变化和扩散，投资者情绪与市场变化的一致性也很好地弥补了特定关键词下使用来自互联网的 SVI 无法衡量投资者关注方向的倾向性问题，从而为本章研究对称交易市场中互联网搜索的影响提供了一个新的方向。此外，大部分互联网搜索对证券交易市场的研究均遵循行为金融的研究范式，考虑投资者行为的改变对证券交易市场的影响，而较少关注互联网搜索对证券交易市场基本情况的预测能力。最后，部分研究注意到了使用互联网搜索的投资者关注的异质性，但是来自不同搜索终端的投资者关注的异质性并没有引起足够的重视。部分讨论不同搜索终端的差异的研究更多地集中在行为差异的本身，而没有阐释这种差异对证券交易市场产生的影响，更没有对这种差异在证券交易市场中产生的影响的差异进行探究。

传统的期货定价理论从无套利公式出发，推导出期货价格的表达式及其影响因素。但是当前的期货市场的发展已经远远超过现货市场，期货价格的定价能力和反应速度也均以超过现货，在此基础上，期货市场中也充斥着各种类型的投资者。因此，期货市场的价格除受传统因素影响外仍受到很多投资者行为的影响。因此，我们推测，在移动设备上搜索的投资者比在 PC 上搜索的投资者更不关注交易的产生。

1. 投资者关注理论

投资者对于某些事件相关信息的关注被称为投资者关注。与经典金融理论不同，Daniel 等（2002）首先提出了有限关注理论。相关的研究表明，投资者的注意力是有限的，即投资者无法对所有的信息给予足够的关注并做出反应。因此投资者注意力分配不均匀也导致了不同程度的信息不对称。通常来说，更多的投资者关注将降低信息的不对称程度。

尽管投资者有限关注理论提出较早，但相关研究的发展却主要出现在近 20 年。由于投资者关注无法被直接观测，研究人员通常需要使用代理变量来表示投资者关注的程度。在最初对投资者关注的研究中，研究者通常使用成交量、涨跌停、超额收益率、媒体头条次数、广告支出等信息作为投资者关注的代理变量。Gervais 等（2001）利用股票的成交量来衡量投资者关注。Seasholes 和 Wu（2007）利用股票的涨跌停事件衡量投资者关注。Hou 等（2009）认为股票的异常收益率和异常成交量可以衡量投资者关注。除了证券市场本身传递出的信息外，另外一些研究还使用与媒体相关的信息来衡量投资者关注。Chan（2003）利用新闻头条包含上市公司名称的次数来衡量投资者关注。Yu（2015）利用新闻媒体中提及上市公司的次数来衡量该公司的投资者关注。Fang 和 Peress（2009）也利用与上市公司股票相关的新闻数量来衡量投资者关注。Grullon 等（2002）则利用上市公司在广告费用上的支持来表示投资者关注。使用媒体相关的信息来表示投资者关注在一定程度上缓解了使用市场本身的变量带来的内生性问题。但来自媒体的数据仍显得过于粗糙，诸如广告支出、促销费用这类变量是否可以准确地衡量投资者关注仍值得怀疑。

互联网的出现及搜索引擎的使用为研究投资者关注提供了更为可靠的数据来源。与来自新闻报道或广告支出这类变量相比，由用户自发进行的搜索行为可以更加准确地衡量投资者的关注。Da 等（2011）的研究表明来自互联网的 SVI 可以作为投资者关注的代理变量。SVI 这一新的投资者关注的代理变量与收益率绝对值、异常成交量、媒体头条次数等传统投资者关注的代理变量存在一定的相关性，但仍存在较大区别。其包含了更多的信息和更强的时效性，可以更好地衡量投资者的关注程度。此外，Da 等（2011）的研究还指出，上市公司的产品名称可以预测该公司未来的非预期盈利。Dimpfl 和 Jank（2016）研究了搜索量指数对股票波动率的影响。宋双杰等（2011）针对我国的股票市场，研究了 SVI 表示的投资者关注对首次公开募股（initial public offering，IPO）的影响。Ding 和 Hou（2015）验证了 SVI 和传统的投资者关注的代理变量之间的关系并分析了 SVI 对股票流动性的影响。在非股票市场中，Goddard 等（2015）研究了外汇市场中 SVI 对外汇波动率的影响。Liu 和 Ye（2016）分析了搜索驱动的投资者关注和媒体驱动的投资者关注对股票市场影响的差异。Drake 等（2012）指出 SVI 可以表示个人投资者的信息需求。

总的来说，使用互联网 SVI 研究其对证券市场的影响已经从行为金融的角度被大量的研究所认可。在众多的研究中，研究人员使用不同的搜索关键词、不同的搜索特征、不同特征的市场等多方面的因素并获得了大量的研究成果。所以，我们有理由认为 SVI 对证券交易市场确实可能会产生影响，并据此在后文的研究中提出合理的假设。

2. 期货市场相关理论

Brennan 和 Schwartz（1985）、Kaldor（1939）和 Working（1949）分别建立了期货市场的存储理论模型，由此奠定了期货定价模型的基础。Brennan 和 Schwartz（1985）在标的物服从布朗运动、便利收益为恒定常数的假设下运用伊藤引理推导出了期货的定价公式。

$$F\left(S,\tau\right)=S\mathrm{e}^{(r-c)\tau} \tag{7.1}$$

在此基础上经过不断的完善，目前认为，期货的理论价格主要受到标的物价格、到期时限、利率和持有成本的共同影响。

除了对期货理论价格的研究外，对期货的市场价格及其波动率的影响也是期货研究的一个重要方向。Crain 和 Lee（1996）探索了 1950~1993 年小麦现货和期货市场波动如何受到政府农业计划的影响。他们发现，两个市场波动性的变化与农业项目的变化密切相关。Figlewski（1985）对股指期货市场上的对冲行为进行了理论和实践上的分析。Ghosh（1993）开创性地运用误差修正模型估计了股指期货的对冲形式。Bessembinder 和 Seguin（1993）研究了八个现货和金融期货市场在成交量、波动性和市场深度之间的关系。研究结果表明，并不能从波动性与总成交量中提取所有信息。当交易量被划分为预期的和意外的两部分成分时，意外的交易量对波动率的影响更大，并且这种关系是不对称的，正的意外成交量冲击对波动率的影响大于负的意外成交量的冲击。

7.1.2　假设提出

本书选择了中国与国际期货市场，包括大连商品期货交易所（Dalian Commodity Exchange，DCE）、芝加哥商品交易所（Chicago Mercantile Exchange，CME）、芝加哥期货交易所（Chicago Board of Trade，CBOT）、郑州商品交易所（Zhengzhou Commodity Exchange）、马来西亚衍生产品交易所(Bursa Malaysia Derivatives Berhad)等五种期货市场数据，以及豆粕、精对苯二甲酸（pure terephthalic aid，PTA）、棕榈油、白糖、黄金期货市场的现货市场数据。数据集为 2011 年 1 月 1 日至 2015 年 12 月 31 日期间的交易数据，包括 1209 个交易日的交易数据。

如图 7.1 所示，豆粕搜索相关关键词与期货直接相关，表明投资者对期货信息的搜索参与度较高。

因此，中国期货合约是理想的研究对象。我们的关键变量 ASVI 定义如下：

$$\mathrm{ASVI}_t = \log\left(\mathrm{SVI}_t\right) - \log[\mathrm{median}\left(\mathrm{SVI}_{t-1}, \mathrm{SVI}_{t-2}, \cdots, \mathrm{SVI}_{t-8}\right)] \qquad (7.2)$$

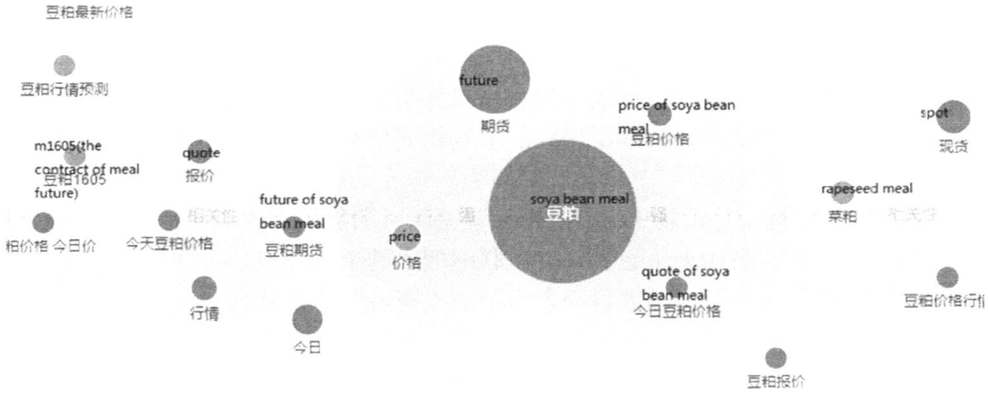

图 7.1　豆粕的搜索趋势（截图）

我们每天收集 SVI 的频率，如表 7.1 所示，周一和周五的 SVI（包括 SVI_{pc}

和 SVI_{mob}）总是低于其他几天。为了避免工作日之间的这些自然差异，我们分别测量了周一至周五的 ASVI。例如，周一的 ASVI 定义为 t 周周一的 SVI 减去 t–1 周到 t–8 周的 8 个滞后周一的中位数。

表 7.1　搜索量指数在不同星期的统计值

市场	变量	周一	周二	周三	周四	周五
豆粕	SVI	1345.3743	1339.2733	1334.3483	1311.7357	1277.4565
	SVI_{pc}	680.0180	675.6997	673.3574	660.6517	640.9009
	SVI_{mob}	665.3563	663.5736	660.9910	651.0841	636.5556
PTA	SVI	1119.6224	1142.4924	1135.3112	1133.5468	1045.106
	SVI_{pc}	733.0423	741.5740	736.6556	735.4924	673.403
	SVI_{mob}	386.5801	400.9184	398.6556	398.0544	371.703
棕榈油	SVI	1059.662	1055.009	1058.432	1050.115	1026.258
	SVI_{pc}	572.5136	570.426	567.3535	560.435	535.4333
	SVI_{mob}	487.148	484.5831	491.0785	489.6798	490.8242
白糖	SVI	462.0967	453.8459	450.0604	448.9819	431.7606
	SVI_{pc}	244.3353	240.5196	238.2689	238.2266	228.6818
	SVI_{mob}	217.7644	213.3293	211.7915	210.7553	203.0818
黄金	SVI	948.0997	1008.688	1025.37	1031.2	984.4667
	SVI_{pc}	438.1148	440.1939	448.9667	450.6333	427.2576
	SVI_{mob}	509.9849	568.4939	576.403	580.5667	557.2091

在之前的研究中，大部分的研究集中在股票市场，研究者通常使用搜索引擎服务商提供的搜索引擎指数来衡量个人投资者对不同股票的关注程度。同时，使用股票市场中常用的 Fama-Fanch 模型中影响股票收益率的因子作为控制变量，以衡量个人投资者关注对股票异常收益率的影响。如前文所述，由于股票市场是非对称交易市场，之前研究中个人投资者关注对股票市场的影响也都基于对称交易市场中的假设。而在以期货市场为代表的对称交易市场中，个人投资者关注对对称交易市场的影响是否和股票市场中的影响相同值得探究。由此本章提出第一个研究假设。

H7.1：在对称交易市场中，个人投资者关注对期货异常收益率没有显著影响。

如前文所述，虽然无法通过来自互联网搜索的个人投资者关注确定投资者关注信息的正负倾向，但通过来自搜索引擎的投资者关注仍然具有预测证券交易市场变化的能力。来自搜索引擎的个人投资者关注表示了个人投资者的信息需求，所以无论信息的正负倾向如何，投资者都会根据获取的信息对金融资产未来的价格做出判断，进而在相应的市场上做出操作。无论投资者对于信息的判断如何，在市场中的操作方向如何，金融资产的搜索量异常升高必然伴随着更多的交易行为。本章研究使用期货的换手率来衡量期货市场上的交易行为的多寡，因此本章提出如下假设。

H7.2：在对称交易市场中，个人投资者关注对期货换手率有显著影响。

本书认为投资者关注在对称交易市场中，虽然不能得出在如以股票市场为代表的非对称交易市场中对资产价格产生确定的正向影响的结论，但其确实也会对资产价格产生影响。投资者可以根据其关注信息是正面信息还是负面信息对该标的资产的价值做出判断，并进一步做出相应的买卖操作。因而，本书认为投资者在对称交易市场中，仍然能够通过其关注的信息做出对目标资产价格的一致预期，从而产生相对一致的市场买卖行为，但这种行为在对称交易市场中由于使用来自搜索引擎的投资者关注无法确定引发关注信息的正负倾向从而无法确定买卖行为的具体方向。对于来自搜索引擎的投资者关注虽不能确定其对资产价格的异常变化方向，但仍有理由认为其会放大资产价格变化的幅度。本章据此提出第三个假设。

H7.3：在对称交易市场中，个人投资者关注对期货收益率的变化幅度具有显著影响。

除了来自搜索引擎的个人投资者关注之外，由媒体驱动的投资者关注也是投资者关注的另外一种衡量方式。与来自搜索引擎的投资者关注不同，由媒体驱动的投资者关注通常使用各种资产在媒体中的曝光程度衡量。因此，来自搜索引擎的投资者关注更多的来源于投资者自发的搜索行为，这些搜索表明了投资者确切的信息需求。而媒体驱动的投资者关注是由媒体发布的信息，这些信息对于投资者来说是被动接收的。但无法确定这些由媒体发布的信息是否是由投资者真正的信息需求驱动的。所以相较于来自搜索引擎的个人投资者关注，由媒体驱动的投资者关注可能无法反映投资者的实际的关注的分配和变化情况。本章据此提出第四个假设。

H7.4：在中国期货市场中，媒体驱动的投资者关注对期货收益率没有显著影响。

7.1.3 研究设计

我们采用面板回归测试，检验投资者的注意力是否对期货市场产生同样的影响。因此，我们使用下面的模型来验证假设。

$$\text{Retfuture}_{i,t} = \lambda_i + \beta_1 \text{ASVI}_{i,t} + \beta_2 \text{Retspot}_{i,t} + \beta_3 \text{Retint}_{i,t} + \sum_{k=1}^{n} \beta_{4k} \text{Retfut}_{i,t-k} + u_{i,t} \quad (7.3)$$

其中，$\text{Retfuture}_{i,t}$ 表示中国期货合约 i 在第 t 天的回报；$\text{ASVI}_{i,t}$ 表示第 t 天关键字与产品 i 的异常搜索量指数；$\text{Retspot}_{i,t}$ 表示第 t 天中国现货合约 i 的现货回报；$\text{Retint}_{i,t}$ 表示国际期货产品 i 在第 t 天的未来收益；$\text{Retfut}_{i,t-k}$ 表示中国未来产品 i

在第 $t-k$ 天的退货。

同样，我们可以使用下面的模型来验证搜索量是否对第二天的期货收益有明显的影响。

利用绝对值收益率，我们回顾了搜索量对期货市场价格变异性的影响，具体如下：

$$\begin{aligned}\text{AbsRetfut}_{i,t} = \lambda_i + \beta_1\text{ASVI}_{i,t} + \beta_2\text{AbsRetspot}_{i,t} + \beta_3\text{AbsRetint}_{i,t} \\ + \sum_{k=1}^{n}\beta_{4k}\text{AbsRetfut}_{i,t-k} + u_{i,t}\end{aligned} \tag{7.4}$$

其中，$\text{AbsRetfut}_{i,t}$ 表示中国未来市场 i 在第 t 天的绝对回报；$\text{AbsRetspot}_{i,t}$ 表示中国现货市场 i 绝对现货收益率为 t；$\text{AbsRetint}_{i,t}$ 表示国际期货市场 i 第 t 天的绝对收益；$\text{AbsRetfut}_{i,t-k}$ 表示中国未来市场 i 在 $t-k$ 日的绝对收益。

在验证了搜索量对期货市场的影响后，我们将搜索量分为从 PC 端接收到的请求和从手机端接收到的请求。我们使用以下模型来测试不同设备对期货价格的搜索请求。

$$\begin{aligned}\text{AbsRetfut}_{i,t} = \lambda_i + \beta_{11}\text{ASVI}_{\text{pc}_{i,t}} + \beta_{12}\text{ASVI}_{\text{mob}_{i,t}} + \beta_2\text{AbsRetspot}_{i,t} \\ + \beta_3\text{AbsRetint}_{i,t} + \sum_{k=1}^{n}\beta_{4k}\text{AbsRetfut}_{i,t-k} + u_{i,t}\end{aligned} \tag{7.5}$$

其中，$\text{ASVI}_{\text{pc}_{i,t}}$ 表示 PC 端的异常搜索量指数；$\text{ASVI}_{\text{mob}_{i,t}}$ 表示手机端的异常搜索量指数。

7.1.4　研究结果分析

1. 搜索量对收益的影响

从表 7.2 可知现货收益率和国外期货市场收益率对期货收益率均有显著影响。然而，ASVI 对期货收益没有明显影响。结果表明，投资者的关注对商品期货市场的收益影响不大。

表 7.2　ASVI 对收益率的影响

变量	Rf_t	Rf_{t+1}
ASVI	−0.000 191	0.000 428
	（0.000 567）	（0.000 755）
Rs_t	0.807***	0.037 4*
	（0.014 3）	（0.021 7）
Ra_t	0.075 0***	0.163***
	（0.006 43）	（0.007 94）

续表

变量	Rf_t	Rf_{t+1}
Rf_t	—	−0.080 6***
		(0.015 8)
Rf_{t-1}	−0.129***	0.002 86
	(0.010 4)	(0.013 0)
Rf_{t-2}	−0.025 7**	−0.008 02
	(0.010 3)	(0.012 6)
Rf_{t-3}	−0.016 2	−0.027 3**
	(0.010 2)	(0.012 6)
Rf_{t-4}	−0.024 9**	0.000 607
	(0.010 2)	(0.012 6)
Rf_{t-5}	−0.035 2***	—
	(0.010 2)	
cons	−0.000 054 2	−0.000 350**
	(0.000 122)	(0.000 150)
N	6 040	6 045
R^2	0.369	0.070

注：括号内的值为 t 统计量

*、**、***分别表示在 0.1、0.05 和 0.01 水平上显著

从表 7.3 可以看出，ASVI 用绝对收益代替收益，对同时期的绝对收益有显著影响。在表 7.3 第（3）列中，我们检验了这些变量对 t+1 日期货绝对收益率的影响。可以看出，ASVI 也表现出显著的影响。

表 7.3　ASVI 对绝对收益的影响

变量	$AbsRf_t$	$AbsRf_{t+1}$
$ASVI_t$	0.004 66***	0.001 24**
	(0.000 462)	(0.000 523)
$AbsRs_{k,t}$	0.518***	0.027 7
	(0.014 2)	(0.017 7)
$AbsRa_{k,t}$	0.036 3***	0.068 1***
	(0.006 10)	(0.006 88)
$AbsRf_t$	—	0.031 1**
		(0.012 9)
$AbsRf_{t-1}$	−0.038 1***	0.047 0***
	(0.011 5)	(0.012 8)

续表

变量	$AbsRf_t$	$AbsRf_{t+1}$
$AbsRf_{t-2}$	0.003 25 （0.011 4）	0.078 3*** （0.012 7）
$AbsRf_{t-3}$	0.014 0 （0.011 3）	0.043 4*** （0.012 8）
$AbsRf_{t-4}$	0.051 2*** （0.011 3）	0.006 52 （0.014 5）
$AbsRf_{t-5}$	0.011 0 （0.011 3）	—
cons	0.004 97*** （0.000 225）	0.005 80*** （0.000 251）
N	6 040	6 045
R^2	0.241	0.037

注：括号内的值为 t 统计量

、*分别表示在 0.05 和 0.01 水平上显著

我们的研究结果表明，投资者的关注程度越高，在没有卖空限制的期货市场上，价格波动就越大，波动可能是正的，也可能是负的。

2. 不同设备的搜索量对期货价格的影响

我们将搜索量划分为基于 PC 和基于移动设备的搜索量，以研究来自不同设备的搜索量的异构性。

PC 设备的搜索量指数与当期和次日的绝对收益呈正相关，而移动设备的搜索量指数不显著（表 7.4）。

表 7.4　不同搜索设备对绝对收益的影响

变量	$Abs\_Ret\_fut_t$	$Abs\_Ret\_fut_{t+1}$
$ASVI\_pc_t$	0.002 64*** （0.000 340）	0.001 01*** （0.000 383）
$ASVI\_mob_t$	0.000 292 （0.000 187）	−0.000 214 （0.000 210）
$Abs\_Ret\_spot_t$	0.529*** （0.014 2）	0.030 1* （0.017 6）
$Abs\_Ret\_int_t$	0.036 8*** （0.006 12）	0.068 2*** （0.006 88）

续表

变量	Abs_Ret_fut$_t$	Abs_Ret_fut$_{t+1}$
Abs_Ret_fut$_t$	—	0.032 5**
		(0.012 9)
Abs_Ret_fut$_{t-1}$	−0.033 3***	0.048 6***
	(0.011 5)	(0.012 7)
Abs_Ret_fut$_{t-2}$	0.008 14	0.080 4***
	(0.011 4)	(0.012 7)
Abs_Ret_fut$_{t-3}$	0.020 4*	0.043 9***
	(0.011 3)	(0.012 8)
Abs_Ret_fut$_{t-4}$	0.053 3***	0.007 44
	(0.011 3)	(0.014 5)
Abs_Ret_fut$_{t-5}$	0.011 2	—
	(0.011 4)	
cons	0.004 84***	0.005 76***
	(0.000 224)	(0.000 249)
N	6 040	6 045
R^2	0.237	0.037

注：括号内的值为 t 统计量

*、**、***分别表示在 0.1、0.05 和 0.01 水平上显著

我们的结果表明，不同设备对搜索量的影响是不同的，基于 PC 的搜索更有可能吸引散户投资者的注意力，从而产生交易。

7.1.5　小结

根据投资者关注理论的实证检验，本节采用互联网 SVI 作为直接关注指标，考察了散户关注对中国期货市场期货价格的影响，并比较了基于 PC 的搜索量和基于移动设备的搜索量的有效性的差异。我们发现，散户投资者关注度与股票收益率之间的关系并不存在于散户投资者面临的卖空约束放松的期货市场中。我们还发现，移动互联网搜索不能像传统的基于 PC 的互联网搜索那样作为一种有效的关注手段。我们的研究结果揭示了由于散户投资者交易活动增加，移动互联网接口在金融服务和商品金融化方面未来将会获得持续发展。

7.2 投资者情绪与中国指数期货市场的关系：以互联网搜索为例

7.2.1 研究背景

研究表明，投资者情绪可以预测截面上的股票回报率。这一结论表明，投资者情绪会导致股价波动并影响其预期收益（Drake et al., 2012; Kumar and Lee, 2006）。Da 等（2015）表明，如果不知情的噪声交易者将他们的交易决策建立在情绪基础上，那么极端的情绪变化将暂时导致更多的噪声交易和更大的错误定价。

越来越多的研究调查了互联网搜索如何影响金融市场。Da 等（2011）使用谷歌对股票代码的 SVI 作为投资者对公司特定关注的代理。Da 等（2015）使用数百万家庭每天的互联网搜索量来衡量市场层面的情绪。Drake 等（2012）使用异常的谷歌搜索量来解释投资者对特定信息的需求。这些结果表明，除了新闻、广告费用、极端回报、交易量、公开兴趣和媒体关注等指标外（Aboody et al., 2010；Barber and Odean，2008；Chan，2003；Kurov，2010；Li and Yu，2012；Yu and Yuan，2011），互联网搜索可以作为一个有用的指标。

我们的研究是对中国期货市场研究的补充和延伸。随着全球金融化趋势的不断发展，散户投资者对中国期货市场的参与度达到了前所未有的水平。据我们所知，目前学术界还没有研究过搜索量对股指期货市场的影响，使用 SVI 来揭示中国期货市场投资者情绪的研究也相对较少，这是因为 SVI 主要反映个人投资者的属性，而不是金融机构和其他成熟投资者。Wang（2018）用交易者的头寸作为情绪的代理，结果表明小交易者的情绪很难预测未来的市场走势。Goddard 等（2015）认为，期货市场和股票市场在交易目的、投资者构成和交易习惯方面存在显著差异。因此，本章旨在确定全球期货市场的结论是否适用于个人投资者积极参与的中国期货市场。

7.2.2 假设提出

中国金融期货交易所（China Financial Futures Exchange，CFFEX）于 2010 年 4 月 16 日正式推出的中国首个金融期货——沪深 300 股指期货，其设定了初始交易基准价，为 3399 点。尽管 CFFEX 随后出台了一系列限制措施，将小型散户拒之门外，但由于当时股市狂热，沪深 300 股指期货市场的散户交易仍在蓬勃发展。股市崩盘后，CFFEX 调整了股指期货交易参数，削弱了期货市场对股市的影响。

从图 7.2 可以看出，沪深 300 股指期货价格在 2015 年达到顶峰，之后大幅下跌。之所以出现大幅下跌，是因为从 2015 年 7 月至 9 月，CFFEX 发布了一系列旨在限制市场投机的措施。此外，CFFEX 还鼓励做多，并调查恶意卖空行为，以防止现货市场出现崩盘。

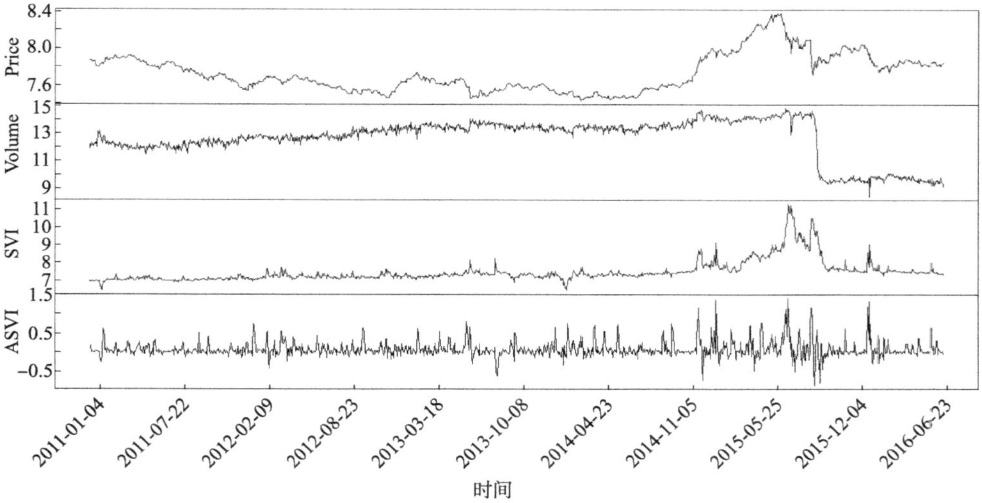

图 7.2　股指期货价格走势、交易量及百度搜索量指数（2011 年 1 月 4 日至 2016 年 6 月 23 日）

CFFEX 对股指期货交易的新限制措施包括以下几方面。

（1）交易佣金从 0.023%提高到 0.15%。与此同时，要求投资者为每笔订单（包括未平仓、已平仓和已取消的订单）支付 1 元人民币。特别是，如果投资者在同一天平仓，那么佣金将从 0.023%升至 2.3%。

（2）现金存款从 10%增加到 40%。资本的效率变为 1/4。

（3）在股市崩盘之前，交易量并不受限制。新规定禁止投资者在一个账户内交易超过 10 份合约。这条规则立即阻止了高频交易。

接下来，我们为测试提出主要假设。首先，市场情绪与投资者注意力高度相关。针对投资行为的研究，Barber 和 Odean（2011）指出，个人投资者的购买决策很大程度上受到他们有限的关注和过去的股票回报的影响，而由于卖空的成本，个人投资者是引人注目的股票的净买家。然而，与股票市场相比，期货市场的投资者可以同时持有多头和空头投资。因此，个人投资者可以是期货的净买家，也可以是净卖家。因此，我们有以下假设。

H7.5：由于没有卖空限制，ASVI 与期货价格走势不相关。

从 Black（1986）开始的大量文献中发现，投资者情绪和由此产生的噪声交易可以影响资产价格。如果不知情的噪声交易者基于情绪做出决定，那么情绪的极端变化将暂时导致更多的噪声交易和更大的错误定价。由于期货市场的投资者可以同时持有多头和空头投资，异常搜索量无法像股市那样预测未来的回报。投资者情绪对期货价格的影响取决于市场状况、之前市场的涨跌。因此，我们有以下假设。

H7.6：ASVI 预测短期期货市场的收益会发生逆转。

在期货市场上，许多投资者经常从事以指数套利为目的的高频交易。然而，CFFEX 的新规定限制了股指期货的交易头寸，几乎完全限制了高频交易。不足为奇的是，股指期货的流动性随后枯竭。因此，由于现货市场存在卖空限制，做空该指数的难度越来越大。这就造成了交易成本中的多头和空头头寸之间的不对称，就像股票市场一样，异常搜索量的增加会导致股票价格的短期上涨。因此，我们有以下假设。

H7.7：由于期货交易的限制，ASVI 对指数期货短期收益有正向影响。

早期的研究使用的搜索量通常是从谷歌趋势数据中获得的，并不反映不同搜索设备的搜索需求。Kamvar 和 Baluja（2006）的研究表明，在移动设备上搜索的互联网用户和在 PC 上搜索的互联网用户之间存在差异。与 PC 用户相比，手机用户输入的单词更短，搜索也更困难，这可能是因为手机屏幕显示的信息有限。因此，我们推测，在移动设备上搜索的投资者相对于在 PC 设备上搜索的投资者，基于显示的有限信息进行交易的可能性更小。因此，我们对 Da 等（2011）的研究进行了扩展，认为基于 PC 的搜索在回报可预测性中起着重要作用。因此，我们提出下一个假设如下。

H7.8：股指期货收益的短期可预测性主要归功于在 PC 上搜索的投资者。

7.2.3 研究设计

1. 数据

研究搜索量的投资者情绪使用谷歌趋势作为数据源（Bank et al.，2011；Da et al.，2011）。然而，本章基于不同的搜索设备来研究搜索量对金融市场的影响。谷歌趋势无法区分来自不同设备的搜索量。因此，我们使用百度索引服务来获取关于搜索量的数据。百度索引服务类似于谷歌趋势，但它能够区分从不同设备获得的搜索量。

作为中国最大的搜索引擎，百度也具有一定的全球影响力。2014 年，谷歌的全球市场份额约为 68%，百度的全球市场份额为 18%。然而，在国内市场，百度的市场份额是 56%，作为领先的中文搜索引擎，其在国内有很大的影响力。因此，我们有理由相信其数据在范围、质量和可靠性方面是可以的。鉴于百度主要服务于国内用户，本节以国内市场为目标市场。

之前的研究主要集中在搜索量和股票市场之间的关系。然而，百度对搜索结果的控制意味着它不太可能在股市上发布所有的搜索信息。因此，由于股票市场数据不完整，我们选择期货市场作为研究对象。沪深 300 股指期货市场是中国最重要的期货市场。之前的研究认为，SVI 显示的是个人投资者的情绪，而不是机构投资者（Da et al.，2011；Goddard et al.，2015）。沪深 300 股指期货市场散户投资者比例较高。根据和讯网在 2015 年的报告，截至 2015 年底，个人账户约为 22.3 万个（相比之下，机构账户为 9211 个），也就是说，中国个人投资者账户的比例在 95%以上，个人投资者对期货价格应有显著影响。因此，本书认为中国期货市场适合运用搜索量指数研究其对期货收益的影响。

我们的样本包括沪深 300 股指期货和百度搜索的数据。我们下载了 2011 年 1 月至 2016 年 6 月的股指期货日 SVI。百度索引服务由 PC 搜索索引（SVI_{pc}）和移动搜索索引（SVI_{mob}）两部分构成。

如图 7.3 所示，与搜索“股指期货”相关的关键词与股指期货直接相关。与谷歌趋势类似，百度索引服务反映了一个关键字的相对搜索次数。区别在于百度索引服务还将关键字搜索索引细分为 PC 搜索索引和移动搜索索引。在数量上，百度 SVI 是基于 PC 和基于移动的 SVI 的总和。

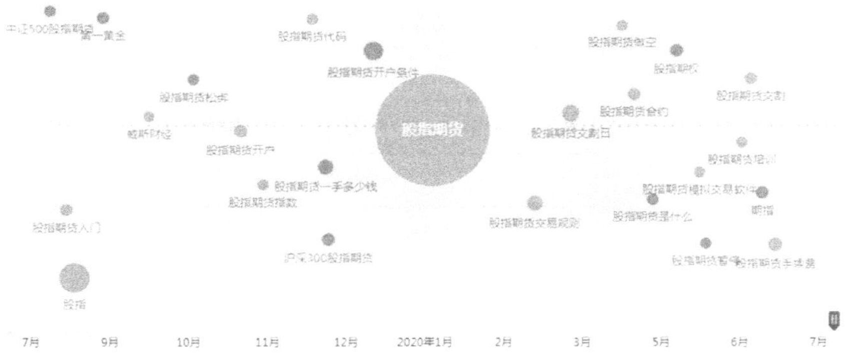

图 7.3　百度搜索关键词“股指期货”的趋势（截图）

图 7.3 显示了百度指数中关键字“股指期货”的搜索结果。图中圆圈表示关键词，圆圈越大表示搜索量越大，圆圈之间的距离表示两个词之间的相关度（彩色图可在 wileyonlinelibrary.com 看到）。

2. 描述性统计

ASVI 定义为 SVI 的自然对数（ln）减去前 5 天 SVI 中值的自然对数。本节我们的研究中使用的变量如表 7.5 所示。

表 7.5　变量定义

变量	描述
SVI	股指期货的搜索量指数
ASVI	股指期货的异常搜索量指数
Mkt up dummy_t	股指期货市场是否上涨的哑变量，t 日收益率大于 0 时变量取值为 1，否则为 0
Mkt up dummy×ASVI_t	异常搜索量指数与市场上涨哑变量的交叉变量
Ret_f_t	股指期货 t 日的异常收益率 股指期货异常收益率=股指期货收益率−沪深 300 指数收益率
$\text{Ret\_f}_{t\text{-}i}$	股指期货 t−i 日的异常收益率
%change in Vol	股指期货 t 日成交量与 t−1 日相比的变化率
%change in OI	股指期货 t 日持仓量与 t−1 日相比的变化率
Volati	股指期货 t 日的高频已实现波动率 $\sigma_{t,\Delta}^2$ $\sigma_{t,\Delta}^2=\sum_{j=1}^{1/\Delta} r_{t-1+j\Delta,\Delta}^2$，其中Δ=0.5 秒
AbsRet_f_t	股指期货 t 日的异常收益率的绝对值
Mkt up dummy×AbsRet_f_t	股指期货 t 日的异常收益率的绝对值与市场上涨哑变量的交叉变量
MVI	股指期货的媒体指数
AMVI	股指期货的异常媒体指数

ASVI 与沪深 300 股指期货价格和成交量具有高度相关性。所有这些变量都在 2015 年达到峰值，然后急剧下降。因此，在接下来的分析中，我们将数据样本根据 2015 年 7 月 7 日发布的第一批限制措施，分为两个时间段（限制前和限制后）。

表 7.6 为 2011 年 1 月至 2016 年 6 月数据样本统计。根据我们的统计结果，5 天的 ASVI 值为−0.87~1.41，而平均 ASVI 值约为 0.08。股指期货的回报率为−9.91~10.22。股指期货的成交量为 4651~2 880 587 股。

表 7.6　描述性统计

项目	变量	样本量	均值	标准差	最小值	最大值
政策前	ASVI	929	0.089 828	0.220 493	−0.871 44	1.413 825
	Ret_f_t	929	0.040 737	1.846 864	−9.916 4	10.226 9
	% change in Vol	929	0.679 132	22.464 86	−93.599 3	82.321 6
	Vol	929	671 462.1	478 375.7	23 170	2 880 587
政策后	ASVI	226	0.065 683	0.234 001	−0.788 71	1.307 507
	Ret_f_t	226	0.012 004	2.001 075	−6.374 7	6.355 5
	% change in Vol	226	2.231 408	29.470 06	−72.372 9	307.404 3
	Vol	226	16 004.15	3 179.574	4 651	24 354
全样本	ASVI	1 136	0.086 294	0.222 579	−0.871 44	1.413 825
	Ret_f_t	1 136	0.036 538	1.869 296	−9.916 4	10.226 9
	% change in Vol	1 136	0.905 961	23.609 65	−93.599 3	307.404 3
	Vol	1 136	575 682.2	499 027.4	4 651	2 880 587

7.2.4　研究结果分析

1. 异常搜索量的决定因素

之前的研究表明，ASVI 与极端的股票收益呈正相关（Da et al.，2011）。面板回归结果见表 7.7，因变量分别为 ASVI 、$ASVI_{pc}$ 和 $ASVI_{mob}$。解释变量包括绝对返回值（Abs_Ret）；市场上涨虚拟变量（Mkt up dummy 在市场下跌时为 0，在市场上涨时为 1）；交互变量 Mkt up dummy×Abs_Ret；日成交量变化百分比（成交量变化百分比）；每日未平仓权益变动百分比（%change in Vol）；以及媒体容量指数（MVI）。

表 7.7　ASVI 的决定因素

项目	变量	样本量	均值	标准差	最小值	最大值
政策前	ASVI	929	0.089 828	0.220 493	−0.871 440	1.413 825
	$ASVI_{pc}$	929	0.093 298	0.243 104	−0.843 970	1.487 043
	$ASVI_{mob}$	929	0.089 953	0.219 282	−0.893 400	1.466 726
	Return	929	0.040 737	1.846 864	−9.916 400	10.226 900
	% change in Vol	929	0.679 132	22.464 86	−93.599 300	82.321 600
	Vol	929	671 462.10	478 375.70	23 170.00	2 880 587.00

续表

项目	变量	样本量	均值	标准差	最小值	最大值
政策后	ASVI	226	0.065 683	0.234 001	−0.788 710	11.307 507
	$ASVI_{pc}$	226	0.082 520	0.260 566	−0.807 300	11.426 083
	$ASVI_{mob}$	226	0.049 747	0.215 979	−0.768 330	11.417 127
	Return	226	0.012 004	2.001 075	−6.374 700	6.355 500
	% change in Vol	226	2.231 408	29.470 060	−72.372 900	3307.404 300
	Vol	226	16 004.15	3 179.574	4 651	24 354
全样本	ASVI	1136	0.086 294	0.222 579	−0.871 440	1.413 825
	$ASVI_{pc}$	1136	0.091 720	0.245 647	−0.843 970	1.487 043
	$ASVI_{mob}$	1136	0.084 068	0.219 168	−0.893 400	1.466 726
	Return	1136	0.036 538	1.869 296	−9.916 400	10.226 900
	% change in Vol	1136	0.905 961	23.609 650	−93.599 300	307.404 300
	Vol	1136	575 682.2	499 027.4	4 651	2 880 587

我们的结果表明，ASVI 与极端收益正相关，有趣的是，当市场上涨时，这种相关性减弱。这一结果表明，投资者在市场下跌时搜寻的更多，在限购期内和限购期后的负效应更显著。这与股票市场禁止卖空的事实相一致，而股指期货市场通常是卖空者的唯一场所。因此，股市的大幅下跌可能会导致股指期货的搜索量增加。

2. ASVI 对期货收益的效应

表 7.8 中，时间序列回归的因变量是同期的回报［列（1）和列（2）］，未来沪深 300 指数每日返回第二天［列（3）和列（4）］，和未来沪深 300 指数每日回报未来两天［列（5）和列（6）］。解释变量包括 ASVI，即市场上涨的虚拟变量，当市场上涨时，ASVI 的值为 1，反之为 0。在下面的模型中，我们使用 Newey 和 West（1994）提出的方法，因为未来收益是连续相关的。

列（1）和列（3）表明，ASVI 对同期收益和次日收益的影响不显著。这一发现支持 H7.5 的观点，即由于缺乏卖空限制，ASVI 与期货价格走势不相关。然而，当我们将市场上升的虚拟变量相加时，交互变量 Mkt up dummy× $ASVI_t$ 与市场上升（市场下降）时的同期收益正（负）相关。列（4）表明，交互变量 Mkt up dummy× $ASVI_t$ 与次日期货市场收益率具有显著的负相关。但是，如列（5）和列（6）所示，其对于未来两日期货的回报没有显著影响。列（2）、列（4）和列（6）支持 H7.6，即投资者情绪预测在短期内逆转回来。

表 7.8　ASVI 对期货交易限制前期货收益的影响

	(1)	(2)	(3)	(4)	(5)	(6)
	Ret _ f_t	Ret _ f_t	Ret _ f_{t+1}	Ret _ f_{t+1}	Ret _ f_{t+2}	Ret _ f_{t+2}
$ASVI_t$	−0.2025	−1.6163***	−0.0688	0.928*	0.3485	−0.4014
	(−0.3673)	(−4.0265)	(−0.1823)	(1.7499)	(1.0229)	(−0.7514)
Mkt up $dummy_t$	—	1.7117***	—	0.1943	—	−0.0592
		(20.7582)		(0.8178)		(−0.309)
Mkt up $dummy_t$ $\times ASVI_t$	—	3.025***	—	−1.6965*	—	1.3823**
		(4.065)		(−1.8979)		(1.9877)
Ret _ f_t	—	—	−0.1103	−0.0927	0.0528	0.0171
			(−1.3265)	(−0.8644)	(0.8529)	(0.2172)
Ret _ f_{t-1}	−0.0691	−0.0489	0.0226	0.0294	−0.0385	−0.048
	(−0.86)	(−0.8638)	(0.3932)	(0.5364)	(−0.7702)	(−0.9333)
Ret _ f_{t-2}	−0.0019	−0.0031	−0.063*	−0.0601*	0.0781	0.0811
	(−0.0335)	(−0.0644)	(−1.707)	(−1.6675)	(1.5778)	(1.6193)
Ret _ f_{t-3}	−0.0453	−0.0181	0.0829*	0.0801*	0.0128	0.0123
	(−1.111)	(−0.6001)	(1.7262)	(1.7922)	(0.2971)	(0.2869)
Ret _ f_{t-4}	0.0729	0.0791*	0.0345	0.0325	0.0163	0.0147
	(1.3774)	(1.7434)	(0.9057)	(0.8543)	(0.444)	(0.3986)
Ret _ f_{t-5}	0.0053	0.0075	—	—	—	—
	(0.1396)	(0.2769)				
$Volati_t$	−1.3491	0.184	−1.3862	−1.3099	−0.4144	−0.4465
	(−1.1956)	(0.2205)	(−1.4553)	(−1.4125)	(−0.4829)	(−0.5244)
$AMVI_t$	0.004	0.023	0.0122	1×10^{-4}	0.0088	0.0153
	(0.0683)	(0.6253)	(0.2156)	(0.0024)	(0.1719)	(0.3022)
% change in OI	0.0034	0.0089	-9×10^{-4}	−0.0011	0.0041	0.0045
	(0.379)	(1.3296)	(−0.1298)	(−0.1619)	(0.6408)	(0.6965)
% change in Vol	0.0086**	9×10^{-4}	0.0042	0.0037	−0.0012	−0.001
	(2.2493)	(0.3494)	(1.324)	(1.3136)	(−0.4292)	(−0.4047)
(Intercept)	0.1771**	−0.6767***	0.1302	0.0087	0.0461	0.0969
	(2.0863)	(−10.0206)	(1.4798)	(0.0592)	(0.5548)	(0.8204)
调整的 R^2	0.0187	0.5088	0.0164	0.0271	8×10^{-4}	0.0061

注：括号内的值为 t 统计量

*、**、***分别表示在 0.1、0.05 和 0.01 水平上显著

3. CFFEX 对期货交易的限制

在表 7.9 中，我们发现在期货交易受到限制后，ASVI 与期货收益之间的关系变得显著。这个发现支持我们的假设 H7.7。H7.7 指出，由于做空该指数的成本越来越高，ASVI 预测了回报率。在这些限制颁布之前，ASVI 与同期无条件指数价格变动回报率之间几乎没有相关性。限制实施后，ASVI 与同期收益呈负相关，与次日收益呈正相关。这表明，投资者在指数价格下跌后仍能做多，但在指数价格上涨后做空可能受到限制。因此，我们只能观察到指数大幅

下跌后的价格上涨。

表 7.9　ASVI 对期货交易限制后期货收益的影响

变量	Ret_f_t	Ret_f_{t+1}	Ret_f_{t+2}
$ASVI_t$	−5.5986*** （−6.7839）	1.8436* （1.9362）	−0.4978 （−0.4604）
Ret_f_t	—	0.0726 （0.7257）	0.0201 （0.1839）
Ret_f_{t-1}	−0.0225 （−0.3528）	−0.1014 （−1.0838）	−0.1402 （−1.644）
Ret_f_{t-2}	−0.0898 （−0.9982）	−0.0986 （−1.1308）	0.0176 （0.2036）
Ret_f_{t-3}	−0.1332** （−2.0448）	0.0384 （0.5742）	0.0265 （0.2761）
Ret_f_{t-4}	−0.0277 （−0.3015）	0.0277 （0.383）	−0.0168 （−0.1885）
Ret_f_{t-5}	0.1274* （1.7801）	—	—
$Volati_t$	317.6102* （1.8723）	356.6498*** （3.862）	236.7605** （1.9931）
$AMVI_t$	0.4706*** （3.5257）	−0.0815 （−0.563）	−0.2732 （−1.6377）
% change in OI	0.0474 （1.1136）	0.0048 （0.1693）	0.0074 （0.1612）
% change in Vol	0.008 （1.6163）	−0.0147*** （−2.7724）	0.0024 （0.3909）
（Intercept）	-4×10^{-4} （−0.0013）	−0.3461 （−1.2143）	0.2879 （0.9801）
R^2	0.2905	0.0784	−0.0129

注：括号内的值为 t 统计量

*、**、***分别表示在 0.1、0.05 和 0.01 水平上显著

4. 基于 PC 的搜索与基于移动设备的搜索

表 7.10 和表 7.11 报告了时间序列回归的结果，其中因变量是第二天的交易量。解释变量为 $ASVI_{pc}$ 和 $ASVI_{mob}$、滞后量、实现波动率和百度媒体搜索量指数等。$ASVI_{pc}$ 和 $ASVI_{mob}$ 的正系数进一步表明，个人投资者情绪通过交易量影响资产价格。当投资者更加关注一项资产时，交易量会增加，进而影响期货收益。基于 PC 的 ASVI 影响交易量和期货收益，基于移动设备的 ASVI 只影响交易量。$ASVI_{pc}$ 和 $ASVI_{mob}$ 的正系数进一步表明，个人投资者情绪通过交易量影响资产价格。当投资者更加关注一项资产时，交易量会增加，进而影响期货收益。

表 7.10 基于 PC 和基于移动设备的 ASVI 对期货收益的影响

变量	政策前		政策后	
$ASVI_{pc}$	0.2668 (1.1675)	0.7796** (2.5416)	0.4282** (2.7212)	0.5576 (0.8678)
$ASVI_{mob}$	−0.3767 (−1.1388)	−0.4936 (−1.102)	−0.3765 (−0.7299)	−0.7319 (−1.2166)
Mkt up $dummy_t$	—	0.1443 (0.9406)	—	−0.0403 (−0.2046)
Mkt up dummy × $ASVI_{pc}$	—	−1.1886** (−2.5135)	—	0.637 (0.5539)
Mkt up dummy × $ASVI_{mob}$	—	0.3806 (0.5757)	—	−0.8798 (−0.9084)
Ret_f_t	−0.1095*** (−2.9163)	−0.0827 (−1.525)	−0.0329 (−0.5265)	0.0048 (0.06)
Ret_f_{t-1}	0.0259 (0.6876)	0.0425 (1.1212)	−0.0732 (−1.1129)	−0.0731 (−1.0951)
Ret_f_{t-2}	−0.0626* (−1.6884)	−0.0508 (−1.3684)	−0.0985** (−2.5126)	−0.0914** (−2.3966)
Ret_f_{t-3}	0.0793** (2.1092)	0.0777** (2.0741)	0.0652 (1.4404)	0.0698 (1.5596)
Ret_f_{t-4}	0.0312 (0.8647)	0.0317 (0.8792)	0.0228 (0.5418)	0.0223 (0.5292)
$Volati_t$	−1.372 (−1.5875)	−1.4263* (−1.648)	−1.0585 (−1.1698)	−1.0138 (−1.1363)
$AMVI_t$	0.0081 (0.1725)	0.0139 (0.2985)	0.0072 (0.1323)	0.0046 (0.0883)
% change in OI	−0.0014 (−0.2009)	−0.0022 (−0.315)	−0.0051 (−0.6005)	−0.006 (−0.6918)
% change in Vol	0.0043 (1.6254)	0.0038 (1.4564)	−0.0032 (−0.8195)	−0.0033 (−0.8711)
(Intercept)	0.1207 (1.43)	0.038 (0.3415)	0.0523 (0.5838)	0.0051 (0.0386)
R^2	0.0171	0.0264	0.021	0.0253

*、**、***分别表示在 0.1、0.05 和 0.001 水平上显著

表 7.11 基于 PC 和基于移动设备的 ASVI 对期货成交量的影响

变量	政策前		政策后	
	(1)	(2)	(3)	(4)
$ASVI_{pc}$	0.1099* (2.456)	—	0.3562*** (3.5227)	—
$ASVI_{mob}$	—	0.1029* (2.5749)	—	0.4472*** (5.2287)
Vol_t	−0.431*** (−14.1172)	−0.4313*** (−14.1349)	−0.1465 (−1.808)	−0.1565* (−2.0352)
$AMVI_t$	0.1013* (2.2408)	0.1163** (2.8777)	−0.2299* (−2.401)	−0.2068* (−2.4572)
$Volati_t$	0.1032*** (3.3695)	0.1018*** (3.3258)	−0.2743 (−1.3782)	−0.239 (−1.2692)
(Intercept)	-9×10^{-4} (−0.0311)	−0.0023 (−0.0763)	−0.0133 (−0.165)	−0.009 (−0.1167)
调整的 R^2	0.2109	0.2115	0.0894	0.1687

注：括号内的值为 t 统计量

*、**、***分别表示在 0.1、0.05 和 0.01 水平上显著

7.2.5 小结

本节首次对 ASVI 对中国股指期货市场的影响进行了实证研究。我们发现，SVI 揭示了投资者情绪，而 ASVI 可以预测短期内的回报逆转。此外，我们的研究表明，投资者情绪对期货收益的影响主要是由使用 PC 设备的投资者的搜索引起的。

7.3 新闻导向型搜索和自发型搜索对股票价格的影响研究

7.3.1 研究背景

在这个大数据时代，信息发挥着重要的作用。来自社交媒体、互联网搜索和点击流的数据呈指数级增长。在线生成内容的迅速扩展为行业和学术研究创造了许多机会。大数据最重要的应用之一是互联网金融，大数据与投资者、企业、股票市场息息相关。基于海量信息的大众智慧具有巨大的潜力和影响金融市场的可能性。近年来，Twitter、Facebook 和 Wikipedia（维基百科）等社交媒体的使用和流行极大地改变了投资者、公司和股票市场之间的关系。例如，对于公司来说，社交媒体的使用与公司的股权价值相关；社交媒体的变革对于公司的发展至关重要。对投资者来说，使用 Twitter 可以显著地降低信息不对称，从而降低买卖价差。对于股票市场，维基百科可以改善金融市场的信息环境，影响管理者主动披露公司坏消息的时机。

此外，Da 等（2011）利用大数据，从谷歌中收集了罗素（Russell）3000 成分股的搜索数据，发现搜索量的增长预示着未来两周股票价格的上涨。随后，许多研究进一步证实了这一结论。在金融市场中，投资者注意力（investor attention）是有限的，因此，投资者对注意力的分配（attention allocation）会对资产价格产生深刻的影响。在实证检验投资者关注如何影响资产价格时，能否找到可以直接的、及时的衡量投资者关注的代理变量至关重要。最近的研究表明，网络搜索量可以达到这一目标。最常用的互联网搜索数据是来自谷歌趋势的 SVI，尤其是 Da 等（2011）发现 SVI 可以直接衡量散户投资者的关注程度并预测短期股票收益。然而，不同情境下的网络搜索并不能保证同等的关注，尤其是信息过剩时。

由新闻报道引发的搜索与为了交易而产生的搜索不同。新闻导向型搜索可以在新闻发布时产生，如盈余公告、并购，甚至谣言。许多研究表明，没有媒体报道的股票比有媒体报道的股票收益更高。因此，新闻导向型的搜索更有可能导致较低的回报。自发型搜索通常是指投资者搜索相关信息以进行交易。相对于被动的新闻导向型搜索，自发型搜索更能表现出投资需求，故自发型搜索更可能产生购买压力。因此，不同类型的搜索可能对股票价格有不同的影响。因此，研究互联网搜索的异质性及其对资产价格的影响显得尤为重要。

只有当投资者注意到大量的信息时，信息才能影响金融市场。借助大数据，现有研究进一步证实了投资者关注对股票市场的影响；这是第一步，因为如果未被关注，信息就没有价值。然而，现有研究中的一个隐含假设是，投资者在不同情况下的注意力是相同或相等的。本节扩展了当前研究，即探索投资者关注的异质性，这有助于深入探索投资者在不同情境下是如何处理信息的：在不同情境下产生的搜索，即使数量相同，其捕捉到的投资者关注也不尽相同，从而导致不同的决策结果。在本节中，我们从区分新闻导向型搜索与自发型搜索出发，并探索媒体报道的调节作用。这里，我们选择中国股票市场和百度指数作为研究样本至少有以下三个优势：①中国的股票代码是唯一的（中国的股票代码由六位数字组成，通过百度搜索一个六位数的股票代码对应唯一的股票）；②中国股票市场的散户投资者比例显著高于美国股市，因此更适于探究散户投资者的行为；③百度指数提供了每个搜索词的网络媒体报道指数（media coverage index，MCI），在研究网络搜索时，网络媒体报道比传统的报纸新闻更合适，因为网络搜索更容易受到网络新闻而不是报纸新闻的影响。相比之下，谷歌趋势只提供每个搜索词的 SVI，不提供 MCI。

7.3.2 研究假设

是什么促使投资者对某只股票进行搜索？通常，搜索可以分为自发型或新闻导向型。当投资者积极寻求投资信息时，就会产生自发型搜索。这种情景下，投资者有投资需求，搜索信息的目的是筛选投资目标。相比之下，新闻导向型搜索则是被动的，这可能与投资决策没有直接关系。例如，当重大事件或新闻发生时，投资者可能会搜索相关新闻或消息，以了解事件的真实性及事件的进展。尽管在实践中很难将新闻导向型搜索与自发型搜索区分开来，但我们可以假设或论证：①当有新闻报道时，搜索更可能是新闻导向型的，而不是自发型的。当没有新闻报道时，搜索更可能是自发型的，而不是新闻导向型的。②当新闻报道较多时，新闻导向型搜索所占比例会更高；当新闻报道较少时，自发型搜索所占比例会更高。在国内股票市场中，散户投资者的比例很高，且信息不对称现象较为明显。一个典型的散户投资者首先会通过搜索，在一篮子股票里寻找有用的投资信息，然后决定购买哪只股票。新闻导向型搜索主要是由新闻媒体报道所引起的被动型搜索，因此，新闻导向型搜索并不总是导致投资决策。此外，之前关于媒体报道与股票收益的研究表明，更多的新闻报道会导致更低的股票收益率。因此，新闻导向型搜索可能导致较低的股票收益。因此，我们提出以下假设。

H7.9：相比于新闻导向型搜索，自发型搜索更可能导致股票价格的上涨。

在金融市场中，投资者的注意力（涉及时间和精力的分配）是有限的、是一种稀缺资源。在实际中，投资者会受到许多因素的干扰，如公告和新闻的发布（主要发生在工作日）。此外，公司存在管理媒体报道时间的动机。因此，媒体报道在时间上并不是均匀分布的。阅读或浏览更多的新闻报道会对投资者的注意力产生更大的冲击。因此，这会导致每次搜索所代表的投资者注意力不尽相同，从而使搜索充满噪声而降低其衡量投资者注意力的效率或效果。根据注意力分配理论，当一周内有更多的消息或新闻时，投资者更容易分心，导致注意力不集中，从而导致搜索中掺杂噪声。同理，当有更多新闻发布时，投资者进行的每一次搜索的质量和深度都会变差，从而影响投资决策的质量。因此，我们提出以下假设。

H7.10：媒体报道数量可以负向调节 SVI 对股票价格的影响。

7.3.3 研究设计

1. 数据及变量

百度在国内搜索引擎市场里占主导地位。百度指数和谷歌趋势类似，都提供 SVI。我们采用的研究样本为沪深 300 成分股，并编写了一个数据自动获取程序，采集了这些股票自 2009 年 1 月至 2013 年 1 月的搜索数据和媒体报道数据。本章收集的百度指数的 SVI 与谷歌趋势的 SVI 相似，是基于股票代码的百度搜索指数，而 MCI 是基于股票代码的网络媒体报道指数。其他数据，如股票收益、换手率、市值、分析师数据、机构投资者持股比例、资产收益率（return on assets，ROA）、EPS、负债比率（debt rate，DR）等均采集于锐思数据库。表 7.12 对本节中使用的所有变量进行了描述。

表 7.12 变量定义

	变量名称	变量定义
采集于百度指数的变量	SVI	采集于百度指数的搜索指数，以股票代码为关键词下载，包括从周一到周日的搜索
	ASVI	当周搜索指数的 log 值减去前四周平均搜索指数的 log 值
	MCI	采集于百度指数的在线媒体报道数量，在回归分析中使用的是 log 值
	MCID	MCI 的哑变量。当 MCI=0（>0）时，MCID=0（1），此时产生的搜索定义为自发型（新闻导向型）搜索
其他与投资者关注相关的代理变量	Ret	股票收益
	Abs Ret	股票收益的绝对值
	Abn Ret	异常收益，根据市场模型计算
	Turnover	换手率
	AbnTurnover	异常换手率，计算方法为 log（$turnover_t$）$-$log（$turnover_{t-1}$）
	Cap	市值
	Analyst	分析师数据，在回归分析中采用 log 值
	IH	机构投资者持股比例
反映上市公司经营业绩以及资本结构的变量	ROA	资产收益率
	EPS	每股收益
	DR	资产负债率

2. 研究模型

首先，根据前面讨论的使用中国股票代码的优势，预计在线搜索对中国的股票价格影响会更大。因此，我们提出了模型（1），如式（7.6）所示。

$$\begin{aligned}\mathrm{AR}_{i(t+j)} &= \alpha_i + \beta_1\mathrm{ASVI}_{it} + \beta_2\mathrm{MCI}_{it} + \beta_3\mathrm{Cap}_{it} + \beta_4\mathrm{IH}_{it} + \beta_5\mathrm{AbsRet}_{it} \\ &\quad + \beta_6\mathrm{Analyst}_{it} + \beta_7\mathrm{AbnTurnover}_{it} + \beta_8\mathrm{ROA}_{it} + \beta_9\mathrm{EPS}_{it} + \beta_{10}\mathrm{DR}_{it} + u_{it}\end{aligned} \tag{7.6}$$

其次，为了区分新闻导向型搜索和自启动型搜索，我们使用了一个虚拟变量，即如果一周内没有新闻，则该变量等于 0，否则为 1。随后，我们运行模型（7.7）两次，即在没有新闻报道时和有新闻报道时，分别用 ASVI 预测 AR。

$$\begin{aligned}\mathrm{AR}_{i(t+j)} &= \alpha_i + \beta_1\mathrm{ASVI}_{it} + \beta_2\mathrm{MCID}_{it} + \beta_3\mathrm{Cap}_{it} + \beta_4\mathrm{IH}_{it} + \beta_5\mathrm{AbsRet}_{it} \\ &\quad + \beta_6\mathrm{Analyst}_{it} + \beta_7\mathrm{AbnTurnover}_{it} + \beta_8\mathrm{ROA}_{it} + \beta_9\mathrm{EPS}_{it} + \beta_{10}\mathrm{DR}_{it} + u_{it}\end{aligned} \tag{7.7}$$

其中，ASVI 表示本周的 SVI 减去前 8 周 SVI 的平均值，可以捕捉到个别投资者注意力的异常变化；$\mathrm{AR}_{i(t+j)}$ 表示按市场模型计算的周异常收益率；MCI 表示从百度指数中采集的媒体报道指数；Cap 表示市值；IH 表示机构持股比例；AbsRet 表示股票收益的绝对值；Analyst 表示分析师数量；AbnTurnover 表示异常换手率。

最后，为了探讨媒体报道量的调节作用，模型（7.8）引入了 ASVI 与媒体报道指数的交互项。

$$\begin{aligned}\mathrm{AR}_{i(t+j)} &= \alpha_i + \beta_1\mathrm{ASVI}_{it} + \beta_2\mathrm{MCI}_{it} + \beta_3\mathrm{ASVI}_{it}\times\mathrm{MCI}_{it} + \beta_4\mathrm{Cap}_{it} + \beta_5\mathrm{IH}_{it} \\ &\quad + \beta_6\mathrm{AbsRet}_{it} + \beta_7\mathrm{Analyst}_{it} + \beta_8\mathrm{AbnTurnover}_{it} + \beta_9\mathrm{ROA}_{it} \\ &\quad + \beta_{10}\mathrm{EPS}_{it} + \beta_{11}\mathrm{DR}_{it} + u_{it}\end{aligned} \tag{7.8}$$

7.3.4　研究结果

1. 在线媒体报道与在线搜索

表 7.13 报告了在线搜索与其他指标之间的相关关系。表 7.13 中的所有变量均为每周观测值。新闻报道、异常收益、换手率等传统指标是衡量投资者关注度的常用指标，本节主要关注在线搜索与媒体报道的相关性。在 Da 等（2011）的研究中，SVI 与纸质媒体报道的相关性很低，约为 3.5%~5.0%。这主要是因为 SVI 是持续的网络搜索量，而报纸上对某只股票的报道却是零星的。此外，报纸上的新闻并不能保证投资者的关注度，除非投资者真正读到这些新闻报道；而搜索是一种直接的关注度测量手段：如果你在谷歌（百度）搜索某只股票，你毫无疑问是在关注这只股票。

表 7.13 相关性分析

变量	SVI	AbsRet	AbnTurnover	MCI	MCID
SVI	1				
AbsRet	0.063***	1			
AbnTurnover	0.065***	0.262***	1		
MCI	0.185***	0.099***	0.098***	1	
MCID	0.150***	0.080***	0.073***	0.830***	1

***表示在 0.01 水平上显著

百度根据互联网媒体报道和关键词计算媒体报道指数。如百度所述，网络媒体主要包括《人民日报》《中国日报》《证券时报》等报刊的官方网络出版物，以及新浪财经、腾讯财经、网易财经、搜狐财经、凤凰财经等权威、热门的金融网站。与报纸新闻相比，百度指数收集的网络新闻覆盖范围更广，更容易被在线搜索者阅读,因此在线搜索与在线媒体报道之间可能会呈现更高的相关性。如表 7.13 所示，SVI 与 MCI 的相关系数高达 0.185，远远超过与报纸新闻的相关系数，说明网络媒体报道可以更好地衡量投资者关注度。SVI 和 MCID 之间的正相关关系表明，当有新闻报道时，搜索量会增加，新闻会诱发一定比例的 SVI。因此，在线媒体报道可以成为区分搜索类型（自发型与新闻导向型）的有效代理变量。

2. 在线搜索对中国股票市场的预测作用

在进一步探索不同类型的搜索对股票收益的影响之前，我们首先测试了 SVI 在中国股票市场的有效性。如前所述，我们预计在线搜索对中国股票市场的影响会更大。我们首先实证检验了沪深 300 成分股的 ASVI 与未来股票收益（未来 4 周）之间的关系。在回归分析时，采用了企业固定效应，结果如表 7.14 所示。实证结果表明，搜索量的增加的确能够导致股票价格的上涨，而且这种正向的效应会在第三周和第四周反转。而且，当我们把媒体报道指数这个变量加进来之后，结果依然显著。这表明网络搜索对股票市场的预测作用在中国股票市场上同样有效。

表 7.14 异常搜索与沪深 300 成分股收益

变量	（1）	（2）	（3）	（4）
	第一周	第二周	第三周	第四周
ASVI	0.004***	0.010***	−0.003***	−0.004***
	（0.001）	（0.002）	（0.001）	（0.001）
Cap	−0.015***	−0.014***	−0.017***	−0.020***
	（0.002）	（0.002）	（0.002）	（0.002）

续表

变量	（1）第一周	（2）第二周	（3）第三周	（4）第四周
IH	0.015***	0.014***	0.011***	0.010***
	（0.003）	（0.002）	（0.002）	（0.002）
AbsRet	−0.008	−0.023**	0.009	−0.028***
	（0.010）	（0.009）	（0.008）	（0.009）
Analyst	0.000	0.000	−0.001**	−0.001**
	（0.000）	（0.000）	（0.000）	（0.000）
AbnTurnover	−0.002***	0.003***	0.001***	0.002***
	（0.000）	（0.000）	（0.000）	（0.000）
ROA	0.009	0.013	0.023*	0.034***
	（0.012）	（0.012）	（0.012）	（0.011）
EPS	0.001	−0.000	0.000	0.000
	（0.001）	（0.001）	（0.001）	（0.001）
DR	−0.006	−0.012***	−0.013***	−0.004
	（0.004）	（0.004）	（0.004）	（0.004）
Constant	0.150***	0.144***	0.182***	0.202***
	（0.019）	（0.020）	（0.024）	（0.023）
Observations	46 864	46 207	46 381	46 054
R^2	0.011	0.012	0.012	0.013

注：括号内的值为稳健标准误，所有回归分析中均采用了企业固定效应

*、**、***分别表示在 10%、5%和 1%水平上显著

3. 自发型搜索与新闻导向型搜索的对比

为了探讨不同类型的搜索对股票价格的预测能力是否存在差异，我们将搜索按照变量 MCID（哑变量：当一周内有新闻时，MCID 等于 1，否则为 0）分为两类。如前所述，当有新闻时，投资者产生的搜索更可能是新闻导向型的，或者可能包含更高比例的新闻导向型搜索。当没有新闻或消息时，投资者产生的搜索更可能是自发的，目的是搜索选股信息。根据注意力分配理论，当有较少的消息或没有消息时，投资者可以有更多的时间和精力进行每一次搜索，这样可以更好地进行决策。因此，我们预计，自发型搜索会产生正向的价格压力。之前的相关研究表明媒体报道对股票价格具有负面的影响，我们推断新闻导向型搜索更可能会导致负收益。如表 7.15 所示，当没有消息时，在线搜索更可能是自发的，如列（1）~列（4）的结果所示，前两周 ASVI 的回归系数显著为正，并在第三到四周反转。当有新闻报道时，在线搜索更可能是新闻导向型的，如列（5）~列（8）所示，ASVI 的系数一直是负的，并且在前两周不显著。因此，自发型搜索更可能产生

购买压力，并导致未来股票价格上涨。故上述实证结果支持 H7.9。

表 7.15 自发型搜索与新闻导向型搜索对股票收益的影响对比

变量	（1）第一周	（2）第二周	（3）第三周	（4）第四周	（5）第一周	（6）第二周	（7）第三周	（8）第四周
ASVI	0.004***	0.011***	−0.002*	−0.002*	0.001	0.002	−0.012***	−0.015***
	（0.001）	（0.002）	（0.001）	（0.001）	（0.004）	（0.003）	（0.004）	（0.004）
Cap	−0.016***	−0.016***	−0.021***	−0.022***	−0.014***	−0.012***	−0.014***	−0.018***
	（0.002）	（0.002）	（0.002）	（0.002）	（0.003）	（0.003）	（0.003）	（0.003）
IH	0.014***	0.012***	0.010***	0.008***	0.017***	0.015***	0.012***	0.012***
	（0.004）	（0.003）	（0.003）	（0.003）	（0.003）	（0.004）	（0.003）	（0.003）
AbsRet	0.015	−0.017	0.014	−0.016	−0.026**	−0.022	0.012	−0.028**
	（0.013）	（0.012）	（0.011）	（0.012）	（0.013）	（0.014）	（0.013）	（0.012）
Analyst	0.001**	0.000	−0.000	−0.001*	−0.000	−0.000	−0.001*	−0.001
	（0.000）	（0.000）	（0.000）	（0.000）	（0.000）	（0.000）	（0.000）	（0.000）
AbnTurnover	−0.002***	0.004***	0.002***	0.002***	−0.001	0.002**	0.001	0.002***
	（0.000）	（0.001）	（0.001）	（0.000）	（0.001）	（0.001）	（0.001）	（0.001）
ROA	0.015	0.031*	0.025	0.011	−0.005	−0.013	0.018	0.058***
	（0.015）	（0.017）	（0.016）	（0.016）	（0.017）	（0.018）	（0.019）	（0.017）
EPS	0.002*	−0.001	0.001	0.002*	0.000	0.000	−0.001	−0.001
	（0.001）	（0.001）	（0.001）	（0.001）	（0.001）	（0.001）	（0.001）	（0.001）
DR	−0.001	−0.016***	−0.014***	−0.001	−0.015**	−0.008	−0.012*	−0.012*
	（0.005）	（0.005）	（0.005）	（0.006）	（0.006）	（0.006）	（0.006）	（0.006）
Constant	0.154***	0.166***	0.218***	0.226***	0.152***	0.123***	0.153***	0.188***
	（0.021）	（0.020）	（0.023）	（0.024）	（0.027）	（0.028）	（0.033）	（0.032）
Observations	26 900	26 616	26 817	26 787	19 964	19 591	19 564	19 267
R^2	0.016	0.019	0.019	0.018	0.020	0.019	0.018	0.025

注：括号内的值为稳健标准误，所有回归分析中均采用了企业固定效应

*、**、***分别表示在 10%、5%和 1%水平上显著

4. 媒体报道的调节效应

上述实证结果表明不同类型的搜索（自发型搜索与新闻导向型搜索）对股票价格的影响不同，我们推测媒体报道可以调节在线搜索对股票价格的影响，因为新闻报道数量会影响一周内自发型搜索与新闻导向型搜索的比率。例如，如果一周内有更多的新闻报道，那么新闻导向型搜索所占的比例将高于新闻较少时的情况。即一周内如果有较多新闻报道时，会导致新闻导向型搜索的比例升高，自发型搜索的比例降低，从而产生股票价格下行压力。本章使用媒体报道数量（MCI）与 ASVI 的交叉项来检验媒体报道的调节效应。

表7.16报告了在线媒体报道数量对在线搜索和股票价格之间的关系的调节效应。交互项（ASVI×MCI）的系数显著为负且在四周内均显著。此实证结果表明，当新闻报道较少时，在线搜索对股票收益的正向影响更大。即在搜索水平相同的情况下，较少的新闻会导致较少的新闻导向型搜索，此时自发型搜索的比例会更高（投资需求更大），导致股票价格上涨。当有更多新闻报道时，投资者的注意力会被分散得更严重，导致每次搜索时间减少，搜索质量下降，从而导致低质量的投资决策。因此，新闻报道数量能够负向调节在线搜索对股票价格的影响，支持H7.10。

表 7.16　在线媒体报道的调节作用

变量	（1） 第一周	（2） 第二周	（3） 第三周	（4） 第四周
ASVI	0.005***	0.012***	−0.002*	−0.002**
	（0.001）	（0.002）	（0.001）	（0.001）
MCI	−0.002***	−0.000	−0.001	−0.000
	（0.001）	（0.001）	（0.001）	（0.001）
ASVI×MCI	−0.012**	−0.022***	−0.016***	−0.018***
	（0.005）	（0.005）	（0.005）	（0.005）
Cap	−0.015***	−0.014***	−0.017***	−0.020***
	（0.002）	（0.002）	（0.002）	（0.002）
IH	0.015***	0.014***	0.011***	0.010***
	（0.003）	（0.002）	（0.002）	（0.002）
AbsRet	−0.003	−0.017*	0.014*	−0.022**
	（0.010）	（0.009）	（0.008）	（0.009）
Analyst	0.000	0.000	−0.001**	−0.001**
	（0.000）	（0.000）	（0.000）	（0.000）
AbnTurnover	−0.001***	0.003***	0.001***	0.002***
	（0.000）	（0.000）	（0.000）	（0.000）
ROA	0.009	0.013	0.023*	0.035***
	（0.012）	（0.012）	（0.012）	（0.011）
EPS	0.001	−0.000	0.000	0.000
	（0.001）	（0.001）	（0.001）	（0.001）
DR	−0.006*	−0.012***	−0.013***	−0.005
	（0.004）	（0.004）	（0.004）	（0.004）
Constant	0.152***	0.146***	0.184***	0.204***
	（0.019）	（0.020）	（0.024）	（0.023）
Observations	46 864	46 207	46 381	46 054
R^2	0.012	0.013	0.012	0.014

注：括号内的值为稳健标准误，所有回归分析中均采用了企业固定效应

*、**、***分别表示在 10%、5%和 1%水平上显著

7.3.5 小结

大数据在商业实践和学术研究中发挥了巨大作用。百度已联合广发基金管理有限公司利用百度产生的搜索大数据设立了大数据基金。目前的相关研究证实了投资者关注对股票价格的影响，这是第一步，因为信息只有在被关注时才产生价值。现有相关研究中，在使用搜索数据来衡量投资者关注时，都存在一个隐含的假设，即不同情境下产生的搜索是没有差异的。本章根据媒体效应、注意力分配等理论，认为在不同情境下产生的搜索，其衡量的投资者关注程度并不相同。

为了研究在线搜索的异质性及其对股票价格的影响，我们使用了沪深 300 成分股和百度指数的数据。并进一步把在线搜索划分为新闻导向型和自发型。实证结果表明，自发型搜索能够导致股票价格的上涨，但新闻导向型搜索会引起股票价格的下跌。进一步的研究发现，在线媒体报道数量能够显著负向调节在线搜索对股票价格的影响。

本章的研究有助于进一步了解在线搜索背景下的投资者关注异质性及投资者注意力分配，并优化衡量投资者关注的测量方法。本章的实证研究结果反映了在线搜索的异质性及其对股票价格影响的差异性，并且丰富了注意力分配理论。本章的发现也揭示了使用互联网搜索来衡量投资者关注的局限性：不同情境下产生的搜索所衡量的关注度不同，并可能导致不同的决策。因此，在学术研究中使用搜索量来衡量投资者关注度时应当谨慎。此外，在大数据时代，网络搜索与网络媒体报道密切相关，网络新闻报道可以促成在线搜索行为，从而影响股票市场。

同时，本章的实证研究结果具有商业实践意义，有利于大数据基金优化其选股系统和评分系统。搜索量是揭示投资者实时关注的重要技术手段，通过观测投资者的在线搜索行为，可以挖掘投资者的投资决策模式。因此，在大数据时代，网络搜索、在线媒体报道在大数据基金的创立和发展中会变得越来越重要。

参 考 文 献

梁琛，王忠民，范琳. 2014. 移动搜索终端用户行为调查研究[J]. 西安邮电大学学报，19（2）：108-112.

宋双杰，曹晖，杨坤. 2011. 投资者关注与 IPO 异象——来自网络搜索量的经验证据[J]. 经济研究，（s1）：145-155.

宋维翔，贾佳. 2012. 基于用户体验的移动搜索研究[J]. 中国信息界，（3）：65-67.

王继民，李雷明子，孟凡，等. 2013. 基于用户日志的移动搜索行为分析[J]. 图书情报工作，57（19）：102-106，120.

Aboody D, Lehavy R, Trueman B. 2010. Limited attention and the earnings announcement returns of past stock market winners[J]. Review of Accounting Studies，15（2）：317-344.

Ahern K R, Sosyura D. 2014. Who writes the news? Corporate press releases during merger negotiations[J]. The Journal of Finance, 69 (1): 241-291.

Ahern K R, Sosyura D. 2015. Rumor has it: sensationalism in financial media[J]. The Review of Financial Studies, 28 (7): 2050-2093.

Bank M, Larch M, Peter G. 2011. Google search volume and its influence on liquidity and returns of German stocks[J]. Financial Markets and Portfolio Management, 25 (3): 239-264.

Barber B M, Odean T. 2008. All that glitters: the effect of attention and news on the buying behavior of individual and institutional investors[J]. The Review of Financial Studies, 21 (2): 785-818.

Barber B M, Odean T. 2011. The behavior of individual investors[J]. Handbook of the Economics of Finance, 2: 1533-1570.

Bessembinder H, Seguin P J. 1993. Price volatility, trading volume, and market depth: evidence from futures markets[J]. Journal of Financial and Quantitative Analysis, 28 (1): 21-39.

Black F. 1986. Noise[J]. The Journal of Finance, 41 (3): 528-543.

Brennan M J, Schwartz E S. 1985. Evaluating natural resource investments[J]. The Journal of Business, 58 (2): 135-157.

Chan W S. 2003. Stock price reaction to news and no-news: drift and reversal after headlines[J]. Journal of Financial Economics, 70 (2): 223-260.

Chen H L, De P, Hu Y J, et al. 2014. Wisdom of crowds: the value of stock opinions transmitted through social media[J]. The Review of Financial Studies, 27 (5): 1367-1403.

Corwin S A, Coughenour J F. 2008. Limited attention and the allocation of effort in securities trading[J]. Journal of Finance, 63 (6): 3031-3067.

Crain S J, Lee J H. 1996. Volatility in wheat spot and futures markets, 1950-1993: government farm programs, seasonality, and causality[J]. Journal of Finance, 51 (1): 325-343.

Daniel K, Hirshleifer D A, Teoh S H. 2002. Investor psychology in capital markets: evidence and policy implications[J]. Journal of Monetary Economics, 49 (1): 139-209.

Da Z, Engelberg J, Gao P J. 2011. In search of attention[J]. The Journal of Finance, 66 (5): 1461-1499.

Da Z, Engelberg J, Gao P J. 2015. The sum of all fears: investor sentiment and asset prices[J]. The Review of Financial Studies, 28 (1): 1-32.

Dimpfl T, Jank S. 2016. Can Internet search queries help to predict stock market volatility? [J]. European Financial Management, 22 (2): 171-192.

Ding R, Hou W X. 2015. Retail investor attention and stock liquidity[J]. Journal of International Financial Markets, Institutions and Money, 37: 12-26.

Drake M S, Roulstone D T, Thornock J R. 2012. Investor information demand: evidence from google searches around earnings announcements[J]. Journal of Accounting Research, 50 (4): 1001-1040.

Dyson M C, Haselgrove M. 2001. The influence of reading speed and line length on the effectiveness of reading from screen[J]. International Journal of Human-Computer Studies, 54 (4): 585-612.

Dzielinski M. 2012. Measuring economic uncertainty and its impact on the stock market[J]. Finance Research Letters, 9 (3): 167-175.

Engelberg J. 2008. Costly information processing: evidence from earnings announcements[P]. AFA 2009 San Francisco Meeting Paper.

Fang L H, Peress J. 2009. Media coverage and the cross-section of stock returns[J]. The Journal of Finance, 64 (5): 2023-2052.

Feng G H，Serletis A. 2010. Efficiency，technical change，and returns to scale in large US banks：panel data evidence from an output distance function satisfying theoretical regularity[J]. Journal of Banking & Finance，34（1）：127-138.

Figlewski S. 1985. Hedging with stock index futures：theory and application in a new market[J]. Journal of Futures Markets，5（2）：183-199.

George G，Osinga E C，Lavie D，et al. 2016. Big data and data science methods for management research[J]. Academy of Management Journal，59（5）：1493-1507.

Gervais S，Kaniel R，Mingelgrin D H. 2001. The high-volume return premium[J]. The Journal of Finance，56（3）：877-919.

Ghosh A. 1993. Hedging with stock index futures：estimation and forecasting with error correction model[J]. Journal of Futures Markets，13（7）：743-752.

Goddard J，Kita A，Wang Q W. 2015. Investor attention and FX market volatility[J]. Journal of International Financial Markets，Institutions and Money，38：79-96.

Grullon G，Kanatas G，Weston J P. 2002. Advertising，breadth of ownership，and liquidity[J]. Social Science Electronic Publishing，17（2）：439-461.

Hirshleifer D，Lim S S，Teoh S H. 2005. Limited investor attention and stock market misreactions to accounting information[P]. Ohio State University Working Paper Series 2005-24.

Horwitz S K，Horwitz I B. 2007. The effects of team diversity on team outcomes：a meta-analytic review of team demography[J]. Journal of Management，33（6）：987-1015.

Hou K W，Wei X，Lin P. 2009. A tale of two anomalies：the implications of investor attention for price and earnings momentum[J]. Social Science Electronic Publishing，45：416-418.

Kaldor N. 1939. Speculation and economic stability[J]. The Review of Economic Studies，7（1）：1-27.

Kamvar M，Baluja S. 2006. A large scale study of wireless search behavior：Google mobile search[R]. Montreal：The Special Interest Group on Computer-Human Interaction Conference on Human Factors in Computing.

Kamvar M，Kellar M，Patel R，et al. 2009. Computers and iphones and mobile phones，oh my! A logs-based comparison of search users on different devices[J]. Madrid：The 18th International Conference on World Wide Web.

Kirchdoerfer T，Ortiz M. 2016. Data-driven computational mechanics[J]. Computer Methods in Applied Mechanics and Engineering，304：81-101.

Kumar A，Lee C M C. 2006. Retail investor sentiment and return comovements[J].The Journal of Finance，61（5）：2451-2486.

Kurov A. 2010. Investor sentiment and the stock market's reaction to monetary policy[J]. Journal of Banking & Finance，34（1）：139-149.

Li J，Yu J F. 2012. Investor attention，psychological anchors，and stock return predictability[J]. Journal of Financial Economics，104（2）：401-419.

Liu X W，Ye Q. 2016. The different impacts of news-driven and self-initiated search volume on stock prices[J]. Information & Management，53（8）：997-1005.

Seasholes M S，Wu G J. 2007. Predictable behavior，profits，and attention[J]. Journal of Empirical Finance，14（5）：590-610.

Smith G P. 2012. Google internet search activity and volatility prediction in the market for foreign currency[J]. Finance Research Letters，9（2）：103-110.

Torok M，Darke S，Kaye S. 2012. Attention deficit hyperactivity disorder and severity of substance use: the role of comorbid psychopathology[J]. Psychology of Addictive Behaviors，26（4）：974-979.

Wang W Z. 2018. Investor sentiment and the mean-variance relationship：European evidence[J]. Research in International Business and Finance，46：227-239.

West K D，Newey W K. 1994. Automatic lag selection in covariance matrix estimation[J] The Review of Economic Studies，61（4）：631-653.

Working H. 1949. The theory of price storage[J]. American Economic Review，39（6）：1252-1262.

Yan H J. 2010.Is noise trading cancelled out by aggregation? [J]. Management Science，56（7）：1047-1059.

Yi K，Wang C Y，Qiang Y. 2013. An empirical study of calendar spread arbitrage based on high-frequency data：the case of CSI 300 index futures[R]. Harbin：The International Conference on Management Science & Engineering.

Yu J F，Yuan Y. 2011. Investor sentiment and the mean-variance relation[J]. Journal of Financial Economics，100（2）：367-381.

Yu Y. 2015. Market-wide attention，trading，and stock returns[J]. Journal of Financial Economics，116（3）：548-564.

Zhao Q，Li J，Wang S. 2007. Investor sentiment and return predictability in chinese fuel oil futures markets[R]. Beijing：The International Conference on Computational Science.

第 8 章　社会网络对用户行为及企业绩效的影响研究

叶强[1]，方斌[2]，吴冲[1]
1 哈尔滨工业大学经济与管理学院，2 厦门大学管理学院

8.1　社交游戏中的社会网络关系对游戏货币化的影响研究

8.1.1　研究背景

在线游戏虽然已有很多成功案例，但所有游戏公司仍然面临的一个共同挑战是如何实现盈利，即如何吸引更多玩家参与游戏并付费。在 10 000 多个 Facebook 游戏中，只有 20 个能吸引 100 万以上的活跃用户。研究表明，85%的新玩家在不充值试玩一天之后，就不玩该款游戏了。为了克服这些问题，大多数游戏都采用免费增值的商业模式，即公司向用户提供免费但有限的服务，然后就增值服务收取额外服务费。这种策略使公司能够在一开始就获得大量用户。然而，吸引他们使用增值服务成为成功的关键因素。Yakuel（2013）估计，只有不超过 2%的玩家在游戏中消费。如何吸引玩家，然后让他们进行消费，对于一个采用免费增值模式的社交游戏来说是至关重要的。

本节旨在从社会影响的角度，探讨影响玩家支付决策的因素。社会影响是影响个人和组织行为的重要力量。个人层面的社会影响表现在慈善捐赠、学生学业成绩和在线评分上。社会影响也会影响企业的行为，如放弃组织实践和股票分割。然而，在免费增值的社交游戏环境中，社会影响如何影响个人玩家的支付决策仍有待研究。社会博弈为研究封闭博弈社会中个体的社会经济行为提供了独特的机

会。Geng 等（2015）发现，直接和间接的朋友关系对用户的重复购买决策有显著影响。Shi 等（2015）观察到有更多的朋友会诱使玩家进行更多消费。Zhang 等（2017）的研究表明，朋友数量的影响并不是单调的：虽然最初拥有一些朋友会增加用户的支出，但是有太多的朋友会抑制这一点。

有关社会影响的文献将凝聚力效应确定为社会网络中行为背后的基本驱动力。凝聚力效应是指社会网络中直接接触的影响。本节着重研究了内聚效应（在本节中，指来自游戏中朋友的同伴效应），并进一步区分了纯粹朋友产生的内聚效应和 Simmelian 联系朋友产生的内聚效应，即两个朋友拥有其他共同的朋友。在方法上，本节研究了动态网络环境中的两种网络效应。

1. 游戏背景

本节研究的游戏名为《御剑》，该游戏是腾讯于 2011 年 6 月 1 日发布的一款移动免费增值社交游戏。它在四个月内获得了 500 万活跃用户。这款游戏主要针对移动用户，腾讯在不同平台下提供多种移动版本，包括 iOS、Android、Symbian 和 Java，以及 PC 游戏玩家的网页版本。2013 年 4 月，这款游戏成为全球最赚钱的手机游戏之一，月收入超过 300 万美元，在当时中国所有手机游戏中排名第六。据 App Annie 平台统计，2012 年 9 月 1 日至 2015 年 3 月 9 日期间，该游戏每日下载量在全球所有游戏中排名第 13 位。

虽然这个游戏下载及基本功能是免费的，但它对于更多高级功能使用了免费增值的商业模式。如果玩家想更轻松地赢得比赛或更快速地提高能力，他们必须支付实际的货币来购买虚拟商品。在《御剑》游戏中，玩家需要从腾讯购买虚拟货币，即仙缘或元宝（仙缘或元宝的 1 个单位等于 0.01 元人民币）。

玩家可以花费虚拟货币从虚拟商店或通过游戏中指定的开放市场从其他玩家那里购买稀有物品。指定的开放市场类似于 C2C（customer to customer，用户对用户）市场，在那里玩家可以出售通过打怪而获得的物品。在这些市场中，玩家可以以任何价格出售任何被允许出售的物品（一些限制性物品不能由市场中的个人出售）。这些物品可以提高武器的战斗力，强化角色本身等功能，同时虚拟商店出售某些物品，这些物品有助于（但不是必要的）赢得战斗。通常，在虚拟商店中出售的物品在战斗中无法获得，因此在指定的公开市场中也没有。如果玩家想要升级其武器，他必须从公开市场和商店两个地方都购买物品，因为商店出售一些在公开市场上不售卖的物品。

2. 凝聚力效应

行为传染理论阐述了同龄人的凝聚力效应（同龄人效应）如何在朋友圈中发生。人们发现朋友是最强大的外部传染源之一（Haythornthwaite，1996）；朋友的意见最可信（Mangleburg et al.，2004）。因此，个人倾向于遵从同伴的行为

（Zimmerman，2003），因为相比其他人，朋友更值得信任。在决策方面，朋友的偏好甚至比个人的偏好更有影响力（Moschis and Moore，1979）。

凝聚力效应不仅存在于现实世界中，也存在于虚拟世界中。Facebook 对 6100 万用户进行了实验，发现个人更新 Facebook 页面的行为受到所收到信息的情绪的影响，进而影响了他们的朋友和朋友的朋友，等等（Bond et al.，2012）。Facebook 的另一项实验表明，用户对更新感兴趣的内容的概率受到其好友的显著影响（Egebark and Ekström，2011）。在社交游戏中也会出现类似的行为。拥有更多的朋友，拥有更多的虚拟资产，很可能会诱使焦点玩家付出更多，特别是当他们的朋友的财产（如武器）和属性点很容易被看到时，就像在《御剑》游戏中一样。为了赶上他们的朋友，玩家往往会付费对自己的装备进行升级。例如，一个《御剑》玩家发布了一个博文，其中回顾了他与朋友玩游戏的经历，并描述了他们是如何最终在游戏中购买了相同的物品的。

3. Simmelian 联系

在社交网络中，有两种类型的友谊：纯朋友和有共同朋友的朋友。其中，纯朋友是指一对没有共同朋友的人。

两个朋友有同一个朋友，形成一个封闭的三角，三角的每一个节点称为 Simmelian 联系（Krackhardt，1999）。人们普遍认为 Simmelian 联系比普通联系更结实（Krackhardt，1999）。Simmelian 联系包含的人之间的信任得到了加强，因为每个人都会感受到因做出不值得信任的行为后而被共同的朋友排斥的威胁（Burt，1992）。Simmelian 联系更有可能达成更高的组织文化一致性（Krackhardt and Kilduff，2002）。此外，与常规的二元关系相比，Simmelian 联系的团队成员更有能力对抗来自外部的竞争（Jayaraj et al.，2017）。综上所述，现存的文献表明，Simmelian 联系中信任感更强，从而使 Simmelian 联系中的人两两之间的凝聚力更强。

文献主要集中在物质世界的背景中（如公司或同事），并假设其中 Simmelian 联系是强关系。然而，在网络社交环境中，这种情况并不总是如此。在线社交网络中的友谊可能仅仅是基于一些特别的事件而建立的，如喜欢用户的照片（Bapna and Umyarov，2015）。

在网络社交游戏中，玩家可以简单地向另一个玩家发送朋友请求，因为后者的虚拟服装很漂亮。当友谊建立在如此脆弱的关系之上时，个人不一定会感到被排斥的焦虑。同样，在网络世界中形成的 Simmelian 联系可能发挥着不同的作用。例如，Facebook 的一项场地实验表明，Simmelian 联系之间的信任可能比纯朋友关系弱，特别是对于已经拥有大量朋友的用户（Bapna and Umyarov，2015）。在这种情况下，当相互信任减少时，Simmelian 联系的对等效应预计会减弱。Ugander

等（2012）提供证据支持了这一点。他们对 Facebook 的扩散进行了实证分析，发现相互关联较少的关系对使用 Facebook 具有更大的影响力。此外，一项关于 Twitter 信息共享的调查表明，拥有共同朋友可能会对用户共享来自其交集用户的信息的决定产生负面影响（Peng et al.，2018）。因此，纯朋友关系和 Simmelian 联系在网络环境中可能发挥着不同的作用。

基于现有的发现，一个可能的原因是，纯朋友关系在网上更重要的是成为特殊的朋友，而当用户处在一个小团体（即 Simmelian 联系）中时，没有人是真正特殊的。纯朋友之间关系的特殊性可能是因为纯朋友不受 Simmelian 联系竞争的制约，因此他们可以将更多的时间投入到焦点用户身上，使这种关系变得特殊。换句话说，这可能是因为 Simmelian 联系使朋友之间的联系更为紧密，这使得焦点用户对他们来说不那么重要。

8.1.2　假设提出

H8.1：玩家的支付意愿与其朋友的支付意愿正相关。

H8.2a：Simmelian 联系对玩家支付意愿的影响比纯朋友的影响强。

H8.2b：Simmelian 联系对玩家支付意愿的影响比纯朋友的影响弱。

8.1.3　研究设计

1. 游戏大数据

从腾讯获得了完整的《御剑》游戏服务器日志数据。腾讯向我们提供了其最具代表性的服务器的 2012 年 11 月的一个月数据。由于玩家不能跨服务器交互，一个服务器代表一个独立的小世界。在社交游戏中，一个月代表了足够长的时间跨度，因为 90%的玩家持续时间不超过一个月（Curtis，2012）。数据中包含 86 022 名玩家，且他们在 11 月至少登录了一次游戏。玩家的月平均游戏时间为 7873 秒（或 131.2 分钟）。在这些玩家中，8433 名玩家（9.8%）有消费行为，平均为 10.52 元人民币。消费最高的消费者花了 160 943.57 元人民币。

原始服务器日志文本文件记录了所有玩家的完整游戏活动，数据总量超过 1 TB[①]，数据记录超过 300 亿条。数据主要由四部分组成：①交易日志；②游戏日志；③社交网络日志；④游戏项目消费日志。交易日志记录交易时间戳、买卖物品、买卖双方 ID、交易数量和价格等。游戏日志包括三部分：任务完成（如征服城堡）、与其他玩家战斗、与 NPC（non-player character，非玩家角色，如游戏中的怪物等）战斗。这些日志文件记录游戏的时间戳、玩家 ID、赢/输状态及战

① 太字节（Terabyte），计算机存储容量单位，常用 TB 表示。

斗中游戏物品的消耗。社交网络日志跟踪网络中的每个变动，如添加/删除朋友的时间、游戏项目消耗日志记录及每个玩家使用、升级或消耗项目的时间和方式。我们对这些原始日志文件数据进行处理来构造变量。

2. 因变量

将玩家对于腾讯的货币/经济价值，即玩家在游戏中的花费，作为因变量。也是对玩家支付意愿的直接衡量。我们通过从交易和物品消耗日志中求出玩家在游戏中每天的总花费来构建玩家的经济价值。

3. 社交网络变量

本章以天为单位动态地构建朋友网络。《御剑》的玩家可以在任何一天添加或删除朋友。我们根据游戏公司在观察数据期第一天（2012 年 11 月 1 日）提供的快照建立朋友网络。然后，我们参考添加和删除操作日志来为随后的每一天复制动态朋友网络。

我们考虑的主要网络结构集是内聚性（cohesion）。将网络中所有直接连接的参与者的经济价值（即个人支付给腾讯的金额）作为内聚性取平均值。内聚变量用朋友日常经济价值的平均值来表示，即 $\text{Cohesion}_{i,t} = \frac{1}{|M|}\sum_{j \in M} \text{DailyEco}_{j,t}$，其中，$M$ 是在 t 时玩家 i 的朋友集，$\text{DailyEco}_{j,t}$ 是在 t 时玩家 j 的日经济价值。根据纯朋友和 Simmelian 联系朋友，我们据此构造了两个不同的同伴效应变量。第一个只包括没有共同朋友的朋友，即纯朋友，而另一个只包括 Simmelian 联系朋友。

4. 控制变量

需要考虑的第一组控制变量包括玩家特征因素：赢得的虚拟货币、在线时间、级别和过去的消费行为。赢得的虚拟货币是以游戏中的虚拟货币银两来衡量的。银两只能通过完成任务或出售个人物品等活动获得。银两不能直接用真钱或其他类型的虚拟货币（称为仙缘或元宝）购买，只能通过向腾讯支付真钱来获得。在线时间衡量一个玩家在该游戏上花费的总时间，级别表示一个玩家在一天结束时达到的级别。过去的消费行为是由玩家在 t 时间之前创造的累积经济价值（即实际花费的金钱）来衡量的。

我们对朋友网络的中心性进行了控制。中心性是玩家在社交网络中地位的突出表现。它在许多领域发挥着重要作用，如汽车经销商网络中的公司行为（Dong，2015），创新采用的过程（Goldenberg et al.，2009）。我们使用度中心性，它表示一个给定节点连接到的其他节点的数量（Freeman，1978）。

5. 研究模型

本节采用的经济计量模型是基于 Doreian（1989）提出的具有自相关的两种制度网络效应模型，即

$$y_{i,t} = X_{i,t}\beta + \rho_1 \text{PFriend}_{i,t} + \rho_2 \text{SFriend}_{i,t} + \varepsilon_{i,t} \quad (8.1)$$

其中，$y_{i,t}$ 表示玩家的经济价值（即他在时间 t 游戏中支付的金额）；$\text{PFriend}_{i,t}$ 表示玩家在时间 t 的纯朋友支付的金额；$\text{SFriend}_{i,t}$ 表示玩家在时间 t 的 Simmelian 联系朋友每日支付的金额；ρ_1 和 ρ_2 表示两个对应的系数；$X_{i,t}$ 表示控制变量的向量；$\varepsilon_{i,t}$ 表示随机误差项。

数据分析单位是玩家-日，即一天中的每个玩家构成一个观察值。如果玩家在 t 时不在线（即 $\text{Online}_{i,t} = 0$），那我们就无法观察到其经济价值或社会影响，因此排除了该玩家在 t 时的观察结果。尽管我们在实证分析中排除了时间 t 不在线的参与者，但他们仍然处于我们的变量结构中。以朋友的同伴效应为例，时间 t 时，参与者 i 的同伴效应变量是其朋友在时间 t 时的经济价值的平均值。如果 i 在时间 t 时没有出现，则该观察结果不会（也不应）包括在回归中。如果他的一个朋友在 t 时间不在线，那么在计算平均值时，t 时间该朋友的经济价值设置为零。

在这里会出现自我选择偏差，因为具有一定经济价值的玩家可以选择在时间 t 玩（或不玩）游戏或在时间 t 交（或不交）朋友。为了解决这一问题，我们采用 Semykina 和 Wooldridge（2010）提出的两步面板数据选择模型。我们构建以下三个选择方程。

$$s_{i,t}^1 = \theta_0^1 + \theta_1^1 \text{Level}_{i,t} + \theta_2^1 \text{OnlineCumu}_{i,t} + \theta_3^1 \text{EarnedVirMoney}_{i,t} + \nu_{i,t}^1 \quad (8.2)$$

$$s_{i,t}^2 = \theta_0^2 + \theta_1^2 \text{Level}_{i,t} + \theta_2^2 \text{OnlineCumu}_{i,t} + \theta_3^2 \text{EarnedVirMoney}_{i,t} + \nu_{i,t}^2 \quad (8.3)$$

$$s_{i,t}^3 = \theta_0^3 + \theta_1^3 \text{Level}_{i,t} + \theta_2^3 \text{OnlineCumu}_{i,t-1} + \theta_3^3 \text{weekend}_t + \nu_{i,t}^3 \quad (8.4)$$

其中，$s_{i,t}^1$ 表示时间 t 时 i 是否有纯朋友；$s_{i,t}^2$ 表示时间 t 时 i 是否有 Simmelian 联系朋友。我们认为有三个因素可以影响玩家是否有纯朋友或 Simmelian 联系朋友：级别（Level）、在线时间（OnlineCumu）和赢得的虚拟货币（EarnedVirMoney）。级别很重要，因为它代表了玩家的游戏体验，这将影响他朋友们的决策过程（Zhang et al.，2017）。在线时间很重要，因为玩家在游戏中停留的时间越多，结交朋友的可能性就越高。$s_{i,t}^3$ 表示 i 在 t 时是否玩游戏。在线时间在这里很重要，因为它是衡量玩家过去行为的一个指标，并且这种行为模式将继续下去，这种假设是合理的。虚拟变量 weekend 表示时间 t 是否为周末时间。在周末，玩家们会有更多的时间放松。数据中的观察期不包括法定假日。

根据 Semykina 和 Wooldridge（2010）的研究方法，我们分别估算了每个周期的上述三个选择方程，即我们运行 3×29 Probit 模型（由于没有在线时间的滞后

项，第一个周期被丢弃）。根据估算结果计算出逆米尔斯比（λ^1，λ^2和λ^3），并将其纳入方程（8.1）中，以解决选择偏差。因此，我们的最终经济计量模型是

$$\text{DailyEco}_{i,t} = \rho_1 \text{PFriend}_{i,t} + \rho_2 \text{SFriend}_{i,t} + X_{i,t}\beta + \alpha_1\lambda_{i,t}^1 + \alpha_2\lambda_{i,t}^2 + \alpha_3\lambda_{i,t}^3 + \varepsilon_{i,t} \quad (8.5)$$

8.1.4 研究结果分析

结果如表 8.1 所示。PFriend 和 SFriend 系数都为正且显著，研究朋友网络中的同伴效应的 H8.1 得到支持。这表明玩家的经济价值观受到直接朋友的积极影响。一个玩家的纯朋友总经济价值每增加 1%，该玩家自己的价值增加 2.294%（$p<0.01$）；其 Simmelian 联系朋友总经济价值每增加 1%，该玩家自己的价值增加 0.858%（$p<0.01$）。虽然这些百分比似乎很小，但我们不应低估其实际经济影响。当游戏每月收入为 300 万美元时（GameBus，2013），1%的增长相当于每月总收入增加约 30 000 美元。

表 8.1　模型结果

项目	系数（标准差）
PFriend	2.294（0.123 5）***
SFriend	0.858（0.094 6）***
Lag.DailyEco	0.056（0.011 5）***
Lag.CumuEco	0.052（0.014 7）***
EarnedVirMoney	−0.059（0.017 1）***
Online	−0.084（0.026 8）***
Level	0.146（0.018 8）***
PFDegree	−0.211（0.012 1）***
SFDegree	−0.039（0.009 8）***
Inv.Mills ratio 1	−1.501（0.138 0）***
Inv.Mills ratio 2	1.279（0.346 8）***
Inv.Mills ratio 3	1.346（0.219 6）***
N	89 413
AIC	567 655.8
BIC	567 768.6
F	79.330

注：括号内为稳健标准误；AIC 即 Akaike information criterion，赤池信息准则；BIC 即 Bayesian information criterion，贝叶斯信息准则

***表示 $p<0.01$

我们应用瓦尔德（Wald）χ^2检验来对比这两种同种效应。$\chi^2=85.206$，$p<0.01$表明纯朋友的同伴效应的影响显著较高。因此，支持假设 H8.2b，而拒绝 H8.2a。这一结果与 Bapna 等（2017）关于 Facebook 用户的信任因素和其他先前的相关研究（Ugander et al.，2012）的结果一致。这表明游戏公司需要更多地关注玩家在游

戏设计中的纯朋友，而不是像文献所显示的那样关注 Simmelian 联系朋友。相比 Simmelian 联系朋友，游戏公司应该更突出地显示具有高价值的纯朋友的信息。

8.1.5　小结

提高玩家的货币价值是游戏公司的根本利益。本节研究从社会影响的角度探讨了免费增值社交游戏的关键货币化问题。本节研究基于一个大型社交游戏数据集的分析，得出了两组关键发现。首先，内聚性是促使玩家付费的关键网络力量。我们发现，有更多付费的纯朋友或 Simmelian 联系朋友的玩家往往会支付更多。其次，纯朋友的同伴效应要比 Simmelian 联系朋友强得多。然而，当一个玩家只有很少的朋友时，Simmelian 联系的同伴效应会接近于纯朋友的同伴效应。

我们的研究结果将对游戏公司产生直接影响。这项研究为游戏公司提供了智能社交游戏设计的指导，如为个人玩家设计个性化的游戏体验。一款名为《江湖》的社交游戏（2014 年 5 月发布）通过单独分析个体玩家的经历和行为，开始为每个玩家设计个性化任务，并向玩家推荐朋友。例如，当一个新玩家开始玩游戏时，他通常会找一些资深玩家作为他的朋友（或师父）来帮助他玩游戏。此时正是游戏公司向他推荐其他玩家好友的黄金时期。目前，游戏公司主要根据玩家的技能、经验和游戏行为推荐朋友。我们的研究结果表明，在游戏盈利的目标下，游戏公司在推荐朋友时还应考虑玩家的消费历史，同时也应注意候选人朋友是否已经与焦点玩家共享了共同的朋友。

令人惊讶的是，我们对纯朋友和 Simmelian 联系朋友的比较结果表明，公司应该更重视玩家的纯朋友。这与文献中常见的结论相反，文献认为 Simmelian 联系朋友有更强的影响。我们的分析表明，这很可能是因为 Simmelian 联系使两人一起玩的时间缩短了。社交游戏公司可以利用这些信息来设计更好的营销策略。例如，在推送促销活动中，公司应该更积极地推送玩家的纯朋友信息，前提是他们已经是付费者。相反，该公司应谨慎推荐玩家成为朋友，以防止玩家形成 Simmelian 联系朋友。

此外，我们对低中心度玩家和高中心度玩家异质性的研究结果表明，公司应区分这两种类型的玩家。公司要把 Simmelian 联系朋友和纯朋友的消费信息都推给低中心度的玩家，而把纯朋友的信息更多推给高中心度的玩家。

虚拟经济对决策者也有影响。用户参与是虚拟经济中最重要的考虑因素，而支付是用户参与的最重要类型之一。根据我们的研究结果，虚拟经济可以利用用户的社交网络更好地吸引用户。然而，一个密集的高度连接的网络可能并不总是好的。我们的结果表明，拥有太多的朋友可能会限制用户的参与，特别是在支付意愿方面。因此，游戏平台在制定社交网络游戏政策时应谨慎。当朋友网络太密集时，他们可能需要限制每个用户的朋友数量，并且在可能的情况下，限制玩家与 Simmelian 联系玩家建立联系的机会。

我们的研究有几个局限性。第一，我们只获得了一个月的面板数据（已经超过 1TB）。虽然这对大多数玩家来说是一个相对较长的时间跨度，但我们并没有观察到许多玩家的整个生命周期。因此，我们的分析是从一个月的窗口来表示观点，其结果只能对这个范围内进行解释。第二，我们无法访问详细的玩家账户数据，这些数据包括用户在腾讯注册时收集的一些已报告的人口统计数据。这些人口统计数据包括地址、性别和实际收入，这可能会改变玩家的支付行为。我们的固定效应模型通过控制玩家特定时间的不变效应部分解决了这个问题。第三，我们没有区分职业玩家，他们靠从游戏中赚取真正的钱谋生。这些职业玩家通常只占所有玩家的一小部分，但他们的目标和社交网络行为可能不同于休闲玩家。目前还没有标准的方法来识别这些职业玩家。在未来，我们计划开展研究，重点是对他们进行识别和分析。最后，游戏能够反映玩家真实个性。我们可以通过玩家 ID，追踪每个玩家的 QQ 账户（腾讯旗下最常用的社交账户之一，类似于美国的 MSN 账户或 Skype 账户）。我们计划调查一部分有代表性的玩家，跟踪他们的真实行为，并将其与玩家的游戏行为联系起来。

8.2　基于社会网络的企业社会影响力对企业财务绩效的影响研究

8.2.1　研究背景

社会影响力通过社会网络传播，并对个人行为产生强烈影响（Amaldoss and Jain，2015）。社会影响效应也在人类以外的社会实体中存在。一家企业的业绩受其关联企业的影响。哈佛大学商学院教授迈克尔·波特（Michael E. Porter）和软件企业 PTC 的总裁兼首席执行官詹姆斯·赫佩尔曼（James Heppelmann）认为，互联产品加强了企业之间的关系，因此一家企业的业绩会对其他企业产生重大影响。一些供应链研究也表明，企业的业绩受到与其合作的企业的强烈影响（Cao and Zhang，2011；Huo，2012；Tan et al.，1998）。

在过去的研究中，社会影响力已被证明对个人行为具有巨大影响，如购买行为（Sridhar and Srinivasan，2012；Wang et al.，2012）和决策行为（Zhou，2011）。Lee 等（2011）发现，积极的社会影响力强化了人们对网络购物的信念和态度之间的关系，以及态度和购物意向之间的关系。Kwon 等（2014）调查了社交网站中同伴行为对群体形成的影响。这些研究中，均与人与人间的朋友关系网相关。

随着基于网络的应用程序的发展，公共信息提供了大量的资源来研究实体之间，特别是产品和企业之间关系的本质。与具有社会能力和情感的人不同，这些客观实体之间的社会关系是虚拟且稳定的。因此，衡量社会影响力对客观实体影响的方法应该不同于以往对朋友关系网的研究。Zhang 等（2013b）基于产品评论对产品网络进行挖掘，研究网络结构对产品销售的影响。为了构建企业网络，Ma 等（2009，2011）致力于网络关系和企业的竞争关系（支持或反对）的研究。

1. 社会影响力

社会影响力在社会科学（Lewis et al., 2012）、营销和信息系统（Jin et al., 2012）中得到了广泛的研究。这些研究表明，社会影响力对参与者行为（参与者是否会加入某一团体，是否购买某种产品，是否与朋友的行为方式相同）和参与者的表现（产品的销量、股票收益或风险）有很强的影响。

对于目标实体网络中的社会影响，大多数研究都集中在网络结构对企业财务绩效的基本影响上。Creamer 等（2013）通过挖掘企业新闻构建企业网络，分析网络中心性对企业收益和风险的影响。Zhang 等（2013b）分析了通过在线口碑构建的产品网络内的产品销售排名。他们测试了网络结构的预测能力，如中间中心性、紧密中心性、PageRank 中心性，以及预测产品销售业绩时 HITS（hyperlink-induced topic search，基于超链接引导的主题搜索）中心性。

与以往以联系、情绪和网络结构为主要指标及以这些指标对企业财务绩效的影响为重点的研究不同，我们拓展了目标实体网络的社会影响力研究，并且构建了测量企业影响网络的社会影响力的方法。

2. 财务业绩公开信息

1）有效市场假说

在有效市场假设中，当前市场价格反映了完全市场信息的同化。每当金融前景发生变化时，市场将立即调整证券价格以反映新信息（Fama，1965）。关于有效市场假说（efficient market hypothesis，EMH）的实证研究，尤其是半强型市场效率的研究（Ball and Brown，1968）有很多。基于 EMH 理论，有学者还提出了许多基于新闻报道、公告和社交媒体预测股票价格的预测模型。

2）新闻报道

在学术研究和实际应用中，有很多关于新闻报道是如何预测企业财务业绩的研究。例如，Tetlock 等（2008）证明了否定词与企业低收益之间的相关性。Davis 等（2011）统计了具有乐观和悲观特征的词语，并显示了这些措辞与企业收益之间的相关性。这些研究证明了市场对新闻信息的反应。文本挖掘技术被用于对金融新闻的预测能力的评价中。大多数研究都使用实时发布的金融新闻这一单一信息源，如 Comtex（Schumaker and Chen，2009a）、PR Newswire（Fadel et al.，2015），或 Yahoo Finance

（Gu et al.，2014）。一些研究考虑了多种信息来源，不仅包括金融新闻，还包括其他社交媒体，如微博、论坛和社交网站。例如，Yu 等（2013）研究了社交媒体（微博、论坛和博客）和传统新闻来源（主要是报纸和商业杂志）对企业财务绩效的影响。Luo 等（2013）还收集了包括博客、消费者评级和其他来源的社会媒体数据，如谷歌搜索和网络流量数据，并研究了这些数据对企业股权价值的影响。对于金融新闻文章，这些研究通常使用自然语言和文本处理技术，如文本表示（Schumaker and Chen，2009b）和机器学习算法（Li，2010）。Schumaker 和 Chen（2009a）分析了具有不同文本表示形式的金融新闻文章，如词袋、名词短语和命名实体，并使用 SVM 预测股市。

3）搜索趋势

自从搜索这一方法被发明以来，已有大量学者对这种丰富的数据源的影响进行了研究。关于搜索趋势的早期研究是 Choi 和 Varian（2012）进行的，他们使用谷歌趋势预测短期经济活动，其中包括零售业、汽车销售业及旅游业。

金斯伯格等在《自然》杂志上发表了使用谷歌趋势数据检测流感流行的文章。此外，对搜索趋势的研究也已在不同的领域展开，如产品销售（Lu and Zhao，2014）、电影行业（Hand and Judge，2012）和信息科学（Geng and Lee，2013）等。在金融领域，Preis 等（2010）发现搜索量与企业交易量之间存在相关性，Da 等（2011）则对搜索量对投资者关注度的影响进行了解释。

3. 基于文本分析的网络模型

企业间的关系信息是从基于实体名称共同出现的文本新闻中获取的。文档中提到两个实体的频率越高，两个实体之间的关系就越密切。这种方法已广泛应用于从公共信息中挖掘企业关系，并用来测量企业之间的密切程度。Feldman 等（1998）提出了一种文本挖掘方法，并通过收集新闻来评估这种方法，以发现企业之间的关系。共现方法不能提供关于关系亲密度的额外信息，因此，有必要进行竞争分析，以研究不同文件中两个实体之间谁的意见更为有效。Bao 等（2008）提出了一种称为 CoMiner 的新算法，它在挖掘比较关系方面表现得更好。Xu 等（2011）使用图形模型从客户评论中提取并可视化产品之间的比较关系，帮助企业发现潜在风险并设计营销策略。

我们不仅使用包括公共新闻和搜索指数在内的多种信息源，还利用这些信息源的组合来衡量社会影响力指数。搜索指标不是直接用来预测企业财务绩效，而是作为企业影响网络中的一个属性（企业影响力）。利用从新闻中获取的企业关系，构建企业影响网络和社会影响力测量方法。

4. 企业对财务绩效的影响

在研究企业对财务绩效的影响时，以往的研究大多集中在可直接观测到的合作或竞争关系上。在不同的关系中，供应链关系是研究最广泛的关系之一。根据美国制造企业的数据，Cao 和 Zhang（2011）称，供应链协作提高了协作优势，并对企业绩效产生了底线影响。Wagner 等（2012）的研究还表明，供应链中企业之间的关系越密切，供应链的匹配度越高，企业的资产回报率越高。此外，还研究了供应链中的直接和间接关系，并比较了这两种关系对企业财务绩效的影响。

一些行业中的企业被视为网络，有学者对其财务业绩进行了研究。例如，在金融服务业，对金融机构之间的债权债务关系进行研究，并对其财务业绩进行评估。其他合作关系也有学者研究。Desrochers 和 Fischer（2005）利用交易成本经济学研究了金融合作关系对财务绩效指标的影响。Larson（1991）研究了小企业之间的联盟伙伴关系，发现网络战略使企业能够更加稳定，同时保持灵活性，并能对不断变化的市场做出响应。Madhavan 等（2004）研究了竞争对手网络结构对全球钢铁生产企业战略联盟的影响。

也有学者对组织间协议中的协作关系进行了研究。协作网络的结构影响了企业的绩效结果（Powell et al.，1999）。与此相关，许多研究集中在为矿业企业联系（Ball and Brown，1968；Gupta and Lehal，2009）提出有效的算法，并判断社交媒体中出现的与之相关的情绪。

在对现有的以供应链关系、可观测的合作与竞争关系为研究重点的研究中，本节对基于社会媒体数据（包括新闻和百度指数）的企业影响网络进行研究。

8.2.2　研究问题

本节主要研究企业影响网络，包括网络关系（企业关系）和节点属性（企业影响力），以及企业的财务绩效，从而研究如何客观地对企业社会影响力进行衡量。主要研究问题包括以下几点。

（1）企业影响力网络是如何构建的?

（2）如何衡量客观实体网络（目标实体网络）中的社会影响效应?

（3）社会影响是否影响企业的财务绩效?

8.2.3　研究设计

首先，关系挖掘旨在从公共新闻中识别实体和企业关系。我们从网络新闻媒体获取新闻，计算共现相关性，构建无向网络，并分析了企业的竞争情绪，建立了有向网络：支持关系的支持网络和针对目标企业的反对关系的反对网络。

其次，通过搜索指数可以得到与企业影响相关的节点属性。一家企业的搜索指数揭示了其对公众的吸引力（Choi and Varian，2012），并衡量了该企业的影响力。因此，利用搜索指数作为企业影响网络中企业影响节点的属性。

最后，利用挖掘出的关系和节点属性，构造了目标实体网络，然后构造了社会影响度量，包括同伴数量和加权同伴效应。与被证明会影响目标人员行为和绩效的目标人员的朋友数量类似（Bapna and Umyarov，2015），同行数量由在无向企业网络中直接链接到目标节点的节点数量计算。因为企业影响网络是一个加权网络，所以对等节点的数量不同于节点度，节点度是与一个链接相关联的权重之和。在定向企业影响网络中，对等节点的数量只包括指向和影响目标的节点。

1. 实验数据

1）百度搜索指数

百度搜索指数提供了在某个特定术语上发生的搜索的绝对数量。我们使用股票企业名称作为查询词进行搜索。因企业通常有多个搜索关键词，所以我们使用一组词的总搜索量。共获得了 2013 年 300 家企业的每日搜索指数数据。截至 2013 年 7 月 31 日，这些企业来自沪深 300 指数（Shanghai Shenzhen 300 index，SHSZ 300），涵盖中国股市的十大板块（消费、工业、材料、金融、能源、电信、医药、公用、信息、可选）。

2）公共新闻

通过专业的企业文摘的帮助，我们从一个普通的搜索门户网站上收集新闻报道。这些报道覆盖了 3000 多个在线资源，包括讨论板、新闻专线和博客，从中获取沪深 300 指数中 300 家企业 2013 年商业新闻数据集，并进行数据清理，删除重复的新闻项及过滤只提到一家企业或文档中提到五家以上企业的新闻项后，最终得到 314 475 个新闻项。

为了确定企业间的关系，我们首先在新闻报道中找到目标企业。大多数研究（Creamer et al.，2013；Ma et al.，2009；Ma et al.，2011；Yu et al.，2013）建议新闻项目通常在新闻网站上贴上目标企业的标识。但在我们的研究中，新闻是从网络上广泛收集的，因此标记新闻报道很重要。我们建立了一些规则来识别目标企业。如果新闻标题中有企业名称，那就是目标企业。否则，我们计算企业名称的出现次数，并将频率最高的企业作为目标企业。

为了识别相对态度，我们采用了机器学习的方法。假设<company 1，company 2>是新闻中对 company 1 的一句话，同时提到 company 2。一个由积极性主导的句子意味着企业 2 支持企业 1（类似于企业 2 对企业 1 投赞成票一样）。

在实验过程中，我们应用了基于信息增益的特征选择和文字袋特征模型来测试不同分类器在不同特征尺寸下的性能。在常用的机器学习算法中，我们选择 SVM 模型，并使用按信息增益排序的前 820 个特征用于训练 SVM 模型，以便对企业的比较判断进行分类。从新闻中得到了 13 110 个负面关系和 182 970 个正面关系。

2. 网络构建

企业网络的影响因素由代表企业的节点、节点的属性，特别是通过搜索指数获得的企业影响、表示企业之间比较关系的链接及表示比较关系强度的相应权重组成。首先，假设目标企业 c_1 新闻中的句子（与企业 c_2 一起被提到）被映射到比较元组，其中 P/N 表示从 c_2 到 c_1 的比较意见是正的或负的。对于无向网络，我们将 N_{pd} 和 N_{nd} 分别定义为正、负句的个数。当 $N_{\mathrm{pd}}+N_{\mathrm{nd}}>0$ 时，所有元组聚合在 c_1 和 c_2 之间产生单个链接，相应的权重为 $w=N_{\mathrm{pd}}+N_{\mathrm{nd}}$。对于定向网络，有两种分类：正网络和负网络。在正网络中，当 $N_{\mathrm{pd}}>0$ 时，我们引入从节点 c_2 到 c_1 的边，权重为 $w=N_{\mathrm{pd}}$。同样，在负网络中，当 $N_{\mathrm{nd}}>0$ 时，也会形成从 c_2 到 c_1 的链接，权重为 $w=N_{\mathrm{nd}}$。

3. 变量

1）股价表现

根据 Doukas 和 Travlos（1988）及 von Eije 和 Wiegerinck（2010）的研究，并基于以下方程来衡量股票回报和风险。

$$R_{it}=\alpha_i+\beta_i R_{mt}+\varepsilon_{it} \tag{8.6}$$

其中，i 表示截距；ε_{it} 表示模型的误差项；R_{it} 表示 t 时 i 股的收益，R_{mt} 表示 t 时上海综合指数的平均市场收益；β_i 表示因平均市场回报而产生的股票收益的一部分。对目标日前 250 个交易日的滚动窗口执行 $R_{it}=\alpha_i+\beta_i R_{mt}+\varepsilon_{it}$ 模型。异常回报通过以下方式测量观察到的回报和预期回报之间的差异：$\mathrm{AR}_{it}=R_{it}\left(\alpha_i+\beta_i R_{mt}\right)$。Risk 定义为目标日前 250 个交易日的 ε_{it} 标准差，采用普通最小二乘回归进行分析。

2）搜索指数与社会影响

百度搜索指数揭示了公众对企业的关注，并衡量了企业的影响力，因此对企业的财务绩效产生了影响。我们将百度搜索指数作为一个变量，用企业影响力（firm influence，FI）来预测企业的财务绩效。

目前关于目标实体网络中社会影响的研究（除了朋友关系网）只在其模型和实证结果中认识到网络结构的影响。因此，需要对目标实体网络中同伴数量和加权同伴效应的社会影响进行研究。为了填补这个空白，本章建立了一个基于挖掘公共新闻和百度搜索指数确定的关系的企业影响网络，以衡量个体的影响。

在无向网络中，我们对同伴效应（UPE）①进行聚合：$\mathrm{UPE}_i=\sum_j w_{ij}\mathrm{FI}_j$，其中 w_{ij} 表示企业 i 和 j 之间的权重，FI_j 表示企业 j 的影响，由搜索指数表示。对于存在一定差异的定向网络，我们只汇总了可能影响目标企业的同伴效应，既从目标企业中选择指向目标企业的链接。因此，支持网络中的同伴效应（SPE）②和反对网络中的同伴效应（OPE）③分别表示为

---

① 即 the peer effects in the undirected network。

② 即 the peer effects in the supporting networks。

③ 即 the peer effects in the opposing networks。

$$\mathrm{SPE}_i=\sum\nolimits_j w_{ij}\mathrm{FI}_j\text{，}\quad \mathrm{OPE}_i=\sum\nolimits_j w_{ij}\mathrm{FI}_j \qquad (8.7)$$

此外，本章又引入三个其他的度量：无向网络中的对等点数量、支持网络和对立网络。由于网络是加权的，我们不能使用表示关系权重和的度数作为对等数。相反，我们必须使用以下表达式来计算连接到目标节点的节点数：$\sum_{w_{ij}\neq 0}\left(w_{ij}/w_{ij}\right)$。与同伴效应类似，支持网络（SPN）和反对网络（OPN）中的同伴数量仅考虑指向目标企业的邻居数：$\mathrm{UPN}=\sum_{w_{ij}\neq 0}\left(w_{ij}/w_{ij}\right)$，$\mathrm{SPN}_i=\sum_{w_{ji}\neq 0}\left(w_{ji}/w_{ji}\right)$，$\mathrm{OPN}_i=\sum_{w_{ji}\neq 0}\left(w_{ji}/w_{ji}\right)$。

8.2.4 实验模型

本节利用脉冲响应函数和误差项方差分解的分析能力、利用 VAR 模型分析了企业影响、社会影响和企业绩效之间时变相互作用的影响。

实验中建立了两个模型，模型一用于无向网络，模型二用于有向网络。模型一内生变量包括股票表现（收益及风险）、企业影响和社会影响（同行数量和同行影响）。模型二内生变量包括企业绩效（市场回报和特殊风险）、企业影响、支持网络指标的社会影响（影响目标企业的同行和同行效应的数量）和反对网络指标的社会影响（影响目标企业的同行和同行效应的数量）。

模型一：

$$\begin{bmatrix}\mathrm{Return}_t\\ \mathrm{Risk}_t\\ \mathrm{FI}_t\\ \mathrm{UPN}_t\\ \mathrm{UPE}_t\end{bmatrix}=\begin{bmatrix}\alpha_1+\delta_1 t\\ \alpha_2+\delta_2 t\\ \alpha_3+\delta_3 t\\ \alpha_4+\delta_4 t\\ \alpha_5+\delta_5 t\end{bmatrix}+\sum_{k=1}^{K}\begin{bmatrix}\phi_{1,1}^k & \phi_{1,5}^k\\ \phi_{2,1}^k & \phi_{2,5}^k\\ \phi_{3,1}^k & \phi_{3,5}^k\\ \phi_{4,1}^k & \phi_{4,5}^k\\ \phi_{5,1}^k & \phi_{5,5}^k\end{bmatrix}\begin{bmatrix}\mathrm{Return}_{t-k}\\ \mathrm{Risk}_{t-k}\\ \mathrm{FI}_{t-k}\\ \mathrm{UPN}_{t-k}\\ \mathrm{UPE}_{t-k}\end{bmatrix}+\begin{bmatrix}\varepsilon_{1t}\\ \varepsilon_{2t}\\ \varepsilon_{3t}\\ \varepsilon_{4t}\\ \varepsilon_{5t}\end{bmatrix}$$

模型二：

$$\begin{bmatrix}\mathrm{Return}_t\\ \mathrm{Risk}_t\\ \mathrm{FI}_t\\ \mathrm{SPN}_t\\ \mathrm{SPE}_t\\ \mathrm{OPN}_t\\ \mathrm{OPE}_t\end{bmatrix}=\begin{bmatrix}\alpha_1+\delta_1 t\\ \alpha_2+\delta_2 t\\ \alpha_3+\delta_3 t\\ \alpha_4+\delta_4 t\\ \alpha_5+\delta_5 t\\ \alpha_6+\delta_6 t\\ \alpha_7+\delta_7 t\end{bmatrix}+\sum_{k=1}^{K}\begin{bmatrix}\phi_{1,1}^k & \phi_{1,5}^k\\ \phi_{2,1}^k & \phi_{2,5}^k\\ \phi_{3,1}^k & \phi_{3,5}^k\\ \phi_{4,1}^k & \phi_{4,5}^k\\ \phi_{5,1}^k & \phi_{5,5}^k\\ \phi_{6,1}^k & \phi_{6,5}^k\\ \phi_{7,1}^k & \phi_{7,5}^k\end{bmatrix}\begin{bmatrix}\mathrm{Return}_{t-k}\\ \mathrm{Risk}_{t-k}\\ \mathrm{FI}_{t-k}\\ \mathrm{SPN}_{t-k}\\ \mathrm{SPE}_{t-k}\\ \mathrm{OPN}_{t-k}\\ \mathrm{OPE}_{t-k}\end{bmatrix}+\begin{bmatrix}\varepsilon_{1t}\\ \varepsilon_{2t}\\ \varepsilon_{3t}\\ \varepsilon_{4t}\\ \varepsilon_{5t}\\ \varepsilon_{6t}\\ \varepsilon_{7t}\end{bmatrix}$$

模型中，变量定义如下：Return 表示企业回报；Risk 表示企业层面的特殊风险；FI 表示企业影响（搜索指数）；UPN、SPN 和 OPN 表示在无向、支持或反对网络中影响目标企业的对等数；UPE、SPE、OPE 是在无向、支持及反对网络中影响目标企业的同伴效应。

8.2.5　研究结果分析

模型一结果见表 8.2。

表 8.2　股票 601618 模型一参数估计

变量	Return	Risk	FI	UPN	UPE
Return（−1）	-6.41×10^{-3}	$1.25\times10^{-3*}$	−361.67	2.767	-1.85×10^{5}
Return（−2）	7.99×10^{-3}	4.08×10^{-4}	247.23	0.635	4.23×10^{5}
Risk（−1）	-21.11^{**}	0.080	4.99×10^{4}	−641.01	-1.52×10^{7}
Risk（−2）	-17.93^{**}	3.07×10^{-3}	$-1.32\times10^{5**}$	−411.76	-2.73×10^{7}
FI（−1）	$2.01\times10^{-5**}$	$2.07\times10^{-7**}$	0.615^{***}	8.05×10^{-4}	−6.566
FI（−2）	1.30×10^{-5}	1.38×10^{-7}	0.166^{**}	-4.97×10^{-4}	−84.601
UPN（−1）	$2.11\times10^{-3***}$	$2.89\times10^{-5***}$	1.477	0.196^{***}	-1.35×10^{3}
UPN（−2）	1.54×10^{-4}	7.78×10^{-8}	−1.619	0.707	$9.18\times10^{[illegible]*}$
UPE（−1）	-5.08×10^{-9}	$9.19\times10^{-11**}$	-3.29×10^{-5}	$6.24\times10^{-7*}$	0.084^{*}
UPE（−2）	-3.76×10^{-9}	-3.2×10^{-11}	2.63×10^{-5}	$2.23\times10^{-6***}$	0.545^{***}
C	-0.022^{***}	$-2.17\times10^{-4***}$	136.50^{***}	0.283	6.25×10^{4}

*表示 $p<0.1$，**表示 $p<0.05$，***表示 $p<0.01$

模型二结果见表 8.3。

表 8.3　股票 601618 模型二参数估计

变量	Return	Risk	FI	SPN	SPE	OPN	OPE
Return(−1)	−0.003	0.0013^{**}	−315.73	6.574	$5.30\times10^{5*}$	0.660	9.89×10^{4}
Return(−2)	−0.008	0.0002	198.61	−4.319	8.28×10^{4}	−0.444	$-8.99\times10^{-4*}$
Risk(−1)	-23.89^{***}	0.057	4.17×10^{4}	−324.9	2.71×10^{6}	33.31	1.33×10^{5}
Risk(−2)	-15.50^{*}	0.028	$1.21\times10^{5**}$	393.1	5.31×10^{7}	15.88	5.04×10^{6}
FI(−1)	$1.79\times10^{-5*}$	$1.81\times10^{-7**}$	0.628^{***}	7.44×10^{4}	−25.459	$9.56\times10^{-4***}$	9.452^{*}
FI(−2)	1.25×10^{-5}	$1.51\times10^{-7*}$	0.159^{**}	-7.36×10^{4}	−22.570	$-7.00\times10^{-4***}$	−8.365
SPN(−1)	$6.02\times10^{-3***}$	11.803^{*}	11.803^{*}	0.281^{***}	$4.86\times10^{4**}$	0.011	8.02×10^{2}
SPN(−2)	-1.30×10^{-4}	−7.764	−7.764	−0.121	$-2.30\times10^{4*}$	-0.038^{*}	$-4.74\times10^{3***}$
SPE(−1)	$3.65\times10^{-5***}$	-7.80×10^{-5}	-7.80×10^{-5}	$-2.31\times10^{-6**}$	−0.044	9.29×10^{-8}	-3.83×10^{-3}
SPE(−2)	2.00×10^{-9}	$1.2\times10^{-4*}$	1.2×10^{-5}	$5.21\times10^{-6***}$	1.899^{***}	$-1.17\times10^{-6***}$	-0.320^{***}
OPN(−1)	1.83×10^{-3}	2.59×10^{-5}	-29.317^{*}	−0.040	$-1.19\times10^{4*}$	-0.087^{*}	-2.00×10^{3}
OPN(−2)	$-2.31\times10^{-4*}$	$5.10\times10^{-5*}$	20.318	0.129	2.72×10^{4}	0.014	$5.67\times10^{3*}$
OPE(−1)	$-1.37\times10^{-7**}$	$1.21\times10^{-9*}$	2.32×10^{-4}	$1.17\times10^{-5*}$	0.541	-2.27×10^{-7}	0.014
OPE(−2)	2.43×10^{-8}	-6.84×10^{-10}	-5.91×10^{-4}	$-3.31\times10^{-5***}$	-11.309^{***}	$6.51\times10^{-6***}$	1.896^{***}
C	-0.020^{***}	$2.10\times10^{-4***}$	$1.31\times10^{2***}$	0.251	$3.56\times10^{4*}$	-0.117^{*}	-6.20×10^{2}

*表示 $p<0.1$，**表示 $p<0.05$，***表示 $p<0.01$

如表 8.4 所示，在各变量中，企业影响力对收益率的正向影响弱（0.237%，$p < 0.1$），对风险的直接影响弱（0.132 个基点）（$p < 0.1$）。因此，搜索指数变量值增加一个单位与每日股票收益率增加 0.002 37 和股票风险增加 0.000 013 相关。

表 8.4 股票绩效对变量的冲击效应

变量	FI	SPN	SPE	OPN	OPE
Return/%	0.237*	0.047*	0.050	−0.098*	−0.100*
Risk/基点	0.132*	0.018	0.064*	0.104*	0.160*

*表示 $p<0.1$

同伴的数量和反对网络中的同伴效应都对收益产生了弱的负面影响，同样以弱显著的方式影响收益（−0.098%，$p < 0.1$ 和 0.100%，$p < 0.1$）。它们也与公司风险分别增加约 0.104 个基点（$p < 0.1$）和 0.160 个基点（$p < 0.1$）弱相关。支持网络中的同伴数量也与股票收益率的增加弱相关（0.047%，$p < 0.1$），而支持网络中的同伴效应与短期风险呈正相关（0.064 个基点，$p < 0.1$）。

8.2.6 小结

本节提出了一种研究方法来衡量对象，特别是企业网络中的社会影响，并考察了社会影响对企业财务绩效的影响。本节的主要发现有三个方面：社会影响测量（来自公共信息的同伴数量和同伴效应）与企业财务绩效显著相关；竞争关系对企业回报和风险具有较高的预测力；支持网络度量比反对网络度量更能解释股票回报，但反对网络度量对企业风险影响更大。这些发现在不同的行业中都是可以得到证实的。因此，我们的方法似乎是衡量企业网络中社会影响的一种好方法，以及研究社会影响与财务绩效的关系的好方法。

参 考 文 献

Amaldoss W, Jain S. 2015. Branding conspicuous goods: an analysis of the effects of social influence and competition[J]. Management Science，61（9）：2064-2079.

Ball R，Brown P. 1968. An empirical evaluation of accounting income numbers[J]. Journal of Accounting Research，6（2）：159-178.

Bao S H，Li R，Yu Y，et al. 2008. Competitor mining with the web[J]. IEEE Transactions on Knowledge and Data Engineering，20（10）：1297-1310.

Bapna R，Gupta A，Rice S C，et al. 2017.Trust and the strength of ties in online social networks: an exploratory field experiment[J]. Management Information Systems Quarterly，41（1）：115-130.

Bapna R，Umyarov A. 2015. Do your online friends make you pay? A randomized field experiment on peer influence in online social networks[J]. Management Science，61（8）：1902-1920.

Bond R M，Fariss C J，Jones J J，et al. 2012. A 61-million-person experiment in social influence and political mobilization[J]. Nature，489（7415）：295-298.

Burt R S. 1987. Social contagion and innovation：cohesion versus structural equivalence[J]. American Journal of Sociology，92（6）：1287-1335.

Burt R S. 1992. Structural Holes：The Social Structure of Competition[M]. Cambridge：Harvard University Press.

Cao M，Zhang Q Y. 2011. Supply chain collaboration：impact on collaborative advantage and firm performance[J]. Journal of Operations Management，29（3）：163-180.

Choi H，Varian H R. 2012. Predicting the present with Google Trends[J]. Economic Record，88（s1）：2-9.

Creamer G G，Ren Y，Nickerson J V. 2013. Impact of dynamic corporate news networks on asset return and volatility[R]. Las Vegas：The 2013 International Conference on Social Comp.

Curtis T. 2012. Most new social game players quit after just one day[R]. Gamasutra.

Da Z，Engelberg J，Gao P J. 2011. In search of attention[J]. Journal of Finance，66（5）：1461-1499.

Davis A K，Piger J M，Sedor L M. 2011. Beyond the numbers：measuring the information content of earnings press release language[J]. Contemporary Accounting Research，29（3）：845-868.

Desrochers M，Fischer K P. 2005. The power of networks：integration and financial cooperative performance[J]. Annals of Public and Cooperative Economics，76（3）：307-354.

Dong M C，Liu Z Q，Yu Y M，et al. 2015. Opportunism in distribution networks：the role of network embeddedness and dependence[J]. Production and Operations Management，24（10）：1657-1670.

Doreian P. 1989. Two regimes of network autocorrelation[C]//Kochen M. The Small World，Norwood. New Jersey：Ablex：280-295.

Doukas J A，Travlos N G. 1988. The effect of corporate multinationalism on shareholders' wealth：evidence from international acquisitions[J]. Journal of Finance，43（5）：1161-1175.

Egebark J，Ekström M. 2011. Like what you like or like what others like? Conformity and peer effects on Facebook[R]. IFN Working Paper NO. 886.

Fadel K J，Meservy T O，Jensen M L. 2015. Exploring knowledge filtering processes in electronic networks of practice[J]. Journal of Management Information Systems，31（4）：158-181.

Fama E F. 1965. The behavior of stock-market prices[J]. The Journal of Business，38（1）：34-105.

Freeman L C. 1978. Centrality in social networks conceptual clarification[J]. Social Networks，1（3）：215-239.

Feldman R，Fresko M，Hirsh H，et al. 1998. Knowledge management：a text mining approach[R]. Basel：The Second Conference on Practical Aspects of Knowledge Management.

GameBus. 2013. Monthly revenue of mobile games in China[EB/OL]. http://www.statista.com/statistics/255713/revenue-of-mobile-games-in-china/[2014-06-07].

Geng R，Chen X，Zhang B，et al. 2015. Social contagion and diffusion：modeling the direct and indirect peer influences on repeat-purchase in online freemium games[R]. Singapore：Pacific Asia Conference on Information Systems.

Geng X J，Lee Y J. 2013. Competing with piracy：a multichannel sequential search approach[J]. Journal of Management Information Systems，30（2）：159-184.

Goldenberg J，Han S，Lehmann D R，et al. 2009. The role of hubs in the adoption process[J]. Journal of Marketing，73（2）：1-13.

Gu B, Konana P, Raghunathan R, et al. 2014. Research note-The allure of homophily in social media: evidence from investor responses on virtual communities[J]. Information Systems Research, 25 (3): 604-617.

Gupta V, Lehal G S. 2009. A survey of text mining techniques and applications[J]. Journal of Emerging Technologies in Web Intelligence, 1 (1): 60-76.

Hand C, Judge G. 2012. Searching for the picture: forecasting UK cinema admissions using Google Trends data[J]. Applied Economics Letters, 19 (11): 1051-1055.

Haythornthwaite C. 1996. Social network analysis: an approach and technique for the study of information exchange[J]. Library & Information Science Research, 18 (4): 323-342.

Huo B F. 2012. The impact of supply chain integration on company performance: an organizational capability perspective[J]. Supply Chain Management: An International Journal, 17(6): 596-610.

Jayaraj S, Doerfel M L, Williams T. 2017. Clique to win? Impact of simmelian ties on collaborative project performance[J]. Academy of Management Proceedings, 2017 (1): 14525.

Jin Y Z, Lin C Y, Matsuo Y, et al. 2012. Mining dynamic social networks from public news articles for company value prediction[J]. Social Network Analysis and Mining, 2 (3): 217-228.

Krackhardt D. 1999. The ties that torture: simmelian tie analysis in organizations[J]. Research in the Sociology of Organizations, 16: 183-210.

Krackhardt D, Kilduff M. 2002. Structure, culture and simmelian ties in entrepreneurial firms[J]. Social Networks, 24 (3): 279-290.

Kwon K H, Stefanone M A, Barnett G A. 2014. Social network influence on online behavioral choices exploring group formation on social network sites[J]. American Behavioral Scientist, 58 (10): 1345-1360.

Larson A. 1991. Partner networks: leveraging external ties to improve entrepreneurial performance[J]. Journal of Business Venturing, 6 (3): 173-188.

Lee M K O, Shi N, Cheung C M K, et al. 2011. Consumer's decision to shop online: the moderating role of positive informational social influence[J]. Information & Management, 48(6): 185-191.

Lewis K, Gonzalez M J, Kaufman J. 2012. Social selection and peer influence in an online social network[J]. Proceedings of the National Academy of Sciences of the United States of America, 109 (1): 68-72.

Li F. 2010. The information content of forward - looking statements in corporate filings: a naïve Bayesian machine learning approach[J]. Journal of Accounting Research, 48 (5): 1049-1102.

Lu X H, Zhao X. 2014. Differential effects of keyword selection in search engine advertising on direct and indirect sales[J]. Journal of Management Information Systems, 30 (4): 299-326.

Luo X M, Zhang J. 2013. How do consumer buzz and traffic in social media marketing predict the value of the firm?[J]. Journal of Management Information Systems, 30 (2): 213-238.

Luo X M, Zhang J, Duan W J. 2013. Social media and firm equity value[J]. Information Systems Research, 24 (1): 146-163.

Ma X, Khansa L, Deng Y, et al. 2013. Impact of prior reviews on the subsequent review process in reputation systems[J]. Journal of Management Information Systems, 30 (3): 279-310.

Ma Z M, Pant G, Sheng O R L. 2011. Mining competitor relationships from online news: a network-based approach[J]. Electronic Commerce Research and Applications, 10(4): 418-427.

Ma Z M, Sheng O R L, Pant G. 2009. Discovering company revenue relations from news: a network approach[J]. Decision Support Systems, 47 (4): 408-414.

Madhavan R, Gnyawali D R, He J Y. 2004. Two's company, three's a crowd? Triads in cooperative-competitive networks[J]. Academy of Management Journal, 47 (6): 918-927.

Mangleburg T F，Doney P M，Bristol T. 2004. Shopping with friends and teens' susceptibility to peer influence[J]. Journal of Retailing，80（2）：101-116.

Moschis G P，Moore R L. 1979. Decision making among the young：a socialization perspective[J]. Journal of Consumer Research，6（2）：101-112.

Peng J，Agarwal A，Hosanagar K，et al. 2018. Network overlap and content sharing on social media platforms[J]. Journal of Marketing Research，55（4）：571-585.

Powell W W，Koput K W，Smith-Doerr L，et al. 1999. Network position and firm performance：organizational returns to collaboration in the biotechnology industry[J]. Research in the Sociology Organizations，16（1）：129-159.

Preis T，Reith D，Stanley H E. 2010. Complex dynamics of our economic life on different scales：insights from search engine query data[J]. Philosophical Transactions of the Royal Society A：Mathematical，Physical and Engineering Sciences，368（1933）：5707-5719.

Schumaker R P，Chen H. 2009a. A quantitative stock prediction system based on financial news[J]. Information Processing & Management，45（5）：571-583.

Schumaker R P，Chen H. 2009b. Textual analysis of stock market prediction using breaking financial news：the AZFin text system[J]. ACM Transactions on Information Systems，27（2）：1-19.

Semykina A，Wooldridge J M. 2010. Estimating panel data models in the presence of endogeneity and selection[J]. Journal of Econometrics，157（2）：375-380.

Shi S W，Xia M，Huang Y. 2015. From minnows to whales：an empirical study of purchase behavior in freemium social games[J]. International Journal of Electronic Commerce，20（2）：177-207.

Sridhar S，Srinivasan R. 2012. Social influence effects in online product ratings[J]. Journal of Marketing，76（5）：70-88.

Tan K C，Kannan V R，Handfield R B. 1998. Supply chain management：supplier performance and firm performance[J]. Journal of Supply Chain Management，34（3）：2-9.

Tetlock P C，Saar-Tsechansky M，Macskassy S. 2008. More than words：quantifying language to measure firms' fundamentals[J]. Journal of Finance，63（3）：1437-1467.

Ugander J，Backstrom L，Marlow C，et al. 2012. Structural diversity in social contagion[J]. Proceedings of the National Academy of Sciences of the United States of America，109（16）：5962-5966.

von Eije H，Wiegerinck H. 2010. Shareholders' reactions to announcements of acquisitions of private firms：do target and bidder markets make a difference?[J]. International Business Review，19（4）：360-377.

Wagner S M，Grosse-Ruyken P T，Erhun F. 2012. The link between supply chain fit and financial performance of the firm[J]. Journal of Operations Management，30（4）：340-353.

Wang X，Yu C L，Wei Y J. 2012. Social media peer communication and impacts on purchase intentions：a consumer socialization framework[J]. Journal of Interactive Marketing，26（4）：198-208.

Xu K Q，Liao S S，Li J X，et al. 2011. Mining comparative opinions from customer reviews for competitive intelligence[J]. Decision Support Systems，50（4）：743-754.

Yakuel P. 2013. Online casinos vs. social casino games[EB/OL]. http://www.optimove.com/blog/online-casinos-vs-social-casino-games[2014-05-02].

Yu Y，Duan W J，Cao Q. 2013. The impact of social and conventional media on firm equity value：a sentiment analysis approach[J]. Decision Support Systems，55（4）：919-926.

Zhang C，Phang C W，Wu Q S，et al. 2017. Nonlinear effects of social connections and interactions on individual goal attainment and spending：evidences from online gaming markets[J]. Journal of Marketing，81（6）：132-155.

Zhang W, Shen D H, Zhang Y J, et al. 2013a. Open source information, investor attention, and asset pricing[J]. Economic Modelling, 33: 613-619.

Zhang Z, Guo C H, Goes P B. 2013b. Product comparison networks for competitive analysis of online word-of-mouth[J]. ACM Transactions on Management Information Systems, 3(4): 1-22.

Zhou T. 2011. Understanding online community user participation: a social influence perspective[J]. Internet Research, 21 (1): 67-81.

Zimmerman D J. 2003. Peer effects in academic outcomes: evidence from a natural experiment[J]. The Review of Economics and Statistics, 85 (1): 9-23.

第 9 章　新技术使用的心理驱动力

徐心[1]，Elena Karahanna[2]，徐岩[3]，张楠[4]，黄玮[1]
1 清华大学经济管理学院；2 Department of Management Information Systems, University of Georgia；3 香港科技大学商学院；4 哈尔滨工业大学经济与管理学院

本章提出一种以需求为导向的技术供给（needs-oriented technology affordance，NOTA）的技术使用观点，我们认为个人的心理需求促使他们使用信息技术应用，在某种程度上，这些应用具备满足用户心理需求的可供性。

NOTA 的理论基础有两个关键论点：首先，个人的心理需求促使人们参与满足这种需求的活动（Deci and Ryan，2002）。其次，应用程序的供给性为可能使用它的人提供了操作可能性（Gaver，1991），个人将被激励去使用那些能够满足他们心理需求的应用程序。

心理学家认为，需求的满足是心理健康的必要条件，也是促进人类正常行动的基础（Deci and Ryan，2000）。需求可以是生理上的，也可以是心理上的（Deci and Ryan，2000），人们可以通过满足特定的心理需求来达到心理健康（Zuboff and Maxmin，2002）。这些心理需求普遍存在，人们通过日常活动来满足这些需求（Reis et al.，2000）。心理学研究曾指出，人类需要满足特定的需求以维持心理健康、以更好地维持人体机能的运转（Deci and Ryan，2000）。因此，需求—可供性—特征（needs-affordances-features，NAF）视角顺应此观点，从心理学的角度解释了人类使用社会化媒体应用程序的动机——满足心理的某种需求。

关注情景动机的理论从工作表现、任务实现等方面来解释使用社会化媒体的需求（Venkatesh et al.，2003），基于需求的理论更加关注普世的生活需求。每个人都有自身内在的心理需求，从心理诉求方面讨论人们为何使用技术，可以挖掘出更强的人类行为动机（Deci and Ryan，1987）。技术已经变得越来越普及、个性化和自主化，基于需求的理论可以更好地解释用户使用社会化媒体的动机，因为每个人都有内在的心理需求（Deci and Ryan，2000）。NOTA 的独特之处在于，立足于每个人都有心理需求的理论视角，解释了从内在驱动用户使用社会化媒体

的动因（Deci and Ryan，1987）。因此，基于该理论体系，NOTA 的架构为技术接纳和使用问题提供了一种新的解释视角，在此视角下，系统开发设计者可以识别出社会化媒体应用能够满足的心理可供性特征，从而提升应用的可用性。

实际上，社会化媒体已经成为互联网中使用最广泛的应用[①]。例如，2012 年在美国，社交网站的使用占到网民使用总体的 27%，社交网站使用者占所有互联网用户的 67%[②]。鉴于社会化媒体的快速发展，许多业界公司开始通过社会化平台吸引消费者。根据 2015 普华永道对首席执行官（chief executive officer，CEO）优先权的问卷访谈，有超过 80%的 CEO 将社会化媒体的使用列为公司的重要战略内容[③]。

但是，并非所有企业都能很好地使用社会化媒体来协助自身经营管理（Kumar et al.，2013）。USA Today（2013）研究指出，约 61%的被调研企业发现它们的社会化媒体经营活动并未产生任何效益。Rishika 等（2013）曾写道，IBM 认为社会化媒体可以帮助企业进行营销管理，并比喻道“社交媒体不再是每个人都想拥有的可爱宝宝，而是充满焦虑的青少年，仍然不成熟，不再可爱，给企业带来了复杂的情感”（Social media is no longer the adorable baby everyone wants to hold，but the angst-filled adolescent—still immature yet no longer cute—who inspires mixed feelings.）。近期对社会化媒体和企业转型的深度研究也提出了消费者、平台和政府如何能更好地使用社会化媒体，从而带来最大的效益的疑问（Aral et al.，2013）。一种让消费者可以更好地与社会化媒体交互的途径就是搞懂其为何使用社会化媒体，因此从实用主义的观点来看，NOTA 视角可以让社会化媒体应用开发者更多地考虑用户的心理需求并进行研发，创造出可以满足用户心灵深处需求和维持其可持续性长期使用的应用（Aral et al.，2013）。

在此背景下，本章的研究目的包括以下两方面。

（1）从以需求为导向的技术供给视角，对技术使用进行分析。

（2）通过如下方式为社会化媒体情景下的 NOTA 模型提供理论基础：①识别社会化媒体可以满足的心理需求；②识别社会化媒体可以满足这些心理需求的显著可供性特征。

通过理论构建和实证检验流程，本章的最终目的是提出基于社会化媒体使用的理论视角，即 NOTA，并且扩展和补充现今学界和业界对技术接纳和使用的知识基础。

---

① http://press.experian.com/United-States/Press-Release/experian-marketing-services-reveals-27-percent-of-time-spent-online-is-on-social-networking.aspx。

② http://pewinternet.org/Commentary/2012/March/Pew-Internet-Social-Networking-full-detail.aspx。

③ http://www.pwc.com/gx/en/ceo-survey/2015/index.jhtml。

9.1　需求导向的技术可供性视角

NOTA 视角尝试从心理需求满足的角度来解读用户使用社会化媒体的动因。需求指对持续的心理成长、完整性和幸福感至关重要的心理营养素（Deci and Ryan，2000）。心理学文献表明，人们被驱使从事满足内心需求的相应活动。

NOTA 视角补充了现有的技术接纳和使用文献。需求与其他技术接纳和使用文献的前置变量不同之处在于其广泛激励着人类行为。遵循 Deci 和 Ryan（1985，1987）两位学者的研究，我们将需求视作普遍的需求。换句话说，它们构成了所有人的主动性、最佳发展和心理健康所需的营养素。这些需求不是后天习得的，而是人类本性的一个固有方面，因此，这些需求是跨性别、跨文化和跨时间运行的（Deci and Vansteenkiste，2004）。

考虑到需求无处不在，每个人都有天生的需求，基于需求的理论是有价值的，因为它们超越了情境环境。NOTA 的观点特别适合于研究个人对技术的自愿性使用，如社会媒体应用程序的日常使用。在这种情况下，如果缺少外在工作任务的强制性要求，可能内心需求会成为个体使用社会化媒体的动因（Deci and Ryan，1987），因此基于需求的理论解释显得尤为相关。

如图 9.1 所示，NOTA 视角可以用于两个层次，在广义理论层面，NOTA 视角强调了用户会因为应用能够满足其内在心理需求而使用该应用。在中层理论层面，理论尝试从特定的应用系统（如移动技术、企业级系统、社会化媒体、临床信息系统等）或特定应用（如 Facebook）中建立基于特定背景的 NOTA 模型，从而解释特定应用能够满足何种用户需求。例如，目前的文章中，我们通过结合心理所有权和自我界定理论来识别个体显著的心理需求，从而探究社会化媒体可以满足的方面，此外，我们从文献中挖掘社会化媒体可以满足的心理可供性。本章从广义理论层面诠释 NOTA 理论视角如何解释用户对特定系统（如社会化媒体）和特定应用（Facebook）的使用动机。

社会化媒体指的是线上平台，在平台上用户可以进行内容创造、交换、评论和再创造的活动（Kaplan and Haenlein，2010）。通过使用 NOTA 框架，我们提出社会化媒体应用能够提供满足用户需求的可供性特征，这些特征可以满足用户的心理需求。本章的两大理论关键是：①识别用户在社交媒体中的显著心理需求；②建立能够潜在满足这些需求的社会化媒体可供性特征列表。

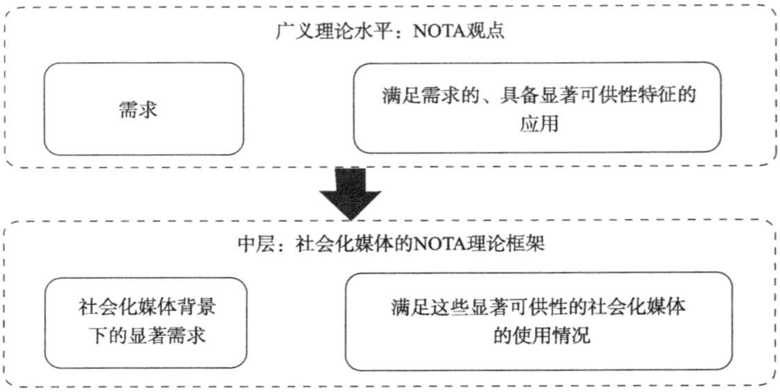

图 9.1① 针对社会化媒体的“NOTA”的理论框架

9.2 社会化媒体背景下的心理需求

基于广泛的特征，我们可以识别出两个跟需求相关的心理理论，这些理论跟社会化媒体的使用有显著关联：自我决定理论（self-determination theory，SDT）（Deci and Ryan，2002）和心理所有权理论（psychological ownership theory，POT）（Pierce et al.，2001）。以下是对两种理论的介绍。

自我决定理论：社交媒体的一个定义特征是用户自己生产内容，当用户单独创建和共同创建内容时，媒体会变成“社交”性质的应用（Kaplan and Haenlein，2010）。“用户制造”应该被理解成为一种社会化媒体的创造和增长，而不是单纯的“写作行为”。创作者在社交网站上进行创作和交流，并通过阅览、评价、打分、转发、图片发布、视频上传等行为促进社会化媒体的增长。在所有的这些例子中，用户跟媒体以活跃、自主和具有参与性的方式进行交互，这种用户行为是由用户的高自主行为来驱动的。Deci 和 Ryan（1985）的报告指出，自我决定的心理特征是在管理自己与环境的互动中具有灵活性。社会化媒体的用户在选择何种社会化媒体进行使用时具有高度的灵活性，其可以选择使用何种社会化媒体应用、什么时候、什么程度，以及创作什么、分享什么和阅读什么。在社会化媒体出现前，大多数网站的内容是由网站所有者自发进行创作和展示的，因此并不具有“社会化”特征。大多数用户只是信息的被动接受者，而不能够对信息进行评论或是简易地在已有的平台或网站上加上自己的内容。如今在社会化媒体上，用户可以个性化地创作。因此，自我决定可以说是社交媒体的一个显著特征。

① 为了简单起见，我们不在图 9.1 中显示社交媒体的需求、供给性及它们之间的关系。显著的社会媒体心理需求如表 9.1 所示，显著的社会媒体供给如表 9.2 所示，社会媒体需求与供给之间的关系如表 9.3 所示。

自我决定理论描述了一系列心理学需求，当这些需求被满足后，用户就将有使用社会化媒体的动机。如果要持续地使用社交媒体，则需要用户内心关于自主性（autonomy）、胜任力（competence）和相关性（relatedness）三方面的需求得到满足。Deci 和 Ryan（2000）认为参与有趣的活动、锻炼能力、在社会群体中追求联系的建立，以及心理和人际体验融入相对统一是人类有机体适应性设计的一部分。基于 Deci 和 Ryan（1991）的研究，自主性需求（need for autonomy）指的是个人的普世需求——渴望成为自己人生的主导，并且与自我和谐统一，所以人的行为会真实地与自身的需求相一致而不是因为某种必需的义务（如由于社会压力或义务，或为了好看），是自愿地选择（Deci，1995）。能力需要是指个人在处理自己所处的环境时需要变得高效。胜任力是个体接受并迎接某种挑战性任务时获取的感受（Deci，1995）。相互性的需要是指个体渴望与他人互动、接触和感受互相关怀的需求。

自我决定理论认为能够满足个体以上需求的情景可以让活动收获最高的参与性（Deci et al.，2001；Ilardi et al.，1993）。在我们的研究背景下，社会化媒体是一种自主-支持性的平台，在此平台上个体可以轻松地与其他人交互和关联，并且通过生成相应的内容满足自身能力需求。社会化媒体可以满足三类自我决定理论的心理需求——自主性、胜任力及关联性。

心理所有权指用户可以通过在社会化媒体上发布信息，从而建立一种所有权。在此，当个人致力于社会化媒体内容的生产时，他们会对媒体产生一种归属感——心理归属感（Pierce et al.，2001）。前人的研究指出，当员工给组织投入更多时间和努力时，他们可以激发出更多归属感（Pierce et al.，2004；McIntyre et al.，2009）；通过参与组织的产品设计、评估和筛选，可以让顾客建立“产品归属感”（Fuchs et al.，2010）；通过参与系统的开发，用户可以将此种归属感融入信息系统（Barki et al.，2008）。同理，使用社会化媒体的用户将投入时间和精力创造、熟悉、使用、修改、转发和评论社会化媒体内容（如 Facebook 个人资料页面、图片等；虚拟现实游戏），用户可以对应用产生更多“主人翁”意识（Harrison and Barthel，2009）。

心理所有权理论提出用户对“拥有的行为”有内心需求（Burk，1900）。McDougall（1923）提出，收集各种物件的冲动存在于几乎所有人类中，并且是人类内心的诉求。Sartre（1993）指出，“拥有”是人类存在的最重要的类型。拥有物品的数量的增加会产生正面积极的效能（Formanek，1991），而拥有物件的确是会导致我们个性的萎缩，将我们的部分转化为虚无（James，1890）。占有的心理揭示了合法或正式的所有权在感知某件事物“所有权”时并不重要。在缺乏正式所有权的情况下，心理所有权也可能存在。例如，用户感受到这是“他们”的组织（Pierce et al.，2004；McIntyre et al.，2009），所有权的感受是用户在心理上与某种物体连接在一起（Pierce et al.，1991），个人感觉拥有的目标或目标的一部分是“他们的”的状态（Pierce et al.，2003）。Pierce 等（2001）确定了三种心理需求，即“需要一个地方”“需要自我认同”和“需要有效性和效果”，它们是心理归属的根源或动机。研究者认为只要这些对象允许这组动机运作并得到满足，个人就可以对各种对象产生归属感（Pierce et al.，2009）。“需要一个地方”是个人需要拥有一个特定的领土或空间来拥有一个居住的“家”。“需要自我认同”指个人需要有清晰的自我意识（Pierce et al.，2001）。根据 POT 理论，人们使用拥有权来定义自身，并向别人表达自己，确保自我在时间上的连续性（Pierce et al.，2001）。根据结果，自我意识需要有三个独立的方面（Pierce et al.，2003）：“认识自我”（个体需要定义和了解自我）；“表达自我”（个人与他人交流身份的需要）；“保持自我认同的连续性”（个体保持与自我和其过去的情感连续性）。最后，对“效力和效果”的需求指的个人在希望改变环境时的因果效应（Beggan，1991），即个体在有内在需要时，能够控制和有效地改变环境。这与 SDT 要求的“能力需求”一样，这是基于 White（1959）的效能动机。

社会化媒体为个体提供了个人特有的空间（如拥有自己的 Facebook 页面）。此外，有很多社会化媒体可以让个人表达自身（如个人社交网站、虚拟人生等）、体验和了解自身（如虚拟游戏世界等）、感受其他人（如通过反馈、评论、喜欢等），并且随着时间的推移保持自身的自我认知（如 Facebook 的时间轴）。因此，本章探讨了社会化媒体如何满足 POT 理论提出的获得归属、效力和效果的需求，从而帮助个体了解自我、表达自我和保持自我的连续性。

SDT 和 POT 理论描述了七种心理需求，这些需求构成了自我决定和心理所有权理论的基础，显示出社会化媒体的显著特征。表 9.1 展示了需求和其定义，这些需求来自对前人研究的总结，因此，这些需求（表 9.1）建立了激励社会化媒体使用的 NOTA 框架。

表 9.1　社会化媒体背景下的显著性心理需求

需求	定义
自主性	个体整体需求是要做个人生活的主导，并与完整的自我相融洽（Deci and Ryan，1991）
相关性	个人的主要需求是想要交流、接触并关心他人（Deci and Ryan，1991）
胜任性	个体需要在环境中变得有胜任力，并找到自我（Deci and Ryan，1991）
拥有归属感	个体需要拥有特定的领地或空间从而可以居住（Pierce et al.，2001）
了解自我	个体需要定义并了解自我（Pierce et al.，2003）
表达自我	个体需要与他人沟通以表达自我（Pierce et al.，2003）
保持自我的连续性	个人需要保持自我和他人的感情连接（Pierce et al.，2003）

9.3　社会化媒体可供性

NOTA 提出个体需要使用社会化媒体来满足自身心理需求的可供性。在之前的部分本章提出了特定的可以满足本章识别的心理需求的社会化媒体特征。然而，从理论视角来看，我们需要提取出更多社会化媒体可以提供的可供性特征。例如，Facebook 和虚拟世界的账户会提供自我展现的可供性（让用户展示自身）。对应用软件可以提供的需求可供性特征进行分析和挖掘可以帮助开发人员更好地设计出满足用户需求、提升使用体验的软件应用。

为了提取一系列社会化媒体可供性特征①，本部分对不同社会化媒体提供的可供性进行了文献梳理。例如，Kietzmann 等（2011）建立了基于社会化媒体的七种可供性。Davis 等（2009）提出虚拟世界的四种可供性；Majchrzak 等（2013）提出益于知识管理的四种社会化媒体可供性。基于此，本章提出 14 种社会化媒体可供性。值得注意的是，第一，同样的可供性可能在不同研究中有不同署名。例如，Mesgari 和 Faraj（2012）定义自我展示为“创建正式个人形象和自我身份”，而同样的可供性在 Kietzmann 等（2011）中被称为身份。第二，一些研究在一种可供性上进行了广泛的探索，而其他研究则只是在一个更加特定的环境下进行讨论，如合作可供性，Davis 等（2009）描述了社会化媒体可以让用户在一个团队中工作，Arazy 和 Gellatly（2012）聚焦于维基百科，研究了此类型的可供性。第三，不同研究剖析了不同的可供性层次。例如，社会化媒体的可见性（visibility）可供性特征值让用户的行为、知识、偏好和社会关系对他人可见。可供性的一个方面是 Mesgari 和 Faraj（2012）提出的广播（broadcasting）；另一方面是触发参与，即自动提示用户新消息或内容改变（Majchrzak et al.，2013）。广播和触发参与都为可见性做出了贡献。

我们通过浏览 133 个主要社交媒体网站对其可供性进行归纳总结。为建立此列表，本章从 Alexa.com 网站中选取排名前 500 的网站（基于全球网站流量），并删除了不是社会化媒体的网站（如 Apple.com），将网站集合与维基百科和 Pew 研究中心的顶级社会化媒体网站名单相结合，之后删除名单中重复的网站，最后得到 133 个社会化媒体网站列表。通过归纳这些社交媒体网站的功能，我们与从文献中总结的社交媒体可供性进行了交叉互验。

本章总体进行了如下工作：①对之前社会化可供性文献的整体回顾；②文献

① 虽然我们已努力根据文献提出更广泛的可供性列表，但其他可供性特征依然可能存在，未来的研究可尝试补充。

整合；③对主流社会化应用的三角测量。此过程产生了表 9.2 的 14 个可供性特征。每个可供性特征可能由多个社会化媒体所提供，同一个可供性特征可能由不同社会化媒体的不同特征提供。例如，Facebook 通过分享状态、照片和文字来提供分享可供性。在 Twitter 上，用户通过他人的推文来满足分享可供性需求；在线上游戏中，自我展示的可供性需求通过创建虚拟人物来实现，这就如同 Facebook 通过个人主页和推文来实现一样。

表 9.2　社会化媒体可供性

可供性	定义
自我展示	用户可以在社交媒体环境中展示自己的身份，这包括性别、职业、位置，但重要的是，还包括以特定方式描述用户并显示他们是什么样的人、他们喜欢什么等信息
存在	用户可以：①指出他们的存在；②知道其他用户是否可以访问
关系	用户可以在社交媒体环境中与其他用户建立或维持关系
组团	用户可以组织他们的联系人并组成社区
声望	用户可以：①识别自己和其他用户的社会地位及内容；②认可其他用户和内容
分享	用户可以在社交媒体设置中与其他人共享和分发内容，这包括用户在社交媒体环境中与他人分享他们的专业知识或经验（贡献）
浏览	用户可以在社交媒体设置中接收和查看其他人提供的内容
沟通	用户可以在社交媒体设置中直接进行交流
互动	用户可以移动、使用和修改社交媒体设置
持续	用户可以维护、查看和编辑内容
可见性	用户可以：①使自己的行为、知识、偏好、内容和网络连接对他人可见；②接收触发他们对他人内容关注的警报
合作性	用户可以相互协作，这包括协作创建，用户可以在其中与其他人协作，在社交媒体设置中创建内容
竞争	用户可以相互竞争，这包括游戏化，它允许用户通过游戏进行互动（如得分、竞争等）
众包	用户可以：①创建一个请求；②满足另一个请求（如想法的众包）

9.4　需求，可供性以及社会化

虽然表 9.2 所示的供给是社会媒体供给的综合列表，但具体的社会媒体应用在其显著供给上有所不同。考虑到不同的供给满足不同的需求，不同的社会媒体应用程序的使用，取决于它们的特定供给，受到不同需求的驱动。例如，那些对人际关系、自我展示、交流和分享（如 Facebook）有着显著支持的社交网站，为个人与他人互动提供了广泛的（如评论、友谊、聊天、状态等）展示自己（如个人资料页）、分享和浏览内容（如推文、专辑等）的机会，这些行为将满足用户对相关性和表达自我认同的需要。

在 YouTube 这样的内容社区中，视频创建者可以发布视频的“观看”数量（Xia

et al.，2012）。创建、合作创建、编辑维基百科可以证明个体在某个特定领域的胜任力（Arazy et al.，2011；Shirky，2008；Zhang and Zhu，2011），特别是在维基百科上有一篇“明星文章”。

像《第二人生》这样的虚拟世界，通过显著的自我呈现和分享，将允许居民去选择行为来更加自由地满足自主的需求和自我的展示（Kaplan and Haenlein，2010）。此外，一些虚拟世界通过显著的互动可供性让用户创建自己的“领地”（Goel et al.，2011；Nah et al.，2011；Saunders et al.，2011）。例如，通过声明，用户可以在《第二人生》应用中创建一个属于自己的“专属领地”，并鼓励用户将其视为自己的“第二个家”，以此来满足用户“拥有一个领地”的需求。

类似《魔兽世界》（World of Warcraft，WoW）的虚拟游戏在虚拟空间复制了一个三维环境，用户可在此环境中以自我决定、定制化形象（实现自我展示可供性）或交互（沟通可供性）的方式出现。在虚拟世界中，用户通过选择虚拟人物和其他道具（如家具、家庭用品）的形式来表达自身的个性，让别人知道自身的情况（Kafai et al.，2007；Golder and Donath，2004；Smith et al.，2000；Suh et al.，2011）。在游戏背景下，竞争可供性很明显能够为个体提供一个展示自身能力、效力和效用的平台。

众包平台可以提供众包可供性（满足他人的请求）、声望可供性（如评论和点评等）、竞争可供性（如竞拍、排名等）（Doan et al.，2011）。例如，开源创新社区可以外包才能（如 InnoCentive、Challenge.gov、InnovationJam 网站）并且提供具有挑战的任务和机会，从而向用户提供专业解决方案。一些众包平台可以提供合作可供性（如组团完成其他人的请求），从而帮助用户联系其他人（满足相关可供性），并让用户证明其合作完成任务的工作能力（满足其胜任力的可供性需求）（Malhotra and Majchrzak，2012）。

如果特定的社交媒体应用程序在它们提供的显著可供性上有所不同，那么它们在满足用户的心理需求上就会有所不同。经过以上讨论，我们提出如下提议：个人的心理需求将促使人们使用那些有着显著可供性的社交媒体应用程序来满足这些需求。由于不同的社交媒体应用通常在其显著的供给上有所不同，不同的心理需求将激励不同的社交媒体应用的使用。

根据这一提议，表 9.3 提供了心理需求与满足这些需求的社交媒体供给之间的映射①。具体来说，自我展示、分享、浏览和互动功能可以让个人自由选择要分享的内容，可以让用户展示自己（Kaplan and Haenlein，2010），可以让用户在虚拟环境中阅读、聆听和修改内容（Davis et al.，2009）。

---

① 作者独立地将心理需求映射到满足这些需求的供给，并通过讨论解决了分歧。

表 9.3 匹配社会化媒体可供性及其可以满足的心理需求

可供性	A	R	C	HP	CK	ES	MC
自我展示	✓					✓	✓
存在		✓					
关系		✓					
组团		✓					
声望			✓		✓		
分享	✓					✓	✓
浏览	✓	✓					
沟通		✓				✓	
互动	✓			✓		✓	
持续							✓
可见性		✓					
合作性		✓	✓		✓		
竞争			✓		✓		
众包			✓				

注：A=自主性；R=关联性；C=胜任力；HP=有归属感；CK=了解自身；ES=表达自我；MC=保持自我的连续性

存在、关系、组团、浏览、沟通、可见性和合作性能够帮助用户满足自身所需的关联性需求，让其好友知道他们的最新状况（Goel et al.，2013；Malhotra and Majchrzak，2012；Nardon and Aten，2012），并与好友建立连接（Seder and Oishi，2009；Jenkins-Guarnieri et al.，2012），让用户参与群体活动，增加自身的社交强度，了解朋友近况（Kietzmann et al.，2011），以及与他人合作。

声望、合作性、竞争及众包可供性特征能够帮助用户实现建立其社会地位的胜任力（Ransbotham and Kane，2011），促使用户在与他人合作时展示自身的技能（Arazy et al.，2011；Shirky，2008；Zhang and Zhu，2011）。

根据 Pierce 和 Jussila（2011）的研究，拥有一种归属感可以通过与周围物体交互来实现。本章使用这种逻辑来理解为何用户要与周围的个体进行交流，用户通过创造、修改和掌控“虚拟”空间来满足自身归属感的需求（Barki et al.，2008；Harrison and Barthel，2009）。例如，《魔兽世界》允许用户建立和审计自己的驻军来增加用户的归属感。

本章建立了通过与他人交互，从别处获得反馈，观察反映他人的想法、感受和行为来了解自我（认识自我）的方式。在此情况下，声望、合作和竞争可供性能够帮助用户实现此种需求，因为用户可以拥有更多的机会来跟他人沟通、接受反馈及返现和求助于他人的技能，通过对虚拟人物的选拔和其他物件的选择（如房子、装饰）（Jordan，1999；Kafai et al.，2007；Golder and Donath，2004；Smith et al.，2000；Suh et al.，2011），通过分享生活和工作（Aggarwal et al.，2012）、政治观点（Wattal et al.，2010）、图片、视频、链接等，以及通过在线社会化交互可以满足用户展现自我的需求，即自我展示、分享、沟通和互动可供性能够帮助用户完成他们展现自我的需求。自我展示、分享及持续性供给可以帮助用户满足他们个人身份识别的需求，并保持一个在时间和空间上可以连续性交互的可能性（Aggarwal et al.，2012）。这些电子内容将会成为个体身份的一部分，即内容将会成为自身的符号并且能够帮助个体展示自身的特点和特色（Golder and Donath，2004；Smith et al.，2000）。

9.5　讨论与小结

本章对技术接纳文献及社会化媒体文献进行了重要的梳理。技术接受文献中的主要理论观点都是基于理性行动/计划行为理论（theory of reasoned action/planned behavior）。随着信息技术的使用变得普遍化，用户个性化和自愿性变得更强烈，因而关于人为何使用技术的理论变得尤为重要。基于心理动机需求，NOTA 观点补充了现有理论——个体可能被激励从而使用某一特定的应用，个体通过使用应用可以满足内在心理需求。

本章的理论前提是可以在不同背景下建立基于特定背景的中层理论（图 9.1）。本章在社会化媒体的背景下对信息技术应用（如移动技术、企业级系统、诊断信息系统）或是特定应用（如 Facebook）能够提供的显著性可供性特征进行识别，并且挖掘其能够满足的心理需求。因此，NOTA 为未来研究者提供了可以用来解释不同技术种类的理论模型。

我们的理论前提可以在不同的上下文中加以阐述，以发展特定于上下文的中层理论（图 9.1）。正如我们在社交媒体环境中所阐述的，这涉及识别不同类别的信息技术应用程序（如移动技术、企业范围的系统、临床信息系统）或特定应用程序（如 Facebook）所提供的显著供给，以及这些供给满足的需求。因此，NOTA 提供了一个理论工具，未来的研究可以利用它来生成解释各种技术使用的模型。

由于不同应用能够提供的可供性和使用背景的不同，我们期望不同类型的应用能够满足不同的心理需求。因此，不基于同类型的应用可能对应不同的心理可供性。基于自觉性和心理所有权理论，我们识别了七种跟社会化媒体相关的心理需求。未来的研究可以基于此对更多类型的应用的使用心理机制进行探索。未来研究可以根据本书发现探索更多信息系统可以激发的心理可供性特征。

NOTA 框架在未来也可能有如下方面的扩展：首先，未来研究可以探究更多影响需求的可供性特征。例如，关联性需求高的人可能认为社交网站的认知有用性更高；同理，拥有高胜任力的用户会认为商业智能系统更加有用，中介变量将会在未来起到重要的影响。其次，调节变量也是未来关注的要点。SDT 理论表明用户对自主权、关联性和胜任力的需求会让其展现出不同程度的外部动机、规则和控制（Deci and Ryan，2000）。本书初步尝试开发一种面向需求的社会化媒体模型，该模型可以关注用户的心理需求，模型中的不同因素将会体现不同的外部动机、规则和控制，如使用技术的背景（自主性还是被控制型）是否可以调节用户使用情况，社会化影响和行为意念（如认知娱乐性）或人口因素（如年龄和性别）。

我们选择社会化媒体作为对象进行研究的原因在于社会化媒体可以体现用户个性化、自愿性，是用户普遍使用的技术，这些技术可以从新的理论视角中受益，新的理论视角聚焦于内在的动机因素。我们通过以下方式对社会媒体文献做出贡献：第一，确定社会化媒体使用背后的特定心理需求；第二，建立社会化媒体可以实现的需求可供性；第三，将这些供给与它们满足的需求对应起来。研究结果从五个方面促进了社会化媒体未来的研究。第一，确定了特定社会化媒体应用程序（如维基百科、在线社区等）提供哪些支持，未来的研究可以确定哪些需求需要融入特定应用的使用当中；第二，我们的研究成果可以为设计科学研究提供借鉴，可以为如何开发有效的社交媒体功能提供指导。第三，因本章研究了每种可供性如何满足特定需求心理，未来可以通过结合不同可供性特征、发掘新的可供性特征的形式来探索更多可能性。第四，社会化媒体应用是通过提供多种可供性来满足一种需求还是提供多种可供性来满足多种需求，本书研究发现对可供性和需求的相关研究进行了补充和完善。第五，心理需求可以通过线上社会化媒体或是线下其他替补的方式来满足，这取决于哪种方式可以更好地满足需求，这也将成为未来的研究方向。

参考文献

Aggarwal R, Gopal R D, Sankaranarayanan R, et al. 2012. Blog, blogger, and the firm：can negative employee posts lead to positive outcomes?[J]. Information Systems Research，23（2）：306-322.

Aral S，Dellarocas C，Godes D. 2013. Introduction to the special issue – social media and business transformation：a framework for research[J]. Information Systems Research，24（1）：3-13.

Arazy O，Gellatly I R. 2012. Corporate wikis：the effects of owners' motivation and behavior on group members' engagement[J]. Journal of Management Information Systems，29（3）：87-116.

Arazy O，Nov O，Patterson R A，et al. 2011. Information quality in wikipedia：the effects of group composition and task conflict[J]. Journal of Management Information Systems，27（4）：71-98.

Barki H，Pare G，Sicotte C. 2008. Linking IT implementation and acceptance via the construct of psychological ownership of information technology[J]. Journal of Information Technology，23（4）：269-280.

Beggan J K. 1991. Using what you own to get what you need：the role of possessions in satisfying control motivation[J]. Journal of Social Behavior and Personality，6（6）：129-146.

Burk C F. 1900. The collecting instinct[J]. The Pedagogical Seminary，7（2）：179-207.

Davis A, Murphy J D, Owens D, et al. 2009. Avatars, people, and virtual worlds: foundations for research in metaverses[J]. Journal of the Association for Information Systems, 10(2): 90-117.
Deci E L. 1995. Why We Do What We Do: Understanding Self-motivation[M]. New York: Penguin Books.
Deci E L, Ryan R M. 1985. Intrinsic Motivation and Self-determination in Human Behavior[M] New York: Plenum Group.
Deci E L, Ryan R M. 1987. The support of autonomy and the control of behavior[J]. Journal of Personality and Social Psychology, 53(6): 1024-1037.
Deci E L, Ryan R M. 1991. A motivational approach to self: integration in personality[C]//Pienstbier R. Nebraska Symposium on Motivation. Lincoln: University of Nebraska Press: 237-288.
Deci E L, Ryan R M. 2000. The "what" and "why" of goal pursuits: human needs and the self-determination of behavior[J]. Psychological Inquiry, 11(4): 227-268.
Deci E L, Ryan R M. 2002. Handbook of Self-determination Research[M]. Rochester: University of Rochester Press.
Deci E L, Vansteenkiste M. 2004. Self-determination theory and basic need satisfaction: understanding human development in positive psychology[J]. Ricerche di Psicologia, 27(1): 23-40.
Deci E L, Ryan R M, Gagné M, et al. 2001. Need satisfaction, motivation, and well-being in the work organizations of a former eastern bloc country: a cross-cultural study of self-determination[J]. Personality and Social Psychology Bulletin, 27(8): 930-942.
Doan A, Ramakrishnan R, Halevy A Y. 2011. Crowdsourcing systems on the world-wide web[J]. Communications of the ACM, 54(4): 86-96.
Formanek R. 1991. Why they collect: collectors reveal their motivations[J]. Journal of Social Behavior and Personality, 6(6): 275-286.
Fuchs C, Prandelli E, Schreier M. 2010. The psychological effects of empowerment strategies on consumers' product demand[J]. Journal of Marketing, 74(1): 65-79.
Gaver W W. 1991. Technology affordances[R]. New Orleans: The SIGCHI Conference on Human Factors in Computing Systems.
Goel L, Johnson N A, Junglas I A, et al. 2011. From space to place: predicting users' intentions to return to virtual worlds[J]. MIS Quarterly, 35(3): 749-771.
Goel L, Johnson N A, Junglas I A, et al. 2013. Predicting users' return to virtual worlds: a social perspective[J]. Information Systems Journal, 23(1): 35-63.
Golder S A, Donath J. 2004. Gaming: hiding and revealing in online poker games[C]. ACM Conf. Comput. Supported Cooperative Work. New York: ACM Press: 370-373.
Harrison T M, Barthel B. 2009. Wielding new media in Web 2.0: exploring the history of engagement with the collaborative construction of media products[J]. New Media & Society, 11(1/2): 155-178.
Ilardi B C, Leone D, Kasser T, et al. 1993. Employee and supervisor ratings of motivation: main effects and discrepancies associated with job satisfaction and adjustment in a factory setting[J]. Journal of Applied Social Psychology, 23(21): 1789-1805.
James W. 1890. The Principles of Psychology[M]. New York: Holt.
Jenkins-Guarnieri M A, Wright S L, Hudiburgh L M. 2012. The relationships among attachment style, personality traits, interpersonal competency, and Facebook use[J]. Journal of Applied Developmental Psychology, 33(6): 294-301.
Jordan T. 1999. Cyberpower: the Culture and Politics of Cyberspace and of the Internet[M]. London: Routledge.

Kafai Y B，Fields D A，Cook M. 2007. Your second selves：avatar designs and identity play in a teen virtual world[R]. Tokyo：The Digital Games Research Association（DiGRA）.

Kaplan A M，Haenlein M. 2010. Users of the world，unite! The challenges and opportunities of social media[J]. Business Horizons，53（1）：59-68.

Kietzmann J H，Hermkens K，McCarthy I P，et al. 2011. Social media? Get serious! Understanding the functional building blocks of social media[J]. Business Horizons，54（3）：241-251.

Kumar V，Bhaskaran V，Mirchandani R，et al. 2013. Practice prize winner-Creating a measurable social media marketing strategy：increasing the value and ROI of intangibles and tangibles for Hokey Pokey[J]. Marketing Science，32（2）：194-212.

Majchrzak A，Faraj S，Kane G C，et al. 2013. The contradictory influence of social media affordances on online communal knowledge sharing[J]. Journal of Computer-Mediated Communication，19（1）：38-55.

Malhotra A，Majchrzak A. 2012. How virtual teams use their virtual workspace to coordinate knowledge[J]. ACM Transactions on Management Information Systems，3（1）：1-14.

McDougall W. 1923. An Introduction to Social Psychology[M]. 18th ed. London：Methuen.

McIntyre N，Srivastava A，Fuller J A. 2009. The relationship of locus of control and motives with psychological ownership in organizations[J]. Journal of Managerial Issues，21（3）：383-401.

Mesgari M，Faraj F. 2012. Technology affordances：the case of Wikipedia[R]. Seattle：The 18th Americas Conference on Information Systems.

Nah F F，Eschenbrenner B，deWester D. 2011. Enhancing brand equity through flow and telepresence：a comparison of 2D and 3D virtual worlds[J]. MIS Quarterly，35（3）：731-747.

Nardon L，Aten K. 2012. Valuing virtual worlds：the role of categorization in technology assessment[J]. Journal of the Association for Information Systems，13（10）：772-796.

Pierce J L，Jussila I. 2011. Psychological Ownership and the Organizational Context：Theory，Research Evidence，and Application[M]. Surrey：Edward Elgar Publishing.

Pierce J L，Rubenfeld S A，Morgan S. 1991. Employee ownership：a conceptual model of process and effects[J]. Academy of Management Review，16（1）：121-144.

Pierce J L，Kostova T，Dirks K T. 2001. Toward a theory of psychological ownership in organizations[J]. Academy of Management Review，26（2）：298-310.

Pierce J L，Kostova T，Dirks K T. 2003. The state of psychological ownership：integrating and extending a century of research[J]. Review of General Psychology，7（1）：84-107.

Pierce J L，O'Driscoll M P，Coghlan A M. 2004. Work environment structure and psychological ownership：the mediating effects of control[J]. The Journal of Social Psychology，144（5）：507-534.

Pierce J L，Jussila I，Cummings A. 2009. Psychological ownership within the job design context：revision of the job characteristics model[J]. Journal of Organizational Behavior，30（4）：477-496.

Ransbotham S，Kane G C. 2011. Membership turnover and collaboration success in online communities：explaining rises and falls from grace in Wikipedia[J]. MIS Quarterly，35（3）：613-627.

Reis H T，Sheldon K M，Gable S L，et al. 2000. Daily well-being：the role of autonomy，competence，and relatedness[J]. Personality and Social Psychology Bulletin，26（4）：419-435.

Ren Y Q，Harper F M，Drenner S，et al. 2012. Building member attachment in online communities：applying theories of group identity and interpersonal bonds[J]. MIS Quarterly，36（3）：841-864.

Rishika R，Kumar A，Janakiraman R，et al. 2013. The effect of customers' social media participation on customer visit frequency and profitability：an empirical investigation[J]. Information Systems Research，24（1）：108-127.

Sartre J P. 1993. Being and Nothingness：a Phenomenological Essay on Ontology[M]. New York：Washington Square Press.

Saunders C，Rutkowski A F，van Genuchten M，et al. 2011. Virtual space and place：theory and test[J]. MIS Quarterly，35（4）：1079-1098.

Seder J P，Oishi S. 2009. Ethnic/racial homogeneity in college students' facebook friendship networks and subjective well-being[J]. Journal of Research in Personality，43（3）：438-443.

Shirky C. 2008. Here Comes Everybody[M]. New York：Penguin Group.

Smith M A，Farnham S D，Drucker S M. 2000. The social life of small graphical chat spaces[R]. Fort Lauderdale：SIGCHI Conference on Human Factors in Computer Systems.

Suh K S，Kim H，Suh E K. 2011. What if your avatar looks like you? Dual-congruity perspectives for avatar use[J]. MIS Quarterly，35（3）：711-729.

USA Today. 2013. Study：social media a bust for small businesses[EB/OL]. http://www.usatoday.com/story/money/personalfinance/2013/04/16/small-business--social-media-facebook/2075123/[2019-10-20].

Venkatesh V，Morris M G，Davis G B，et al. 2003. User acceptance of information technology：toward a unified view[J]. MIS Quarterly，27（3）：425-478.

Wattal S，Schuff D，Mandviwalla M，et al. 2010. Web 2.0 and politics：the 2008 U.S. presidential election and an e-politics research agenda[J]. MIS Quarterly，34（4）：669-688.

White R W. 1959. Motivation reconsidered：the concept of competence[J]. Psychological Review，66（5）：297-333.

Xia M，Huang Y，Duan W J，et al. 2012. To continue sharing or not to continue sharing?-An empirical analysis of user decision in peer-to-peer sharing networks[J]. Information Systems Research，23（1）：247-259.

Zhang X Q，Zhu F. 2011. Group size and incentives to contribute：a natural experiment at Chinese Wikipedia[J]. The American Economic Review，101（4）：1601-1615.

Zuboff S，Maxmin J. 2002. The Support Economy[M]. New York：Penguin Group.